동아시아 서원의 기원과 제의례의 완성

이 저서는 2019년 대한민국 교육부와 한국연구재단의 지원을 받아
수행된 연구임(NRF-2019S1A5C2A02082813)

동아시아 서원의 기원과
제의례의 완성

영남대학교 민족문화연구소

도서출판 온샘

책을 펴내며

영남대학교 민족문화연구소가 기획한 『동아시아 서원 문화와 글로컬리즘』 연구사업은 한국연구재단의 2019년 인문사회연구소 지원 사업으로 선정되었다. 본 연구팀은 서원이 가진 유교 문화의 함축성에 주목하여, 동아시아 유교 문화권을 넘어 세계에서 한국의 서원이 가지는 특수성을 밝히고 그 경쟁력을 높이는 것을 목적으로 연구를 진행하였다.

이미 한국의 서원은 2019년 세계유산에 등재되어 그 탁월한 보편적 가치와 진정성, 완전성을 널리 공인받았다. 그러나 한국 서원의 구체적 운영 실상 및 외부적 네트워크 체계를 규명하는 작업은 자료 및 연구방법론의 한계로 인해 답보 상태에 있다. 이를 극복하고 연구를 한층 진전시키기 위해 본 연구팀은 국내외 서원을 조사·연구하고 동아시아의 서원과 서양의 대학에 관한 비교사적 연구를 진행한다. 이를 통해 한국 서원이 가지는 보편성과 특수성을 밝히고, 박제화된 서원 문화자원의 현대적 활용 방안을 제시하는 것이 본 연구의 목표이다. 목표의 달성을 위해 1단계에서는 동아시아 서원의 역사·기능·역할을 살펴보고, 2단계에서는 서양 대학과의 비교 및 근대학교로의 변용과 현대적 활용 방안을 연구하여 동아시아 서원의 세계화 가능성을 확인하고자 한다.

연구사업의 첫 단계에 해당하는 1차 연도(2019.09.01.~2020.08.31.)에는 《동아시아 서원 제도의 기원과 변화》를 주제로 연구가 진행되었다. 1차 연도 연구의 목표는 서원의 역사적 근원을 파악하고, 이를 토대로 서원의 기능과 역할을 연구하는 것이었다. 그러나 서원의 역사적 근원을 파악하는 단계에서 서원 제향과 의례가 서원의 기원부터 함께했다는 것이 확인되었

다. 이에 본 연구팀은 내부 논의를 거쳐 지정 주제를 보완하는 차원에서
《서원 의례의 유형과 특징》 또한 연구하기로 결의했다.

　서원은 한국과 중국·일본·베트남·대만 등지의 유교 문화권에서 발흥하
였다. 동아시아 각국의 문화적·지리적·역사적 배경은 상이하며, 현존하는
서원의 수와 자료의 양적·질적인 차이도 크다. 여기에 *Pandemic* 사태로
현지 자료조사가 불가하게 되고 현지 연구자의 협조도 제한되면서, 각국
서원의 기원 및 체제 확립 과정 파악에 큰 어려움이 있었다. 이 결과 1차
연도 연구는 부득이하게 한국과 중국의 서원을 중심으로 진행되었으며, 그
외 국가의 서원에 관한 연구는 시론(試論)적 수준에 그쳤다.

　이러한 한계에도 불구하고 1차 연도 연구는 향후 연구 방향을 제시하고
연구의 초석을 다졌다는 점에서 의의가 있다. 본 연구팀은《동아시아 서원
제도의 기원과 변화》를 통해 한국과 중국 서원의 설립 배경을 재조명하면
서 기존 연구의 오류를 수정하는 성과를 거두었고, 나아가 일본과 베트남
서원에 대한 연구 방향을 제시하여 연구의 지속성을 확보했다. 또《서원
의례의 유형과 특징》으로는 서원 설립의 한 요인이었던 제향 관련 의례뿐
아니라 기타 서원의 발전과정에서 나타나는 각종 의례에 관한 실제 사례를
확인했다.

　현존 자료의 양과 질, 서원 역할의 비중 등을 고려하면 동아시아 서원
연구의 중점은 한국과 중국의 서원이 될 수밖에 없다. 그러나 서원 문화의
보편성, 시대 변천에 따른 역할을 확인하기 위해서는 일본과 베트남의 서
원 또한 연구해야 한다. 본 연구를 수행하기 위해서는 현지 연구자들의 협
조가 절대적으로 필요하다. 다행히 현재 각국 연구자 섭외 및 연구자 간의
교류는 원만히 이루어지고 있다. 그러나 한편으로 현지 조사와 자료수집
또한 연구를 위한 필수적 작업이다. 현재 세계적 상황의 빠른 정상화를 기
대한다.

　책을 출판하기까지 많은 분의 도움이 있었다. 관심을 가지고 본 연구팀
에 참여해 주신 배현숙·정순우·정병석·이우진·류준형·조명근 교수님께

감사드린다. 흔쾌히 어려운 연구를 맡아주신 김자운·임근실·한재훈·<ruby>甲<rt></rt></ruby>云·趙偉 선생님, 연구와 업무를 담당한 이병훈·채광수·이광우 연구원과 감병훈·김순한·박소희·윤정식·최성한·이준혁 연구보조원의 노고가 있었기에 본 연구가 가능하였다. 특히 중국 호남대학 등홍파 교수의 적극적인 협조가 없었다면 본 연구는 진행되기 어려웠을 것이다. 모든 분께 지면을 통해 감사를 전한다. 마지막으로, 어려운 여건에도 불구하고 기꺼이 출판을 맡아주신 신학태 사장에게도 감사드린다.

2021년 3월
연구책임자 이 수 환

차 례

책을 펴내며

차 례

제1부

동아시아 서원 제도의 기원과 변화

고·중세 한국 사학(私學)의 전통이 서원 출현에 이르기까지

이 광 우

Ⅰ. 머리말

한국사에서 교육의 전통과 문화는 교육기관을 중심으로 설명할 수 있다. 교육기관을 크게 관학(官學)과 사학(私學)으로 구분하되, 그것의 설립과 변천에 대한 제 양상과 상호 관계를 분석함으로써, 교육이 가지는 역사적 의미를 찾을 수 있는 것이다. 그간 한국사 및 교육사 분야에서 진행된 교육기관과 교육체계에 관한 연구는 관학과 사학이 대립적 관계가 아니라 상보적 관계임을 입증하였다. 현대에도 그렇듯이 교육을 등용의 기회로 삼은 자들은 관학이 제공하는 공적 영역에서 경쟁자들보다 우위를 점하기 위하여, 적극적으로 사학을 설립하고 운영하는 모습을 보여주었다. 경우에 따라 사학은 시대적 변화에 보수적으로 대응하는 관학을 대신해, 변혁 세력의 구심점이 되기도 하였다.

그렇기에 각 시대별 관학과 사학의 역할, 그리고 관학과 사학의 상보적 관계는 중앙집권적 국가의 성립 과정을 통해 한국사의 발전 양상을 설명하려는 입장에서 폭넓게 다루어졌었다. 관학의 운영 목적은 시대별로 정도의 차이는 있으나, 가급적 다양한 사회 세력을 동일한 조건에서 경쟁시켜, 통치이념에 부합하는 인재를 양성하는데 있다. 이는 곧 중앙집권적 관료국가 성립과 발전에 중요한 요건이 되었다. 한편, 사학은 관학이 제도적으로 영향을 미치지 못하는 곳까지 통치이념을 부식하고, 왕조의 교화체계에 자발적으로 부응하는 세력을 양성함으로써, 중앙집권화에 적지 않은 기여를 했다.

본 논문에서 살펴보고자 하는 것이 바로 관학과 상보적 관계를 맺으며, 중앙집권적 관료국가 성립에 기여를 한 전통시대 사학의 전통, 그 중에서도 16세기 서원(書院) 출현 이전의 사학 전통이다. 전통시대 사학기관 중 가장 완숙한 형태의 체계를 갖춘 것은 단연 서원일 것이다. 서원은 조선시대 관학기관에 만족하지 않았던 사류(士類)들에 의해 설립되었다. 이들은 서원 교육을 통해 관학의 공적 영역을 보완하고, 통치이념을 지역 사회에 천양(闡揚)해 나갔다. 조선 정부도 이들 서원의 공신력을 충분히 인정하였다. 그래서 서원은 다른 사학기관과 달리 정부에 의해 공적 영역에서 관리되었는데, 이는 곧 정부가 사류를 지방 교화의 주체임을 인정하고, 거기에 걸맞은 사회적 권위를 부여한 것으로 이해할 수 있다.[1] 교육 및 교화체계에서 관학의 공적 영역을 보완하며, 조선 사회가 성리학을 통치이념으로 하는 중앙집권적 양반관료국가로 성립되는데 서원이 일정 부분 역사적 역할을 했던 것이다.

그렇다면 서원은 한국사에 있어 사학의 전통과 어떠한 관련성을 가지고 있을까? 물론 조선시대 사류들은 다른 향촌 교화체계와 마찬가지로 서원 설립의 전통과 명분을 으레 송유(宋儒)의 행적에서 찾았다. 삼대(三代) 이후 풍속의 해이로 관학이 제 역할을 못했는데, 송유가 서원을 설립함으로써 올바른 가르침이 이루어질 수 있었다는 언급이 서원 설립과 관련된 각종 기문(記文)과 문자에서 쉽게 확인된다.[2] 하지만 시각을 넓힌다면 서원

---

1) 신동훈, 「16세기 서원(書院) 사액(賜額)과 국가의 서원 정책」『역사와 현실』98, 2015, 276~277쪽.

2) 『竹溪誌』권1, 行錄後, 〈白雲洞紹修書院記〉, "한(漢)·당(唐)·위(魏)·진(晉) 이후 학교를 숭상하지 않은 적이 없었으나, 모두 한갓 그 이름만 있고 직접 인도한 것이 없었기 때문에 그 다스림의 효과는 거의 세상에 알려진 바가 없었다. … [송(宋)] 태종(太宗)이 천하의 군주로서 작은 은사(隱士)의 서원에 편액과 서책을 하사하여 학문을 진작시킴으로써, 송나라가 다할 때까지 진유(眞儒)가 배출되고 도학이 크게 천명되어 그동안 단절되었던 공맹(孔孟)의 도통을 계승하였다. 이를 본다면

의 출현은 한국사 전개 과정에서 확인되는 유구한 사학의 전통과 무관하지
않을 것이다.[3]

서원 출현이 시대적으로 사림파(士林派) 발전에 구심처가 되었다는 평
가처럼,[4] 고대 이후 부단히 설립된 사학들도 분명히 한 시대의 성립과 변
화에 기여 했을 것이다. 이러한 맥락에서 고·중세 우리나라에 존재했던 여
러 사학기관과 그 체계가 갖는 역사적 의미를 다시 한 번 정리해 볼 필요

송조(宋朝)에서 이룬 성과는 서원에서 나왔지 국학에 의한 것이 아니었다."; 『退
溪集』 권42, 記, 〈伊山書院記〉, "옛날 하(夏)·은(殷)·주(周) 삼대(三代)의 학교가
모두 인륜을 밝히는 곳이었다. 후세에 이르러 … 안으로는 국학과 밖으로는 향교
가 모두 전혀 가르칠 줄을 모르는 곳이 되고 학문을 일삼을 줄 모르는 막막한 상
황으로 변하였다. 이러한 것이 뜻있는 선비로 하여금 발분하여 깊이 개탄하면서
… 서원을 세우는 일은 … 송나라에서 시작되어 원나라·명나라 시대에 성대하였
고, … 이 어찌 사도(斯道)의 큰 다행이 아니겠는가?"

3) 근대학문에서 우리나라 사학의 전통이 연구되기 시작한 것은 일제강점기부터이
다. 이 시기 일본인 학자들은 우리나라 교육 통사(通史)를 다루면서 사학기관의
존재 양상과 운영상을 언급하였지만(高橋亨, 『朝鮮の教育制度略史』, 朝鮮總督府,
1920 ; 高橋浜吉, 「朝鮮教育沿革略史」 『朝鮮』 85, 朝鮮總督府, 1922 ; 小田省吾,
『朝鮮教育制度史』(『朝鮮史講座』 Ⅱ-分類史-), 朝鮮史學會, 1923), 이들의 연구
는 다른 분야와 마찬가지로 식민주의적 역사 인식에서 크게 벗어나지 않았다. 이
들은 타율성론과 정체성론에 입각하여 우리나라 역대 교육기관이 중국 교육제도
를 모방한 것에 불과함을 강조하였고, 이를 통해 식민통치를 합리화시켰다. 그런
가운데 이만규(李萬珪)는 '『朝鮮教育史』 상, 을유문화사, 1947'을 통해 보편사적
측면에서 우리나라 교육사도 내적 발전 과정을 드러낸다고 하였다(이정빈, 「한국
고대 교육사 연구의 현황과 과제-역사학계의 성과를 중심으로-」 『한국교육사
학』 39-1, 한국교육사학회, 2017, 102쪽 ; 오경택, 「조선시대 서당 연구의 현황
과 과제」 『전북사학』 31, 전북사학회, 2007, 85쪽). 한편, 류홍렬(柳洪烈)은 '「朝
鮮祠廟發生에 對한 一考察」 『진단학보』 5, 진단학회, 1936'과 '「麗末鮮初의 私學」
『靑丘學叢』 24, 靑丘學會, 1936' 등의 연구를 통해 조선시대 사학을 주목하며, 한
국교육사에 대한 식민주의적 인식을 극복하려 했다(강명숙, 「다카하시 도오루(高
橋亨)의 「조선 교육제도 약사」에 대한 일 고찰-일제강점기 조선 거주 일본인의
한국교육사 연구와 그 한계-」 『한국교육사학』 38-4, 한국교육사학회, 2016).
4) 이병휴, 「朝鮮前期 中央權力과 鄕村勢力의 對應」 『국사관논총』 12, 국사편찬위
원회, 1990, 125쪽.

가 있다고 생각된다. 다만 필자가 과문한 관계로 선행되어야 하는 고·중세 사학의 범주를 명확히 개념화하지는 못하였다. 그렇기에 여기서는 기존 연구에서 다루어졌던 고·중세 사학기관, 그리고 사학의 기능을 갖춘 의식과 제도 중에서 국가의 통치이념을 교육하며, 관학과 상보적 관계에 있었던 것을 중심으로 살펴보도록 하겠다.

Ⅱ. 고대 중앙집권적 국가의 성립과 사학(私學)의 자취

1. 상고시대 사학 개념의 성립

고대 한국사에서 교육기관 및 교육체계로는 고구려의 태학(太學)과 경당(扃堂), 신라의 화랑제도(花郞制度)와 국학(國學) 정도만 실체가 전할 뿐, 삼국 성립 이전은 자료의 부족으로 그 존재가 명확히 확인되지 않는다. 다만, 상고시대 이후 초기국가의 성립과 발전 과정을 통해 사학의 존재를 유추해 볼 수 있다.

관학은 국가 성립을 전제로 한다. 초기국가 성립 후 통치 세력들은 자연스레 교육에 관심을 가지기 시작하였다. 국가 유지에 필요한 인재를 효율적으로 양성하기 위해 제도적으로 교육체계를 마련할 필요가 있었던 것이다.

원시공동체 사회의 가장 큰 관심사는 종족 번영이다. 이를 위해서는 생업과 관련된 필수 지식과 기술을 미성년 집단에게 가르쳐야만 했다. 기본적으로 성년 집단은 미성년 집단에게 농경·사냥·어로·전투 방법을 교육하였다. 또한 고유의 원시신앙 체계를 교육시켜 동질감을 형성해 나갔다. 미성년 집단의 교육은 일종의 통과의례로 치러지는 성년식(成年式)을 통해 마무리되었고, 그 과정을 거친 미성년은 공식적으로 원시공동체의 구성원으로 인정받을 수 있었다.[5]

그러나 청동기시대 이후 사유재산 발달로 원시공동체는 지배계급과 피지배계급으로 분열되었으며, 정복전쟁의 수행으로 피정복 집단은 정복 집단의 통제를 받게 된다. 따라서 원시공동체가 공유하던 교육도 분화되어 갔다. 정복 집단의 지배계급은 지도력 함양과 통치 행위에 필요한 교육을 권력 유지를 위해 독점하였으며, 자신들만의 집회와 통과의례로 특권 계층이라는 동질감을 형성하였다. 이를 통해 사회적 지위를 확인하고, 통치 세력 내 후속 세대를 양성해 나갔다.

청동기시대를 거쳐 초기국가가 성립되고 발전하는 과정에서, 특권층의 미성년·청년 대상의 집단 교육은 권력 유지와 효율적 통치에 부합하는 방향으로 더욱 체계화 되었다. 이러한 흐름 속에 중앙집권적 귀족국가를 형성한 삼국은 초기국가 시절부터 경험한 특권층의 집단 교육을 새로운 교육기관으로 발전시켰고, 고구려의 태학·경당, 신라의 화랑도(花郎徒), 통일신라의 국학과 같은 정비된 교육체계가 탄생하였다.[6] 이처럼 계급 분화 이후 새롭게 성립된 교육체계는 사학의 성립을 가능케 했다. 즉, 상고시대 이후 국가의 통치 세력에 의해 관리된 교육체계가 관학, 그 체계에 편입되지 못한 나머지 교육체계와 관학을 보조하기 위해 사적으로 형성된 교육체계를 사학으로 각각 분류지울 수 있게 된 것이다.

2. 고구려의 지방 교육기관 경당

원시공동체의 교육체계는 고대 국가가 성립됨에 따라 새로운 교육기관

---

5) 한기언, 『韓國敎育史』, 박영사, 1963, 7~11쪽. 이와 관련해 한기언은 '『삼국지(三國志)』 위서(魏書) 동이전(東夷傳) 한(韓)'조의 "용감하고 건장한 젊은이는 모두 등의 가죽을 뚫고, 큰 밧줄로 그곳에 한 발쯤 되는 나무막대기를 매달고 온 종일 소리를 지르며 일을 하는데, 아프게 여기지 않으며, 그렇게 작업하기를 권하고, 또 이를 강건한 것으로 여겼다"라는 상고시대 한의 풍속을 성년식의 통과의례 보았다.

6) 노용필, 「古代의 敎育과 人材養成」 『한국사 시민강좌』 18, 일조각, 1996, 4쪽.

으로 발전하였다. 고대 각 왕조는 관료 양성을 목적으로 관학을 설립하였으며, 한편으로 중앙과 지방의 세력가들은 관학 보조를 위해 사학을 운영했던 것으로 보인다. 그런 가운데 고대에는 과거 공동체 교육의 흔적이 남아 있는 사학의 존재를 유추 할 수 있다. 그 중 가장 먼저 주목되는 것이 바로 고구려의 경당이다.

고구려의 경당은 문헌에서 실체가 확인되는 고대 교육기관 중 유일하게 지방에 설립된 것이다. 초기 연구에서는 경당의 운영 형태를 사학으로 규정하였으나,[7] 이후 공립교육기관으로 분류하는 견해도 등장하였다.[8] 비록 운영 형태에 대한 견해의 차이가 있지만, 지방 세력에 의해 개별적으로 운영되던 각종 청년 조직이 경당의 기원이라는 입장은 동일하다.

중앙집권화 된 권력은 지방 세력을 일방적으로 통제한 것이 아니라, 통치의 조력자로도 활용하였다. 교육을 통해 국방과 행정에 필요한 실무 능력을 함양시키고, 탁월한 자를 관료로 등용시키는 시스템을 구축하였는데, 고구려에서는 경당이 그 역할을 했던 것이다. 경당에 대해서는 다음과 같이 『구당서(舊唐書)』와 『신당서(新唐書)』에만 짤막하게 언급되어 있다.

> 습속은 서적(書籍)을 매우 좋아하여, 형문(衡門)과 시양(廝養)의 집에 이르기까지, 각 거리마다 큰 집을 지어 경당(扃堂)이라 부른다. 자제(子弟)들이 결혼할 때까지 밤낮으로 이곳에서 독서와 활쏘기를 익히게 한다. 책은 오경(五經)과 『사기(史記)』, 『한서(漢書)』, 범엽(范曄)의 『후한서(後漢書)』, 『삼국지(三國志)』, 손성(孫盛)의 『진춘추(晉春秋)』, 『옥편(玉篇)』, 『자통(字統)』, 『자림(字林)』이 있다. 또 『문선(文選)』을 매우 중하게 여긴다.[9]

---

7) 이병도, 『韓國史』-古代篇-, 을유문화사, 1959, 569쪽 ; 이동환, 「韓國文敎風俗史」『韓國文化史大系』 8 風俗·藝術史(下), 고대민족문화연구소출판부, 1970, 773쪽.
8) 노용필(1996), 앞의 논문, 5쪽.
9) 『舊唐書』 권199, 列傳 149 上, 高麗.

사람들이 배우기를 좋아하여 궁리(窮里)와 시가(廝家)에
이르기까지 서로 힘써 배우므로, 길거리마다 큼지막한 집
을 지어 국당(局堂)[경당]이라 부른다. 결혼하지 않은 자제
들을 이곳에 보내어 글을 외고 활쏘기를 익히게 한다.[10]

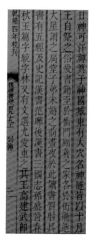

구당서

위의 기사에서 주목할 점은 경당이 미혼 자제를 교육
시키는 장소라는 것이다. 그런데 경당의 미혼 자제는 상
고시대 공동체 교육의 대상이었던 미성년·청년 집단과
연결 지울 수 있다. 이에 이기백은 경당에 대한 선구적
연구에서 신라의 화랑도에 견줄 수 있는 원시 남자집회
로 분석하였다.[11] 원시공동체 사회에서 행해지던 일련의
집단 교육이 경당으로 발전했다고 본 것이다. 덧붙여 이기백은 『삼국지(三
國志)』에 소개된 고구려 풍습 중 "於所居之左右立大屋 祭鬼神"이라는[12] 대
목을 주목하였다. 여기서 그는 대옥(大屋)을 경당으로 보았으며, 종교적 제
의가 함께 이루어졌다고 보았다.[13] 이러한 경당의 기능은 교육과 제의를
동시에 수행했던 중세 교육기관을 연상시킨다. 중앙집권화 과정에서 등장
한 경당은 인재 양성뿐만 아니라, 토착적 제의를 통해 지방 세력을 교화하

---

10) 『新唐書』 권220, 列傳 145, 東夷, 高麗.
11) 이기백, 「高句麗의 局堂-韓國 古代國家에 있어서의 未成年集會의 一遺制-」『역
    사학보』 35·36, 역사학회, 1967, 49쪽. 일찍이 일본인 관학자 미시나 아키히데
    [三品彰英]는 1943년 발표한 『新羅花郎の硏究』를 통해 원시 남방 문화권의 특징
    인 남자집회가 신라에서 화랑도로 나타나지만, 고구려는 북방 문화권에 속해 남
    자집회가 확인되지 않는다고 보았다. 그는 식민주의적 견해에서 우리 역사를 북
    방과 남방 문화권으로 분리시키고자 했던 것이다. 이에 대해 이기백은 고구려의
    경당을 화랑도와 견줄 수 있는 원시 남자집회의 흔적으로 보고, 미시나 아키히데
    의 견해를 반박함과 동시에 고대 우리 문화의 동질성을 입증하였다.
12) 『三國志』 魏書 30, 東夷傳, 高句麗.
13) 이기백, 앞의 논문, 1967, 48~49쪽. 한편, 한기언은 비교사적 입장에서 경당을
    서양 중세의 수도원학교에 견주었다(한기언, 앞의 책, 1963, 13쪽).

는 기능도 가지고 있었던 것이다.

다음으로 주목할 것은 경당의 입학 대상인 미혼 자제의 신분이다. 일찍이 백남운(白南雲)은 『구당서』의 '형문(衡門)·시양(廝養)', 『신당서』의 '궁리(窮里)·시가(廝家)'를 문자 그대로 해석하여, 촌락의 천민 계층도 경당에서 문무(文武)를 익혔기에 고구려의 문화 수준은 매우 높았던 것으로 판단하였다.[14) 그러나 위의 표현들은 비관인(非官人)의 처지에 있던 사람들이 스스로를 낮추어 부를 때도 사용하였기에 미혼 자제의 신분은 상층민으로 보는 것이 타당하다. 즉, 고구려 지방 세력가의 미혼 자제들이 경당에 입학하였던 것이다.[15)

경당에서는 군사 훈련을 비롯해 경전과 역사서, 그리고 문서 행정에 필수인 『문선(文選)』을 교육하였다. 경당의 미혼 자제들은 경전과 역사서를 통해 전제왕조의 이데올로기를 체득하고, 행정 실무를 위한 기본 소양을 익혀 나갔다.[16) 경당의 교육 목적이 통치를 보조할 관료예비군 층 양성에 있었던 것이다.

상고시대 미성년 집단을 대상으로 한 공동체 교육은 4~5세기 이후 중앙집권화된 정부에 의해 공적 영역으로 재편되었다. 고구려는 중앙집권화 과정에서 국가 운영에 필수적인 새로운 교육체계를 수입하였고, 이것을 재래의 공동체 교육과 결합시켰다. 이에 유학 교육을 전문으로 하는 교육기관이 정착되기 이전, 그 과도기적 단계로서 핵심 권력층의 미성년 집단, 즉 귀족 자제가 입학하는 태학이 372년(소수림왕 2) 중앙에 설립되었다.[17) 그리고 지방의 공동체 교육은 경당으로 변모하였다. 경당이 사학의 형태로 운영되었는지, 아니면 국가의 직접적인 통제를 받았는지 알 수 없지만, 분명한 것은 사적 영역에서 전개된 지방의 공동체 교육이 중앙집권화에 부응

---

14) 백남운 저, 윤한택 역, 『조선사회경제사』, 이성과현실, 1989, 204쪽.
15) 이정빈, 「고구려 扃堂의 설립과 의의」 『한국고대사연구』 67, 2012, 347~352쪽.
16) 이정빈, 앞의 논문, 2012, 357~358쪽.
17) 이만규, 『다시 읽는 조선교육사』, 살림터, 2010, 94쪽.

하여 공적 영역에 의해 관리되면서 경당이 탄생하였다는 점이다.

3. 신라 화랑제도의 사학적 요소

신라의 화랑제도는 원시공동체 사회의 집단 교육이 고대 국가의 교육 및 인재 선발 체계로 발전하면서 성립된 것인데, 여기에서도 사학적 요소를 찾아 볼 수 있다. 화랑제도는 신라 특유의 비형식적 교육제도로 주로 왕족과 귀족 자제를 대상으로 한다. 화랑의 무리를 화랑도라 하며, 각 화랑은 휘하에 많은 낭도를 거느렸다. 화랑과 낭도는 공동생활을 통해 결속력을 다져 나갔고, 학습 능력이 입증된 화랑은 왕조의 귀족 관료로 발탁되었다.[18] 앞서 고구려의 경당을 화랑도에 견준 이기백의 견해처럼,[19] 화랑제도 역시 상고시대 공동체 교육에서 그 연원을 찾을 수 있다.

『삼국사기(三國史記)』에 따르면 화랑제도가 설립된 것은 576년(진흥왕 37)이며, 그 이전에 화랑의 전신인 원화(源花)가 있었다.[20] 원화는 화랑과 달리 여성 가운데 선발되었기에 화랑제도보다 토속적 교화체계가 강하게 반영된 것으로 이해되고 있다. 분명한 것은 원화와 화랑 모두 상고시대 청년 집단의 공동체 교육과 무관하지 않다는 것이다. 신라도 중앙집권화 과정에서 많은 정치 세력을 복속시켰다. 신라의 구성 세력이 다양해짐에 따라, 핵심 권력층은 자신들의 특권을 유지하기 위해 독점적 교육제도를 마련하였고, 그것은 원화제도를 거쳐 화랑제도로 정립되었다.

상고시대 공동체 교육에서 출발한 화랑제도는 최치원(崔致遠)[857~?]의

---

18) 『삼국사기』 권47, 列傳 7, 金歆運, "신라 사람들은 인재를 알아볼 수 없을까를 걱정하여 무리로 하여금 모여 함께 놀게 하고, 그 행동을 본 후에 발탁했다. … 혹은 도의로써 서로 갈고 닦았으며, 혹은 노래로써 서로 즐거워하며 산수를 유람하고 즐기어 멀리라도 가지 않는 곳이 없었다. 이로 인하여 사람의 그릇됨과 바름을 알아, 선택하여 조정에 천거하였다"

19) 이기백, 앞의 논문, 1967, 49쪽.

20) 『三國史記』 권4, 新羅本紀 4, 眞興王 37년.

〈난랑비서(鸞郞碑序)〉에 "나라에 현묘(玄妙)한 도(道)가 있는데, 풍류(風流)라고 한다. 가르침의 근원에 대해서는 선사(仙史)에 자세하게 갖추어져 있는데, 실로 이는 삼교(三敎)를 포함하고 뭇 백성들과 접(接)하여 교화한다"라고[21] 언급된 것처럼, 중앙집권화 과정에서 도입된 외래 문물과 결합되었다. 토속적인 교화체계를 넘어 중앙집권적 고대 국가의 통치이념에 부합하는 인재 선발 시스템으로 발전한 것이다.

화랑 집단의 인재선발 기준은 명시되어 있지 않다. 다만, 〈난랑비서〉의 내용을 감안했을 때, 무예와 더불어 삼교, 즉 유학·불교·도교의 소양이 중요시되었던 것으로 보인다. 그렇다면 화랑들은 내부 경쟁을 위하여, 공동생활과는 별개로 삼교의 소양을 익혀 나갔을 것이다. 만약, 화랑들이 경쟁에서 우위를 점하기 위하여 개별적으로 학문을 익혔다면, 이는 사학적 요소로 이해할 수 있다.

이러한 전제 하에 주목할 수 있는 것이 바로 승려의 존재이다. 승려는 화랑과 밀접한 관계를 맺으며 중요한 사안에 대해 조언하는 위치에 있었다. 진지왕(眞智王) 대에 첫 국선(國仙)으로 알려진 미시랑(未尸郞)은 승려 진자(眞慈)에 의해 발탁되었으며,[22] 신라 경문왕(景文王)은 화랑 시절 흥륜사(興輪寺) 승려 범교(範敎)에게 조언을 받고 공주와 혼인하였다.[23] 나아가 승려들은 화랑에게 직접적으로 학문을 가르쳤던 것으로 보인다. 이와 관련해 『고려사(高麗史)』 열전의 다음 기사가 주목된다.

> 민적(閔頔)[1270~1336]은 … 국속(國俗)에 어릴 때 반드시 승려를 따라가서 글을 익히게 되어 있었는데, 얼굴과 머리털이 아름다운 남자는 승려든 속세 사람이든 모두 받들어서 선랑(仙郞)이라고 불렀다. 따르는 무리의 숫자가 어떤 경우에는

---

21) 『삼국사기』 권4, 신라본기 4, 진흥왕 37년.
22) 『三國遺事』 권3, 塔像 4, 〈彌勒仙花 未尸郞 眞慈師〉.
23) 『삼국사기』 권11, 신라본기 11, 憲安王 4년 ; 『삼국유사』 권2, 紀異 2, 〈景文大王〉.

100~1,000명에 이르기도 하였는데 그 풍속은 신라 때부터 비롯된 것이다.[24]

위의 기사에서처럼 신라의 젊은 인재들은 당대 엘리트 지식인인 승려를 찾아가 사사로이 학문을 배웠다. 이때 승려들이 주로 가르친 것은 관료 활동에 필수적인 유학이었다. 유학에 대한 승려들의 높은 이해도는 원광(圓光)[555~638]의 사례에서 잘 드러난다. 원광은 중국 유학(留學) 시절 불교뿐만 아니라 유학을 함께 배웠으며, 귀국해서는 경계할 금언을 청하고자 찾아온 귀산(貴山)과 추항(箒項) 두 사람에게 유가적 사상이 가미된 '세속오계(世俗五戒)'를 지어 주었다. 나아가 수(隋)나라 황제에게 군대를 청하는 〈걸사표(乞師表)〉를 올렸는데,[25] 이는 승려가 당시 유가 지식을 주도하는 위치에 있었음을 잘 보여주는 대목이다.

이러한 위상을 감안할 때 승려들은 자신과 결탁된 화랑을 조언하는데 그치지 않고, 그들의 지적 교육을 담당했을 가능성이 크다.[26] 미래 권력의 상층부를 형성할 화랑 입장에서도 경사(經史)를 익혀 실무에 필요한 예비 지식을 습득하고, 다른 화랑과의 경쟁을 대비해야 했다. 이러한 상황 속에 아직 유가 지식인이 드물었던 중고기 신라의 화랑들은 개별적으로 연결된 승려들을 통해 유학을 배워 나갔는데, 이를 화랑제도의 사학적 요소로 이해할 수 있는 것이다.

4. 고대 유학을 교육한 여러 사학기관의 존재 가능성

고대 삼국은 중앙집권화 과정에서 각기 유학을 수용하며, 체제 정립에 적극 활용하였다. 유학의 이념은 전제왕조의 권위를 보장해 주었고, 각종

---

24) 『高麗史』 권108, 列傳 21, 閔頔.
25) 『삼국유사』 권4, 義解 5, 〈圓光西學〉.
26) 이동환, 앞의 책, 1970, 778쪽.

문물과 제도 정비에도 큰 영향을 끼쳤다. 또한 동아시아 제 왕조가 한자문화를 공유하게 되면서, 경사(經史)와 시서(詩書)는 외교와 행정을 담당하는 관료에게 필수 교양이 되었다. 이에 각 왕조는 유학직 소양을 갖춘 고급 인재를 양성하기 위해 관학체계를 마련하였다.

관학체계의 궁극적인 목적은 경쟁을 통한 인재선발이었다. 따라서 관학 체계에 만족하지 못한 관료예비군 층은 사학을 통해 자신들의 경쟁력을 높여 갔다. 유학이 관료 선발에 있어 중요한 소양으로 부각됨에 따라, 자연스레 사학기관도 관학의 운영 시스템에 맞추어 중앙과 지방에 설립되어 갔을 것이다. 그러나 자료의 부족으로 고대에 유학 교육을 담당한 사학의 실체를 파악하기란 쉽지 않다. 이에 단편적인 기록을 바탕으로 유학을 교육한 여러 사학기관의 존재 가능성을 가늠해 보도록 하겠다.

백제의 경우 교육기관의 존재가 뚜렷이 확인되지 않는다. 다만, 고구려와 비슷한 시기 중앙집권화의 길을 걸었다는 점을 감안하여, '태학-경당' 체계에 상응하는 교육기관의 존재를 유추할 수 있다. 이와 관련해 백제에서는 박사(博士)라는 교육 관직의 존재가 주목된다. 4세기 일본으로 건너가 유학을 가르쳤다는 박사 아직기(阿直岐)와 왕인(王仁)의 활약,[27] 그리고 박사 고흥(高興)이 『서기(書記)』를 편찬했다는 사실을[28] 미루어 볼 때, 4세기 무렵 백제에는 상당한 수준의 유가 지식인이 활동했던 것으로 보인다. 그런 가운데 근래에는 백제 유민 진법자(陳法子)[615~690]의 묘지(墓誌)가 발견되면서, 백제 태학의 존재 가능성을 높여주고 있다.[29]

그렇다면 백제에도 중앙 관학에 입학하기 전, 그것을 대비하는 사학이

---

27) 『日本書紀』 권10, 譽田天皇 應神天皇, 15년 가을 8월.
28) 『삼국사기』 권24, 百濟本紀 2, 近肖古王 30년.
29) 이 묘지는 중국 산시성[陝西省] 시안[西安] 대당서시박물관(大唐西市博物館)에 소장되어 있다. 묘지에 소개된 진법자의 증조부 진춘(陳春)은 태학정(太學正)을 역임한 것으로 나타나는데, 용례상 태학정은 태학의 장관으로 해석된다. 정동준, 「陳法子 墓誌銘」 『목간과 문자』 13, 한국목간학회, 2014 ; 이정빈, 앞의 논문, 2017, 108~109쪽.

존재하였을 것이다. 이와 관련해 『주서(周書)』에 소개된 "俗重騎射 兼愛墳
史"라는[30] 백제 풍속을 고구려의 그것과 유사한 것으로 보고, 경당과 같은
지방 교육기관의 가능성을 전망하는 견해도 있다.[31] 한편, 2005년 인천 계
양산성 집수정(集水井)에서 발굴된 『논어(論語)』 목간도[32] 지방 교육기관
또는 사학기관의 존재와 무관하지 않을 것이다.

신라에는 국학이라는 중앙 관학이 운영되었다. 『삼국사기』에는 682년
(신문왕 2) 신라에 비로소 관학기관이 설립된 것으로 나온다. 그러나 681
년 세워진 문무왕릉비(文武王陵碑)에 이미 '국학소경(國學少卿)'과 '대사(大
舍)'라는 명칭이 보인다는 것과 651년(진덕왕 5) 신라 예부(禮部)에 대사를
두었다는 기사를 바탕으로[33] 삼국통일 이전에 이미 국학이 설치되었다는
주장이 제기되고 있다.[34] 즉, 7세기 이후 신라가 당나라와 우호적인 관계
를 맺으면서, 중국의 선진문물을 적극적으로 수용하게 되고, 그것이 유학
을 주로 가르치는 중앙 관학의 탄생을 견인하였다.

그런데 7세기 중·후반 국학 설립을 통해서도 사학의 존재를 유추해 볼
수 있다. 앞서 언급하였듯이 신라는 통일 이전 성립된 화랑제도 운영에서
사학의 가능성을 보여주었다. 또한 유학 공부에 대한 다짐을 기록해 놓은
〈임신서기석(壬申誓記石)〉도 사학기관의 존재 가능성을 생각해 볼 수 있게
해주는데,[35] 이와 관련해 강수(强首)에 대한 다음 기사가 주목된다.

강수(强首)는 중원경(中原京) 사량부(沙梁部) 사람이다. … 나이가 들자 스스

---

30) 『周書』 권49, 列傳 41, 異域 上, 百濟.
31) 노용필, 앞의 논문, 1996, 7쪽.
32) 김경호·이영호 책임 편집, 『지하의 논어, 지상의 논어』, 성균관대학교 출판부,
   2012, 41~42쪽.
33) 『삼국사기』 권38, 雜志 7, 職官 上.
34) 정구복 외, 『역주 삼국사기』 4, 한국정신문화연구원, 1997, 494~495쪽.
35) 마종락, 「韓國 古代의 社會構成과 敎育」 『역사교육』 49, 역사교육학회, 1991, 30
   쪽.

로 책을 읽을 줄 알아 뜻과 이치를 환하게 깨우쳤다. 아버지가 그의 뜻을 알아보려고 "너는 불교를 배우겠느냐? 유학을 배우겠느냐?"라고 물었다. "제가 들으니 불교는 세상 밖에 대한 가르침인데, 저는 이 세속 사람이니 어찌 불교를 배우겠습니까? 유학의 도를 배우고 싶습니다"라고 대답하였다. 아버지는 "네가 좋아하는 대로 하라"고 말하였다. 드디어 스승을 찾아가 『효경(孝經)』, 『곡례(曲禮)』, 『이아(爾雅)』, 『문선(文選)』을 읽었다. 배운 것은 비록 얼마 되지 않았지만, 깨달은 바가 더욱 많았다.[36)]

강수의 활동시기를 감안할 때 7세기 중반 이전 유학을 배웠을 것이며, 공부한 곳은 중원경 일대의 사숙(私塾)으로 보인다.[37)]

이러한 형태의 사숙은 통일신라 말기 귀족사회의 근간을 이루던 골품제(骨品制)의 모순 속에 더욱 확산되었다. 특히 지방을 실질적으로 지배하던

용두사철당기

호족(豪族) 세력은 지역 내에서 자신들의 문화적 욕구를 교육기관 설립과 운영을 통해 충족하였다. 호족이 운영한 것으로 보이는 지방교육기관의 사례는 962년(광종 13) 건립된 청주 용두사(龍頭寺)의 〈용두사철당기(龍頭寺鐵幢記)〉를 통해 짐작할 수 있다. 고려 성조(成宗)조 향리직 개편 이전 작성된 이 철당기에는 사찰 건립을 주도한 여러 종사자가 기재되어 있는데, 그 중에는 '학원경(學院卿)'과 '학원낭중(學院郎中)'이란 직책을 띤 지방 세력가가 등장한다.[38)] 여기서 '학원'

---

36) 『삼국사기』 권46, 열전 6, 强首.

37) 마종락, 앞의 논문, 1991, 30쪽.

38) 용두사는 고려 초에 건립되었지만 철당기에 기재된 나머지 직역은 성종조 향리직 개편 이전에 사용되던 것이기에 통일신라 말기의 지역 질서가 반영된 것으로

은 분명 통일신라시대 이후에 설치된 지방교육기관일 것이다. '학원'의 성격이 관학인지 사학인지는 밝혀지지 않았으나, 당시 시대상을 감안한다면 '학원'의 운영자는 옛 청주 지역의 호족으로 이해된다.[39]

발해의 중앙 관학으로는 왕족과 귀족 자제를 교육한 주자감(冑子監)이 있었다. 관학의 설립 시기는 명확하지 않으나, 714년 발해 고왕(高王)[대조영(大祚榮)]이 생도 6명을 당나라 태학에 입학시켰다는 것으로 보아[40] 왕조 초기에 형태를 갖추었던 것으로 보인다.[41] 그런데 발해는 고구려 계승을 천명하고 있다. 고구려 유민 중 영주(營州)로 강제 이주된 세력을 제외하고는 많은 백성들이 고구려 영역에 남아 여전히 옛 풍속을 유지하였다. 그렇다면 발해에서도 고구려의 '태학-경당' 체계를 계승한 '주자감-지방 사학'을 상정할 수 있다.[42]

한편, 777년과 792년에 각각 작성된 〈정혜공주묘지(貞惠公主墓誌)〉와 〈정효공주묘지(貞孝公主墓誌)〉에는 동일하게 "早受女師之教 克比思齊 每慕曹家之風 敦詩悅禮"라는[43] 구절이 수록되어 있다. 여기서 주목되는 것은 여사(女師)의 존재이다. 여사는 두 공주에게 유학 경전과 유가의 예의범절을 가르쳤다. 이를 미루어 볼 때, 왕족뿐만 아니라 귀족 가문의 여성들도 어느 정도 수준의 유학 교육을 받았던 것으로 추정되는데,[44] 이는 여사들의 사적 교육행위로 진행되었을 것이다.

보고 있다. 김광수, 「羅末麗初의 地方學校問題」 『한국사연구』 7, 한국사연구회, 1972, 116~118쪽.

39) 김광수, 앞의 논문, 1972, 127쪽.

40) 『玉海』 권153, 朝貢, 外夷來朝, 內附, 唐渤海遣子入侍.

41) 방학봉, 『발해사연구』, 정음사, 1989, 127쪽.

42) 방학봉, 「정효공주묘지에 반영된 유가사상 연구」 『발해문화연구』, 이론과 실천, 1991, 102~103쪽.

43) 한국고대사회연구소, 『譯註 韓國古代金石文』, 1992.

44) 천인석, 「渤海의 儒學思想과 統一新羅의 儒學思想 比較」 『동양철학연구』 17, 동양철학연구회, 1997, 128쪽.

Ⅲ. 중세 사학(私學)의 발전과 전개

1. 사학 12도의 성립과 변화

한국 중세 왕조의 특징 중 하나는 본격적으로 유학을 통치이념으로 채택하고, 그것에 소양을 갖춘 인재를 관료로 등용했다는 것이다. 이에 고려 정부는 건국 초기부터 유학 장려책을 단계적으로 시행해 나갔다. 특히 958년(광종 9)의 과거제 실시는 중앙집권적 관료국가 성립에 기본시스템이 되었다. 교육기관의 설립과 운영도 과거제도에 맞추어졌다. 과거제도와 연계하여 관학기관을 정비하였고, 관료예비군 층은 과거 시험 경쟁에서 우위를 점하기 위하여 사학기관을 적극적으로 활용하였다. 물론 고대 중앙과 지방에 존재했던 사학도 이러한 체계 정립에 중요한 기반이 되었을 것이다.

고려시대 사학기관 중 가장 주목을 받는 것은 단연 사학 12도(徒)이다. 『고려사』 선거지(選擧志)에는 12도를 설명하는 '사학(私學)'이 한 조목을 차지하고 있다. 여기에 소개된 12도의 설립 경위와 운영상 특징은 다음과 같다.

문종(文宗) 때 대사중서령(大師中書令) 최충(崔冲)이 후진을 불러 모아 싫증 내지 않고 열심히 가르치고 깨우치자, 청금(靑衿)과 백포(白布)가 그의 집 문과 거리를 가득 메우고 넘치게 되었다. 그리하여 구재(九齋)로 나누었으니, 낙성재(樂聖齋)·대중재(大中齋)·성명재(誠明齋)·경업재(敬業齋)·조도재(造道齋)·솔성재(率性齋)·진덕재(進德齋)·대화재(大和齋)·대빙재(待聘齋)가 그것으로써 이를 일러 '시중최공도(侍中崔公徒)'라고 하였다. 의관자제(衣冠子弟)들로서 무릇 과거에 응시하려는 자들은 반드시 먼저 이 도(徒)에 들어가 배웠다. 해마다 여름철에는 승방(僧房)을 빌려 하과(夏課)를 열었는데, 도(徒) 출신으로 급제하여 학문이 우수하고 재능이 많지만, 아직 관직에 나가지 못한 사람을 택하여 교도(教導)로 삼았다. 배우는 것은 구경(九經)과 삼사(三史)였다. 간혹 선배가 찾아오면

촛불에 금을 그어 시(詩)를 지은 후 등급을 붙여놓고 이름을 불러 들어오게 한 후 술자리를 베풀어주었다. 동관(童冠)이 좌우에 벌려있으면서 술잔과 안주를 받드는데, 진퇴(進退)의 의절과 장유(長幼)의 질서가 있으며, 하루 종일 시를 수창(酬唱)하였으므로 보는 사람들이 아름답다고 감탄해 마지않았다. 그 뒤부터 무릇 과거에 응시하려는 자들 모두 이름을 구재에 적(籍)하였으니, 이를 문헌공도(文憲公徒)라고 일렀다. 또 유신(儒臣)으로서 도(徒)를 세운 이들이 11명이었다.[45] … 문헌공(文憲公) 최충의 도(徒)를 합하여 세간에서 12도라고 불렀지만, 최충의 도가 가장 번성하였다.[46]

홍천 노동서원 최충 초상

위의 『고려사』는 사학의 효시를 최충(崔沖)[984~1068]이 세운 문헌공도로 보고 있다. 이어 여러 유신(儒臣)들이 11도를 세움으로써 고려의 사학이

---

45) 문헌공도 이외의 나머지 11도는 도명(徒名)과 설립자만 기재되어 있는데, 설립 시기를 추정해서 정리하면 다음과 같다.

徒明	설립자	설립 시기	徒明	설립자	설립 시기
文憲公徒	侍中 崔沖	1055년(문종 9)	良愼公徒	平章 金義珍 [郎中 朴明保]	문종 중기
弘文公徒 [熊川徒]	侍中 鄭倍傑	문종 중기	貞敬公徒	平章 黃瑩	숙종 [1095~1105] 초
匡憲公徒	參政 盧旦	1086년(선종 3) 이후	忠平公徒	柳監	미상
南山徒	祭酒 金尚賓	문종 중기	貞憲公徒	侍中 文正	미상
西園徒	僕射 金無滯	문종 후기	徐侍郎徒	侍中 徐碩	미상
文忠公徒	侍郎 殷鼎	문종 말 ~선종 초	龜山徒	미상	미상

46) 『고려사』 권74, 志 28, 選擧 2, 學校, 私學.

번성했다고 한다. 그러나 실제 사학은 왕조 초기부터 존재하며, 인재 양성에 중요한 역할을 하고 있었다.

> 성종 … 8년(989) 4월 국왕이 교서(敎書)를 내려 말하기를 "… 지금부터는 무릇 문관(文官)으로서, 제자가 10명 이하인 자를 유사(有司)에서 임기가 차서 관직을 옮길 때 갖추어 기록해 보고하면 포장(襃奬)하거나 폄출(貶黜)하겠노라!…"[47]

위의 교서(敎書)는 중앙 관학인 국자감(國子監)이 설립되기 3년 전에 내려진 것이다. 이때 이미 상당수의 문신 관료들은 개별적으로 사숙을 열어 문인을 양성하고 있었다. 992년(성종 11)이 되어서야 비로소 국자감이 설립된 것도 왕조 초기 사숙 교육이 활발하여, 중앙 관학이 절실하지 않았기 때문일 것이다.[48] 즉, 왕조 초기의 사숙이 최충 시대에 한층 더 융성해져 사학 12도로 설립된 것으로 이해할 수 있다.[49]

문헌공도로 대표되는 사학 12도의 주된 교육은 "의관자제(衣冠子弟)들로서 무릇 과거에 응시하려는 자들은 반드시 먼저 이 도(徒)에 들어가 배웠다"라는 언급처럼 과거 공부 위주로 이루어졌다. 하과(夏課)는 과거 준비와 관련하여 문헌공도에게 거행한 특징적인 학습 방법으로 소개되어 있다. 하과는 여름철 승방(僧房)에서 거행되었는데, 과거에 급제한 선배가 교육을 담당하였다. 하과의 음주 자리에서는 선후배 간의 구분이 엄정했다. 이러한 관계는 훗날 생도들이 관료로 진출했을 때, 동문 의식으로 결속하는 밑바탕이 되었을 것이다.

한편, 일부 사학은 제의 기능을 가지고 있었다. 1205년(희종 1) 홍문공도(弘文公徒) 출신의 과거 급제자 임득후(林得侯)가 선성당(宣聖堂)을 김준

---

47) 『고려사』 권74, 지 28, 선거, 학교, 國學.

48) 박찬수, 「高麗의 國子監과 私學 十二倒」 『한국사시민강좌』 18, 일조각, 1996, 25쪽.

49) 박찬수, 『高麗時代 敎育制度史 硏究』, 경인문화사, 2001, 251쪽.

(金俊)에게 사사로이 팔아버리자, 홍문공도의 여러 학생이 최충헌(崔忠獻)[1149~1219]에게 호소하여 임득후가 처벌된 사건이 일어났는데,[50] 선성당은 바로 공자 사당이다. 12도 전체에 사묘(祠廟) 시설이 있었는지는 알 수 없으나, 고려시대 사학기관이 유가의 교화 의례를 자발적으로 거행했다는 점에서 주목된다.

그렇다면 최충 대에 이르러 어떻게 사학이 번성할 수 있었을까?

가장 먼저 거론되는 것이 거란과의 오랜 전쟁으로 인한 관학의 피폐이다. 1096년(숙종 7) 재상 소태보(邵台輔)는 "국학(國學)에서 선비를 기르는 비용이 막대하니 실로 백성에게 폐단이 되고 있습니다. 또한 중국의 법은 우리나라에서 그대로 행하기가 어려우니 청컨대 이를 폐지하옵소서!"라며,[51] 국학 무용론을 제기하였는데, 그의 견해는 당시 국자감에 대한 관료층의 인식을 대변한다. 하지만 국자감 교육이 실제 무용하지 않았고, 교육은 엄연히 진행되었을 것이다.[52] 오히려 소태보의 의견은 과거제가 열기를 띰에 따라, 사학에서의 경쟁이 치열하게 전개되어 상대적으로 중요성이 떨어진 국자감의 상황을 언급한 것으로 생각된다. 사학 12도의 설립자는 모두 전직 관료 출신이었다. 이들 중 상당수는 과거의 지공거(知貢擧)를 맡으며, 과거 시험의 출제 경향에 대한 정보가 밝았다. 또한 같은 사학 출신끼리는 일련의 동문 의식을 보유하고 있어, 이것이 훗날 관료 생활에도 영향을 끼쳤던 것으로 보인다. 지금 당장 준비하는 과거 시험과 미래의 관료 생활을 위해 관료예비군 층과 그들의 부모들은 당연히 사학을 신중하게 선택하였으며, 그 과정에서 사학 간의 경쟁이 일어나기도 하였다. 실제 1133년(인종 11) 6월 정부는 "각 도(徒)의 유생(儒生)으로 일찍이 수업한 스승을 등지고 다른 도(徒)로 소속을 옮긴 자는 동당감시(東堂監試)에 응시함을 허

---

50) 『고려사』 권21, 世家 21, 熙宗 1년 6월.
51) 『고려사』 권95, 열전 8, 邵台輔.
52) 박찬수, 앞의 책, 2001, 254~255쪽.

락할 수 없다"라는[53] 판(判)을 내리게 되는데, 이는 사학 간 과열 경쟁에 대한 조치로 보인다.

또 하나 생각할 수 있는 것은 하급관리나 지방 향리 자제들이 12도에서 과거 시험을 직극적으로 순비했을 가능성이다. 앞서 소태보는 국자감의 피폐를 주장했으나, 실제 11세기 동안 고려 정부는 국자감에 대한 입학자격을 강화시켜 나갔고, 국자감시(國子監試)를 거행하기도 했다. 이러한 조치는 과거 시험 응시생이 많아지는 가운데, 국자감 입학생의 성격이 엘리트화·귀족화되는 원인이 되었다. 이에 따라 국자감 입학의 기회가 좁아진 하급관리 및 향리 자제들은 상대적으로 입학이 자유로운 사학에 몰리게 되고,[54] 이후 사학이 잇따라 설립될 수 있었던 것이다.

최충 이후 번성했던 사학은 고려후기 내우외환으로 쇠락해져 갔다. 1239년(고종 26)경 강도(江都)에서 하과가 재개되자 이규보(李奎報)는 기쁜 감회를 시로 남기면서, "나는 들으니 유문(儒門)의 선현들이 12도를 만들어 … 늘 여름에 한 차례씩 모여 과업(課業)을 익히며 그 명칭을 하천도회(夏天都會)라 했으나, 요즘 국가가 다난(多難)하기 때문에 이 풍습은 거의 없어졌다"라고[55] 하였다. 무신정변과 몽고족의 침입으로 이규보 대에는 하과의 전통이 이미 단절되어 버렸던 것이다.

전란이 끝나고 개경으로 환도되었지만, 사학은 옛 모습을 회복하지 못

---

53) 『고려사』 권74, 志 28, 選舉 2, 學校, 私學.
54) 김용선, 「고려시대의 사학(私學)과 그 입학생」 『역사학보』 220, 2013, 84~87쪽. 이 연구에서는 『고려사』와 문집 및 묘지명(墓誌銘)을 통해, 사학 12도에 실제 입학했던 14인의 면면을 분석했는데, 대부분이 향리 자제거나, 선대가 향리역에서 벗어난 지 오래되지 않은 중·하급 관료의 자제로 확인되었다. 예를 들어 안동 출신의 권정평(權正平)[1085~1160]은 부친·조부·증조부가 모두 안동의 호장(戶長)을 역임한 것으로 나타난다. 이승장(李勝章)[1138~1192]은 경산부(京山府)[성주] 출신으로 아버지 대에 처음 서울로 올라와 공부한 것으로 보아, 향리 가문 출신으로 보인다. 이규보(李奎報)[1168~1241]는 증조부가 향리, 조부가 하급 무관이었다.
55) 『東國李相國全集』 권7, 古律詩, 〈寄金學士〉.

하였다. 그래서 정부가 사학 12도의 교육적 기능을 유지하기 위해, 이를 관학화 했다는 견해가 있다.[56] 1352년(공민왕 1) 이색(李穡)[1328~1396]은 복상(服喪) 중 올린 상소에서 "나라에 안으로는 성균(成均)·12도·동서학당(東西學堂)을 세워두었으며 밖으로는 척박한 주군(州郡)에도 학교를 두었는데 규모가 매우 원대하며 절목(節目)은 치밀하였습니다"라고[57] 하였는데, 여기서 이색은 분명 사학 12도를 성균관·동서학당·향교와 동일한 관학으로 인식하였다. 또한 정부는 사학 12도에 학관(學官)을 파견하거나,[58] 운영 경비를 국가재정에서 충당하는 등[59] 사학을 직접 관리하기도 했다. 그런 가운데 사학 12도는 1391년(공양왕 3) 혁파되었다. 이는 직전 해에 단행된 오부학당(五部學堂) 성립과 무관하지 않다. 신왕조 개창을 앞두고 교육체계에 대한 대대적인 개편이 이루어졌던 것이다.

2. 고려시대 사학기관의 확산

중세 왕조의 중요한 특징 중 하나가 정치 참여세력의 외연 확대이다. 고려가 후삼국을 통일할 수 있었던 최대 관건은 지방에 난립한 여러 호족 세력을 효과적으로 규합했기 때문이다. 고려에서 호족 세력은 과거 시험 응시자격을 부여받았고, 이를 통해 중앙 귀족과 더불어 관료예비군 층이 될 수 있었다. 고대 지방 세력들이 중앙과 반목하며 무력으로서 힘을 키워나간 것과 달리, 중세 지방 세력들은 과거 급제와 관료 활동을 통해 자신들의 지위를 높여 나가게 된다.

---

56) 박찬수, 앞의 책, 2001, 274~277쪽.
57) 『고려사』 권115, 열전 28, 李穡.
58) 『櫟翁稗說』 全集 2, "상서(尙書) 최원중(崔元中)은 … 처음 급제하여 구재(九齋)의 교도(敎導)가 되었을 때, 생도들에게 매질하는 법이 엄격하였다"
59) 『고려사』 권39, 세가 9, 恭愍王 7년 5월, "12도의 양식이 없자 도관(徒官)을 여러 도에 보내 포(布)를 팔아 쌀을 사오는 것을 매년 시행하는 규정으로 삼으려 했다"

과거제 실시로 관료 진출의 길이 열리자, 지방 세력들은 과거 시험을
준비할 교육기관 확보에 관심을 가지기 시작하였다. 이에 정부에서도 930
년(태조 13) 서경(西京)에 학교를 설치하고, 989년 12목에 경학박사(經學博
士)를 파견하는 등 단계적으로 지방 관학기관을 설립하였으나, 지방 세력
들이 만족할 수준은 아니었을 것이다. 이에 지방 세력들은 개별적으로 사
학기관을 설립하여 관학기관의 한계를 보완해 나갔다.

> 위로는 조정 관리들의 위의(威儀)가 우아하고 문채가 넉넉하며, 아래로는 민
> 간 마을에 경관(經館)과 서사(書社)가 두셋씩 늘어서 있다. 그리하여 그 백성들
> 의 자제로 결혼하지 않은 자들이 무리지어 살면서 스승으로부터 경서를 배우
> 고, 좀 장성하여서는 벗을 택해 각각 그 부류에 따라 절간에서 강습하고, 아래
> 로 군졸과 어린아이들에 이르기까지도 향선생(鄕先生)에게 글을 배운다. 아아,
> 훌륭하기도 하구나!60)

1123년(인종 1) 고려를 방문한 서긍(徐兢)은 위와 같이 민간 마을에 이
르기까지 경관(經館)과 서사(書社)로 대표되는 사설 교육기관이 많다고 하
였다. 그런데 당시 서긍이 목격한 민간 마을은 개경 외곽에 있었던 것으로
보인다. 동일한 내용이 『신증동국여지승람(新增東國輿地勝覽)』의 개성부
(開城府) 풍속조(風俗條)에서 확인되기 때문이다.61) 하지만 군졸과 어린아
이들까지 글을 배웠다는 것을 미루어 볼 때, 지방의 주요 도시에도 서긍이
목격한 교육시설이 적지 않게 운영되었을 것이다.

그런데 서긍의 글에서 "결혼하지 않은 자들이 무리지어 살면서", "좀 장
성하여서는 벗을 택해 각각 그 부류에 따라 절간에서"라는 구절은 앞장에
서 언급한 고대 미성년 또는 청년 집단의 공동체 교육을 연상시킨다. 과거

---

60) 『高麗圖經』, 권40, 同文, 儒學.
61) 『新增東國輿地勝覽』 권4, 開城府 上, 風俗.

제 실시에 따라 유학을 주로 가르치는 교육기관이 적지 않게 설립되었지만, 그 운영 방식에 있어서는 고대 공동체 교육의 흔적이 남아 있었던 것이다.

또한 사찰을 강습 장소로 삼았다는 구절도 고대 교육의 흔적으로 여겨진다. 이는 문헌공도의 학생들이 승방을 찾아 거행한 하과와[62] 성격이 다르다. 하과는 사학의 학생들이 단순히 사찰 공간을 빌려 학습 장소로 활용한 것인 반면, 『고려도경』의 구절은 아래 민적 기사에 등장하는 사찰 교육과 동일한 형태로 봐야 할 것이다.[63]

> 민적(閔頔)은 … 국속(國俗)에 어릴 때 반드시 승려를 따라가서 글을 익히게 되어 있었는데, 얼굴과 머리털이 아름다운 남자는 승려든 속세 사람이든 모두 받들어서 선랑(仙郞)이라고 불렀다. 따르는 무리의 숫자가 어떤 경우에는 100~1,000명에 이르기도 하였는데 그 풍속은 신라 때부터 비롯된 것이다. 민적은 열 살 때 절에 가서 글을 배웠는데 천성이 명민하여 글을 받으면 바로 그 뜻을 깨달았다. 눈썹이 그림과 같고 풍채가 빼어나 아름다워서 한번 본 사람은 모두 사랑하였다. 충렬왕이 소문을 듣고 궁중으로 불러보고는 국선으로 지목하였다.[64]

앞장에서 살펴보았듯이 신라시대 승려 중에는 유가 지식인으로서 사찰에서 유학을 가르치는 경우가 많았다. 이러한 전통은 고려시대까지 계승되었다. 민적은 어린 시절 국속(國俗)에 따라 사찰에서 승려에게 글을 배웠다. 훗날 민적의 총명함에 감복한 충렬왕은 사찰에서 공부한 민적을 신라시대 화랑에 빗대어 국선(國仙)이라 부르기도 하였다. 이 또한 공동체 교육처럼 재래 사학교육의 흔적으로 이해할 수 있다.

고려시대 사학기관이 지방에 본격적으로 확산된 것은 1170년(의종 24)

---

62) 『고려사』 권74, 志 28, 選擧 2, 學校, 私學.
63) 이동환, 앞의 논문, 1970, 790쪽.
64) 『고려사』 권108, 열전 21, 민적.

무신정변 이후로 여겨진다. 그 배경에 대하여 이제현(李齊賢)[1287~1367]은 충선왕(忠宣王)과의 대화에서 다음과 같이 언급하였다.

> 그런데 불행하게도 의왕(毅王) 말년에 무인(武人)의 변란이 일어나 순식간에 훈유(薰蕕)가 그 냄새를 같이하고 옥석(玉石)이 함께 타는 것처럼 선악의 구별이 없어졌습니다. 그 중에서 겨우 범의 입에서 벗어난 화를 피한 자는 깊은 산속으로 도망가서, 의관(衣冠)을 벗어버리고 가사(袈裟)를 입고 남은 생애를 보냈으니, 신준(神駿)·오생(悟生) 같은 부류가 바로 그들입니다. 그 후 국가에서 차츰 문교를 쓰는 정책을 회복하였지만, 선비들이 비록 학문을 원하는 뜻이 있으나 좇아 배울 만한 곳이 없었으니, 부득이 가사를 입고 깊은 산중에 도망가 있는 이를 찾아가 배우지 않을 수 없었습니다. … 그러므로 신의 생각에는 학자들이 중을 좇아 장구(章句)만을 익히게 된 그 원인이 대개 이로부터 시작되었다고 봅니다. 지금 전하께서 진실로 학교를 넓히고 상서(庠序)를 일으키며, 육예(六藝)를 높이고 오교(五敎)를 밝혀 선왕의 도를 천명한다면, 누가 참 선비를 배반하고 중을 따를 것이며, 실학(實學)을 버리고 장구(章句)만 익히는 자가 있겠습니까?[65]

무신정변으로 혼란한 정국이 지속되자, 많은 문인들이 관직을 버리고 은둔을 선택하였다. 이들 문인들은 유학에 대한 소양을 갖추고 있었으며, 신준(神駿)과 오생(悟生)처럼 자신들을 찾아온 선비들에게 학문을 가르치기도 했던 것이다. 그런데 위의 대화에서 이제현은 무신정변 때문에 선비들이 승려에게 학문을 배우게 되었다고 했다. 이는 앞서 민적 기사를 수록한 『고려사』 편찬자와 다른 견해이다. 이러한 차이는 학문관에서 비롯된 것으로 추정되나 명확한 까닭을 단언하기는 어렵다.

다만, 이제현이 이러한 세태를 비판하며 "그렇기 때문에 선비들이 도학

---

65) 『역옹패설』 全集 1.

(道學)을 알지 못하고 장구(章句)만 쫓게 되었음을"이란 구절은 주목할 필요가 있다. '장구지학(章句之學)'은 문장을 장(章)과 구(句)를 나누어 해석하는 것으로 유학을 공부하는 자들에게 항상 논란거리가 되었다. 이제현처럼 도학을 중요시 하는 학자들에게 '장구지학'은 비판의 대상이었으나, 과거 시험을 준비하는 선비들에게 '장구지학'은 효율성이 높았기 때문이다. 이 말은 곧 무신정변으로 낙향한 인사들에게 학문을 배운 관료들이 적지 않았음을 뜻한다.

실제 무신정변으로 정치 세력이 크게 교체되면서, 과거 시험이 집중적으로 치러졌고, 종전 관료들과 체질을 달리하는 인사들이 중앙 정계에 대거 진출하였던 것이다. 이때 중앙에 진출한 사대부 세력의 상당수는 지방에 근거지를 두고 있는 군현토성(郡縣土姓)의 자제들이었다.[66] 이들은 최초 은둔 문인들에게 학문을 배워 신흥 관료로 진출하였고, 이들이 다시 고향으로 낙향하여 제자들을 양성하였다. 이러한 과정이 여말선초까지 반복되어, 무신정변 이후 지방 사학기관의 확산으로 이어졌던 것이다.

한편, 고려후기는 거듭된 내우외환과 사회·경제적 변화 속에 정치 세력의 교체가 빈번하게 이루어지던 시기이다. 이 과정에서 군현토성 세력은 재경관인과 토착향리 세력으로 분화되었으며, 재경관인은 낙향하여 재지사족 층을 형성하였다. 나아가 재지사족 층은 종전의 읍치(邑治)에서 임내(任內)나 타읍(他邑)의 외곽지대로 거주지를 옮기게 된다. 이들은 당시 새롭게 도입된 농업 기술을 바탕으로 임내 지역을 개발하였으며, 이곳을 새로운 근거지로 삼았다.[67] 이러한 거주지 변화에 따라 사학기관도 지방 세력의 '이거지(移去地)' 혹은 '복거지(卜居地)'에 설립되어 갔는데, 이는 훗날 재지사족 세력의 학문적 구심처가 되었다.

---

66) 이수건, 「高麗·朝鮮時代 支配勢力 변천의 諸時期」 『韓國史 時代區分論』, 소화, 1995, 235쪽.
67) 이수건, 앞의 논문, 1993, 244~247쪽.

3. 조선전기 사학기관의 위상 변화

1392년 7월 28일 태조는 즉위 교서에서 "중앙에는 국학(國學), 지방에는 향교(鄕校)에 생도(生徒)를 더 두고 강학(講學)에 힘쓰게 하여, 인재를 양육하게 할 것이다"라며,[68] 신왕조의 교육 방향을 제시하였다. '성균관-향교'로 이어지는 관학체계가 교육 정책의 중심이 되었던 것이다. 과거제와 관료제의 근간이 되는 교육 정책을 정비함으로써, 그들이 지향하는 중앙집권적 양반관료국가로서의 기틀을 마련하고자 했다. 이에 왕조 개창 이전부터 오부학당 성립 및 사학 12도 폐지 등 교육기관을 정비하였으며, 지방에 설립된 여러 사학기관을 공적 영역에서 관리하는 방안을 고심하였다.

그런 가운데 1407년(태종 7) 3월 권근(權近)[1352~1409]은 8개조로 구성된 〈권학사목(勸學事目)〉을 올려 과거제도 개선과 교육진흥책을 개진하였다.

> 길창군(吉昌君) 권근(權近)이 상서(上書)하였는데 그 글에 이르기를 "… 전조(前朝) 때 외방(外方)에 있는 한량유신(閑良儒臣)이 사사로이 서재(書齋)를 두어서 후진을 교훈(敎訓)하여, 스승과 생도가 각기 편안함을 얻어 그 학업을 이루었었는데, 지금에는 사유(師儒)가 간혹 다른 주(州)의 교수(敎授)가 되어, 가족과 떨어지게 되고 생업을 폐(廢)하게 되므로, 모두 구차히 면(免)하려 하고, 생도는 강제로 향교에 나오게 하여 편안히 공부를 하지 못하고, 수령이 혹은 서사(書寫)의 일로써 사역(使役)을 시키니, 이름은 권학(勸學)이라 하나 실지는 폐이(廢弛)됨이 많습니다. 이제부터 외방에 있는 유신(儒臣)으로서 사사로이 서재를 두고 교훈하고 있는 자를 감히 다른 주(州)의 교수로 정하지 말도록 하고, 생도도 강제로 향학(鄕學)에 나오게 하지 말도록 하며, 감사(監司)와 수령이 권면을 가해, 각기 편안히 살면서 강학하여 풍화(風化)를 돕게 하소서"[69]

---

68) 『太祖實錄』 권1, 태조 1년 7월 정미.

위 조목은 〈권학사목〉 중에서도 제7조에 해당된다. 제7조는 당시 정부
가 사학기관을 공적 영역에서 관리하는 가운데 나타난 몇 가지 폐단으로
인해 제시되었다. 권근은 지방에서 서재(書齋)를 운영하고 있는 한량유신
(閑良儒臣)을 앞으로 주(州)의 교수(敎授)로 임명하지 않도록 청원하였는데,
이는 크게 세 가지 측면에서 살펴 볼 수 있다.

첫째, 정부가 사학기관을 직접 통제하여 향교 진흥의 기반으로 활용했
다는 것이다. 앞서 즉위 교서에도 언급되어 있듯이 조선 정부는 관학체계
정비를 교육정책의 우선순위로 두었다. 이를 위해서는 무엇보다 지방 향교
를 정비해야 되었는데, 당시 향교를 제대로 갖추고 있는 고을은 그리 많지
않았다. 향교 건물이 없어 사찰이나 관아에서 교육이 이루어지기도 했으
며, 교관(敎官)의 자질이 문제 되기도 하였다. 이에 정부는 교관 확보를 위
해 사학기관의 한량유신을 교수로 임명하게 된다. 하지만 원치 않게 타 고
을의 교수로 임명된 유신은 생계가 어려워졌고, 사학에서 성립된 스승과
제자 간의 관계가 단절되어 원망이 발생하기도 하였다. 기존에 있던 사학
기관을 적극적으로 통제하여 왕조 초기의 과제인 관학 정비를 달성하려 했
던 것이다.[70]

둘째, 〈권학사목〉에서 서재라 지목한 사학기관의 유형을 주목할 필요가
있다.[71] 이 시기는 조선후기와 달리 사학의 성격이 분화되지 않아, 글을 가
르치고 과업을 준비하는 곳이 정사(精舍)·서재(書齋)·서숙(書塾)·서당(書堂)
등 다양한 형태로 불리고 있었다.[72] 서재도 그 중 한 표현이지만, 여말선초
사학기관의 주류를 총칭하는 용어로 보고 있다.[73] 당시 여러 계기로 인해

---

69) 『太宗實錄』 권13, 태종 7년 3월 무인.

70) 신동훈, 「조선 전기 童蒙 교육의 추이와 村巷學長 설치의 의미」 『조선시대사학
보』 86, 2018, 91~92쪽.

71) 이하 유형에 대한 분류와 사례는 '이병휴, 「麗末鮮初의 科業敎育−書齋를 중심으
로−」 『역사학보』 67, 역사학회, 1975, 54~55쪽'를 참조한 것이다.

72) 정순우, 『서당의 사회사』, 태학사, 2012, 55쪽.

73) 이병휴, 앞의 논문, 1975, 48쪽.

서재가 설립되고 있었는데, 가장 일반적인 유형은 길재(吉再)[1353~1419]
와 같은 은거 학자가 학문연구와 후진양성을 위해 자신의 연고지에 설립한
것이다.[74] 그 외 조용(趙庸)[?~1424]과 같이 귀양지에 설립하거나,[75] 김숙
자(金叔滋)[1389~1456]처럼 일시적으로 퇴직한 사대부가 서재를 설립한
경우도 확인된다.[76] 많이 없으나 윤상(尹祥)[1373~1455]처럼 지방관으로
재직하면서 사설 교육기관을 운영하는 인사도 있었다.[77]

　셋째, 당시 교관 임명의 대상이 된 '한량유신'의 존재이다. 이들은 '한
량'으로서 특정한 직역을 가지고 있지 않았다. 그렇기에 정부에서는 '역'의
부과를 대신하여, 이들을 교관에 강제적으로 임명했던 것으로 보인다. 따
라서 제대로 된 대가도 지급받지 못해 생계에 어려움을 겪었던 것이다. 이
를 감안할 때, '한량유신'은 당대의 명문 사족이라기보다는 직역을 가지고
있지 않은 일반 사족의 자제로 볼 수 있다.[78] 한편으로는 이런 계층에서도
서재를 운영했다는 것은 여말선초를 거치면서 이전보다 광범위하게 사학

---

74) 『용재총화』 권3, "길재(吉再) 선생은 고려가 멸망함을 통탄하여 문하주서(門下注
書)의 벼슬을 던지고 선산(善山) 금오산(金鰲山) 밑에 살면서 본조에서는 벼슬하
지 않기로 맹서하였는데, … 공은 군(郡)의 여러 생도를 모아 두 재(齋)로 나누어,
양반의 후손들을 상재(上齋)로 삼고, 마을의 천한 가문의 아이들을 하재(下齋)로
삼아, 경사(經史)를 가르치고 근타(勤惰)를 시험하였는데 하루에 가르침을 받는
사람이 백 수십 명이었다"

75) 『신증동국여지승람』 권25, 慶尙道 眞寶縣, 人物, "본조 조용(趙庸) … 일찍이 예
천군(醴泉郡)에 귀양살이하면서 후진을 가리키는 데에 게을리 하지 아니하였으
므로, 명사(名士)가 많이 나왔다. 조말생(趙末生)·윤상(尹祥)·배항(裵恒)·배강(裵
杠)이 모두 그 문하에서 나왔다"

76) 『佔畢齋集』, 彝尊錄 下, 〈先公事業〉 4, "봉엄(鳳嚴)에서 여묘살이할 적에는 향인
(鄕人)들이 서로 다투어 자제들을 보내와서, 여막의 곁에 서재를 지었다"

77) 『점필재집』, 이존록 하, 〈선공사업〉 4, "[김숙자] 그리하여 윤공상이 황간현감(黃
澗縣監)으로 있다는 말을 듣고 도보로 찾아가 『주역(周易)』을 수학하면서, 음양
변화(陰陽變化)의 수(數)와 원시요종(原始要終)의 설(說)을 끝까지 탐구하니, 윤공
이 공의 견고한 뜻을 알고 그 오묘한 이치를 다 가르쳐 주었다"

78) 정순우, 앞의 책, 2012, 33쪽.

기관이 설립되었음을 말해준다.

이와 같이 왕조 초기 정부는 지방의 사학기관을 직접적으로 통제하여 관학기관을 정비하려 했지만, 〈권학사목〉이 태종에 의해 수락되면서 사학기관에 대한 정부 정책은 선회하게 된다. 1418년(세종 즉위) 세종은 유시(諭示)를 내려 "유사(儒士)들이 사사로이 서원(書院)을 설치하여, 생도를 가르친 자가 있으면, 위에 아뢰어 포상하게 할 것이다"라며,[79] 사학기관 운영을 장려하기 시작하였다. 이에 신료들도 호응하여 1436년(세종 18)에는 지성균관사(知成均館事) 허조(許稠)[1369~1439]가 사사로이 서재를 열어 생도를 가르친 이를 포상하자고 上言하였으며,[80] 1466년(세조 12) 공조판서(工曹判書) 구종직(丘從直)[1404~1477]은 조건(條件)을 올려 다음과 같은 방안을 제시하기도 했다.

> 신은 원하건대 주군(州郡)의 각리(各里)에 학문과 덕행이 있는 사람을 가려서 스승으로 삼아 가까운 곳에 거주하는 자제를 가르치도록 하고, 그 성명을 써서 차례대로 보고하여 임금에게 아뢰도록 하되, 만약 효과와 이익이 있으면 신역(身役)을 면제해 주도록 명하고, 그 중에 더욱 훌륭한 사람을 혹 산관(散官) 관직에 임명한다면, 낮에는 농사짓고 밤에는 공부하는 기풍이 마을에서 일어나게 되고, 장년이 되어 종군(從軍)하는 사람도 또한 임금을 높이고 윗사람을 사랑하는 도리를 알게 될 것입니다.[81]

위의 조건에서 구종직은 '각리(各里)'에 '궁촌벽항(窮村僻巷)'의 연소자를 가르치는 교육기관을 의무적으로 설치하자고 건의하였다.[82] 아울러 교육에 효과를 본 스승에 대해서는 신역 면제 및 산관 임명과 같은 구체적인

---

79) 『세종실록』 권2, 즉위년 11월 기유.
80) 『세종실록』 권75, 18년, 10월 경오.
81) 『세조실록』 권39, 12년, 7월 병자.
82) 신동훈, 앞의 논문, 2018, 95쪽.

포상을 제시하고 있다. 그런데 구종직이 건의한 학교는 관학체계가 아니라, 기존의 사학기관을 공적 영역에 포함시켜 관리하는 형태였다. 왕조 초기 사학기관을 통제의 대상으로 인식했던 것과 달리, 상부적 관점에서 이들에게 관학체계의 한 축을 담당케 한 것이다. 이상과 같은 정부의 조치로 인해 15세기 동안 사학기관 운영과 관련해 여러 차례 포상이 이루어졌으며,[83] 지방 사학기관은 그 존재에 대한 명분을 확보하게 되었다.[84] 이처럼 조선초기 정사·서재·서숙·서당 등은 정비 단계에 있던 관학체계를 보완하며, 교육기관의 한 축을 이루었다. 아울러 사학기관이면서도 정부에 의해 보호·장려되며 발전해 갔다.[85]

한편, 15세기 후반 등장한 사림파는 사학기관을 향촌교화의 중심지로 인식하였다. 과거제 실시 이후 사학기관 설립의 주된 목적은 과업에 있었다. 그러나 성리학이 도입된 이래 과업 위주의 '장구지학'은 비판을 받게 되고, 위학적(爲學的) 교육의 필요성이 제기되기 시작하였다.[86] 이러한 경향은 왕조 초기 정치적 부침 속에 향촌에 은둔했던 재야 학자를 중심으로 나타나기 시작하였으며, 이들을 계승한 사림파에 의해 더욱 두드러졌다. 김종직(金宗直)[1431~1492]의 교육 내용을 "주자(朱子)의 학규(學規)에 의거하여, 본원을 함양하는 것을 진덕(進德)의 기반으로 삼고, 성리(性理)를

---

83) 1420년 최보민(崔保民)(『세종실록』 권9, 2년 1월 경신)과 강우량(姜友諒)(『세종실록』 권9, 2년 9월 기축), 1448년 유사덕(劉思德)(『세종실록』 권121, 30년 7월 임인), 1455년 김구지(金九知)(『세조실록』 권1, 1년 7월 을미), 1472년 오계정(吳季禎)(『成宗實錄』 권18, 3년 5월 을묘) 등이 사학 운영과 관련해 정부로부터 포상을 받았다.

84) 앞서 살펴 본 허조의 상언과 구종직의 조건 서두에는 『예기(禮記)』 학기(學記)편을 인용하여, 삼대의 교육기관인 가숙(家塾)·당상(黨庠)·술서(術序)·국학(國學) 중 사학기관이 가숙과 당상에 해당한다는 언급이 있다. 즉, 성균관이 국학, 향교가 술서의 기능을 하지만, 당상과 가숙에는 관학체계가 미치지 못하여 사학기관이 그 역할을 해야 한다는 뜻이다.

85) 이병휴, 앞의 논문, 1975, 59쪽.

86) 『역옹패설』 전집 1.

궁탐(窮探)하는 것을 수업(修業)의 근본으로 삼았다"라고[87] 평가한 것처럼,
이들 사림파에게 교육의 주목적은 바로 성리학 고수에 있었던 것이다.[88]

16세기 초반의 기묘사림(己卯士林)은 도학정치(道學政治) 실현을 위해
정부에서 여러 가지 정책을 전개하였다. 그 중에서도 김굉필(金宏弼)[1454~
1504]·정여창(鄭汝昌)[1450~1504]에 대한 문묘종사(文廟從祀) 청원은 도학
의 정통을 사림파에게 부여하여, 훈구파(勳舊派)와의 경쟁에서 이념적 우
위를 점하기 위한 운동이었다. 두 사람에 대한 사림파의 문묘종사 청원이
지속되는 가운데, 1512년(중종 17) 8월 20일 정부에서는 훈구 계열의 남곤
(南袞)[1471~1527]이 다음과 같이 주장하였다.

> 김굉필은 정학(正學)이 중단된 뒤에 태어나서 능히 분발하여 홀로 깊이 연구
> 해서 성정(誠正)의 학문으로 제유(諸儒)를 창도하였으니, … 후학을 계발(啓發)하
> 여 오도(吾道)를 지켰으니 공이 또한 큽니다. 그러나 종사는 지극히 중한 일이
> 므로 … 문득 허용하면 경솔한 것이 될 듯합니다. 예(禮)를 상고하건대 "향선생
> (鄕先生)을 사(社)에 제사 한다" 한 글이 있으니, 송조(宋朝)에서 … 평소에 도학
> 을 강론하던 곳에 사우(祠宇)를 설치하고 군사(群祀)에 참여시켜 관에서 치제(致
> 祭)하면, 비록 묘정(廟庭)의 제향(祭享)에는 참여하지 못할지라도 국가가 유(儒)
> 를 숭상하고 도(道)를 존중하는 뜻에 있어서 조금도 부족함이 없을 것이라고 신
> 은 생각합니다.[89]

남곤은 문묘종사의 신중함을 내세우면서도 김굉필·정여창에 대한 존현
(尊賢) 장치의 설치는 양보를 하며, 그 절충안으로 사우(祠宇) 건립을 제시
하였던 것이다.[90] 그런데 여기서 남곤은 송조(宋朝) 선현들의 사례를 들어

---

87) 『점필재집』 附錄, 年譜, 〈佔畢齋先生年譜〉.
88) 이병휴, 앞의 논문, 1975, 58쪽.
89) 『中宗實錄』 권29, 12년 8월 계해.
90) 정만조, 『朝鮮時代 書院研究』, 집문당, 1997, 20쪽.

사우를 김굉필의 강학처에 설립하자고 했다. 강학처가 김굉필 도학의 중심지이기 때문이다.

물론 김굉필의 강학처는 정사·서재·서숙·서당 등과 같은 사학기관의 형태로 전개되었다. 이 제안은 두 가지 측면에서 시사하는 바가 있다. 하나는 사학기관에 교화기능을 부여 할 수 있다는 것이며, 또 하나는 사학기관이 성리학적 제 이념의 체득과 실현의 구심점이 될 수 있다는 것이다. 이 두 가지 측면의 가능성은 높아진 사학기관의 위상을 보여준다고 할 수 있다.

이러한 흐름 속에 행부사과(行副司果) 어득강(魚得江)[1470~1550]은 1542년(중종 37) 올린 상소에서 중국의 서원을 언급하였다. 그는 평소 '염퇴지절(恬退之節)'을 지킨 인사로 평가를 받았고,[91] 내외 관직에 있으면서 서사(書肆) 설치 건의 등 문흥(文興) 진작(振作)에 앞장섰던 공신계 인물이다.[92] 그러면서도 어득강은 도학을 중요시하던 김안국(金安國)·이언적(李彦迪)·이황(李滉) 등 사림계의 주요 인사들과 교유하였다.[93] 1542년 올린 상소문에도 문흥 진작을 위한 여러 대책이 제시되어 있는데, 그 중에서도 사학기관 운영과 관련된 대목은 다음과 같다.

> 한나라 정현(鄭玄)은 생도들을 모아 가르쳤고 수(隋)나라의 왕통(王通)은 하분(河汾)에서 강학하였으며, 당나라 이발(李渤)은 남당(南唐) 때 백록동(白鹿洞)의 주인이 되니, 배우는 자들이 구름처럼 몰려들어 송나라에 이르기까지 그 무리가 수천 명에 이르렀으므로, 송나라 황제가 구경(九經)을 내려 장려했습니다. 주자(周子)·장자(張子)·정자(程子)·주자(朱子)에게 각기 문도가 있었는데 그 문

---

91) 『明宗實錄』 권9, 4년 10월 무술
92) 정만조, 앞의 책, 1997, 160~161쪽.
93) 어득강의 시문집인 『관포시집(灌圃詩集)』에 수록된 〈범사정(泛槎亭)〉과 〈봉정회재도계(奉呈晦齋道契)〉는 각각 김안국·이언적과 주고받은 것이며, 〈곤양 차어관포 동주제원십육절(昆陽 次魚灌圃 東州道院十六絕)〉(『退溪別集』 권1, 詩)은 곤양군수(昆陽郡守) 어득강의 초청을 받고 방문한 이황이 지은 시이다.

하에서 나온 자는 모두 명공석유(名公碩儒)로서 스승보다 더 나았습니다. 이공택(李公擇)은 산방(山房)에다 만권의 책을 간직하여 학자들과 함께 이용했으며, 주희(朱熹)는 무이정사(武夷精舍)를 짓고 백록서원(白鹿書院)을 설립했습니다. 이런 도가 우리나라에는 행해지지 않고 있으니, 먼 곳에 있는 유생들이 어디서 학문을 배우겠습니까?

　경상도·전라도·충청도·강원도는 선비들이 시서(詩書)를 숭상하니, 신은 충청도·강원도·전라도의 중앙과 경상좌·우도에 각기 한 사찰을 얻어서, 생원·진사를 막론하고 도내의 명유들을 불러 모아 1년의 사중월(四仲月)에 상하의 재(齋)로 나누어 앉아 독서하게 하는 것을 연례로 해야 한다고 생각합니다. 경상도는 주군(州郡)의 학전(學田)에서 나온 소출로 6월의 도회(都會) 때와 겨울 3개월 동안 모여 독서하는 비용으로 쓰는데, 지금부터라도 그것을 옮겨다 사중월의 비용으로 쓸 수가 있습니다. 그 부족한 것은 관에서 보태어 항상 40~50인이든 혹은 20~30인이든 많고 적음에 구애되지 말고 모아서, 관질(官秩)이 높은 수령을 시관(試官)으로 삼아 두 교수(敎授)와 혹은 현감까지 세 사람을 거느리고 그들에게 권과(勸課)하여 제술(製述)하게 하도록 합니다. 그래서 그 분수(分數)를 따져 생원·진사는 문과의 관시(館試)·한성시(漢城試)·향시(鄕試)에 응시하도록 차등 있게 자격을 수여하고, 유학(幼學)은 생원·진사시의 복시(覆試)에 바로 응시하게 합니다. 그렇게 하면 선비들이 모두 즐겨 따라서 권하지 않아도 저절로 권장될 것입니다.[94]

　위 상소문에서 어득강은 사학에 대한 정부의 구체적인 지원책을 제시하고 있다. 그러면서 사학 지원에 대한 명분으로 중국 역대 명유(名儒)들이 사학을 설치하고 인재를 양성한 사례를 들었는데, 그 중에 하나로 주자의 백록동서원을 언급하기도 했다.[95]

---

94) 『중종실록』 권98, 37년 7월 을해.
95) 어득강의 상소는 16세기 중반 우리나라 서원의 성립 과정에서, 서원에 대한 공신 계열의 입장을 잘 보여주는 기사이다. 정만조, 앞의 책, 1997, 23~28쪽.

고성 갈천서원
[이암(李嵒)·노필(盧珌)·어득강(魚得江)·이교(李嶠) 제향]

앞서 사림 세력은 향촌교화의 중심지로 사학기관을 주목하였다. '장구
지학'에 매몰된 관학의 풍조를 비판하면서, 그 대안으로 사학기관이 위학
적(爲學的) 교육을 주도해야 된다고 인식하였던 것이다. 관학의 부진에 따
른 교화·교육 체계의 개선이 당시 정치 세력에게 경쟁 이슈가 되면서, 공
신 계열에서도 대응책이 모색되었는데, 어득강의 견해도 이러한 흐름 속에
등장한 것으로 이해 할 수 있다. 구체적으로 어득강은 과거제도와 연계한
사학기관의 운영을 제시하였다. 이는 지방 관학인 향교를 보완하는 것이었
다. 어득강이 구상한 사학기관이 과거제도와 연계된 만큼, 재정 지원책도
건의해 놓았다. 국가적 차원의 재정 지원책은 15세기 동안 모범적 운영 사
례에 대해 포상을 했던 것과 비교하여, 이 무렵 사학기관의 위상이 더욱
높아졌음을 보여주는 대목이다.

어득강이 상소문을 올린 그 이듬해 풍기군수 주세붕(周世鵬)[1495~1554]
은 백록동서원의 전례를 본받아 교육·교화 기능을 겸비한 백운동서원을

설립하였으며, 이후 사액(賜額)을 통해 국가적 차원의 지원이 서원에 이루어졌다. 즉, 16세기 중반 서원의 출현이 가능하였던 것은 사학기관의 높아진 위상과 맞물려, 관학을 보완하는 새로운 사학 설립에 대한 공감대가 정부와 향촌사회에서 형성되었기 때문이라 판단된다.

IV. 맺음말

이상 본 논문에서는 조선시대 서원의 전사(前史)로서 고·중세 사학의 전통을 살펴보았다. 서원은 전통시대 존재했던 사학기관 중 가장 완숙한 체계를 갖추었다. 조선의 사류들은 으레 송유의 행적으로부터 서원 설립의 전통과 명분을 찾았지만, 시각을 넓힌다면 조선시대 서원 설립은 고대에서부터 이어져 온 유구한 사학의 전통과 무관하지 않을 것이다.

상고시대 사학의 가능성은 미성년·청년 대상의 집단 교육에서 살펴 볼 수 있다. 원시공동체 사회에서는 종족 내 생계와 번영을 위하여, 미성년 대상의 집단 교육이 공동으로 행해졌다. 하지만 청동기시대 이후 공동체가 분열되고 정치 집단이 형성됨에 따라, 권력 최상위 계층은 통치 행위에 필요한 교육을 독점해 나갔고, 그 과정에서 핵심 교육체계가 관학으로 정비되었으며, 이를 보조하기 위해 사적으로 형성된 교육체계는 사학으로 분류되기 시작하였다.

고구려의 경당은 고대에 존재했던 교육체계 중 사학과 가장 밀접한 것으로 이해되고 있다. 경당은 지방 교육기관으로 미혼 자제에게 군사 훈련을 비롯해 경사(經史) 등 실무 행정에 필요한 기본 소양을 교육하였다. 경당의 교육 목적은 통치를 보조할 문무 관료예비군 층 양성에 있었다. 이러한 경당은 지방 세력에 의해 사적 영역에서 관리되던 재래의 공동체 교육이 중앙집권화 과정에서 외래 문물과 결합되어, 하나의 교육기관으로 체계화된 것이다.

화랑제도는 신라 특유의 비형식 교육으로 권력 최상위 계층 청년 집단을 대상으로 한다. 화랑제도도 상고시대 미성년·청년 대상의 집단 교육이 발전한 것이다. 이들은 공동생활을 하며, 무예와 더불어 통치에 필요한 유학·불교·도교에 대한 소양을 익혔다. 그런 가운데 화랑들은 상호 간 경쟁에서 우위를 점하기 위하여, 승려에게 개별적으로 학문을 배웠던 것으로 보이는데, 이는 화랑제도의 사학적 요소로 이해할 수 있다.

백제도 중앙집권화 과정에서 관학체계를 형성했으며, 이를 보조하는 사학이 운영되었던 것으로 보인다. 문헌상으로는 그 형태를 확인하기 어려우나, 중앙집권화 시기와 과정, 그리고 풍속이 고구려의 그것과 비슷한 점을 감안할 때, 백제에도 경당과 비슷한 지방 교육기관을 상정할 수 있다. 고구려 영역에 건국되었으며, 그 풍속을 이어받은 발해도 백제와 같은 추론이 가능하다. 신라는 중앙 관학으로 국학을 설립하여 유학을 교육했는데, 이에 호응한 지방 교육기관이 존재했을 가능성이 크다. 강수가 중원경의 사숙으로 보이는 곳에서 유학을 공부한 사실과 나말여초 청주 지역에서 운영되었던 학원을 통해 사학기관의 존재를 생각해 볼 수 있다.

중세 왕조 성립 이후 유학은 통치이념으로 자리매김하였다. 그리고 유학에 소양을 갖춘 인재가 과거제를 통해 관료로 등용되었다. 이에 중앙집권적 관료국가로서의 체제를 갖춘 중세 정부는 경외에 관학기관을 설립하였으며, 관료예비군 층은 과거 시험 경쟁에서 우위를 점하기 위하여 사학기관을 활용하였다. 고려시대 사학기관 중 가장 많이 알려진 것은 최충의 문헌공도를 필두로 한 사학 12도이다. 전직 관료에 의해 설립된 사학 12도에서는 과거 시험을 중점적으로 교육하였다. 사학 12도는 11~12세기 동안 융성하였으나 이후 성격이 변질되었고, 고려 말에는 교육체제 정비 과정에서 혁파되었다.

중세 왕조의 특징 중 하나는 정치 참여세력의 외연 확대이다. 이를 반영하듯 고려는 지방 세력의 자제에게도 중앙의 문벌 자제와 마찬가지로 과거 시험에 대한 응시 자격을 부여하였다. 이에 지방에도 과거 시험을 준비하는 사학기관이 운영되었는데, 몇몇 사학에서 청년 집단이 공동생활을 하며 학습한 것과 사찰에서 승려가 교육한 사실은 재래 교육의 흔적으로 이해할 수 있다. 고려시대 지방 사학이 본격적으로 확산된 것은 무신정변 이후로 보인다. 당시 혼란한 정국을 피해 지방으로 내려온 문인들은 은둔지에서 후학들을 양성하였다. 이들이 나중에 관료로 진출하여 종전과 체질을 달리하는 사대부 세력을 형성하였고, 다시 이들이 낙향하여 후학을 양성함으로써, 지방 사학은 확산될 수 있었다.

조선은 '성균관-향교'로 이어지는 관학체계를 바탕으로 중앙집권적 양반관료국가로서의 기틀을 마련하고자 했다. 하지만 왕조 초기 향교를 제대로 갖춘 고을은 그리 많지 않았다. 이를 보완하기 위해 정부는 당시 전국적으로 많이 설립되어 있던 사학기관을 주목하였다. 당시 지방에는 명문 사족 이외에도 한량유신으로 불리는 일반 지배 계층에 의해 서재가 운영되고 있었다. 정부는 향교 진흥을 위하여 서재의 한량유신을 향교의 교수로 임명하는 등 사학기관을 직접적으로 통제하는 모습을 보여주었다. 하지만 여러 폐단이 지적되어 사학을 통제 대신 장려하는 정책으로 선회하게 된다. 이로써 사학기관은 관학체계가 미치지 못하는 영역에서 교육의 한 축을 담당하였고, 정부에 의해 보호·장려될 수 있었다. 한편, 사학을 기반으로 성장한 사림파는 도학을 중요시하며, 사학기관을 향촌교화의 중심지로 인식하였다. 그런 가운데 16세기에 접어들면서 사학기관은 성리학적 제이념의 체득과 실현처로 주목 받았으며, 어득강의 상소문에서 확인되듯이 부진한 관학의 대안으로 부상하게 된다. 이러한 흐름 속에 교육·교화 기능을 겸비한 서원이 출현할 수 있었던 것이다.

참고문헌

『三國志』, 『舊唐書』, 『新唐書』, 『周書』, 『日本書紀』, 『高麗圖經』, 『三國史記』, 『三國遺事』 『高麗史』, 『朝鮮王朝實錄』, 『新增東國輿地勝覽』, 『東國李相國全集』, 『櫟翁稗說』 『佔畢齋集』, 『灌圃詩集』, 『竹溪誌』, 『退溪集』, 『退溪別集』

한국고대사회연구소, 『譯註 韓國古代金石文』, 1992.
김경호·이영호 책임 편집, 『지하의 논어, 지상의 논어』, 성균관대학교 출판부, 2012.
박찬수, 『高麗時代 敎育制度史 硏究』, 경인문화사, 2001.
방학봉, 『발해사연구』, 정음사, 1989.
_____, 『발해문화연구』, 이론과 실천, 1991.
백남운 저, 윤한택 역, 『조선사회경제사』, 이성과현실, 1989.
이병도, 『韓國史』-古代篇-, 을유문화사, 1959.
정구복 외, 『역주 삼국사기』 4, 한국정신문화연구원, 1997.
정순우, 『서당의 사회사』, 태학사, 2012.
정만조, 『朝鮮時代 書院硏究』, 집문당, 1997.
한기언, 『韓國敎育史』, 박영사, 1963.

강명숙, 「다카하시 도오루(高橋亨)의 「조선 교육제도 약사」에 대한 일 고찰-일제강점기 조선 거주 일본인의 한국교육사 연구와 그 한계-」 『한국교육사학』 38-4, 2016.
김광수, 「羅末麗初의 地方學校問題」 『한국사연구』 7, 1972.
김용선, 「고려시대의 私學과 그 입학생」 『역사학보』 220, 2013.
노용필, 「古代의 敎育과 人材養成」 『한국사 시민강좌』 18, 1996.
마종락, 「韓國 古代의 社會構成과 敎育」 『역사교육』 49, 1991.
박찬수, 「高麗의 國子監과 私學 十二徒」 『한국사시민강좌』 18, 1996.
신동훈, 「16세기 서원(書院) 사액(賜額)과 국가의 서원 정책」 『역사와 현실』 98, 2015.
_____, 「조선 전기 童蒙 교육의 추이와 村巷學長 설치의 의미」 『조선시대사학보』 86, 2018.
오경택, 「조선시대 서당 연구의 현황과 과제」 『전북사학』 31, 2007.

이기백, 「高句麗의 扃堂－韓國 古代國家에 있어서의 未成年集會의 一遺制－」『역사학보』 35·36, 1967.

이동환, 「韓國文敎風俗史」『韓國文化史大系』 8 風俗·藝術史(下). 고대민족문화연구소출판부, 1970

이병휴, 「麗末鮮初의 科業敎育－書齋를 중심으로－」『역사학보』 67, 1975.

_____, 「朝鮮前期 中央權力과 鄕村勢力의 對應」『국사관논총』 12, 1990.

이수건, 「高麗·朝鮮時代 支配勢力 변천의 諸時期」『韓國史 時代區分論』, 소화, 1995.

이정빈, 「고구려 扃堂의 설립과 의의」『한국고대사연구』 67, 2012.

_____, 「한국 고대 교육사 연구의 현황과 과제－역사학계의 성과를 중심으로－」『한국교육사학』 39-1, 2017.

정동준, 「陳法子 墓誌銘」『목간과 문자』 13, 2014.

천인석, 「渤海의 儒學思想과 統一新羅의 儒學思想 比較」『동양철학연구』 17, 1997.

16세기 한국 서원의 출현과 정비

이 병 훈

Ⅰ. 머리말

한국의 서원 연구는 1970년대 중반이래로 양적·질적인 성장을 거듭해왔다.[1] 그 결과 서원에 대한 실체를 상당 부분 확인할 수 있었다. 이런 성과는 '한국의 서원'이 2019년 유네스코 세계문화유산에 등재되는 데 학술적 근거를 제공하였다. 특히 조선 서원의 성립과 관련해서는 일찍부터 연구가 있었다. 이에 따르면 사화로 인한 사림의 정치 기피와 학문 연구 경향, 선현(先賢)에 대한 숭배 사상 고조 및 사림파의 학문적 축적에 따른 수적인 증가와 그들 중심의 향촌질서 확립을 위한 구심체로서 서원 출현 등이 제기되었다.[2] 이외에도 관학의 쇠퇴와 이를 대처할 교육기구 내지 수단을 강구하는 가운데 서원이 출현했다고 보기도 했다.[3]

한국의 서원은 1543년(중종 38) 풍기군수 주세붕이 건립한 백운동서원(白雲洞書院)이 시초이다. 그렇지만 조선 서원의 전형(典型)을 완성한 것은

---

1) 서원 연구에 관한 추이와 연구사적 정리는 고석규, 「조선 서원·사우에 대한 연구의 추이와 그 성격」, 『외대사학』창간호, 한국외국어대학교 사학연구소, 1987 ; 정만조, 「최근 서원연구 동향에 관한 검토」, 『조선시대 서원연구』, 집문당, 1997 ; 이수환, 「2000년 이후 한국 서원 연구의 현황과 과제」, 『민족문화논총』 67, 영남대학교 민족문화연구소, 2017 등이 참고가 된다.
2) 유홍렬, 「조선에 있어서 서원의 성립」, 『한국사회사상사논고』, 일조각, 1980, 39~114쪽 ; 이태진, 「사림과 서원」, 『한국사』 12, 국사편찬위원회, 1978.
3) 정만조, 「조선서원의 성립과정」, 『조선시대 서원연구』, 집문당, 1997, 11쪽.

퇴계 이황이었다. 그는 제향인의 선정, 사액을 통한 지속성 확보, 서원 운영의 기본 원칙인 원규를 제정하면서 초창기 서원의 정착에 기여하였다. 그 결과 16세기 후반 이래로 서원이 대거 건립되었다. 그 과정에서 사액 유무와 상관없이 관노비와 군정의 무단 차정, 제수관급 및 둔전·속공전을 요구하며, 지방관을 압박하고 지방행정의 운영을 어렵게 하는 폐단[4]이 나타나기도 했지만 당시에는 서원이 가진 교육기관으로서의 긍정적 측면이 더욱 부각되었다.

조선후기 유생의 강학·장수처이자 향촌지배기구로 자리했던 서원은 16세기 중반 이래로 그것의 도입과 정비라는 과도기를 겪으면서 완성되었다. 16세기 중·후반은 관학과 사학의 사이에서 서원의 위치를 좌정하는 시기였다. 관학에 준하는 사학으로서 서원을 공인하는 사액과 제향인의 선정, 서원 운영의 기본 방향 등이 설정되던 시기였다. 본고는 이처럼 16세기 후반 새로운 교육기관으로서 자리매김하였던 서원의 출현과 정비 과정을 재조명해 보는 것이 목적이다. 당시의 제한된 자료 속에서 새로운 사실을 파악 한다기보다는 기왕의 연구에서 확인된 내용들을 정리하여 초창기 서원의 출현 배경과 성격을 살펴본다.

Ⅱ. 16세기 서원의 출현 배경

1. 조정에서의 교학진흥책

조선은 건국이후 유교진흥책에 의해서 성균관·사학(四學)·향교 등의 관학 교육기관을 설치하여 성리학 보급과 관리 양성에 노력하였다. 그러나 이들 관학은 관리등용을 위한 과거 준비 기구로 기능하였으며, 관리의 기

---

4) 『선조실록』 권41, 선조 26년 8월 3일.

강 해이, 과거제 문란 등의 폐해가 발생하자 점차 쇠퇴의 조짐이 나타났다. 이들 관학제도는 세종대를 기점으로 완비가 되었지만 이때부터 관학의 쇠퇴 조짐이 나타나면서 국가가 필요로 하는 인재를 양성할 수 없는 상황이 되어갔다.[5] 이런 현상은 연산군대 더욱 심화되어 국학의 황폐화와 사풍(士風)의 붕괴를 초래하였다.

중종반정이후 이러한 폐단을 바로잡아야 한다는 것에는 훈구공신이나 사림세력 모두 공감하고 있었지만 그 방법론에 있어서 차이가 났다. 훈구세력들은 성균관·사학의 수리와 향교 교생에게 부역(賦役)을 면제해 주는 조처를 취하는 한편, 사유(師儒)의 선발을 통해 학교 교육을 강화하고자 했다. 이러한 인식은 학교를 관리양성기구로 보는 시각을 고수하며, 관학의 필요성만을 표명한 것으로 사화(士禍)이후 사기(士氣)를 드높이거나 이록(利祿)만을 추구하는 유생의 폐습을 교정하는 대책으로는 미흡하였다. 그 결과 성균관·사학은 정원에 미달하였고, 향교는 피역처(避役處)로 인식되어 취학 유생들 가운데에는 글귀도 못 읽는 자들이 많았다.[6] 이에 조광조를 중심으로 한 사림세력은 공맹정주(孔孟程朱)의 도학(道學)[이학(理學)]을 천명하며, 그 실천 방안으로『소학』의 장려, 존현(尊賢), 학문을 매개로 한 사제관계의 형성을 주장하였다.[7]

유교를 통치이념으로 한 조선은 15세기를 거치면서 국가 주도하에 유교 이념이 점차 지방사회로 확산되고 있었다. 국가에서는 품관을 포함하여 일반 백성들에게 유교적 사회질서와 생활양식을 보급하여 그들을 교화하고자 했다. 이를 위해『소학』,『삼강행실도』,『주자가례』등 유교 윤리서의 간행 및 보급을 추진하였고, 교육기관의 정비와 교육을 통한 유교 의례

---

5)『세종실록』권41, 세종 10년 8월 21일 ; 권109, 세종 27년 9월 26일,『문종실록』권4, 문종 원년 10월 10일,『세조실록』권2, 세조 원년 9월 8일 ; 권34, 세조 10년 10월 12일.

6)『중종실록』권29, 중종 12년 8월 22일.

7) 정만조, 「조선서원의 성립과정」,『조선시대 서원연구』, 집문당, 1997, 12~23쪽.

의 전파 및 실천 노력이 이어졌다.[8] 그런 만큼 수신서(修身書)인 『소학』의
장려는 훈구세력의 반발 없이 향촌사회에 보급될 수 있었다. 실제 사림들
은 1515년(중종 10)에 『소학』과 『여씨향약』, 『근사록』 등을 간행·배포하
였고, 1517년(중종 12)에는 경상도관찰사 김안국이 각 향교에 『소학』을 권
하고, 『이륜행실도언해』·『여씨향약언해』·『정속언해(正俗諺解)』 등의 언해
본을 간행하여 보급하면서, 향약을 시행하도록 하여 향촌사회 전 계층의
교화(敎化)사업에 힘썼다. 비록 기묘사화(1519)로 이들 정책이 지속되지는
않았지만 사림계 지방관과 재지사족들에 의해 사족부터 일반민에게까지
유교적 실천윤리가 보급되어갔다.

한편 세력이 미약했던 사림계는 훈구계에 대한 정치적 입장을 강화하기
위하여 여론을 대표하는 유림의 지지를 받는 것이 중요했다. 이에 주자의
도통설(道統說)에 근거하여 동방 도학 시조인 정몽주와 도학의 확산에 기
여한 김굉필의 문묘종사를 청원하였다. 김굉필의 문묘종사는 그 제자였던
조광조 등 사림계의 도학적 정통성을 부여하는 것이었기에 훈구계의 반발
로 정몽주만이 문묘에 종사되었다. 당시 공신계 남곤은 정몽주의 문묘종사
에 찬성하면서도 김굉필에 대해서는 불가하다는 입장을 피력하였다. 그러
나 사우의 건립과 관에서의 치제(致祭)는 가능하다는 절충안을 제시하였
다.[9] 이처럼 유생의 교학진흥을 위해 특정인물을 제향하는 방법은 후일 사
림의 존현처로서 서원이 발생하는 가능성을 열어둔 것이라는 점에서 의미
가 있다.[10]

사림은 학문을 매개로 한 사제관계의 형성을 강조하였다. 이는 단순한
학문의 전수만을 의미하는 것이 아닌 도덕과 인격의 전수였다. 그런 점에
서 사제 간의 의리는 대단히 중시되었고 스승에 대한 문인의 존봉(尊奉)과

---

8) 정재훈, 「조선중기 사족의 위상」, 『조선시대사학보』 73, 조선시대사학회, 2015,
  53~54쪽.
9) 『중종실록』 권29, 중종 12년 8월 20일.
10) 정순우, 『서원의 사회사』, 태학사, 2013, 28쪽.

사설(師說)의 계승과 천명은 의무로 인식되었다. 조광조 등 사림계에 의해 강조된 사우지도(師友之道)는 16세기 중반 이후 성리학의 종사(宗師)를 중심으로 독자적인 철학과 이론 체계가 갖추어지고, 이를 계승할 후계자 그룹이 형성되면서 '학파(學派)'가 갖춰지는 토대가 되었다.[11] 학파의 형성은 관학의 쇠퇴와 맥락을 같이하는 것으로 장수(藏修)와 붕우강습(朋友講習)을 표방하는 서원이 출현할 수 있는 단서를 마련한 것이었다.

　이처럼 제도권 내에서 훈구와 사림계에 의한 교학진흥책은 별다른 성과를 거두지 못하였다. 국학 기관이 제 기능을 수행하지 못하는 것에 대한 우려는 훈구세력이나 사림세력이나 마찬가지였다. 새로운 대안 교육기관의 모색은 필연적이었지만 사림에서도 새로운 대안을 제시하고 있지는 못하였다.

　이런 분위기 속에서 부사과 어득강(魚得江)의 발언은 당시 조정에서도 서원의 존재를 알고 있었음을 확인할 수 있다. 1542년(중종 37) 어득강은 중국에서 석유(碩儒)들이 정사(精舍)·서원 등의 사학(私學)을 건립하여 지방 교육의 일익을 담당하였음을 사례로 들며, 조선에서도 충청·전라·강원·경상 좌·우도 등에 사찰을 하나씩 지정하여, 도내 명유를 불러 모은 후 사중절에 상·하재로 나누어 독서하는 것을 시행하자고 주장했다. 나아가 주군의 학전(學田)에서 나오는 소출로 경비를 보조하고, 부족한 것은 관에서 보태도록 제안했다. 그리고 관질이 높은 수령을 시관으로 삼아 두 명의 교수 혹은 현감까지 3인을 거느리고 제술을 시험하여, 생원·진사는 문과의 관시·한성시·향시에 응하도록 자격을 주고, 유학은 생원·진사시의 복시에 응할 수 있도록 한다면 문풍이 진작될 것이라고 보았다.[12]

　어득강의 이 제안은 과거만으로 학문이 뛰어난 자를 선발하는 것은 어렵다고보고 명유를 초빙하여 1년에 4차례 거접(居接) 형식의 강독회를 제

---

11) 이근호, 「조선시대 성리학 학파의 지역성과 문화권 – 삼남지역을 중심으로 –」, 『한국학논총』 41, 국민대학교 한국학연구소, 2014, 105쪽.

12) 『중종실록』 권98, 중종 37년 7월 27일.

안한 것이다. 주목되는 점은 상설 운영하는 것이 아니며, 사학의 형식을 취하고 있으면서도 관이 그 설립과 운영을 주관하도록 구상하고 있다는 점이다. 어득강은 학교와 과거제의 연계성을 확보하는 데에 초점을 두고, 강학과 인재선발 방식에 집중하고 있었지만 서원의 제향기능에 대한 언급은 없었다.

당시 훈구계는 사림계가 과거제의 문란과 사장학의 부박(浮薄)함을 공박하는 것에 대하여 사장과 경학(經學)을 함께 닦아야 한다고 주장하며, 과거제를 대처할 것은 없다고 보았다.[13] 이런 점에서 어득강이 주장하였던 사중절의 교육은 사장과 경술(經術)을 아우르는 것으로 보인다. 결국 1542년(중종 37) 주세붕이 문성공묘를 건립하고, 이듬해 강당과 재를 건립하여 백운동서원을 완비한 것은 바로 훈구 공신계 내부에서 이전부터 유현에 대한 사묘 건립과 인재양성을 위한 사학 건립의 필요성을 인지하고 있었던 것과 무관하지 않았다. 교육도 과거 합격을 목표로 사장과 경술을 함께 진행한 것으로 보인다.

2. 재야에서의 교학진흥책

연산군부터 명종까지 4차례 사화를 겪으면서 사림들은 출사보다는 은거하여 위기지학(爲己之學)에 힘썼다. 혹 사환을 하더라도 중앙보다는 지방관으로 나아가길 원하였다. 이러한 시기 퇴계는 당시 조선사회에서 시급한 과제는 집권층의 권력을 이용한 사리(私利) 추구를 배제하고, 공도(公道)를 회복하는 것으로 보았다. 이러한 관료사회의 부패는 사습(土習)이 바르지 않기 때문이며, 이를 바로잡기 위해서는 교학의 성격을 유생강학과 수기(修己) 위주로 전환되어야 한다고 보았다. 퇴계는 각 지방에서 성장하고 있던 신진사림들에게 희망을 걸고, 이들에게 주자학적 정치이념과 학문체

---

13) 『중종실록』 권29, 중종 12년 8월 30일.

제를 훈도하고 수련시킴으로써 성리학적 향촌질서를 구축하고, 이를 토대
로 사림의 시대를 준비하였다. 퇴계는 이를 실현하기 위한 방안으로 송대
주자에 의해서 창안된 지방사학으로서의 서원의 중요성을 강조하였다.[14)]

그러나 서원이 도입된 지 얼마 되지 않은 상태였기에 서원을 매개로 한
사림의 양성은 오랜 시간이 필요하였다. 퇴계도 낙향한 후 서당을 설립하
여 후학을 양성하고, 그 후 문인들과 함께 서원 건립을 이어갔다. 당시에는
이전의 사화로 낙향하거나 은거하여 학문을 닦는 사람들에 의해 정사·서
당·서실 등의 사학(私學)이 전승되고 있었다. 향촌에 숨거나 유배된 사림
들은 산간의 경승지에 정사를 세워 장수유식의 장소로 삼거나, 서당과 서
실을 개설하여 문도의 훈회(訓誨)에 힘쓰기도 했다.

일례로 김일손은 남계에 청계정사를 세워 정여창 등과 함께 강도(講道)
하였고, 박하담은 기묘사화를 전후하여 과거를 포기하고 운수정(雲樹亭)
[입암정사(立巖精舍)]를 세워 조식·주세붕 등과 교유하며 학문을 닦았다.
이자(李耔)도 1529년(중종 24) 충주의 토계에 검암정사(劍巖精舍)를 세워
이장길·김공석 등과 강학처로 삼았다.[15)] 이항(李恒)도 기묘사화 후 보림산
기슭에 정사를 세워 장수처로 삼았다. 당시의 신진사류들은 이들이 기거하
는 곳을 찾아와 강학하기도 했다. 이러한 사림 내의 정사 건립은 남송대
주자의 강학소였던 무이정사(武夷精舍)의 영향을 받은 것이었다.

이외에도 기묘사화 이후 김안국은 고양 망동에 퇴거하여 집을 짓고 은
휴(恩休)[육무당(六務堂)]라 이름하고 후학을 양성하였다.[16)] 성수침도 기묘
사화 이후 과거를 포기하고 장단[파주] 백악산에 서실을 짓고 강서(講書)하
였다.[17)] 조광조의 문도인 조욱도 기묘사화 후 과거를 포기하고 1522년(중

14) 정만조, 「퇴계 이황의 서원론」, 『조선시대 서원연구』, 집문당, 1997, 60~67쪽.
15) 정여창, 『일두선생연보』 연산군 4년조 ; 박하담, 『소요당유고』연보, 축소요기 ;
    이자, 『음애집』 행장.
16) 김안국, 『사재집』 권3, 육무당기.
17) 성수침, 『청송집』 권2, 행장.

종 17) 삭녕(연천)에 서실을 짓고 강학하다가, 지평으로 이거하여 1547년 (명종 2) 서재를 짓고 후학을 양성하였다.[18] 송인수도 기묘사화 이후 사천의 적소(謫所)에서 후학을 양성하여 구암 이정(李楨)을 배출하였다. 이상과 같이 사화 발생이후 향촌에 은둔한 사림들은 성리학을 강구하는 한편 정사·서당 등의 사학을 열어 후학을 양성하고 있었다.

이처럼 16세기에는 성격이 분화되지 않은 채 가숙(家塾), 서재(書齋), 정사, 서당(書堂) 등 다양한 형태의 사학이 혼재되어 있었다. 특히 정사·서재·서당 등의 역할이 미분화된 상태에서 운용되었던 사례들이 자주 확인된다. 1608년(선조 41)에 제작된『영가지(永嘉誌)』에는 안동지역 서당 17개소, 정사 5개소, 서재 1개소를 '서당조'에 함께 소개하고 있다. 그만큼 이들의 성격이 유사했음을 나타내는 것이다. 반면 여강서원·삼계서원·병산서원은 '서원조'로 구분하고 있다.[19] 이것은 조선 초기의 정사, 서재, 서당과 16세기 중엽이후 본격적으로 등장하는 서원과는 그 성격이 확연히 구분되기 때문이다. 서원은 1543년(중종 38) 백운동서원이 설립된 이래로 선현의 제향과 유생의 장수처라는 제향과 교육의 양 기능을 동시에 가지면서 기존 사학들과 대별되었다. 아울러 이황의 요청으로 1550년(명종 5) 소수서원으로 사액되면서 국학에 준하는 위상을 갖추게 되었다.

서당의 경우에도 서원과 비슷한 양상을 나타내고 있다. 16세기 이전 서당은 특정인물에 주도되지 않았고 학파적 성향을 보이도 않았으며, 비혈연적이고 비종법적인 모습을 보인다. 그러나 16세기 중엽 이후 출현하는 서당은 사림세력들의 중소 지주적 기반을 토대로 재지적·학파적 기반을 확대하기 위한 거점으로 활용되었다는 점에서 비교된다.[20] 그런 점에서 16

---

18) 조욱,『용문집』연보.

19) 權紀,『永嘉誌』卷4,「書院」,「書堂」.

20) 서당의 설립과 운영에 교화의 책임을 맡은 수령이 주도하거나 지원하는 경우도 있었다. 대체로 사림계 수령들에 의해서 진행되었는데, 상주목사 신잠과 성주목사 황준량 등이 대표적이다. 상주목사 申潛(1491~1554)은 1551년(명종 6) 부임

세기 서당의 경우 동몽교육에 관한 공적인 논의나 규정에서는 서인(庶人)을 교육대상에 포함하고 있으나, 실제 설립된 서당은 현실적으로 사족을 대상으로 한 것이 대부분이었다.

16세기 사림의 성장이 두드러졌던 안동과 예안에서는 대부분의 서당, 정사가 1549년(명종 4) 퇴계가 낙향하여 강학을 시작한 이래로 그의 문인들에 의해 본격적으로 설립되고 있다. 이들은 퇴휴처(退休處), 장수처(藏修處), 자제와 동몽(童蒙) 교육 등의 목적으로 서당과 정사를 건립 하였다. 한편으로는 동문간의 경학 연구와 유생들을 대상으로 강회(講會)를 개최하면서 학적 연대를 강화하였다. 이외에도 양파서당[里人爲養蒙創立]과 면제서당[縣人爲養蒙構之] 같이 해당 고을의 서민 자제를 교육하기 위하여 설립되기도 했다.[21]

대체로 사족을 대상으로 건립된 서당·정사가 강학과 장수, 자제 교육을 위한 것이었다면, 하층민의 아동을 대상으로 건립된 서당은 사족지배체제의 정착과정에서 일반민들에 대한 교화가 목적이었다. 조정에서는 1546년(명종 1) 동몽훈도(童蒙訓導)를 두어서 사족과 범민의 아이들을 구분치 말고 『소학』과 사서를 교육하도록 했던 예조사목[22]을 반포하였다. 이 조처로 서당의 교육과정이 확립된 후 모든 서당에서의 교육은 『소학』을 기본으로 하되, 제생(諸生)들의 수준에 맞추어서 사서(四書)뿐만 아니라 성리서까지 익혔다. 특히 안동에서는 1549년(명종 4) 낙향한 이황이 후학 양성을 위해 계상서당(1551)과 도산서당(1560)에서 경학과 예학(禮學), 심학(心學) 등의 수준 높은 강학을 진행하면서 도학적 서당의 전형을 보여준 이래로 그의

하여 18개의 서당을 세웠는데, 이중 일부는 17세기에 서원으로 승원하였다(成橘編, 『商山誌』 卷1, 「書堂」). 성주목사 黃俊良(1517~1563)은 1560년(명종 15) 문묘를 중수하고, 마을 동쪽 孔谷에 현인들의 요청에 따라 孔谷書堂을 세우고, 팔거현에는 鹿峰精舍를 세웠다(黃俊良, 『錦溪先生文集』 卷9, 「行狀」).

21) 이병훈, 「16세기 안동지역 재지사족의 성장과 서당 건립활동」, 『민족문화논총』 69, 영남대학교 민족문화연구소, 2018, 90~91쪽.

22) 『명종실록』 권3, 명종 1년 6월 16일.

제자들에 의해 도학적 성격의 서당이 설립되었다.[23]

이렇게 발생한 서당과 정사 가운데 훗날 서원으로 발전한 것도 많았다. 그것은 관학의 쇠퇴, 사화로 인한 은둔, 선현에 대한 사숙(私淑) 등의 이유로 사림의 집결소로서 강학·장수처라는 시대성을 띠고 있었기 때문이다. 그러나 조선에서 처음 서원이 건립되었을 때에는 지방 학제를 진흥하기 위한 한 방책으로 발생한 것이었다. 사림의 강학·장수를 목적으로 한 서원의 성격은 퇴계에 의해 정립되고, 16세기 중반이후 그와 그의 문인들에 의해 보급되어 갔다. 이러한 새로운 교학체제의 확립은 선초 이래 있어온 중앙 통제방식의 관학적 교화체제를 부정하는 것이며, 동시에 향촌사림 위주의 새로운 교화체제의 전개를 의미하는 것이었다.

Ⅲ. 초창기 서원의 건립과 정비

조선에서 '서원'이라는 명칭은 세종대부터 확인된다.[24] 그러나 당시의 서원은 서당·서재와 같은 사숙(私塾)을 일컫는 것으로 유생 강학과 선현 제향을 목적으로 건립된 서원과는 그 성격이 달랐다. 조선에 있어서 서원은 주세붕의 백운동서원 건립에서 출현했지만 이후 서원을 조선사회에 보급·정착시키고 그 성격을 규정하여 발전의 토대를 마련한 것은 퇴계 이황이었다. 그러나 서원이라는 새로운 교학 시스템의 도입과 정착을 위해서는 인적·물적·제도적 결정권을 가진 관이 주도할 수밖에 없었다. 그 기반 위에서 사림의 자율성과 관의 지원을 확보하여 점차 사림 주도의 서원으로 변화되어 갔다. 그 과정에서 16세기의 서원은 관학을 대처하는 비등한 지

---

23) 정순우, 『서당의 사회사』, 태학사, 2012, 96~110쪽.
24) 『세종실록』 권2, 세종 즉위년 11월 3일 ; 권7, 세종 2년 1월 21일 ; 권9, 세종 2년 9월 24일 ; 『성종실록』 권277, 성종 24년 5월 13일. 『성종실록』에 나오는 서원은 성종 23년 설립한 독서당을 칭하는 것으로 판단된다.

위의 교학기구로 자리하고, 중국의 서원과는 다른 조선 서원의 전형을 갖춰갔다.

즉 조선의 서원은 국가 집중형 교육구조로부터 향촌이 중심이 되는 분권형 교육구조로 전화한 것으로 설명할 수 있다. 하지만 조선 서원은 결코 국가의 권력이나 교육정책으로부터 벗어나 있지 않았다. 서원은 향촌내부의 힘과 외부의 국가권력이 함께 작용하는 공간이었다. 국가와 향촌사회는 서원이라는 완충지대를 매개로 상호 결합하거나 혹은 갈등하면서 발전해 갔다.

서원은 지방관, 향인, 후손, 문인 등 다양한 인사들의 협력 하에 설립되어갔다. 이런 양상은 대부분의 서원에서 공통된 점이다. 다만 건립을 처음 주장하고 이후 공역과 운영을 주도한 세력에 따라서 차이가 날 뿐이다.[25] 특히 초창기 서원들에서는 지방관이 건립과 운영을 선도하는 사례가 많다. 재정과 인원을 동원하는 데 유리하고, 서원에 부정적인 견해를 가진 향인들의 침해도 예방할 수 있었기 때문이다. 이런 조처는 서원에 우호적인 지방관에 한정되고, 사림의 자율성이 일정 부분 제한될 수 있었다. 그러나 초창기 서원의 정착과 보급에서는 필요한 과정이었다.

〈표 1〉은 16세기에 건립된 서원을 정리한 것이다. 중종대 백운동서원을 시작으로 명종대 18개소, 선조대 48개소가 설립되었다. 이 가운데 명종대에 5개소, 선조대에 14개소가 사액되었다. 특히 선조대에는 즉위 초반에 사액이 많았다. 제향인을 보더라도 서원이 건립된 지역 출신의 유현을 우선하였으며, 후대로 내려올수록 그들이 사망하거나, 귀향한 곳에서도 서원 건립이 이어졌다. 한편으로는 중국 성현(聖賢)들의 화상이 있거나 그들이 거주했던 곳과의 지명이 유사하다는 이유 등으로 성현을 제향하기도 했다. 그 외에는 건립을 주도했던 인물이 사망한 후 제향하는 사례도 있다.

---

25) 정만조, 「17~18세기의 서원·사우에 대한 시론」, 『조선시대 서원연구』, 집문당, 1997, 107~133쪽.

〈표 1〉 16세기 건립 서원 현황

지역	명칭	건립연도	사액연도	제향인
경상 풍기	白雲洞書院 [紹修書院]	1543(중종 38)	1550(명종 5)	안향·안축·인보 1542년 문성공묘
황해 해주	文憲書院 [首陽書院]	1549(명종 4)	1555(명종 10)	최충·최유선
경상 함양	濫溪書院	1552(명종 7)	1566(명종 21)	정여창
경상 영천	臨皐書院	1553(명종 8)	1554(명종 9)	정몽주
경상 신녕	白鶴書院 [白鶴書堂]	1555(명종 10)		이황·황준량
충청 보은	象賢書院 [三年城書院]	1555(명종 10)	1610(광해 2)	金淨
경상 의성	氷溪書院	1556(명종 11)	1576(선조 9)	김안국·이언적
강원 강릉	五峯書院	1556(명종 11)	1556(명종 11)	공자
경상 성주	迎鳳書院 [川谷書院]	1558(명종 13)	1573(선조 6)	정이·주희·김굉필· 이조년·이인복
경상 榮川	伊山書院	1559(명종 14)	1574(선조 7)	이황
경상 경주	西岳書院	1561(명종 16)	1623(인조 1)	김유신·설총·최치원
함경 함흥	文會書院	1563(명종 18)	1575(선조 8)	孔子
경상 합천	淸溪書院	1564(명종 19)		이희안
전라 순천	玉川書院	1564(명종 19)	1568(선조 1)	김굉필
경기 이천	雪峯書院	1564(명종 19)		서희·이관의·김안국· 최숙정
경상 대구	硏經書院	1564(명종 19)	1660(현종 1)	이황(17C)
평안 평양	仁賢書院	1564(명종 19)	1608(선조 41)	箕子
함경 안변	玉洞書院	1566(명종 21)	1592(선조 25)	李繼孫
경상 밀양	禮林書院 [德城書院]	1567(명종 22)	1669(현종 10)	김종직
경기 파주	坡山書院	1568(선조 1)	1650(효종 1)	성수침
경상 현풍	道東書院 [雙溪書院]	1568(선조 1)	1574(선조 7)	김굉필
경상 예천	金谷書院	1568(선조 1)		박충좌
경상 청도	仙巖書院	1568(선조 1)		김대유·박하담

전라 화순	竹樹書院	1570(선조 3)	1570(선조 3)	조광조
경상 선산	金烏書院	1570(선조 3)	1575(선조 8)	길재·김종직·정붕·박영
경상 안동	易東書院	1570(선조 3)	1683(숙종 9)	우탁
충청 청주	莘巷書院	1570(선조 3)	1660(현종 1)	이이·이색·경연·박훈·송인수
충청 논산	杏林書院	1570(선조 3)		徐益
경상 경주	玉山書院	1573(선조 6)	1574(선조 7)	이언적
경기 개성	崧陽書院	1573(선조 6)	1575(선조 8)	정몽주·서경덕
경기 양주	道峯書院	1573(선조 6)	1589~1631	조광조
전라 김제	雙溪書院	1573(선조 6)		崔湜·崔應三·景居綸
경상 예안	陶山書院	1574(선조 7)	1575(선조 8)	이황
전라 김제	龍巖書院	1575(선조 8)		趙簡
경상 안동	虎溪書院[廬江書院]	1576(선조 9)	1676(숙종 2)	이황
경기 용인	忠烈書院	1576(선조 9)	1609(광해 1)	정몽주
경상 산청	德川書院[德山書院]	1576(선조 9)	1609(광해 1)	조식
경상 합천	龍巖書院[晦山書院]	1576(선조 9)	1609(광해 1)	조식
평안 희천	象賢書院	1576(선조 9)	1720(숙종 46)	김굉필·조광조
전라 정읍	南皐書院	1577(선조 10)	1685(숙종 11)	李恒·金千鎰
전라 광주	月峯書院	1578(선조 11)	1654(효종 5)	기대승
전라 전주	華山書院	1578(선조 11)	1658(효종 9)	이언적·송인수
경상 청도	紫溪書院	1578(선조 11)	1661(현종 2)	김일손
황해 벽성	紹賢書院[隱屛精舍]	1578(선조 11)	1610(광해 2)	朱子
전라 남원	滄洲書院[古龍書院]	1579(선조 12)	1600(선조 33)	노진
경기 여주	沂川書院	1580(선조 13)	1625(인조 3)	김안국
충청 제천	南塘書院	1580(선조 13)		이황
충청 공주	忠賢書院[孔巖書院]	1581(선조 14)	1625(인조 3)	주자·이존오·이목·성제원

경상 함양	溏洲書院	1581(선조 14)	1660(현종 1)	盧禛
충청 충주	八峯書院	1582(선조 15)	1672(현종 13)	李耔·李慶延
경상 함양	龍門書院	1583(선조 16)	1662(현종 3)	정여창
전라 나주	景賢書院	1583(선조 16)	1609(광해 1)	김굉필·정여창·조광조·이언적·이황
황해 서흥	花谷書院	1584(선조 17)		김굉필
경상 합천	伊淵書院	1587(선조 20)	1660(현종 1)	김굉필·정여창
경상 인동	吳山書院	1588(선조 21)	1609(광해 1)	길재
경상 안동	三溪書院	1588(선조 21)	1660(현종 1)	권벌
경상 영일	烏川書院	1588(선조 21)	1613(광해 5)	정몽주
경상 김해	新山書院	1588(선조 21)	1609(광해 1)	조식
황해 황주	白鹿洞書院	1588(선조 21)	1661(현종 2)	朱子
황해 신천	正源書院	1588(선조 21)	1710(숙종 36)	주자·조광조·이황·이이
황해 안악	鷺峰書院	1588(선조 21)	1697(숙종 23)	주자·이이
전라 장성	筆巖書院	1590(선조 23)	1662(현종 3)	김인후
전라 강진	瑞峯書院	1590(선조 23)		李後白
전라 전주	黃岡書院	1592(선조 25)		이문정·이백유·이경동·류인홍·강해우
경기 지평	雲谿書院	1594(선조 27)	1713(숙종 39)	趙昱·趙晟
충청 한산	文獻書院	1594(선조 27)	1611(광해 3)	이곡·이색
황해 연안	飛鳳書院	1596(선조 29)	1682(숙종 8)	주자·최충·김굉필·이이

※ 임근실, 『16세기 영남지역 서원 연구』, 단국대학교 대학원 박사학위논문, 2019, 25
쪽의 〈표 Ⅱ-7〉을 일부 수정하여 재인용함.

　이처럼 16세기 서원은 선조대 사림파가 집권하면서 크게 증가하였다.
한편으로는 명종대를 거치면서 조선 서원의 전형이 정비되어갔다. 그것은
사림의 강학·장수처로서의 성격 정립과 사액을 통한 국가의 공인, 제향인
의 선정, 서원 운영의 원칙 등으로 대별된다. 또한 이러한 조선 서원의 전
형은 퇴계 이황에 의하여 그 초석이 완성되었다.

1. 초창기 서원의 건립과 성격 변화

1) 관학 보조기구로서의 서원

백운동 서원은 풍기군수 주세붕의 주도로 건립되었다. 그는 지역의 교화를 위해 1542년(중종 37) 향현인 안향(安珦)의 사묘[文成公廟]를 백운동의 숙수사 터에 세우고, 이듬해에 사묘 옆에 서원[堂齋]을 건립하였다. 이처럼 사우를 먼저 건립한 것은 백운동서원 건립이 강학보다 제향을 우선하였음을 나타낸다. 주세붕은 사우를 건립한 후 서울에 거주하는 후손 안정의 집에서 안향의 영정을 옮겨와 봉안하였다. 한편, 서원을 낙성한 이듬해인 1544년(중종 39) 안축·안보 형제를 종향하였다. 이들의 종향은 서원에 주향자 이외에도 다른 자를 배향하는 전례를 만들었다.

주세붕이 백운동서원을 건립하는 데 큰 어려움이 없었던 것은 수령으로서 재정과 인원을 동원하는 데 유리한 조건을 갖추고 있었기 때문이다. 또한 그는 숙수사 터에서 출토된 수백 근의 유기를 팔아 장서를 마련하고 수결의 전토를 획급하였는데, 향유 황빈이 부조한 조(租) 75섬을 보태어 향사와 유생 공궤의 자금으로 삼도록 했다. 특히 경상도 관찰사로 재직하고 있던 안향의 11대손 안현의 광범위한 지원은 백운동서원이 빠르게 정착하는 데 결정적 요인이 되었다.

또한 안현은 전 사간 황효공, 도사 정준, 군수 유경장, 전정랑 안공신, 차사원 황준량 등과 함께 「사문입의(斯文立議)」를 작성하여 서원 운영 전반에 대한 틀을 완성하였다. 이 입의에는 춘추향사와 유생들에 대한 처우, 유생 정원을 포함한 제반 학규 등이 상세하게 거론되고 있다. 주목되는 점은 서원에 대한 경제적 지원이나 관리를 사실상 관에서 관장하도록 조치한 사실이다.[26] 이러한 조처는 사실상 관아에서 서원 운영에 필요한 제반 물

---

26) 일례로 우수사에게 靑魚基 3곳, 웅천관아를 비롯한 각 관아에 2,220관을 할당하

자를 충당하고, 이를 최종적으로 관에서 관리 감독한 관 중심의 운영 시스템을 구축한 것이다. 그렇기에 운영 과정으로만 본다면 백운동서원은 사학과 관학의 경계가 불분명한 상태였다.

16세기 전반까지 기존의 향교 중심 관학체제는 큰 변화가 없었다. 그러나 백운동서원이 설립된 이래로 서원이 확대되면서 변화의 조짐이 나타났다. 당시 유생들이 서원에 대해 걸었던 기대는 다소 이중적이었다. 첫째는 이미 확립된 기존 관학과 함께 성리학의 전수와 확산에 기여하는 보완적 교육기관이라는 것이다. 둘째는 향교를 대체할 대안적 교육기관이라는 것이다. 이러한 인식은 황해도 관찰사로 부임하였던 주세붕이 1549년(명종 4) 해주에 건립한 수양서원에서도 확인된다. 주세붕은 고려시대 사학 건립에 공헌한 최충의 사당이 폐허가 된 것을 새로 짓고 소수서원과 마찬가지로 당재를 건립하고는 수양서원이라 하였다.

최충의 사당은 1519년(중종 14) 해주향교의 문묘에 종향해오던 최충·최유선 부자의 위패를 철거한 후 향인들의 뜻에 따라 사문에 공이 있는 최충의 사우를 건립한 것이 기원이었다.[27] 이후 30년이 지나 폐허가 된 것을 주세붕이 새로 중건하고, 규모를 확장하여 서원으로 설립한 것이다. 이때 백운동서원과 규모를 같이 하면서,[28] 아울러 서적과 전민(田民)을 마련하

는 등 서원 경영에 관의 힘을 적극적으로 동원하였다. 또한 寶米를 출납하는 것이 어렵게 되면 관에서 차사를 보내어 받아내고, 수량이 부족하면 관의 비용으로 충당하도록 하는 등 파격적인 지원을 하였다. 그리고 매년 보미와 전답, 서책, 노비의 실태를 관에서 회계 감독하도록 했다. 이 밖에 전답 30결에 대한 경작인의 잡역을 면제하고, 수철과 염분 2좌를 울산 관아에서 매입하여 매월 여기에서 나오는 소금과 목면을 원장과 관아에서 함께 감독하도록 하였다. 나아가 사당과 서원 건물에 대한 보수 관리의 책임도 일체 관에서 지도록 하였다(「사문입의」). 1556년(명종 11)의 「등록」에는 서원에서 상시 숙식하는 거접 유생 10명을 위하여 상주훈도를 초치하고, 인접한 榮川·봉화·안동·의흥·의성·예천·용궁·비안·진보·청송·군위 등의 관아에서 백미와 된장, 등유 등을 갖추어 보내도록 한 것이 확인된다.

27) 『중종실록』 권35, 중종 14년 1월 6일.

여 유생들의 강학과 공궤의 토대를 마련하였다. 그러나 수년이 되지 않아서 유생들과 관아에서 장서를 무단으로 반출하고, 건물의 보수도 제대로 되지 않았다. 생원 김택(金澤) 등은 이러한 폐단이 조정에서 수양서원의 건립 사실을 모르기 때문이라고 보고 사액을 요청하였다.[29] 그 결과 1555년(명종 10) 조정에서는 문헌서원으로 사액하고, 편액과 서적 등을 하사하였다.

수양서원 건립 과정에서 확인되는 것은 백운동서원처럼 먼저 사당을 마련하고 이어서 서원을 지었다는 것이다. 서원의 교육적 기능보다 사현(祀賢)을 통한 교화적 기능을 우선하였던 주세붕의 의견이 확인되는 부분이다. 다음으로는 향교의 서쪽에 서원을 건립한 것이다. 이는 초창기 서원의 성격이 분명하게 정해지지 않았기 때문으로 보인다. 즉 서원이 향교를 대처할만한 동일한 교육기관이라기보다는 국학을 보조하는 곳으로 인식한 것이었다. 그것은 교육과정에서도 확인되는 데 수양서원에서는 관리양성을 위한 육례 즉 과업 교육이 진행되고 있었다. 실제 이러한 인식은 이황이 백운동서원의 사액을 청원하는 글에서도 확인된다.[30]

> … 우리 동국의 교도하는 방법은 한결같이 중국의 제도를 따라서 중앙에는 성균관과 사학이 있고 지방에는 향교가 있으니 아름답다 하겠으나, 유독 서원을 설치하였다는 말만은 아직 들은 적이 없으니, 이는 곧 우리 동방의 큰 결점입니다. 주후(周候)[주세붕]가 비로소 서원을 창건하자 세속에서 자뭇 의심하고 괴이하게 여겼으나, 주후의 뜻은 더욱 독실하여 사람들의 비웃음을 무릅쓰고 비방을 물리치면서 이 전례에 없던 장한 일을 단행하였으니, 아, 하늘이 아마도 이로 말미암아 우리 동방에 서원의 교육을 일으켜 중국과 같아지도록 하려는 것인가 봅니다. … 내가 보건대 지금 국학은 원래 현명한 선비가 관여하고 있지만 저 군현의 학교는 한갓 허울만 남았고 가르침이 크게 무너져, 선비들이 도리

---

28) 『명종실록』 권33, 명종 21년 6월 15일.
29) 『명종실록』 권18, 명종 10년 2월 25일.
30) 이황, 『퇴계선생문집』 권9, 서, 「상심방백(통원 기유)」.

어 향교에서 지내는 것을 수치로 여겨 시들고 피폐함이 극심하여 구제할 방법
이 없으니, 한심하다 하겠습니다. 오직 서원 교육이 오늘날 성대하게 일어난다
면 무너진 학정(學政)을 구제할 수 있어 학자가 귀의할 바가 있고, 사풍이 따라
서 크게 변혁되고 습속이 날로 아름다워져서 왕의 교화가 이루어질 것이니, 성
치(聖治)에 조그마한 도움이 될 뿐이 아닐 것입니다.··· [31)]

퇴계는 인용문의 앞부분에서 성균관과 향교로 이어지는 관학체계가 어
느 정도 완비되었지만 이를 보완해줄 서원이 활발하게 설립되지 못하였다
는 점을 거론함으로써 서원을 관학의 보완적 교육기관으로 제시하고 있다.
이에 반하여 뒷부분에서는 향교의 폐해를 지적하면서 서원을 향교에 대신
할 대안적 교육기관으로 설정하고 있다. 이러한 관점에서 퇴계는 무너진
지방관학을 대신하여 서원 설립을 통해 교육을 새롭게 진흥하는 것을 사명
으로 여겼다.

서원에 대한 퇴계의 기대는 세세한 규칙에 얽매이지 않고, 과거에 연연
하지 않으며 선비로서 자질을 함양할 수 있는 교육의 장소였다.

은거하여 뜻을 구하는 선비와 도학을 강명하고 학업을 익히는 사람들이 흔
히 세상에서 시끄럽게 다투는 것을 싫어하여 서책을 싸 짊어지고 넓고 한적한
들판이나 고요한 물가로 도피하여 선왕의 도를 노래하고, 조용히 천하의 의리
를 두루 살펴서 덕을 쌓고 인(仁)을 익혀 이것으로 낙을 삼을 생각으로 기꺼이
서원에 나아가는 것입니다. 저 국학이나 향교가 사람이 많이 모이는 성곽 안에
있어서 한편으로 학령(學令)에 구애되고 한편으로 과거 등의 일에 유혹되어 생
각이 바뀌고 정신을 빼앗기는 것과 비교할 때 그 공효를 어찌 동일 선상에 놓고
말할 수 있겠습니까. 이런 관점에서 말하자면 선비의 학문이 서원에서 역량을
얻게 될 뿐만 아니라 나라에서 인재를 얻는 데도 틀림없이 서원이 국학이나 향

---

31) 이황, 『퇴계선생문집』 권9, 서, 「상심방백(통원 기유)」.

교보다 나을 것입니다. … 진실로 선정의 자취가 남고 향기가 뿌려져 있는 곳, 예를 들어 최충·우탁·정몽주·길재·김종직·김굉필 등이 살던 곳에 모두 서원을 건립하되 혹은 조정의 명에 의하고 혹 사사로이 건립하여서 책을 읽고 학문을 닦는 곳이 되어 성조(聖朝)의 학문을 존중하는 교화와 태평한 세상의 교육의 융성을 빛내고 드높일 것입니다. 이와 같이 하면 장차 우리 동방 문교(文敎)가 크게 밝아져 추로(鄒魯)나 민월(閩越)과 더불어 훌륭함을 나란히 일컫게 될 것입니다.[32]

한편 퇴계는 서원의 정상적인 발전을 위해서는 국가의 관여와 지원이 필요하다는 사실을 잘 알고 있었다. 그래서 서원이 더욱 잘 운영되기 위해서는 재야의 선비 가운데 일세의 사표가 될 만 한 자를 동주(洞主)나 산장(山長)으로 두어 교육을 관장토록 해야 하며, 그것의 실현은 관찰사의 재량과 조정의 가부 논의에 달렸다고 강조하였다. 이외에도 서원의 자율성을 보장하되 흥학을 위해 서적과 토지, 노비를 지급해주길 요청하였다. 이에 조정에서는 1550년(명종 5) 편액과 서적, 토지와 노비를 내려주고, 토지는 주세붕이 마련해준 것을 인정하고, 노비는 그 수익에서 마련하도록 조치했다. 아울러 감사와 수령의 단속을 제한하여 사림의 자율성을 보장토록 했다.[33]

이상과 같이 초기 서원에 대한 인식은 사묘와 서원이 별개로 간주되어 서원은 사묘의 부수적 존재로 여겼다. 실제 주세붕 본인도 존현처인 사묘가 있기 때문에 서원을 두게 된 것이라고 하였다. 또한 「사문입의」에서도 문성공묘와 백운서원으로 사묘와 서원을 구분하여 사용하고 있다. 서원을 유생의 장수처가 중심인 것으로 보고, 그들의 마음을 흥기하기 위한 사묘가 부설되어 있는 강당과 사묘를 같이 갖춘 형태는 16세기 후반 퇴계 이황에 의해 나타났다.

교육방법도 과거 중심으로서 관학과 별다른 차이가 없었다. 즉 백운동

---

32) 이황, 『퇴계선생문집』 권9, 서, 「상심방백(통원 기유)」.
33) 『명종실록』 권10, 명종 5년 2월 11일.

서원이 건립된 초기에는 관학의 보완적 교육기구로 인식됐던 것이다. 그러나 퇴계는 사액을 요청한 글에서 관학을 대처할 수 있는 대안적 교육기구로 서원을 인식하고 있었다. 그렇기에 기존 관학과는 교학이념과 성격이 바뀔 수밖에 없었다. 유생의 강학과 장수가 중심이 되어야 한다는 조선 서원의 성격은 퇴계가 백운동서원의 사액을 요청하는 때부터 나타나고 있었다.

2) 사림 자치기구로의 전환

소수서원에 이어 건립된 남계서원은 설립과 사액 과정에서 소수서원과 형식을 달리한다. 남계서원의 설립은 사림 세력의 성장과 발전 과정을 집약적으로 드러내고 있다. 이런 점에서 남계서원은 송대 서원이 가진 관학과 사학의 절충형태를 탈피하여 조선 서원의 고유한 모습을 보여주기 시작한다. 소수서원 창건 이후 이렇게 빠른 시간에 변화가 일어난 것은 서원에 대한 관의 과중한 지원이 국가 재정에 엄청난 부담이 된다는 사실을 조정에서도 인식했기 때문으로 보인다.[34]

남계서원은 1552년(명종 7) 함양의 진사 강익 등이 주도하여 정여창을 제향하기 위해 건립하였다. 1517년(중종 12) 조광조를 중심으로 한 사림세력은 피화인들에 대한 복권과 함께 정몽주와 김굉필에 대한 문묘종사 운동을 본격적으로 전개하였다. 그러나 김굉필이 도학에 한계가 있다는 사실을 들어 중신들이 문묘종사를 반대하고, 그 대신 그가 강도(講道)한 장소에 사우를 세워 치제하자는 의견을 내었다. 이때 정여창 역시 김굉필과 동일하게 사우를 세워 치제하는 게 맞다는 의견이 나왔다.[35]

예조에서도 도를 강론하던 곳에 사당을 세워 치제하기를 청하였는데, 의정부에서는 관의 치제가 아니라 제수(祭需)만을 주어서 사가에서 제사

---

34) 정순우, 『서원의 사회사』, 태학사, 2013, 65~75쪽.

35) 『중종실록』 권29, 중종 12년 8월 20일 ; 권36, 중종 14년 7월 30일.

지내는 것이 합당하다고 보았다.[36] 조정에서 사묘(私廟)에 대한 제수 관급
으로 결정하자, 사림들도 의례상 공제(公祭)를 사묘에서 지낼 수는 없었기
에 정여창에 대한 향사 논의는 중지되었다. 그런 가운데 소수서원의 건립
은 함양 유림들에게 하나의 모범이 되었던 것이다.[37]

1552년(명종 7) 함양의 사림들이 정여창이 도학을 강설한 장소에 서원
건립을 시작하였을 때 당시 군수였던 서구연이 물력을 지원하였다. 그러나
그 지원 규모는 절대적으로 소수서원에 미치지 못하였다. 소수서원과 같은
관찰사의 파격적인 지원도 확인되지 않는다. 게다가 당시 물력을 지원하던
군수 서구연이 사우를 세우고 강당을 조성하던 중 체직되면서 공사가 중단
되었다가 1559년(명종 14)에야 비로소 완공을 하였다.

소수서원 건립 당시 2년이 걸리지 않았던 것과 비교하면 지방관의 개입
과 지원이 얼마나 큰 비중을 차지하는지 가늠할 수 있다. 실제 기부 내역
을 적은 남계서원『부보록(裒寶錄)』을 보면 1552년(명종 7) 건립을 시작한
이후 지속적으로 서원 운영에 관의 협조가 있었음이 확인된다. 그러나 소
수서원에 비하면 매우 적은 규모였다. 그렇기에 함양지역 사림들이 그만큼
물자를 출자해야 했다. 이 과정에서 당시 함양지역에 영향력을 확대하고
있었던 남명 문도들의 적극적인 참여가 있었다.

반면 영천의 임고서원은 1553년(명종 8) 건립을 시작하여 1554년(명종
9) 완공할 때까지 향부로(鄕父老)와 유생들이 주도적으로 건립을 추진하였
다. 이들은 영천에서 태어나고 수학한 정몽주의 가묘와 서원 건립을 통해
풍속을 돈독히 하고 후생(後生)을 격려할 수 있을 것이라며 관찰사 정언각
에게 허가를 받은 후 향유들 스스로 자재(資材)를 내어 가묘를 먼저 완공하
고 서원 건립을 이어갔다. 물론 그 과정에서 소수서원만큼은 아니지만 영
천군수 이의(李義)의 인적·물적인 지원이 있었을 것으로 보인다. 이처럼

---

36) 『중종실록』 권29, 중종 12년 9월 24일.
37) 『명종실록』 권33, 명종 21년 6월 15일.

임고서원은 사림의 주도로 1554년 완공되었으며, 곧바로 청액하여 그 해에 사액되었고 서책·노비·전결도 함께 하사되었다.[38]

임고서원이 단기간에 건립되고 나아가 사액까지 가능했던 데에는 제향자인 정몽주가 문묘 종사 대현이라는 점과 사림 내에서 높은 비중을 가진 퇴계 이황의 영향이 컸다. 퇴계는 임고서원의 건립에 직·간접적으로 관여하고 있었다. 즉 창건을 주도하고 사액을 청원하였던 김응생·정윤량·노수 등은 모두 퇴계의 문인들이었으며, 퇴계 본인은 임고서원의 규모와 절목의 제정, 봉안문 및 각종 예식 문자의 찬술뿐만 아니라 서적도 희사했다.[39]

임고서원보다 이른 시기에 건립을 시작했지만 늦게 완공되었던 남계서원은 남명 조식과 그 문인들의 회합과 강학의 장소로 이용되었다. 1563년(명종 18)에는 남명이 여러 문인들과 강론하였으며, 1565년(명종 20)에는 오건이 『주자연보』를 강론하였다. 1564년(명종 19)에는 함양군수로 부임한 남명의 고제 김우옹의 적극적인 지원으로 동·서재를 건립하였다.

한편, 강익 등의 함양 사림들은 남계서원이 一邑의 사설 서원으로 고착화되는 것을 경계하였다. 그래서 그 대안으로 사액을 청원하였다. 이들은 소수서원과 임고서원의 사례에 따라 노비와 전토를 획급해줄 것을 요청하였다. 즉 사액을 통해 향사를 관이 인정하는 공제(公祭)로 설행하고, 안정적인 재정 지원을 받고자 했던 것이다. 그 결과 1566년(명종 21) 서원 곁 시내의 이름을 따서 남계서원으로 사액을 받게 되었다.

이상과 같이 훈구 공신계 수령의 주도로 처음 서원이 건립되었지만 그 후의 서원들은 일향 사림들에 의해 발의되고 건립되기 시작하였다. 물론 지방관의 허가와 지원이 절대적으로 필요한 상태였지만 점차 사림주도의 서원 건립이 증가하는 추세였다. 그러나 16세기 중반에는 서원의 효용에 대해 부정적 인식을 가진 향인과 수령들이 많았다. 그렇기에 퇴계는 서원

---

38) 『명종실록』 권16, 명종 9년 6월 14일, 7월 11일.
39) 김학수, 「17세기 초반 영천유림의 학맥과 장현광의 임고서원 제향논쟁」, 『조선시대사학보』 35, 조선시대사학회, 2005, 50쪽.

의 정착을 위해 '유신(儒臣) 가운데 사림의 모범이 되는 인물을 지방관으로 임명'하도록 당부하였다.[40]

즉 서원에 대한 이해가 높고 명망있는 지방관을 통해 부정적 인식을 쇄신하려는 것이었다. 그러나 표면적으로는 유신을 임명한다면 임금의 교화가 유생들에게 이어져서 한 나라의 학교로서 후세에 전해질 것이라는 명분을 내세웠다. 실제 이후부터 사액서원이 있는 곳의 수령은 고을의 규모에 상관없이 문과 출신의 문관을 임명하는 사례가 확인된다.[41]

한편으로는 서원이 정치적 사안에 대하여 유생들의 공론을 표방하면서 향후 정치권에서 서원이 지방 여론을 동원하는 수단으로 활용되는 단서가 되었다. 서원이 정치적 사안에 관여한 첫 사례로는 1551년(명종 6) 소수서원 유생들의 상서가 있다.[42] 당시 수렴청정을 하던 문정왕후는 1550년(명종 5)에 불교의 선종과 교종을 복립하라는 왕명을 내렸다. 이에 소수서원 유생들은 사림의 공론을 대표하여 조선의 통치이념에 반하는 명령을 내린 문정왕후와 회암사 승려 보우를 비판하는 상소를 올렸다.

이때의 유소는 당쟁과 무관한 것이었지만 16세기 후반 붕당정치가 본격화되고 개별서원이 특정 당파로 급격하게 편입되기 시작하면서 서원에 대한 국가의 공정한 관리에 문제점이 나타나기 시작하였다. 즉 17세기 이래로 남계서원이 정인홍을 중심으로 하는 북인계 인물과 이에 반대하는 남인계 그리고 서인세력 간의 갈등과 알력으로 급격하게 위축되면서 지방정

---

40) 李滉, 『退溪先生文集』 卷9, 書, 「上沈方伯(通源 己酉)」.

41) 실제 조정에서는 先儒의 서원이 있다는 이유로 예안과 풍기, 희천 등에 문관을 수령으로 차정하여 보내면서, 사풍을 진작시키도록 하였다(『선조실록』 권115, 선조 32년 7월 11일 ; 권129, 선조 33년 9월 3일 ; 권178, 선조 37년 9월 12일). 이러한 조처는 당시 일시적인 것이 아니라 이전부터 시행되어 오던 것이었다. 아마도 퇴계의 백운동서원 청액 당시부터 시행되었던 것으로 추정된다. 그러나 서원이 남설되면서 그러한 조건을 맞추기 어려웠기에 그 기준이 점차 쇠퇴·소멸한 것으로 보인다.

42) 『명종실록』 권11, 명종 6년 4월 13일 ; 권12, 명종 6년 10월 15일.

치의 공간으로 변한 사실은 서원에 대한 국가 통제력의 상실이 가져온 결과였다.

2. 초창기 서원의 정비 과정

1) 서원의 국가 공인과 통제로 이용된 사액

조선 최초의 서원인 백운동서원은 이황의 청원으로 사액 받으면서, 최초의 사액 서원이 되었다. 사액 청원은 수령→관찰사→예조→국왕의 행정 체계에 따라 진행되었다. 백운동서원은 풍기군수 이황이 관찰사 심통원을 통해 청원하였으며, 영천 임고서원은 김응생 등의 유생이 영천군수 이의를 통해 관찰사 정언각에게 청원하고, 정언각은 예조에 품의하였다.[43]

백운동서원은 1550년(명종 5) 국왕이 직접 '소수서원(紹修書院)'이란 편액을 써서 하사했다. '소수'란 '무너진 유학을 다시 이어 닦게 한다'는 의미이다. 이렇듯 소수서원은 '학문의 중흥'이란 큰 임무를 띠고 탄생했다. 임고서원은 영천의 별호인 임고(臨皐)와 익양(益陽) 가운데 '임고'로 사액 하였는데, 이는 지명을 따라 이름 짓는 전례에 따른 것이었다.[44] 당시 소수서원에 대한 사액이 특례 조치였다면 임고서원에 대한 사액은 사액의 규례를 만들었다는 점에서 의미가 있다. 특히 사액을 내리면서 서책과 토지, 노비를 함께 내려준 것은 소수서원과는 다른 점으로서 임고서원부터 행해졌던 것이다.

한편 서원의 사액 요청은 서원의 안정된 운영을 위한 경제적 혜택을 받는다는 것뿐만 아니라 향촌교화의 일정한 역할을 서원이 담당하고 있음을 피력한 것이다. 조정에서의 사액 결정은 서원의 향촌교화 역할을 인정한다

---

43) 『명종실록』 권16, 명종 9년 6월 14일.
44) 『명종실록』 권17, 명종 9년 10월 10일.

는 증거이자 기대감을 표시한 것이었다.[45] 사액을 통해 서원은 향촌교화에
대한 국가의 공적인 인증과 사류의 장수처라는 사적인 부분이 함께 공존하
게 된 것이다.

또한 사학에 대한 교육기관으로서의 국가의 공인이었다. 사액을 통해
국학에 준하는 대우를 받은 서원은 국가입장에서는 쇠퇴한 국학을 보조하
는 것으로 인식했다. 그러나 사류는 자신들의 사적인 공간이 국가의 공인
을 받은 것으로 생각했다. 이러한 인식은 사액을 통해 교화의 대리자로서
권위를 부여받았던 사류들이 스스로를 교화의 주체로 생각한 것이다. 이러
한 인식 차이는 서원이 인재양성과 향촌교화에서 역할을 못할 때 국가의
제재를 받게 되는 결과를 동반하였다.

사액은 국왕 스스로 사문을 신장시키는 데 노력하고 있음을 드러내는
것이자, 정치적으로 사류에게 국왕의 권위를 표출하는 수단이기도 했다.
사액의 최종 결정권자였던 국왕은 해당 서원의 이해관계를 이용하여 왕권
을 신장하는 데 이용하기도 했다. 실제 명종과 선조는 사액을 통치의 수단
으로 활용하고 있었다.

어린 나이에 즉위한 명종은 문정왕후가 수렴청정을 실시하고, 윤원형
등의 외척이 정권을 장악하면서 왕권이 크게 약화되었다. 또한 이들에 의
한 비정상적인 국정 운영과 숭불책은 국왕의 권위를 크게 실추시켰다. 문
정왕후가 사망하기 이전까지 제약된 왕권으로 실추된 권위를 만회할 방법
은 흥학(興學)에 있었다. 서원에 대한 사액은 이러한 흥학책의 일환이었
다.[46] 국학의 보조기구로서 서원의 긍정적 측면이 부각되면서 사액을 통해
향촌 사류들에게 국왕이 스스로 오도(吾道)를 따르며 사문의 신장을 위해
노력하고 있음을 직접적으로 보여주는 것이었다.

후사가 없는 명종의 뒤를 이어 왕위에 오른 선조는 최초의 방계출신 국

---

45) 『명종실록』 권13, 명종 7년 3월 28일 ; 권33, 명종 21년 6월 15일의 史論 참조.
46) 명종대 사액된 곳은 소수서원·임고서원·문헌서원·남계서원 등 4개소였다.

왕이었다. 그렇기에 즉위 후 국왕의 권위를 신장하는 것이 급선무였다. 이에 정통성 확보를 위해 생부를 덕흥부원군으로 추숭하고, 명종대 피화된 자들에 대한 신원과 복직을 통해 조정을 쇄신히었다. 나아가 국가 주도하에 동방사현에 대한 추증(追贈)·증시(贈諡) 및 사적과 저서를 정리한『국조유선록(國朝儒先錄)』의 간행은 사림의 정통성과 집권 명분을 강화시켜 주었다. 선조는 이런 조처를 통해 사림의 지지 속에서 왕권을 강화해나갔다.

아울러 경전과 성리서, 사서(史書), 의례서 등의 간행[47]과 함께 길재·김종직·정몽주·김안국·김굉필·조광조·이언적·이황 등 도학 상에 큰 업적을 남긴 인물과 피화인을 제향하는 서원에 사액을 내렸다.[48] 그것은 1570년(선조 3)부터 김굉필·정여창·조광조·이언적 등의 문묘종사 운동과 관련이 있었다.[49] 문묘종사는 배향자에 대해 권위를 국가에서 인정하는 것으로서

---

47)『선조실록』권3, 선조 2년 9월 4일 ; 권4, 선조 3년 7월 20일 ; 권5, 선조 4년 7월 8일 ; 권5, 선조 4년 11월 2일 ; 권6, 서조 5년 12월 19일 ; 권7, 선조 6년 1월 29일·30일, 2월 7일·20일, 3월 17일, 4월 12일, 8월16일, 9월 9일·24일 ; 권8, 선조 7년 1월 22일. 권9, 선조 8년 3월 7일 ; 권15, 선조 14년 12월 26일. 이에 따르면 선조 초『五禮儀』,『儀禮經傳續』,『朱子語類』,『朱子大全』,『心經附註』,『韻會』,『綱目』,『資治通鑑』,『宋史』,『皇華集』,『內訓』,『學蔀通辨』,『大學或問』,『史略』,『國朝儒先錄』,『鄕約』, 외에 사서와 오경 등의 경전을 교서관에서 인출하였다.

48) 선조대에는 순천 옥천서원(김굉필, 선조 1), 화순 죽수서원(조광조, 선조 3), 성주 천곡서원(정이·주자·김굉필, 선조 6), 현풍 도동서원[쌍계서원](김굉필, 선조 7), 영천 이산서원(이황, 선조 7), 경주 옥산서원(이언적, 선조 7), **양주 도봉서원(조광조, 선조 7)**, 선산 금오서원(길재·김종직·정붕·박영, 선조 8), 개성 숭양서원(정몽주·서경덕, 선조 8), 예안 도산서원(이황, 선조 8), 함흥 문회서원(공자, 선조 8), 의성 빙계서원(김안국·이언적, 선조 9), 안변 옥동서원(이계손, 선조 25), 남원 창주서원(노진, 선조 33), 평양 인현서원(기자, 선조 41) 등 15개 서원이 사액되었다. 도봉서원은『조두록』등에는 건립된 해에 사액이 된 것으로 기록되었지만,『선조실록』에서는 그렇지 않았다.

49)『선조실록』권4, 선조 3년 4월 23일 ;『선조실록』권5, 선조 4년 12월 3일 ; 권6, 선조 5년 9월 19일 ; 권8, 선조 7년 2월 12일 ; 권10, 선조 9년 4월 24일 ; 권12, 선조 11년 4월 23일. 1574년(선조 7)부터는 이황을 포함한 동방오현의 승무 운동이 활발히 전개되었다.

군주와 사류들의 지지를 받는다는 것을 의미했다. 하지만 군주의 입장에서는 전조의 인물이 아닌 선왕대에 피화된 인물을 배향하는 것은 부담스러운 일이었다. 그렇기에 선조는 사체의 중함을 들어 문묘종사를 거절하였다. 대신 그들을 배향한 서원에 대하여 거듭 사액을 내림으로써 유생들을 위로하고 유현들에 대한 존숭을 표하였다.

그러나 1574년(선조 7) 양주 유생들이 조광조를 제향하는 서원에 사액을 요청한 것은 '중국과 조선의 규모가 같지 않은데 그것을 따르려고 하는 것이 심하기에 결단코 할 수 없다'고 강력하게 반대하였다.[50] 이후 선조는 조정 대신과 사류들의 거듭된 요청에도 사액을 허락하지 않았다. 이처럼 조야에서의 사액 요청을 거부하기 위해서는 명분이 필요하였다. 선조는 이 명분을 관학 중심의 교학진흥책 강화에서 찾은 것으로 추정된다.

선조는 즉위한 이래로 향교를 통한 향촌의 교육과 교화를 강화해왔다.[51] 선조는 명종과 같이 관학을 중심으로 사학이 이를 보완하는 교학체계를 구상했던 것 같다. 그러나 사림이 집권한 후 서원은 이들 관료와 재지사족들에 의해 향촌사회에 확산·정착 되어갔지만, 관학은 더욱 침체되어 교학체제의 주체가 서원으로 바뀌어가고 있었다. 실제 관학의 부진은 계속된 반

---

50) 『선조실록』 권8, 선조 7년 9월 25일, 10월 10일, 10월 13일 ; 권23, 선조 22년 7월 11일. 『선조수정실록』 권12, 선조 11년 8월 1일. 선조는 1589년(선조 22)때까지 양주에 건립된 조광조 서원에 대한 사액을 허가하지 않았다. 그러나 1631년(인조 9) 용인에 건립한 조광조 서원에 대한 사액을 요청하는 글에서 그를 제향하고 사액된 도봉서원과 죽수서원의 사례가 언급되고 있다(『인조실록』 권25, 인조 9년 9월 4일). 이를 토대로 보면 1589~1631년 사이에 양주 도봉서원에 대한 사액이 이루어진 것으로 보인다.

51) 선조는 명종대의 관학진흥책을 전승하여 생원·진사 가운데 교수와 훈도를 삼아 향촌의 유생들이 향교에 귀속될 수 있도록 하고, 향교에 입학할 때는 『소학』을 시험하게 하여 동몽들이 학문하는 순서를 정하도록 했다. 아울러 『여씨향약』을 간행하여 향촌 교화와 풍속을 순화하는 데 활용하도록 했다. 이때 교화를 이끌어가는 주체를 향교로 지목하고 있었다(『선조실록』 권2, 선조 1년 1월 14일 ; 권7, 선조 6년 8월 22일).

면 서원은 명종이 재위한 22년보다 선조의 즉위 7년간 신설되거나 사액된 서원이 많았다.[52]

서원도 사기를 진작시키고 향촌을 교화하는 한 방책이었기 때문에 사림이 주도적으로 건립하는 서원을 제재할 수는 없었다. 그렇다고 조정 관료와 재지사류들의 의견을 쫓아서 신설된 서원에 사액을 내려 공인하는 것 역시 관학진흥책에 맞지 않았다. 즉 선조의 입장에서는 관학이 향촌교화의 주체임을 분명히 하고, 사액의 기준을 세워서 선정을 제향하는 서원이라도 사액을 거부할 명분이 필요하였다. 물론 당시 사액의 기준은 확인되지 않지만 선조의 거부 이유는 첩설(疊設)에 있었던 것으로 추정된다.[53]

그러나 분명한 것은 관학에 준하는 특권을 부여하는 사액의 제재를 통해 사액 서원의 수를 조정함으로써 여전히 관학이 국왕을 대리한 향촌교화의 주체임을 나타낸 것이다. 실제 〈표 1〉에서와 같이 1574년(선조 7)이후 1600년(선조 33)이전까지 모두 35개소의 서원이 건립되었지만 같은 시기 사

---

52) 명종 연간 건립된 서원은 18개소가 있었다. 이 가운데 명종대 사액된 곳은 4개소 [소수(안향)·임고(정몽주)·문헌(최충)·남계(정여창)]였다. 그러나 선조 즉위 후 7년간 건립된 서원은 14개소이며, 사액된 서원은 6개소[옥천(김굉필)·죽수(조광조)·천곡(주자)·도동(김굉필)·이산(이황)·옥산(이언적)]였다. 명종대의 서원이 제향인의 본향에만 건립되었다면, 선조 대에는 제향인의 본향·처향·관향·유배지 등의 연고를 건립의 명분으로 삼았다.

53) 1573년(선조 6) 조광조의 고향인 양주에서 그를 제향하는 서원을 건립하고 이듬해 사액을 청원했을 때 이미 사액된 竹樹書院이 있었다. 이 서원은 1570년(선조 3) 그가 유배되어 사사되었던 능주[전남 화순]에 건립되어, 그 해에 능주의 별호를 따라 '죽수'로 사액되었다. 당시는 조광조에 대한 신원과 추증, 문묘종사 청원 등이 조야에서 활발히 진행되던 시기였기에 서원 건립이후 사액까지 단기간에 진행되었다. 물론 1574년(선조 7)까지 사액서원에 첩설된 인물에는 김굉필도 있었다. 그의 유배지였던 순천에 부임하였던 李楨이 1564년(명종 19)이 景賢祠를 짓고, 이듬해 옥천정사를 완성하였는데, 1568년(선조 1)에 사액을 받았다. 김굉필의 본향인 현풍에서도 1568년 서원을 건립하여, 1573년(선조 6) 사액을 허가 받아 이듬해 옥산서원·이산서원과 함께 사액 되었다. 즉 동일인물에 대한 거듭된 사액은 김굉필의 전례가 있었던 것이다. 다만 김굉필은 선조대에 건립된 서원은 도동서원뿐이었으며, 조광조는 양주와 능주의 서원이 모두 선조대에 건립된 곳이었다.

액된 곳은 6개소뿐이었다. 이중 함흥 문회서원과 의성 빙계서원은 명종대 건립된 곳이었다. 또한 공자·길재·이언적·이황 등 도통연원에 관계된 인물을 제향하는 서원에만 사액함으로써 엄격한 기준을 적용한 것이 확인된다.

2) 제향인의 선정 기준

초창기 서원의 설립 과정에서 제향인 선정은 그 서원의 성격을 규정하고, 나아가 사액 유무를 판단할 수 있는 중요한 부분이었다. 백운동서원에 제향된 안향은 성리학을 처음 도입한 인물이라는 점에서 별다른 이견이 없었다. 그러나 백운동서원을 이어서 건립되는 서원에 대해서는 명확한 기준이 필요하였다.

1559년(명종 14) 퇴계가 지은 「이산서원기」에 따르면 이산서원이 건립된 후 제향할 선정을 정하지 못하여 사묘를 세우지 않았다. 그래서 유생들이 서원으로 명명하기를 주저하자, '해당 고을의 인물 외에도 선성(先聖)과 선사(先師)를 모시거나 사묘가 없어도 형편에 따라 행하면 된다'고 하였다.[54] 퇴계의 이런 의견은 이산서원 이전 건립된 소수(안향)·문헌(최충)·남계(정여창)·임고(정몽주)·상현(김정)·빙계[장천](김안국)·오봉서원(공자) 등의 사례에 근거한 것이었다.

대부분의 서원에서 해당 지역의 선정들을 제향하고 있었다. 그러나 의성의 빙계서원은 김안국의 관향으로 관찰사 시절의 흥학·교화에 힘쓴 업적으로 제향 되었고, 강릉의 오봉서원은 강릉부사 함헌이 중국에 사신으로 다녀오면서 가져온 공자 진영을 제향한 것이었다. 퇴계는 이런 사례를 통해 제향인을 그 고을의 인물로 국한할 필요가 없다고 한 것이다. 그러나

---

54) 이황, 『퇴계선생문집』 권42, 기, 「이선서원기」. "乃遣儒生張壽禧 來屬於滉 且曰 吾鄕先正可祠於學者 未有定論 於書院之制 斯爲未備 欲姑以書齋名之何如 滉辭之 不得 則復之曰 **古之書院所祠 豈盡其鄕之人哉 有祀先聖先師者 亦有不立祠廟者 惟視其力從其宜而已**"

중국의 성현을 제외하고, 국내의 인물 가운데 제향인을 선정하기 위해서는 해당 지역과의 연고가 필요하였다. 이런 기준은 16세기 이후에도 꾸준히 지켜졌다.

또 다른 기준은 선정·선성·선사로 표현한 것처럼 유학 상에 공헌이 있는 인물이어야 했다. 퇴계는 백운동서원의 사액을 청원하면서 '최충·우탁·정몽주·길재·김종직·김굉필' 등을 사례로 들면서 그들이 살던 곳에 서원이 건립되길 기원했다. 그가 예시로 든 인물들은 퇴계가 생각하는 도통연원의 유학자들이었다. 그러나 이것은 그의 사견으로서 사문의 도통을 계승하고, 백세에 사표가 될 만한 대현의 선정과 공인은 국가의 공적인 영역이었다. 하지만 16세기에는 아직 국가적으로 도통에 대한 기준이 정해지지 않은 상태였다.

결국 사림이 주도하여 건립하는 서원의 제향인은 사족들의 사적인 판단에 따라 결정될 가능성이 높았다. 그 과정에서 사족들 간에 시비가 발생하거나 제향인의 수준이 하락할 가능성도 있었다. 실제 1558년(명종 13) 성주 영봉서원(迎鳳書院) 건립시의 제향인물 선정 시비가 대표적이다.[55] 영봉서원은 퇴계가 찬시(贊詩)와 서원기(書院記)를 지을 정도로 관심이 많은 서원이었다. 그렇기에 퇴계가 생각하는 서원관이 잘 드러난다.

1558년(명종 13) 성주목사 노경린은 성주의 대족인 성주이씨와 여침 등 향유들의 요청을 받아 서원 건립을 주관하였다. 옛 지장사 터에 공사를 시작하여 이듬해에 낙성한 후 정구가 퇴계에게 물어 영봉서원이라 하였다. 제향인 선정에서 노경린은 성주출신이자, 고려의 충신이며 유학자인 이조년과 그의 손자 이인복을 염두해 두고 있었다. 그러나 반대 의견이 없지 않았기에 이정·황준량·박승임 등 경향의 사류들에게 의논을 구하여 성주가 처향인 김굉필을 새로 포함시키게 되었다. 그러나 퇴계가 도학자와 충절인을 함께 제향하는 것에 우려를 표방하였다. 퇴계는 충절인의 경우 향

---

55) 이수환, 「성주 영봉서원 연구」, 『역사교육논집』 54, 역사교육학회, 2015.

현사에 제향 하는 것이 마땅하다고 보았다.

이에 노경린이 중국 서원의 사례를 들어 3인의 병향이 합당하다고 주장했으나, 퇴계는 서원에 제향되는 인물은 도학자 위주여야 한다는 견해를 명확히 하였다. 제향인이 도학자 위주여야 한다는 것은 서원이 오로지 사림의 도학을 위한 장소라는 데 근거하고 있다. 퇴계는 제향인물의 선정과 그 위차에 있어 중국과 달리 조선 서원의 특징이 반드시 도학자에 기준해야 한다고 보았다. 이 문제에 대하여 원유들의 의견은 김굉필의 독향 아니면 김굉필 주향에 이인복만을 배향하되 이조년을 합향하는 데에는 반대하는 쪽이었다.

반면 노경린과 성주이씨들은 연대를 기준으로 3인을 병향하기를 원했다. 이러한 논란은 영남 전역으로 확산되었는데, 결국 성주에 이천과 운곡의 지명이 있는 것에 연유하여 정이(程頤)와 주희(朱熹)를 새로 입향하고, 김굉필만을 종향하는 것으로 결정하고 서원의 이름도 천곡서원(川谷書院)으로 변경하였다. 이조년과 이인복은 서원 옆에 표충사(表忠祠)를 건립하여 봉안하였으나, 선조 초년 성주이씨는 별도로 안봉영당(安峰影堂)을 건립하여 제향하였다.

이처럼 제향인의 자격을 둘러싼 논쟁은 설립 주체가 자의적으로 해석하는 데에서 비롯된 것이었다. 한편으로는 서원의 운영 주도권을 두고 성주이씨와 원유들 간의 힘겨루기로 볼 수 있다. 결과적으로 영봉서원 제향 논란을 겪으면서 서원에는 '도학자'가 제향인 선정 기준으로 정리되었다.

3) 원규의 제정과 변화

서원이 건립된 후 이를 운영하기 위한 원칙이 필요하였다. 현재 확인되는 16세기 원규 가운데 가장 오래된 것은 풍기군수 주세붕이 제정한 백운동서원 원규이다. 그가 문성공묘를 건립하고 군수에서 체직되기 이전까지인 1545~1548년 사이 제정된 것으로 보인다.[56] 이후 1559년(명종 14) 성주 영봉서원의 원규가 목사 노경린에 의해 제정되고, 같은 해 영천(榮川) 이 산서원 원규가 이황에 의해 제정되었다. 1562년(명종 17)에는 영천 임고서 원 원규가 군수 김렴에 의해 제정되었다. 이후 1588년(신조 21) 인동 오산 서원에서 부사 류운용이 원규를 제정하였다. 이에 앞서 해주에서는 이이(李 珥)가 1576~1584년 사이 문헌서원 원규(1578 제정)와 은병정사 학규(1578 제정)·약속을 제정하였다. 이처럼 백운동서원 건립이후 16세기 중후반까 지는 지방관이 중심이 되어 원규를 제정하였다. 이는 서원의 설립과 운영 에 지방관의 역할이 매우 컸음을 나타낸다.

16세기 제정된 원규들의 각 조목을 비교해보면 시기별 서원이 지향하 는 바와 학제의 변화도 유추해볼 수 있다. 가장 먼저 제정된 백운동서원 원규는 근사(謹祀)·예현(禮賢)·수우(修宇)·비름(備廩)·점서(點書)의 5조목으 로 되어있다. 임고서원 원규도 이와 동일하다. 그러나 임고서원 원규 보다 3년 먼저 원규를 제정한 성주의 영봉서원에서 근사·예현 등을 우선한 것은 백 운동서원[당시는 소수서원] 원규와 동일하지만 건립과 제향 과정에서의 논 란이 컸던 만큼 향후 서원 운영을 책임지는 원장의 선발을 중요하게 명시 하였다.

즉 원장의 임기를 보장하고 부득이 교체할 때에는 관에 보고를 한 후에 중론에 따라 추천하도록 했다. 아울러 『원장록(院長錄)』을 별도로 비치하 여 그 임기와 성명을 기록하였다. 이외에도 건립과 제향인 선정에 퇴계를 비롯한 그의 문인들이 적극적으로 참여했었던 만큼 당시 원규에도 강학을 우선시 했던 퇴계의 영향이 보인다. 즉 '권과(勸課)'조가 그러한 데 옛날의 서원 설립 취지에 따라 서로 모여 강설하되 불필요한 일이 없도록 하고, 수령이 이들을 시험하도록 했다. 즉 유생들의 집단 강학과 그들의 성취에 대한 시험을 수령이 점검하도록 한 것이다.

---

56) 임근실, 「III. 원규의 제정과 서원운영론」, 『16세기 영남지역 서원 연구』, 단국대 학교 박사학위논문, 2019, 43~85쪽. 이하 원규와 관련한 내용들은 임근실의 논 문을 참고하여 정리하였다.

반면, 같은 해에 이산서원 원규가 퇴계에 의해 제정되었다. 주지하다시 피 이산원규가 제정된 이후 건립된 서원들은 대부분 이를 모범으로 삼았 다. 이산서원 원규는 모두 12개조로 구성되어있다. 이산서원 건립 시 사묘 가 없었기에 원규에도 제향과 관련된 내용은 확인되지 않는다. 이산원규는 원생들의 공부법과 목표에 대하여 강조하고 이것의 실천을 위한 규제를 우 선시하고 있다. 이어서 원생들의 수학(修學)을 관리할 원임들의 선발과 원 생과의 예법, 원속에 대한 예우, 수령의 침탈 금지와 협조 당부, 동몽의 입 학 제한 등 모든 것이 원생들의 강학과 장수에 맞춰져 있다.

특히 원속과 원생간의 규정은 원생들의 일상을 보필하는 원속의 존속을 위해서일 수도 있다. 그러나 근본적으로는 서원이 강학과 장수를 통한 유 생의 수기처라는 것이다. 즉 같은 공간에 존재하는 선유(先儒)와 원임만을 예우하는 것이 아니라 가장 낮은 원속까지도 예로써 대함으로써 일상에서 배움을 체득하길 원했던 것이다. 또한 미관(未冠)자와 동몽의 입학을 기본 적으로 제한하지만 성재(成才)한 자는 인원에 제한을 두지 않고 입원을 허 락했다. 즉 관례를 치른 성인들만이 서원에 입원했지만 그렇지 않은 자들 이라도 자격을 갖춘다면 받아들였던 것이다. 그 자격이란 초시(初試)에 입 격하는 것을 의미하였다.

한편, 16세기 후반에 원규를 제정한 오산서원과 「서원규범」을 새로 정 한 임고서원을 보면 이전 시기의 서원들보다 조항이 더욱 증가하였다. 이 시기의 원규는 이전까지 나왔던 원규들을 집성한 모습이다. 16세기 후반 에 원규의 조항이 늘었다는 것은 그만큼 서원의 조직이 다양해지고, 운영 의 범위가 넓어졌다는 것을 나타내기도 하지만 문제점도 증가했다는 반증 으로도 볼 수 있다. 오산서원 원규를 보면 유사(有司)·원사(院士)·거업(居 業)·권과(勸課)·방검(防檢)·교제(交際)·상정(相正)·양현(養賢)·수우(修宇)· 점서(點書)·전복(典僕) 등 11개조가 확인된다. 유사와 원유(院儒)들에 대한 지위와 업무가 구체화되고, 원내 규제가 더욱 강화된 것이 특징이다.

IV. 맺음말

16세기는 조선시대 교학체계가 관학에서 사학으로 전환되었던 시기였나. 15세기 초반부터 조선의 관학체계는 교육과 교화의 기능이 약화되었다. 훈구와 사림세력 모두 관학의 개혁이 필요하다는 점에는 공감하였지만 교육의 목표는 상반되었다. 사림의 개혁은 사화를 거치면서 좌절되고 낙향하거나 유배된 사림들에 의해 각처에서 정사·서당 등의 사학이 설립되었다. 16세기 중반 퇴계는 새로운 시대를 준비하기 위한 인재양성을 목표로 새로운 교학기구로서 서원에 주목하였다.

주세붕에 의해 백운동서원이 건립된 이래로 16세기는 조선 서원의 기능과 성격이 정비된 시기였다. 중국 송대의 서원을 모방하여 건립되었지만 조선의 사정에 맞게 조정된 것이다. 초창기 서원은 지방관이 주도하여 건립되다가, 지방관의 지원 하에 사림이 주도적으로 건립하는 사례가 늘어갔다. 이는 서원을 관학의 보조기구로 생각하던 것에서 사림의 강학·장수를 통한 인재양성과 그들에 의한 향촌교화가 효과를 거두면서 관학의 대체기구로 변해갔기 때문이다.

이처럼 서원이 향촌사회에서 교육과 교화를 주도하게 되자, 사액 유무와 상관없이 흥학책의 일환으로 수령의 지원이 증가하였다. 이러한 지원은 국가재정이 어려워진 전란기에 문제점으로 부각되기도 했다. 서원에 대한 관의 지원은 백운동서원에 대한 퇴계의 사액 요청이 받아들여지면서 그 근거가 되었다. 그 대상은 사액서원이었지만 서원의 비중이 커지면서 미사액 서원에도 지방관의 재량에 따라 지원이 있었던 것이다.

백운동서원은 건립 후 제향인의 추향, 사액, 유소활동 등을 통해 이후 건립되는 서원들의 운영에 근거를 제공하였다. 한편 사액, 제향인의 선정, 원규의 제정 등을 통해 유생의 강학·장수처라는 조선 서원의 성격을 정비한 것은 퇴계에 의해서였다. 특히 사액은 국가에서 관학에 준하는 교육기관으로서의 공인과 장서, 토지와 노비 등의 교육 및 경제적 기반을 제공하여 서원의 위상을 제고하고, 지속성을 담보해주는 조처였다. 반면 국왕 입장에서는 사림들에게 왕화의 대리자로서 향촌교화를 책임지게 하고, 사액의 결정권을 통해 왕권을 신장하는 데 일조하는 효과가 있었다.

서원의 수가 증가하고, 유생 교육과 향촌교화의 역할이 커지면서 서원의 지위도 높아갔다. 그로 인해 서원을 출입하는 자들도 증가하고 다양해졌다. 이러한 흐름에 맞춰 시기별, 지역별로 건립주체의 운영목표에 따라 그 규정인 원규도 구체화, 세분화 되어갔다. 이러한 일련의 과정을 거치면서 16세기 서원은 조선의 교학체제 속에 정착·정비되어 갔다.

한편으로는 서원 내외에서 폐단도 증가하였다. 사액 청원의 증가와 운영에 대한 관의 지원 요청이 그것이다. 서원에 대한 지원은 사액서원에 해당하는 것이었다. 그래서 선조는 서원 건립을 막지는 않았지만 사액 선정을 엄격히 함으로써 국가의 공인과 혜택을 제한하였다. 그러나 대부분의 서원들이 사액유무와는 상관없이 사류들의 장수처로서 사기를 진작하고, 교육을 부흥시켜 교화를 촉진한다는 명목으로 수령들의 재정 지원을 받고 있었다.

임진왜란 이전까지는 미사액 서원에 지원이 큰 문제가 되지 않았다. 서원 교육의 긍정적인 측면이 부각되고 있었으며, 숙종 대와 같은 대규모 남설도 아니었고 대부분의 서원이 상대적으로 재원이 넉넉한 대읍을 중심으로 건립되었기 때문이다. 하지만 임란이 발발하여 국가와 지방 재정이 붕괴된 상황에서도 서원 측의 지원 요청이 계속되었기에 문폐(文弊)로 지적되기도 했다.[57]

---

57) 『선조수정실록』 권29, 선조 28년 7월 1일 ; 『선조실록』 권41, 선조 26년 8월 3일. 당시 선조는 서원의 文弊가 심하다는 이유로 미사액 서원에 소속된 곡물과 잡물을 추심하고, 나아가 이들 서원을 철폐하라고 명령했다. 하지만 사간원에서 전란 중이기에 군사를 양성하고 무예를 연마하는 것이 급선무이지만, 인재 양성과 풍속 교화를 위한 향교와 서원도 얼마 남지 않았으니 명령을 거두길 요청하였다(『선조실록』 권65, 선조 28년 7월 12일·15일).

참고문헌

『세종실록』, 『문종실록』, 『중종실록』, 『명종실록』, 『선조실록』, 『선조수정실록』
『永嘉誌』, 『錦溪集』(黃俊良), 『退溪集』(李滉)

유홍렬, 『한국사회사상사논고』, 일조각, 1980.
정만조, 『조선시대 서원연구』, 집문당, 1997.
정순우, 『서당의 사회사』, 태학사, 2012.

채휘균, 「조선시대 초기서원의 설립배경과 성격」, 『교육철학』 20, 한국교육철학회,
      2002.
김학수, 「17세기 초반 영천유림의 학맥과 장현광의 임고서원 제향논쟁」, 『조선시대
      사학보』 35, 조선시대사학회, 2005.
조준호, 「書院志 分析을 통해 본 初期 書院의 性格」, 『한국학논총』 33, 국민대학교
      한국학연구소, 2010.
이근호, 「조선시대 성리학 학파의 지역성과 문화권」, 『한국학논총』 41, 국민대학교
      한국학연구소, 2014.
신동훈, 「16세기 서원 사액과 국가의 서원정책」, 『역사와 현실』 98, 한국역사연구회,
      2015.
이수환, 「성주 영봉서원 연구」, 『역사교육논집』 54, 역사교육학회, 2015.
정재훈, 「조선중기 사족의 위상」, 『조선시대사학보』 73, 조선시대사학회, 2015.
이병훈, 「16세기 안동지역 재지사족의 성장과 서당 건립활동」, 『민족문화논총』 69,
      영남대학교 민족문화연구소, 2018.
임근실, 『16세기 영남지역 서원 연구』, 단국대학교 박사학위논문, 2019.
안다미, 「16~17세기 '서원제도'보급 과정」, 『대동문화연구』 109, 성균관대학교 대동
      문화연구원, 2020.

당대(唐代) 서원의 형성에 대한 재검토
-존재 양태와 배경을 중심으로-

류 준 형

I. 머리말

서원(書院)은 중국에서 처음 등장하여 천년 이상 유지된 민간의 교육기관으로 15세기 이후에는 한국, 일본 및 동남아시아에도 영향을 미쳐 학술, 문화적 측면에서 중요한 기능을 담당했다.[1] 최근 연구에 따르면 중국사에 출현했던 서원의 수량이 8,802개소로 양적인 측면에서도 상당한 성과를 이루었다.[2] 이러한 배경에서 서원은 전목(錢穆)에 의해 중국 전통 교육제도 중 가장 훌륭하고 보존할 만한 제도라고 극찬받기도 했다.[3]

그런데 중국의 서원은 19세기 말을 전후한 근대화의 사조(思潮)에서 개제(改制)를 통해 학당(學堂)으로 변모해 갔다. 광서(光緒) 31년(1905), 과거제 폐지의 상유(上諭)가 반포되면서 급격히 자취를 감추기 시작한 것이다.[4] 이것은 근대화의 적극적 시행이라는 측면에서 긍정적인 평가를 받았지만[5], 전통문화의 단절이라는 측면에서는 비판받기도 했다. 예컨대, 호적(胡適)은 1923년에 있었던 남경동남대학(南京東南大學)의 강연에서 서원의 폐

---

1) 鄧洪波,『中國書院史』, 上海: 東方出版中心, 2004.
2) 鄧洪波, 趙子龍,『中國書院的歷史與傳承』, 北京: 人民出版社, 2018, 227쪽.
3) 錢穆,『新亞遺鐸』, 北京: 三聯書店, 2003, 1쪽.
4) 李兵,『書院與科擧關係研究』, 武漢: 華中師範大學出版社, 2005, 285쪽.
5) 李國鈞 主編,『中國書院史』, 長沙: 湖南敎育出版社, 1994, 947~950쪽 참조.

치를 중국사의 큰 불행 중 하나라고 지적했다.[6] 그러나 신문화 운동 이래의 사회적 분위기 속에서 전통적 의미의 서원은 더 이상 유지되기 어려웠고 역사적 존재로 퇴색되었다. 이후 전통 문화에 대한 재평가가 이루어지면서 서원 역시 재조명을 받기 시작했다.[7] 이르게는 1939년에 복성서원(復性書院)이 사천(四川)지역에 등장한 것[8]을 비롯해 서원의 명칭을 갖는 몇몇 기구들이 설립되었다. 1984년, 탕일개(湯一介) 주도의 중국문화서원(中國文化書院)이 설립된 후에는 중국 각지에서 서원의 출현이 이어졌고[9] 최근에는 새로운 교육 기관의 하나로 주목받고 있다.

서원에 대한 학술적 연구가 본격적으로 이루어진 것은 1980년대 이후부터이다. 1920-30년대에도 성낭서(盛郞西)[10]와 조송엽(曹松葉)[11] 등의 연구가 소개되기는 하였으나 내용이 소략하거나 특정 시기 또는 지역에 한정된 경우가 많았다. 80년대에 진원휘(陳元暉) 등의 『중국고대적서원제도(中國古代的書院制度)』[12]와 장정번(張正藩)의 『중국서원제도고략(中國書院制度考略)』[13] 등의 서적이 출간되면서 비로소 전통시기 서원의 발전 상황에 대한 체계적인 이해가 가능해졌다. 90년대 이후 서원 연구는 각 지역 별 소재 서원에 대한 분석을 중심으로 심화되었고 점차 학술과 학파 분야로 연구의 영역이 넓혀졌다.[14]

---

6) 胡適, 『胡適論歷史』, 合肥: 安徽教育出版社, 2013, 262쪽.

7) 최근에는 근대 대학의 문제점을 해결하기 위한 참고 대상으로 서원이 부각되기도 한다. 朱漢民, 「書院精神與書院制度的統一 — 古代書院對中國現代大學建設的啓示」『大學教育科學』2011-4, 3~5쪽.

8) 劉夢溪, 『馬一浮與國學』, 北京: 三聯書店, 2018, 169~170쪽.

9) 鄧洪波, 趙子龍, 『中國書院的歷史與傳承』, 231쪽.

10) 盛朗西, 『中國書院制度』, 北京: 中華書局, 1934.

11) 曹松葉, 「宋元明淸書院槪況」『中山大學語言歷史硏究所周刊』, 1929年12月, 1930年1月.

12) 陳元暉, 尹德新, 王炳照, 『中國古代的書院制度』, 上海: 上海教育出版社, 1981.

13) 張正藩, 『中國書院制度考略』, 江蘇: 江蘇教育出版社, 1985.

14) 각 시대별 구체적인 연구 성과에 대해서는 鄧洪波, 「83년 이래 중국의 서원연구」

　서원에 대한 다양한 논의 중 그 시원(始原)에 대한 토론은 전통시기 이래로 치사자(治史者)들에게 중요한 관심 대상이었다. 이것은 서원의 연원을 확인하여 서원에 대한 완정(完整)한 이해에 기여한다는 의미도 있었지만, 무엇보다 초기의 상황이 후대에 미치는 영향이 지대했기 때문에 이에 대한 우선적 고려가 필요하다는 측면에서 중시되었다. 상당수의 관련 연구가 청대(淸代) 원매(袁枚)의 언설을 거론하며 입론(立論)을 시작했는데, 원매는 『수원수필(隨園隨筆)』에서, "서원의 명칭은 당(唐) 현종(玄宗) 시기 여정서원(麗正書院)과 집현서원(集賢書院)에서 시작되었고, 이들은 궁성 내에 설치되었는데 수서(修書)의 장소였지 사인(士人)들이 학업을 익히는 곳이 아니었다."[15)]라고 언급했다. 여기서 원매는 두 가지의 중요한 이해를 구체화했다. 하나는 '서원' 명칭이 당대 관방(官方) 기관에서 시작되었다는 것이고, 다른 하나는 이 기관이 후대 서원의 중요한 특질인 교육의 기능을 갖추지 못했다는 것이다. 이는 역으로 교육이 서원의 본질적 기능 중 하나임을 지적한 것이기도 하다.

　이처럼 '서원'의 명칭이 당대 관방 기관의 설립을 통해 등장했다는 인식은 폭넓게 받아들여졌다. 그러나 사료를 통해 당대 지방 서원들의 존재가 확인되고 연혁이 고찰되자 여정서원 이전에 이미 서원의 존재가 출현했다

(『한국학논총』 29호, 2007, 75~108쪽)과 肖永明, 劉艷偉, 「70년 동안의 중국 서원 연구」(『한국서원학보』 제9호, 2019, 125-138쪽), 拓夫 林爾吉, 「八十年中國書院研究綜述」(朱漢民, 李弘祺 主編 『中國書院』 第六輯, 長沙: 湖南大學出版社, 2004, 1~48쪽), 鄧共波, 「書院研究綜述」(同氏 編著, 『書院學檔案』, 武漢: 武漢大學出版社, 2017, 3-27쪽) 참조. 최근 3~4년 내의 연구에 대해서는 肖啸, 鄧共波, 「2015年書院研究綜述」(『南昌師範學院學報』 2018-1, 107~114쪽), 趙偉, 鄧共波, 「2016年書院研究綜述」(『南昌師範學院學報』 2018-1, 115~120쪽), 王帥, 鄧共波, 「2017年書院研究綜述」(『南昌師範學院學報』 2018-5, 101~106쪽), 趙連穩, 劉藤, 「2018年中國古代書院研究綜述」(『華北電力大學學報』 2019-5, 92~100쪽) 참조.
15) [淸]袁枚, 『隨園隨筆』 卷14, 「典禮類」, 王英志 編, 『袁枚全集新編(第13冊)』, 杭州: 浙江古籍出版社, 2015. "書院之名, 起唐玄宗時麗正書院·集賢書院, 皆建於趙省, 爲修書之地, 非士子肄業之所也."

는 설명이 제기되었다.[16] 이는 서원의 원류 문제를 다시금 인식하게 했다.[17] 이에 명칭의 출현 시기에 근거한 평면적인 이해방식에서 벗어나 보다 본질적인 시각에서 접근하고자 했다. 다시 말해, 원매의 지적처럼 관방서원이 후대의 서원과 달리 교육의 기능이 부재했다는 사실[18]에 착안해 교육 기능을 갖춘 서원의 시작을 규명하는 시도가 이루어진 것이다. 이 결과 서원의 시작 시기에 대한 서로 다른 의견이 제기되었는데, 이들은 당대설(唐代說), 오대설(五代說), 그리고 송대설(宋代說) 등 크게 3가지로 구분될 수 있다. 당대설은 사인(私人)에 의해 건립된 서원이 당대에 출현했고 이곳에서 강학과 학생 교육이 이루어졌다고 보는 것이다. 교육기관으로서의 맹아뿐만 아니라 교육적 역할을 실제적으로 담당한 서원이 당대에 존재했다고 이해한다.[19] 한편 오대설은 정식의 서원을 특정하고 그것의 등장 시기를 확정하는 방식에 천착하여 서원의 역사에서 오대가 차지하는 위상을 강조하며 형성되었다. 이러한 입장에서는 여산서원(廬山書院)을 최초의 정식 서원으로 간주했고, 이에 따라 오대를 서원의 시작 시기로 인식했다.[20] 때문에 당대 서원과 오대 서원의 구별에 특별한 관심을 기울이기도 했다.[21]

---

16) 진원휘(陳元暉) 등은 『중국고대적서원제도(中國古代的書院制度)』(6~7쪽)에서 장구종서원(張九宗書院)이 정관(貞觀) 9년(635)에 건립되어 가장 오래된 서원이라고 지적했는데 등홍파(鄧洪波)는 「唐代地方書院考」(『敎育評論』 1990-2, 56~60쪽)에서 이를 정원(貞元) 연간(785~804)의 것으로 고증하고 영주서원(瀛洲書院)을 가장 이른 시기의 서원이라 주장했다.

17) 기존 연구에서 서원의 기원을 '관(官)'과 '민(民)' 두 개의 연원으로 분석하는 시각이 주류를 이룬다. 이 둘의 관계에 대한 본격적인 분석이 필요해 보인다. 일부 연구에서 당대(唐代) '민(民)'의 서원을 '관(官)'에서 영향 받은 것으로 이해하여 진일보한 인식을 보여주고 있지만 그 구체적인 검토는 여전히 부족하다. 戴書宏, 肖永明, 「唐代集賢書院與'書院'的名和實-書院起源的一個假說」『大學敎育科學』 2016-1, 63~67쪽.

18) 집현전서원(集賢殿書院)의 교육적 기능이 고찰되기도 했다. 劉海峰, 「唐代集賢書院有敎學活動」『上海高敎硏究』 1991-2, 93~96, 107쪽.

19) 毛禮銳, 沈灌群 主編, 『中國敎育通史』(第3卷), 濟南: 山東敎育出版社, 1987 참조.

20) 盛朗西, 『中國書院制度』, 北京: 中華書局, 1934 참조.

마지막으로 송대설은 일찍부터 제기되어 왔는데, 북송 시기에 교육 기관으로서의 서원이 등장했다는 사실을 강조했다.[22] 당에서 오대를 거쳐 송으로 이어지는 발전의 과정을 부각시키고, 북송 시기에 진정한 의미의 서원이 시작되었다는 인식을 견지했다. 비록 서원의 제도가 오대시기의 남당(南唐)에서 확인되더라도 그 제도적 확립은 송대에 이루어졌다는 것이다.[23]

이후 관련 연구의 확대와 사료의 고증이 이루어지면서 점차 당대를 서원의 시작으로 보는 경향이 강해지고 보편적으로 받아들여졌다.[24] 이 과정에서 당대의 어느 시기 혹은 어떤 상황에서 서원이 출현하여 발전해갔는가의 문제가 자연스럽게 주목받았다. 그러나 이에 대한 일치된 인식이 확정되지는 못했다. 일부에서는 당 후기, 구체적으로는 덕종(德宗), 헌종(憲宗) 시기 이후를 당대 서원의 시작 시기로 분석했지만[25], 다른 한편에서는 당 초기 서원이라는 명칭의 등장과 함께 서원의 출현을 인정하는 인식[26]이 제기되어 서로 분기(分岐)를 이루었다. 이 때문에 일각에서는 아예 이러한 논의를 회피하는 경향을 보여주기도 했다.[27] 이러한 상황은 당대 서원의 존재 양태에 대한 지속적인 연구가 필요함을 말해준다.

당대 서원의 출현 문제를 명확히 이해하기 위해서는 해당 시기 서원의 실제적인 상황에 대한 고찰이 필수적이다. 이를 위해서는 서원의 성격이나 운영 양상에 대한 해석에 앞서 당대 서원의 상황에 대한 객관적이고 엄밀

---

21) 徐曉望, 「唐五代書院考略」『敎育評論』 2007-3, 102~106쪽. 당대에는 진정한 의미의 서원이 없었고 오대에서야 비로소 등장한다고 강조한다.
22) 楊榮春, 「中國古代書院的學風」『華南師範大學學報』 1979-1, 68~71쪽.
23) 張正藩, 『中國書院制度考略』, 6쪽.
24) 李才棟, 「唐代書院的創建與功能」『江西敎育學院學報』 2000-2, 69~75쪽 참조.
25) 李國鈞 主編, 『中國書院史』, 13쪽.
26) 鄧共波, 「唐代民間書院研究」『中國書院』(第3輯), 長沙: 湖南敎育出版社, 2002, 90~98쪽.
27) 肖永明, 『儒學·書院·社會－社會文化史視野中的書院』, 北京: 商務印書館, 2012, 17~21쪽 참조.

한 재검토가 선행되어야 할 것이다. 기존 학계에서 통용되어 왔던 당대 서원과 관련된 사료에 문제가 없는지 검토하고 그것이 나타내는 실제 의미는 무엇인지 등을 분석할 필요가 있는 것이다.

이에 본고는 당대 서원에 대한 기존의 인식을 재확인하는 차원에서 서원의 용어 사용 문제를 검토하여 그것의 의미를 고찰해보고자 한다. 아울러 초기 서원의 등장 상황을 알리는 근거 사료를 비판적으로 분석하여 당대 서원의 실존적 상황에 대한 복원을 시도하고자 한다. 이를 통해 당대 서원의 존재 상황을 현실적으로 이해하고, 나아가 그것의 배경이 되는 조건을 실제적 사례들의 재구성을 통해 유추해보고자 한다. 이는 기본적으로 당대 서원의 출현과 전개 상황을 규명하는 데 도움이 될 것이며, 궁극적으로는 중국 서원의 발전을 단계적 과정으로 체계화하여 이해하는데 기여할 것이다.

Ⅱ. '서원(書院)'명칭의 출현과 그 실의(實意)

'서원'이라는 명칭을 사용한 기록은 당대 집현전서원(集賢殿書院)의 연혁에 대한 것에서 비롯된다. 구체적으로 언급해보면, 그 시작이 당 초기 정관(貞觀) 연간부터 존재가 확인되는 건원전(乾元殿)의 관련 기록에서 확인된다. 수공(垂拱) 4년(688)에 무측천이 기존의 건원전을 허물고 명당(明堂)을 건설하였는데[28], 이후 화재로 소실과 재건을 반복하다[29] 개원(開元) 5년(717)에 현종(玄宗)이 다시 건원전으로 복구했다. 건원전은 황제가 동도 낙양에 행차하였을 때, 원일(元日)이나 동지(冬至)의 하례(賀禮)의식을 행하

---

28) [後晉]劉昫 等撰, 『舊唐書』, 권6, 「則天皇后紀」, 北京: 中華書局, 1975, 118쪽(正史 이하 모두 中華書局本). "垂拱四年春二月, 毁乾元殿, 就其地造明堂."

29) [宋]歐陽修 等撰, 『新唐書』 卷13, 北京: 中華書局, 1975, 338쪽. "至則天始毁東都乾元殿, 以其地立明堂, 其制淫侈, 無復可觀, 皆不足記. 其後火焚之, 旣而又復立 ; 開元五年, 復以爲乾元殿而不毁."

는 장소로 사용되었다.[30] 현종은 "개원 5년에 건원전 동랑(東廊) 아래에서
사부(四部)의 책들을 편사(編寫)하여 내고(內庫)를 채우게 하였는데, 우산기
상시(右散騎常侍) 저무량(褚無量)과 비서감(秘書監) 마회소(馬懷素)로 하여
금 그 일을 총괄하게 하고 간정관(刊定官) 4인을 설치하여 그중 한 명으로
하여금 일을 맡아 처리토록 했다"[31]. 궁중의 도서가 정리되지 못하고 어지
럽게 보관되어 열람하는 데에 불편함을 느낀 현종[32]이 도서의 정리를 지시
하면서 건원전은 서적의 편사(編寫)와 교감(校勘)을 위한 장소로 사용된 것
이다. 이후의 상황에 대해 『신당서(新唐書)』 「백관지(百官志)」는,

> (개원 6년) 건원원(乾元院)을 여정수서원(麗正脩書院)으로 고치고 원사(院使)
> 와 검교관(檢校官)을 두고 수서관(脩書官)을 여정전직학사(麗正殿直學士)로 바꾸
> 었다. 8년에는 문학직(文學直)을 더하고 다시 수찬(脩撰), 교리(校理), 간정(刊
> 正), 교감(校勘) 등의 관직을 더하였다. 11년에는 여정원수서학사(麗正院脩書學
> 士)를 설치하였으며 광순문(光順門) 밖에 또한 서원을 두었다. 12년에는 동도(東
> 都) 명복문(明福門) 밖에 아울러 여정서원을 두었다. 13년에는 여정수서원을 집
> 현전서원으로 바꾸었다.[33]

고 기록하고 있다. 『신당서』는 건원원이 여정수서원으로 바뀌고 새로운

---

30) 『구당서』권22, 「禮儀志」, 876쪽. "自是駕在東都, 常以元日冬至於乾元殿受朝賀."

31) [唐]李吉甫 等撰, 陳仲夫 點校, 『唐六典』권9, 「中書省」, 北京: 中華書局, 1992,
279쪽. "泊開元五年, 於乾元殿東廊下寫四部書, 以充內庫, 仍令右散騎常侍褚無量·
秘書監馬懷素總其事, 置刊定官四人, 以一人判事."

32) 『구당서』권46, 「經籍志」, 1962쪽. "開元三年, 左散騎常侍褚无量·馬懷素侍宴, 言
及經籍. 玄宗曰: '內庫皆是太宗·高宗先代舊書, 常令宮人主掌, 所有殘缺, 未遑補
緝, 篇卷錯亂, 難於檢閱. 卿試爲朕整比之.'"

33) 『신당서』권47, 「百官志」, 1213쪽. "六年, 乾元院更號麗正脩書院, 置使及檢校官,
改脩書官爲麗正殿直學士. 八年, 加文學直, 又加脩撰·校理·刊正·校勘官. 十一年,
置麗正院脩書學士 ; 光順門外, 亦置書院. 十二年, 東都明福門外亦置麗正書院. 十
三年, 改麗正脩書院爲集賢殿書院."

관직이 설치되었음을 보여준다. 그런데 여기서 건원전이 아니라 건원원인 점이 주목을 끈다. 우선, 건원원을 건원전의 별칭으로 이해하여 동일한 것으로 간주해볼 수 있는데, 건원전이 당 말기에도 사용되었을 뿐만 아니라 대규모의 선각(殿閣)이었음을 고려해보면[34] 이 둘은 같은 것이기 어렵다. 앞서 언급한 『당육전』뿐만 아니라 『통전(通典)』과 같은 당대(唐代)의 저술에서 '건원전의 동랑 아래에서' 도서의 편사가 이루어졌음을 명기[35]하고 있는 점에 비추어 보면, 건원원은 건원전과 가까운 별도의 전실(殿室)이었다고 추론된다. 따라서 건원전의 동랑 일부를 건원원이라 하고 이에 건원원사(乾元院使)를 설치하여[36] 새로운 원(院)에 대한 관리를 맡도록 한 것이다.

이렇게 등장한 건원원이 여정수서원으로 바뀌면서 '서원'이라는 명칭이 사료에 처음으로 사용된다. 그런데 『당회요(唐會要)』가 "건원원을 여정수서원으로 바꾸어 불렀다"[37]고 했지만, 여정수서원으로의 변경은 동일한 건물에 대한 단순한 개명이 아니었다. 개원 5년에 저무량과 마회소의 책임하에 진행된 서적 정리 사업이 일차적으로 완성되자, 이듬 해 현종은 낙양에 행차하여 이를 확인했다. 이후의 상황에 대해 『신당서』는 "(현종이) 경사(京師)로 돌아간 후, 서적을 동궁(東宮)의 여정전(麗正殿)으로 옮겼다"[38]고 적시하고 있다. 즉, 서적을 보관하고 편수하는 작업을 건원원이 아니라 동궁에 위치한 전각인 여정전으로 옮겨 지속하게 한 것이다. 『직관분기(職官分紀)』도 언급하듯[39] 이때의 여정전은 낙양이 아닌 장안의 대명궁에 위치

---

34) 楊鴻年, 『隋唐宮廷建築考』, 西安: 陝西人民出版社, 1992, 197쪽.

35) [唐]杜佑 撰, 『通典』 권21, 「職官」, 北京: 中華書局, 1988, 567쪽. "開元五年十一月, 於乾元殿東廊下寫四部書."

36) 『신당서』 권47, 「百官志」, 1212쪽. "開元五年, 乾元殿寫四部書, 置乾元院使."

37) [五代]王溥 撰, 『唐會要』 권64, 「集賢院」, 上海: 上海古籍出版社, 1998, 1321쪽. "乾元院更號麗正修書院."

38) 『신당서』 권57, 「藝文志」, 1422쪽. "及還京師, 遷書東宮麗正殿."

39) [宋]孫逢吉, 『職官分紀』 권15, 「集賢院」, 北京: 中華書局, 1988, 83쪽. 孫逢吉은 韋述의 『集賢注記』를 인용하여, 開元 6년 겨울에 "車駕入京, 其乾元殿書籍, 始令

한 동궁 내 건물이었다. 비록 사료의 제약으로 인해 경사 내 동궁에 있던 여정전의 실제 규모를 확인할 수는 없지만, 당 초기 역사에서 주요한 전각 중 하나로 활용되었다는 점에서 상당한 규모의 건물로 추정된다.[40] 그렇다면, 여정전으로 도서를 옮긴 것은 향후 서적의 원활한 정리 작업을 위해 관련 기구를 확대한 것으로 이해된다. 여정전의 작업에 참여하는 관인들로 하여금 경관(京官)과 함께 조회에 참여하도록 명하여 지위를 높여준 것[41]이 이러한 이해를 뒷받침해 준다. 결국 해당 기구를 확대하고 도서(圖書)의 정리와 관련된 업무 내용을 보다 분명히 한 결과 '서원'의 명칭이 출현하게 되었다고 할 수 있다. 이는 건원원에서 수행되던 업무가 보다 전문화되고 그 성격이 명확해졌다는 것으로 이해된다.

그러면 '서원'이 나타내는 실제 의미를 좀 더 살펴보자. 앞서 인용한 『신당서』 「백관지」의 기록에 따르면, 개원 6년에 여정수서원을 두고 나서 5년이 지나 광순문 밖에 '서원'을 설치했다. 이듬해에는 다시 동도의 명복문 밖에도 '여정서원'을 설치함에 따라 경사와 동도 두 지역 모두에 서원이 존재하게 되었다. 여기서 언급된 '서원'은 여정수서원의 '수서원(脩書院)'을 간칭(簡稱)한 것이라 할 수 있다. 이는 곧 당대 처음 등장한 '서원'이 책을 편수하고 정리하는 장소를 뜻하는 것임을 말해준다. 간칭으로서의 '서원'이기 때문에 여정서원과 여정수서원이 혼용되는 현상이 발생하는 것은 자연스럽다. 예컨대, 개원 13년 기사에서 『신당서』는 '여정수서원'이라고 기록한 반면, 『구당서』는 '여정서원'이라 서술한 것[42]을 들 수 있다.

於京大內東宮之麗正殿安置."고 하여 경사의 동궁임을 밝혔다.

40) 楊鴻年, 『隋唐宮廷建築考』, 136쪽.

41) 『신당서』 권200, 「褚無量傳」, 5689쪽. "帝西還, 徙書麗正殿, 更以脩書學士爲麗正殿直學士, 比京官預朝會."

42) 『구당서』 권97, 「張說傳」, 3054쪽. "(開元)十三年[중략]因下制改麗正書院爲集賢殿書院." 동일한 사물에 대한 다른 형태의 기록 차이는 해당 사료의 성격과 연관되었을 가능성이 크다. 즉, 『신당서』는 「백관지」의 기록이라는 점에서 보다 공식적인 형태로 기재되었을 것이고, 반면 『구당서』는 열전에 해당되니 의미전달이

그런데 흥미로운 것은 '여정수서원'에서 '집현전서원'으로 명칭이 바뀐 이후, 사료에서 '집현전수서원(集賢殿修書院)'[혹은 '집현수서원(集賢修書院)']의 기록이 확인되지 않는다는 점이다. 집현전서원의 건물 규모가 이전과 비교해 이른바 굉창(宏敞)하고[43] 부속 관인의 숫자도 대폭 확대되었을 뿐만 아니라[44], 집현전서원의 책임자로 장열(張說)을 임명할 때 장열의 겸양(謙讓)[45]에도 불구하고 이례적으로 '대학사(大學士)'의 칭호를 부여했던 일을 고려해 보면, 수서(修書)를 포함해 확대된 직무를 수행하는 '집현전서원'이 기존의 기관보다 지위가 상승하면서 해당 기관의 명칭 또한 공식화되어 안착되었다고 추론해 볼 수 있을 듯하다. 그렇다면 현종 시기까지의 공식 기록에 해당하는 『당육전』이 '집현전서원'이라는 항목을 설정하여 관련 내용을 설명하고 있는 상황은 적절해 보인다. 그런데 이와 관련하여 같은 책에서 집현전서원의 간칭이 동시에 사용되는 사실이 주목된다. 『당육전』은 집현전서원의 학사가 맡은 직임을 설명하면서 집현전서원학사가 아닌 '집현원학사(集賢院學士)'라고 적고 있는 것이다.[46] 이는 『당육전』에서 '집현전서원학사'[47]라는 명칭을 기재한 것과 함께 '집현원학사'도 병용하고 있음을 보여준다. 구체적으로는 '집현전서원'을 대신해 '집현원(集賢院)'으로 사용하고 있는 사실을 확인할 수 있다.

'집현원'이라는 간칭을 사용하는 이유는 무엇일까? 아마도 '집현전서원'이 상대적으로 긴 명칭인 연유일 수도 있지만, 당대에 다섯 글자의 관직명이 없지 않다는 사실에 비춰보면 글자 수의 다소가 결정적인 이유가 되기는 어려워 보인다. 조어(造語)의 방식을 보면, 장소를 나타내는 '전(殿)'과

가능한 줄임말의 형태로 사용했다는 유추가 가능할 듯하다.

43) 『구당서』 권43, 「職官志」, 1851쪽. "其大明宮所置書院, 本命婦院, 屋宇宏敞."
44) 『당육전』 권9, 「中書省」, 279-280쪽 참조.
45) 『당회요』 권64, 「집현원」, 1119쪽. "以張說爲大學士, 辭曰學士本無大稱."
46) 『당육전』 권9, 「중서성」, 280-281쪽. "集賢院學士掌刊緝古今之經籍, 以辨明邦國之大典, 而備顧問應對."
47) 『당육전』 권15, 「광록시」, 446쪽. "集賢殿書院學士及修撰·校理官吏, 并供五品."

업무의 내용을 포함하는 '서(書)'를 생략하고 있다. '전(殿)'의 경우는 '원(院)'과 중복되는 의미가 있어 생략이 가능하겠지만, '서(書)' 또한 제외하는 것은 별도의 배경조건이 작용한 것으로 보인다. 이전에 '여정서원'의 명칭이 통용되었기 때문에 '집현서원' 또한 충분히 사용될 여지가 있기 때문이다. 만약 이러한 추론이 성립될 수 있다면, '서원'이라는 명칭을 다시 분석할 필요가 있다. 비록 집현전서원이 설치됨에 따라 해당 기관은 확대된 직무와 제고된 위상을 갖게 되었지만, '서원'이 그 자체로 공식적인 기관명으로 확립되지는 못했다는 것이다. '서원'은 서적과 관련된 장소 또는 관청이라는 의미 이상의 의의를 내포하지 못했다. 만약 '서원'이 후대에 언급되는 서원제도를 구성하는 주체가 될 수 있으려면, 그것이 고유한 명칭으로 존립할 수 있어야 할 것이지만 아직 이에 이르지 못하고 있다.

이러한 사정은 당대에 직접 사용되었던 조령문(詔令文)에 대한 검토를 통해서도 확인된다. 『당대조령집(唐大詔令集)』에 수록된 당대(唐代)의 조서(詔書)에 여러 차례 집현전서원과 관련된 언급이 있음에도 불구하고 '집현서원' 또는 '서원'의 표기는 확인되지 않는다. 집현전서원이 설치된 지 얼마 되지 않은 때인 현종 천보(天寶) 8재(載)(749)의 책문(册文)에서는 재상 이임보(李林甫)의 관직명을 나열하면서 '섭태위개부의동삼사행상서좌복사겸우상이부상서숭현관대학사집현원학사수국사상주국진국공신임보(攝太尉開府儀同三司行尙書左僕射兼右相吏部尙書崇玄館大學士集賢院學士修國史上柱國晉國公臣林甫)'[48]라고 하여 『당육전』에서 사용된 명칭인 '집현원학사'로 기록했다. 또한 다른 조서는 집현전서원을 독립된 기관으로 언급할 때도 '집현원'이라 칭하였고[49], 집현전서원의 직무 수행을 의미하는 관직명을 기록할 때도 '판집현원(判集賢院)'이라 했다[50]. 이처럼 조서 어디에도

---

48) [宋]宋敏求 編, 『唐大詔令集』 권7, 「開元天地大寶聖文神武應道皇帝册文」, 北京: 中華書局, 2008, 44쪽.

49) 『당대조령집』 권72, 「乾符二年南郊赦」, 404쪽. "其弘文館集賢院奏請直館敎理."

50) 『당대조령집』 권54, 「劉瞻荊南節度平章事制」, 285쪽. "正義大夫中書侍郎兼刑部

'서원'을 포함한 명칭이 확인되지 않는다. 일부 조서는 '집현원'을 대신해 '집현전'이라 쓰기도 하고, 대력(大曆) 12년(777)에 반포된 양관(楊綰)과 상곤(常袞)의 재상임명 조서[51]에서는 심지어 이 둘을 혼용하기도 하지만, '서원'의 명칭을 사용한 사례는 한 차례도 보이지 않는다. 극히 한견(罕見)되지만, '집현'으로 집현전서원의 의미를 대신하는 경우[52]가 있음에도 불구하고 '서원'의 용례는 찾아보기 힘들다.

이와 같은 현상은 민간에서 작성된 집현전서원의 관련 기록에서도 확인된다. 집현전서원이 설치된 직후인, 개원 15년에 사망한 평양군(平陽郡)의 경각(敬覺)이라는 자의 묘지명(墓誌銘)을 보면, 적장자 경회진(敬會眞)의 관직을 '조산대부행국자감대학박사집현원시강학사(朝散大夫行國子監大學博士集賢院侍講學士)'라고 기록했다.[53] 개원 22년에 사망한 장휴광(張休光)의 묘지명은 그 찬자(撰者)와 서자(書者)의 관직명을 남기면서 집현전서원의 학사와 집현전서원의 근무자라는 뜻으로 각각 '집현원학사'와 '직집현원(直集賢院)'이라 기록했다.[54] 아울러 '집현전'으로 집현전서원을 대신하는 경우도 덕종 시기 이후부터는 확인될 뿐만 아니라[55] '집현' 두 글자로만 기록한 사례[56]도 없지 않다.

이렇듯 '서원'의 명칭은 '여정수서원' 이후 '수서원(脩書院)'의 간칭으로 등장했지만, 공식적 명칭으로 통용되지 못했음을 알 수 있다. 만약 '서원'

尙書同中書門下平章事判集賢院寇彭城縣絹開國公食邑一千戶賜紫金魚袋劉瞻."

51) 『당대조령집』 권45, 「楊綰常袞平章事制」, 225쪽.

52) 『당대조령집』 권46, 「李吉甫平章事制」, 231쪽. "內殿集賢之淸祕."

53) 周紹良 主編, 『唐代墓誌彙編(下)』, 「大唐故敬府君墓誌銘」, 上海: 上海古籍出版社, 1992, 1341쪽.

54) 『唐代墓誌彙編(下)』, 「大唐故敬府君墓誌銘」, 1438쪽.

55) 『唐代墓誌彙編(下)』, 「有唐相國贈太傅崔公墓誌銘」, 1823쪽. "轉中書侍郞, 集賢殿, 崇文館大學士."

56) 周紹良 主編, 『唐代墓誌彙編續集』, 「唐故開府儀同三司守太傅致仕上柱國太原郡開國公食邑二千户贈太尉白公墓誌銘」, 上海: 上海古籍出版社, 2001, 1033쪽. "歷集賢大學士."

이 특정한 제도가 갖춰진 기구(機構)를 나타내는 공식 명칭이었다면 독립적으로 사용될 수 있어야 할 것이다. 이와 관련해 『신당서』와 『구당서』의 용례에서 한 사례가 포착된다. 『구당서』 권184, 「고역사전(高力士傳)」이 현종 시기 환관들의 활동상황을 서술하면서 기록한 "楊則持節討伐, 黎·林則奉使宣傳, 尹則主書院."[57]이 그것이다. 환관 양사욱(楊思勗), 여경인(黎敬仁), 임초은(林招隱), 윤봉상(尹鳳祥)의 행적을 묘사하면서 윤봉상의 업무를 '서원'의 일을 주관했다고 기록하여 일견 '서원'이 공식적인 명칭으로 사용한 것처럼 이해되기도 한다. 그러나 문장의 맥락에서 분석해보면, 해당 문장에서 '주서원(主書院)'은 '지절토벌(持節討伐)[부절을 가지고 적을 토벌했다]'와 '봉사선전(奉使宣傳)[사명을 받들어 전달했다]'라는 서술과 호응을 이루기 때문에 여기서는 '도서를 편수하는 곳의 일을 맡았다'는 뜻으로 해석된다. 따라서 '서원'은 일반적 의미의 용어로 사용되었다고 보는 것이 적절하다.

결국 '집현전서원'의 등장으로 인해 '서원'이라는 명칭의 사용이 시작되기는 하였으나 특정 기관을 지칭하는 공식적인 명칭으로는 통용되지 못하였다. 『당육전』의 기록처럼[58], 도서와 관련된 일을 처리하는 장소를 나타내는 일반적인 명칭으로 사용되었던 것이다.

Ⅲ. 서원의 존재 형태와 발전 양상

당대 서원에 관한 기록은 집현전서원에 한정되지 않는다. 민간에 존재했던 다양한 형태의 서원 관련 기록에서도 확인되고 있다. 최근까지의 연구를 통해 현재 총 49곳의 사례가 발굴되어 당대(唐代)의 상황에 대한 이

---

57) 『구당서』 권184, 「高力士傳」, 4757쪽.
58) 『당육전』 권9, 「중서성」, 279쪽. "於是改名集賢殿修書所爲集賢殿書院."

해를 돕고 있다.[59]

사료의 제약으로 인해, 민간에 출현한 것으로 여겨지는 서원들의 구체적인 내용을 파악하는데 어려움이 있다. 최초의 조성 시기를 확인하는 것역시 그러하다. 때문에 가장 이른 시기의 서원을 비정하는 것은 쉽지 않은문제이다. 등홍파(鄧洪波)는 이중 현종 시기의 여정서원보다 앞선 시기의서원으로 광석산서원(光石山書院), 영주서원(瀛州書院), 이공서원(李公書院), 장열서원(張說書院), 송주서원(松洲書院)을 제시하며 당대 서원의 초기 상황을 분석했다. 여기서 각각의 서원과 관련된 기록을 잠시 살펴보자.

등홍파는 영주서원의 조성 시기를 무덕(武德) 6년(623) 이전으로 확정하면서, 『섬서통지(陝西通志)』 권27의 "영주서원(瀛州書院)은 [남전(藍田)]현(縣)의 치소 남쪽에 있고, 당(唐)의 학사 이원통(李元通)이 창건했다. 명(明)홍치(弘治) 연간에 지현(知縣) 임문헌(任文獻)이 중수(重修)했다."[60]는 기록을 근거로 삼고, 『청일통지(淸一統志)』, 『남전현지(藍田縣志)』의 기록을 참조했다.[61] 그런데 『섬서통지』는 옹정(雍正) 13년(1735)에 편찬된 것으로무덕(武德) 6년에서 1112년 이후의 기록이다. 천년이 넘는 기록부재의 시간을 거친 후에 작성된 기록이라는 측면에서 해당 자료의 용어 선택에 의문이 제기된다. 다시 말해, 옹정 연간은 이미 서원제도가 완비되고 보편화되어 있던 시기이기 때문에 당시의 익숙한 방식으로 해당 사실을 기록했을가능성이 없지 않다. 게다가 가정(嘉靖) 21년(1542)에 편찬된 『섬서통지』에서는 영주서원과 관련된 언급이 확인되지 않는다는 점에서 기록의 신뢰성이 담보되기 어려운 측면이 있다.

이공서원은 가정 연간에 편찬된 『청주부지(靑州府志)』의 기록에 의거하고 있는데 그 내용을 보면, "이공서원은 [임구(臨朐)]현의 서남쪽에 위치했

---

59) 鄧洪波, 『中國書院史』, 8~26쪽 참조.
60) 雍正『陝西通志』 권27. "瀛州書院在縣治南, 唐學士李元通建. 明弘治時, 知縣紀任文獻重修."
61) 嘉慶『淸一統志』 권233 ; 光緖『藍田縣志』 권14.

는데 당대(唐代) 이정(李靖)이 독서하는 장소였다. 일설에는 이정이 태종(太宗)의 여좌(閭左) 정벌을 따라갔다가 이곳에서 사마병법(司馬兵法)을 열독했다고 한다."[62]라고 되어 있다. 이정이 649년에 사망하기 때문에 이 기록은 적어도 900년 이후의 설명이다. 역사적 사실과 기록 사이의 시간적 거리뿐만 아니라 서술의 내용을 볼 때, '일설에는[일운(一云)]'이라 기록한 내용은 그 사실적 엄밀성에 의문이 들게 한다. 게다가 '여좌'는 진대(秦代)의 용어로 당 태종이 여좌 정벌을 나섰다는 것은 사실과 다르다. 아울러 이공서원이 위치했다고 하는 임구현(臨朐縣)의 현지(縣志)에서는 해당 내용을 '전하길[상전(相傳)]'[63]이라는 말로 기록하고 있어 직접적인 근거를 바탕으로 서술한 것이 아니라는 점을 드러내고 있다.

송주서원에 대해서는 청(淸) 강희(康熙) 연간에 편찬된 『장주부지(漳州府志)』의 기록에서 그 존재를 확인하고 있다. 『장주부지』는 송주서원에 대해 주를 달아, "당대(唐代) 진행(陳珦)이 사민(士民)들과 강론을 하던 곳이었다."[64]라고만 설명했다. 관련 설명이 전무할 뿐만 아니라 기록의 근거를 전혀 찾을 수 없다.

장열서원의 경우도 크게 다르지 않다. 명(明) 홍치(弘治) 연간에 편찬된 『보정군지(保定郡志)』의 기록에 의거해서 장열서원의 존재를 언급하고 있지만, 정작 『보정군지』는 '장열서원'이라는 명칭을 사용하지 않고 있다. 다만, 『보정군지』는 송대(宋代) 인물로 여겨지는 등중(滕中)이 지었다고 하는 「장열상공당기(張說相公堂記)」를 인용하고 있어 시기적으로 볼 때 장열이 활동했던 시기와 가까운 기록으로 여타 사례와 비교해 상대적으로 신뢰성이 높아 보인다. 그러나 실제 기록을 살펴보면, "(장열이) 아직 관직에 오르지 않았을 때, 만성현(滿城縣)의 화양산(花陽山)에 이르렀는데 풍경이 예사

---

62) 嘉靖『靑州府志』 권9. "李公書院在縣西南, 唐李靖讀書處. 一云靖從太宗征閭左, 於此閱司馬兵法."

63) 嘉靖『臨朐縣志』 권4. "相傳李靖微時讀書於此."

64) 康熙『漳州府志』 권34. "陳珦與士民講論處."

롭지 않고 꽃과 나무가 울창한 것을 보고는 이곳에 거처를 두고 독서의 장소로 삼았다. 후대 사람들이 수리하고 완성한 후 이름을 바꾸어 상공당(相公堂)이라 했다."[65]고 되어 있다. 또 같은 내용에 대해 만려(萬曆) 연간의 『보정부시(保定府志)』는 "(장열이) 만성현을 지나다 화양산에 서원을 세우고 장수(藏修)의 장소로 삼았는데 후대 사람들이 이 거소를 상공당이라 했다."[66]고 기록했다. 결국 양쪽 기록 모두 장상공당(張相公堂)의 유례를 전하는 것으로 장열서원을 설명하는 것이 아니다. 한편 『보정부지』는 '서원'이라 기록했지만 이는 결국 장열이 독서하던 장소를 지적한 것에 불과하고 장열서원의 실제 존재를 가리킨 것이라 보기는 어렵다.

마지막으로 광석산서원은 당대의 기록을 근거로 삼고 있어 여타 사례와는 달리 주목된다. 당 현종 시기 도사(道士)인 소사도(蘇師道)가 지은 「사공산기(司空山記)」의 기록에 그 명칭이 확인되기 때문이다. 「사공산기」는 "사공(司空)의 집(宅)이 산의 서쪽에 있는데 [주양(朱陽)]관(觀)에서 11리 떨어져 있고 지금의 전우(殿宇)에 상(像)이 있으며 단정(壇井)과 기도(基圖)가 분명하게 남아 있다. 집의 왼쪽에는 광석산서원이 있었는데 옛 기단이 여전히 남아 있다."[67]고 적고 있다. 이 기문(記文)은 천보(天寶) 14년(755) 10월에 작성된 것으로 도사 종선지(鍾仙芝)가 사공산에서 사공(司空) 장절(張岊)의 행적을 추념하며 구술하고 담주자사(潭州刺史) 소사도가 기록한 글이다. 장절은 정사(正史)에서 그 존재가 확인되지는 않지만, 남조(南朝) 양(梁) 시기, 즉 5세기 후반에서 6세기 초반에 활동하다[68] 신선이 되었다고

---

65) 弘治『保定郡志』권22. "未遇時, 至滿城花陽山, 因見風景異常, 花木翁鬱, 築室於此, 以爲讀書之處."

66) 萬曆『保定府志』권36. "過滿城, 築書院於花陽山, 以爲藏修之所, 後人名其居曰相公堂."

67) [淸]董誥 等編, 『全唐文』권371, 「司空山記」, 北京: 中華書局, 1983, 3768쪽. "司空宅在山之西, 去觀十一里, 今殿宇有像, 壇井基圖, 宛然在焉. 宅左有光石山書院, 故基尙存."

68) 劉偉鏗, 吳詠平, 『肇慶歷史風貌』, 廣州: 廣州文化出版社, 1989, 249~250쪽.

전래되는 인물이다. 그런데 소사도가 언급한 광석산서원은 최소 200년 이전의 설화 속 존재로, 천보 연간 당시에는 건축물이 남아 있지 않은 상태였다. 옛 기단이 남아 있다고는 하나 그 근거를 확인할 수 없다. 이러한 조건을 고려할 때 기문 속 광석산서원의 존재를 인정하기에는 부족함이 크다. 그럼에도 불구하고 소사도가 '서원'이라 기록한 것은 추가적인 설명이 필요해 보인다. 전장(前章)에서 살펴본 바, 현종 시기에 도서와 관련된 장소로서 서원이라는 명칭이 일반적인 의미로 사용되었던 사실을 고려해보면, 소사도 또한 특정한 규제(規制)를 갖춘 대상을 언급하기 보다는 독서의 장소를 의미하는 범칭으로 '서원'을 사용했다고 해석된다.

따라서 후대의 일부 기록에서 보이는 광석산서원, 영주서원, 이공서원, 장열서원, 송주서원 등에 대해 서원으로서의 실재성을 의심하지 않을 수 없다. 적어도 제도화되어 동질의 역할을 수행하는 존재가 아니었음은 분명해 보인다. 후대의 기록이 실제 상황과 내용적 차이를 보이는 용어선택을 한 경우가 있으며 일부는 그 근거에 의문이 들거나 별도의 의도로 분식(粉飾)했을 가능성이 크기 때문이다.

그런데 영주서원 등의 기록이 등장하게 된 이유는 여전히 문제가 된다. 비록 내용적 상이성이 확인된다 하더라도 모든 내용이 전혀 무관한 서술이라고 보기는 어렵기 때문이다. 이와 관련해 이공서원, 장열서원, 송주서원의 관련 기록들이 특정 개인의 강학과 독서의 장소를 해당 '서원'에 결부해 언급한 점이 주목된다. 비록 당대(唐代)에 일정한 규제를 갖춘 서원은 존재하지 않았다 하더라도 개인의 강학 또는 독서와 관련된 장소가 실재하였기에 관련 기록이 유전(流傳)되었다고 이해된다.

그렇다면 관련 내용을 보다 사실적으로 파악하는데 있어 후대의 기록보다는 당대 사람들에 의해 지칭되는 서원의 사례들이 더 많은 시사점을 제공할 수 있을 것이다. 그러나 정사나 당대 필기사료(筆記史料)에서 서원 관련 기록이 검출되지 않아 그 실제 상황을 확인하는데 제약이 따른다. 그럼에도 당대 문인들이 지은 시문(詩文)의 일부에서 서원 명칭의 사용 사례가

확인되는 점은 관련 사항의 이해에 도움이 된다. 우선, 시문에서 확인되는
사례들을 정리하면 다음의 표와 같다.

〈표 1〉 당시(唐詩) 속 서원 관련 기록

저자	시 제목	서원 명칭	출처
韓翃	題玉眞觀李泌書 (院)[69]	李泌書院	『文苑英華』[70] 권226, 1135쪽
盧綸	題耿拾遺春中題第五四郎新修書院	第五四郎新修書院	『文苑英華』 권317, 1636쪽
盧綸	宴趙氏昆季書院	趙氏昆季書院	『文苑英華』 권215, 1071쪽
王建	杜中丞書院新移小竹	杜中丞書院	『唐百家詩選』[71] 권13
于鵠	題宇文裔山寺讀書院	宇文裔山寺讀書院	『文苑英華』 권236, 1190쪽
楊巨源	題五老峯下費君書院	費君書院	洪邁, 『萬首唐人絕句詩』 권8
呂溫	同恭夏日題尋眞觀李寬中秀才書院	李寬中秀才書院	『呂衡州文集』[72] 권1
楊發	南溪書院	南溪書院	『文苑英華』 권317, 1637쪽
李群玉	書院二小松	書院	『李群玉詩集』[73] 後卷4
賈島	田將軍書院	田將軍書院	『文苑英華』 권317, 1638쪽
曹唐	題子姪書院雙松[74]	子姪書院	元好問, 『唐詩鼓吹箋注』 권4
齊己	宿沈彬進士書院	沈彬進士書院	齊己, 『白蓮集』 권7
李益	書院無曆日問路侍御六月大小[75]	書院	洪邁, 『萬首唐人絕句詩』 권11
劉禹錫	罷郡歸洛途次山陽留辭郭中丞使君	書院	劉禹錫, 『劉禹錫集』 권31, 上海人民出版社, 1975, 291쪽
許渾	病後與郡中群公宴李秀才	書院	許渾, 『丁卯集箋證』 권8, 中華書局, 2012
姚合	題田將軍宅	書院	姚合, 『姚合詩集校考』 권7, 岳麓書社, 1997, 99쪽

---

69) 『문원영화』에는 '題玉眞觀李泌書'으로 되어 있지만 여타 기록에 '서원'으로 되어

위의 표에서 보이듯 총 16편의 시문에서 서원의 용례가 확인된다. 이중 이군옥(李群玉), 이익(李益), 유우석(劉禹錫), 허혼(許渾), 요합(姚合)의 작품에서와 같이 서원으로 지칭되는 대상의 명칭을 전혀 파악할 수 없는 경우를 제외하면, 모두 11편의 작품에서 이름으로 추정되는 명칭을 확인할 수 있다. 그 각각을 살펴보면, 양발(楊發)의 작품에서 보이는 남계서원(南溪書院) 이외에 모든 사례가 특정인과 서원을 연계하여 칭하고 있음을 알 수 있다. 이른바 특정 개인의 서원을 뜻하는 것이다. 노륜(盧綸)의 「연조씨곤계서원(宴趙氏昆季書院)」에서는 '곤계(昆季)', 즉 조씨의 형제를 일컫는 것이기는 하지만, 기본적으로 개인과 서원을 연결하여 지칭하는 모습에는 차이가 없다. 문학 작품의 특성상 별도로 존재했을지 모를 특정 명칭을 구체적으로 기재하는 것이 부적절했을 수도 있지만, 이름을 추정할 수 있는 사례 모두가 원문이 아니라 제목에 해당된다는 점을 고려해보면, 이로 인한 제약은 부분적이었다고 여겨진다. 따라서 시문에서 검출되는 서원의 사례들은 곧 당대 문인들 사이에서 개별적이고 사적인 독서의 공간이 서원으로 칭해졌다는 사실을 보여준다.

그러면 남계서원의 사례는 어떻게 이해해야 할까. 개인의 이름과는 별도로 독립적인 이름으로 되어 있다는 점에서 여타의 사례들과 차이를 보인다. 『문원영화』에 실려 있는 양발의 「남계서원」은 『전당문』 권517에도 수록되어 있다.[76) 그런데 동일한 내용의 시문이 우곡(于鵠)을 작자로 하여 「남

있을 뿐만 아니라 문맥으로 볼 때, '院' 자의 脫漏라 판단된다. 『萬首唐人絕句詩』(권20)에는 제목이 '題玉眞觀'으로 되어 있어 서원에 관한 기록이 없다.

70) [宋]李昉 等編, 『文苑英華』, 北京: 中華書局, 1966(이하 모두 中華書局本).

71) [宋]王安石 編, 任雅芳 整理, 『唐百家詩選』, 上海: 復旦大學出版社, 2016, 451쪽.

72) [唐]呂溫, 『呂衡州文集』, 叢書集成初編本, 6쪽.

73) [唐]李群玉 著, 羊春秋 輯注, 『李群玉詩集』, 長沙: 岳麓書社, 1987, 121쪽.

74) [明]曹學佺, 『石倉歷代詩選』 권84, 「曹唐」(四庫全書本)에서는 '題子姪雙松'이라 함.

75) [淸]彭定求 等編, 『全唐詩』 권283, 北京: 中華書局, 1980, 3221쪽에는 「書院無曆日以詩代書問路侍御六月大小」로 되어 있음.

계서재(南谿書齋)라는 제목으로『전당문』권310에도 포함되어 있다.[77] '계
(溪)'와 '계(谿)'가 서로 통한다는 점을 감안하면 '남계(南溪)'라는 명칭은 해
당 시문이 작성될 당시에 사용되었을 가능성이 높아 보인다.『문원영화』
이 기록을 기준으로「남계서원」의 작성 시기를 추정해 보면, 양발이 대중
(大中) 12년(858)에 영남도동절도사(嶺南東道節度使)로 있다가 군란(軍亂)
이 일어나 폄관되어 관도(官途)에서 밀려나기[78] 때문에 시(詩)의 내용상 이
를 전후한 시기로 판단된다. 그렇다면「남계서원」이 작성된 시기는 당 후
반기에 해당하며, 왕조가 멸망하기 대략 50년 전 즈음이 된다. 상대적으로
늦은 시기에 등장한 사례라는 점을 고려해보면, 개인의 독서나 강학을 위
한 장소의 조성이 당대에 점차 만연해가면서 초기에 개인의 이름 혹은 무
명(無名)으로 있던 상황이 이후에 특정한 명칭을 붙이는 형태로 발전한 것
은 아닌가 추측된다.

이를 고려해보면, 당대에 서원으로 불리는 장소들이 개인에 의해 조성
또는 유지되다가 차후에 완비 또는 중수되면서 특정한 명칭이 붙여지는 상
황을 당대 이래 서원의 발전 과정으로 상정해 볼 수 있다. 앞서 소위 장열
서원의 상황을 살피면서 거론했던『보정부지』의 기록, 즉 "후대 사람들이
이 거소를 상공당이라 했다."는 기록을 보면, 후사(事後)에 이름이 붙여지
는 상황이 이를 방증(傍證)하기도 한다.

관련 사례들을 좀 더 구체적으로 살펴보자. 우선, 후대의 기록에도 특정
인의 이름으로 되어 있는 당대(唐代) 서원의 존재를 찾아볼 수 있는데 노번
서원(盧藩書院)이 그중 하나이다. 도광(道光) 연간에 편찬된『형산현지(衡
山縣志)』는 해당 서원을 소개하면서, "노번(盧藩)은 당(唐) 시기의 사람으로

---

76)『전당시』권517,「南溪書院」, 5904쪽.
77)『전당시』권310,「南谿書齋」, 3499쪽. 詩句에 '入院'이라는 표현이 있는 것으로
　　미루어 '書齋'는 '書院'을 의미하는 것으로 봐도 무방해 보인다. 그러나 명대 기록
　　인『石倉歷代詩選』(권65)에서도 '南溪書齋'로 되어 있어 별도의 考證이 필요하다.
78)『신당서』권8,「선종기」, 252쪽. "四月庚子, 嶺南軍亂, 逐其節度使楊發."

형산(衡山)에 은거했다가 자개봉(紫蓋峰)에 서원을 만들었다. 서원은 폐치되고 기단이 남아 있다."[79]라고 했다. 노번이 은거하면서 독서나 강학을 했던 곳이 더 이상 이어지지 않으면서 개인의 이름으로 기억되며 남아 있는 것이다.

　명청시기에도 형산에 유존(存留)했던 남악서원(南嶽書院)은 그 전형적인 상황을 보여준다. 가정(嘉靖) 연간의 『호광도경지서(湖廣圖經志書)』[80]는 남악서원에 대해, "(남악서원은) 형산의 서쪽에 있다. 당대(唐代) 이필(李泌)은 자(字)가 장원(長源)이었는데 숙종(肅宗) 시기에 경조윤(京兆尹)이 되었다. 이보국(李輔國)이 그를 질투하자 물러나 형산에 은거했는데 도사복(道士服)이 하사되었고 처소와 이 서원을 만들었다. 후에 덕종 시기에 재상이 되자 서원이 이로 인해 이름이 생겼다."[81]고 기록했다. 앞선 [표1]에서 확인했듯이 이필에 의해 조성된 것은 '이필서원(李泌書院)'이라 불렸는데 그가 재상의 지위에 오르게 되자 이에 남악서원이라는 이름이 붙여지게 되는 과정을 확인할 수 있다. 『호광도경지서』는 「중수남악서원기(重修南嶽書院記)」도 수록하고 있는데, 「중수기(重修記)」에 따르면, "남악서원(南嶽書院)은 당(唐) 이업후(李鄴侯)[82]가 독서하던 곳으로 남악(南嶽)의 좌[서]쪽에 처음 창설되었다. 송(宋) 보경(寶慶) 연간에 전운사(轉運使) 장사가(張嗣可)가 여기 길 그 위치가 시장과 가까워 시끄럽고 좁다고 하여 이를 집현봉(集賢峰) 아래로 옮겼다. 이로써 서원의 의제(儀制)가 비로소 갖춰졌다."[83]고 되어 있

---

79) 道光『衡山縣志』 권15. "盧藩, 唐時人, 隱居衡山, 創書院於紫蓋峰. 院廢基存."

80) 李秋芳, 「嘉靖『湖廣圖經志書』及其史料價値」 『史學史硏究』 2010-4, 112~116, 123쪽.

81) 嘉靖『湖廣圖經志書』 권12. "南嶽書院, 在嶽山西. 唐李泌, 字長源, 肅宗時爲京兆尹. 李輔國嫉之, 退隱衡山, 詔賜士服, 爲治室廬及此書院. 後相德宗, 書院由是有名."

82) 李泌이 鄴侯의 작위를 받는다. 羅寧, 「〈鄴侯家傳〉與〈鄴侯外傳〉考」 『四川大學學報』 2010-4, 65~73쪽 참조.

83) 嘉靖『湖廣圖經志書』 권12, 「重修南嶽書院記」. "南嶽書院者, 唐李鄴侯讀書之所也, 創始於南嶽之左. 故宋寶慶年間, 運使張嗣可以其近市喧雜枓隘徙之集賢峰下. 由是,

다. 보경(寶慶) 시기가 된 후에 서원으로서의 제도와 형식이 완비되어 발전을 이루는 모습을 보여준다. 이들 기록을 통해 이필 개인에 의해 조성된 이른바 이필서원이 이후에 남악서원이라는 명칭을 얻게 되었고 남송 시기에 이르면 서원의 모습을 갖추며 발전해 간 과정을 확인할 수 있다.

경성서원(景星書院)도 유사한 모습을 보여준다. 경성서원은 그 명칭의 출현 배경에 대한 비교적 상세한 내용이 복수의 기록에서 확인된다. 가정(嘉靖) 연간의 『강서통지(江西通志)』는 "경성서원은 부성(府城)의 동쪽에 위치해 있다. 당(唐) 원화(元和) 초에 (헌종이) 이발(李渤)을 불러 우습유(右拾遺)로 삼고자 했는데 (이발이) 나아가지 않았다. 한유(韓愈)가 그에게 편지를 보내 말하길, '조정의 사인들이 목을 빼어 동쪽을 바라보기를 마치 경성(景星)이나 봉황(鳳凰)을 보듯 서로 다투어 보며 기뻐한다'고 했다. 이발은 이내 명을 따랐다. 장경(長慶) 연간에 (그는) 강주(江州)에서 자사(刺史)로 있었다. 후대 사람들이 이에 서원을 지어 이름을 '경성(景星)'이라 했다."[84]고 적고 있다. 그런데 이발이 강주자사로 있었던 때의 일에 대해 가정(嘉靖) 연간의 『구강부지(九江府志)』는 이발이 강주의 치소(治所)인 구강(九江)에 "건물을 지었는데 사인(士人)들의 독서의 장소가 되었다."[85]는 사실을 전하고 있다. 또한 이를 이발서원(李渤書堂)이라 했는데 두 기록을 종합해 보면, 장경 연간에 이발이 구강(九江)에 독서의 장소를 만들고 후에 사람들이 한유와의 일화를 기려 경성(景星)이라는 이름을 붙인 서원을 조성했다고 할 수 있다.

또한 두릉서원(杜陵書院)의 사례를 보면, 가경(嘉慶) 연간의 『호남통지(湖南通志)』는 그 위치와 유래에 대해 "두릉서원은 뇌양현(耒陽縣)의 북쪽

書院之制, 始備."

84) 嘉靖『江西通志』 권14. "景星書院在府城東. 唐元和初, 召李渤爲右拾遺. 不就. 韓愈遺之書, 云朝廷士引領東望, 若景星鳳凰爭先觀之爲快. 渤乃就命. 長慶中, 刺江州. 後人因建書院, 名曰景星."

85) 嘉靖『九江府志』 권10. "遂築室於斯, 爲士人讀書處."

에 위치해 있으며 당(唐) 두보(杜甫)를 모시고 있다. 당대에 건조(建造)되었
는데 명(明) 가정(嘉靖) 연간에 지현(知縣) 마선(馬宣)이 중건했다."[86]고 설
명했다. 기록에서 보듯 당대에는 두보를 기리는 사당(祠堂)의 형태가 후대
에 중건되면서 두릉서원이라는 이름이 붙여졌다는 것을 알 수 있다.[87]

　마지막으로 앞선 〈표 1〉에서 보이는 '이관중수재서원(李寬中秀才書院)'
의 사례를 살펴보자. 수재(秀才)인 이관중(李寬中)의 서원이라는 뜻을 나타
내고 있는 이것은 여온(呂溫)의 시 「동공하일제심진관이관중수재서원(同恭
夏日題尋眞觀李寬中秀才書院)」에서 그 존재가 확인된다. 이것과 형주(衡
州) 석고서원(石鼓書院)과의 관계가 주목되는데, 광서(光緖) 연간의 『호남
통지』는 "석고서원은 예전에 심진관(尋眞觀)이었으며, 이관(李寬)이 그곳에
서 독서를 했다. 자사 여온이 일찍이 이곳에 방문한 적이 있는데, 심진관을
지나다 이수재서원(李秀才書院)을 찾아 이를 시로 지었다."[88]고 기록했다.
또한 건륭(乾隆) 연간의 『형주부지(衡州府志)』는 "독서당(讀書堂)이 석고산
에 있는데, 예전에 심진관이었다. 당(唐) 자사(刺史) 제영(齊映)이 합강정(合
江亭)을 [석고(石鼓)]산의 오른편 기슭에 만들었다. 원화(元和) 사인(士人)
이관(李寬)이 오두막집을 짓고 살며 그곳에서 독서했다. 자사 여온이 일찍
이 이곳을 방문하여 「제심진관이수재서원(題尋眞觀李秀才書院)」이라는 시
를 남겼다."[89]고 했다. 따라서 이관중과 동일 인물인 이관[90]이 심진관이라

---

86) 嘉慶『湖南通志』권50. "杜陵書院在耒陽縣北, 祀唐杜甫. 唐建. 明嘉靖中, 知縣馬宣
　　重建."
87) 唐代 裵說의 詩 「題耒陽杜公祠」가 시사하듯 뇌양현에 있던 두공의 사당은 그 명
　　칭이 杜陵書院이 아니었다. 杜陵書院의 명칭은 이후에 붙여진 것이 분명하다 하
　　겠다.
88) 光緖『湖南通志』卷69. "石鼓書院舊爲尋眞觀. 李寬讀書其中, 刺史呂溫嘗訪之, 有
　　過尋眞觀, 訪李秀才書院. 詩是也."
89) 乾隆『衡州府志』卷33. "讀書堂在石鼓山, 舊爲尋眞觀. 唐刺史齊映建, 合江亭於山
　　之右麓. 元和士人李寬結廬讀書其上. 刺史呂溫嘗訪之, 有題尋眞觀李秀才書院詩."
90) 郭建衡, 「李寬與石鼓書院之創設」『中國書院論壇』(第10輯), 2017, 241~243쪽.

는 도관(道觀)의 자리에 가서 독서를 한 것이 계기가 되어 이것이 서원으로
불리게 되었다. 또한 독서당으로 불리기도 하는 점에서 보듯 여온이 시로
남긴 것은 석고서원이 아닌 이관중의 서원이었다. 그러던 것이, 「형주석고
서원기(衡州石鼓書院記)」에서 "예전에 서원이 있었는데 당 원화 연간에 시
작되었고 형주 사람 이관이 만들었다. 송 초기가 되어 일찍이 칙액(勅額)이
내려졌다."[91]고 명기한 것처럼 북송 시기에 석고서원의 이름이 붙여졌음을
알 수 있다. 따라서 이관의 독서당에서 비롯된 것이 석고서원으로 발전해
간 것이기 때문에 이관이 석고서원을 건설했다는 이해[92]는 적절하지 않아
보인다.

IV. 독서 강학의 풍조와 서원

일반적인 의미로 통용되던 서원이 향후 규제를 갖춘 서원으로 변화할
수 있는 중요한 배경에 당대 사인들의 개인 활동이 있었음을 알 수 있다.
이것은 서원의 시원과 밀접한 관계를 갖는다고 할 수 있는데, 당대 어떠한
상황 하에서 이른바 서원의 원형을 이루는 모습들이 형성되었는가를 살펴
볼 필요가 있을 것이다.

제도화된 서원의 초기 양상을 보여주는 당대 사인들의 개별적 학습 활
동은 그 특성상 해당 시기의 교육 상황과 긴밀하게 관련되어 있다. 당대
교육제도가 운영되고 있는 상황 하에서 사인들의 독서 활동이 이루어지기
때문이다.

당대 교육제도는 건국 초기부터 중시되었다. 무덕(武德) 2년(619)에 중

---

91) [宋]朱熹, 『晦庵集』 권79, 「衡州石鼓書院記」, 四庫全書本. "故有書院, 起唐元和間,
州人李寬之所爲. 至國初時, 嘗賜敕額."

92) 嘉靖『湖光圖經志書』 卷20. "(呂溫)元和中刺史有善狀. 時李寬中建石鼓書院, 溫爲
刺史訪之."

앙의 국자학(國子學), 태학(太學), 사문학(四門學) 등에 학생(學生)을 두어 제도를 확정하고 지방에는 군현학(郡縣學)을 3등급으로 나누고 해당 기관별 학생 수를 제도로 규정하여 정비했다.[93] 그러나 아직 각 지역 세력을 통일하기 이전인 탓에 전국적 규모의 제도 시행은 좀 더 시간이 필요했지만, 이를 통해 당이 교육제도에 대한 관심이 높았다는 것을 확인할 수 있다. 이후 현종 천보(天寶) 초기가 되면 관련 제도가 확대되고, 각 학교에 소속된 학생의 수가 6만여 명이 넘을 정도[94]로 완비되었다. 이른바 중국 전통시기 교육사에 있어서 중요한 성세의 모습을 보여주었다.[95] 그러나 당대 교육제도가 지속적인 발전 과정에만 있었던 것은 아니다. 무측천의 집권 시기에는 기존의 박사(博士), 조교(助敎)들이 학관(學官)이라는 이름만 가지고 있을 뿐 그에 걸맞은 능력을 갖추고 있지 못했을 뿐만 아니라 학생들이 경학을 제대로 공부하지 않고 출세를 위한 요행을 기대하게 되면서 20년 동안 학교가 제대로 기능하지 못했다.[96] 무측천 이후 다시 발전을 이루던 당대 교육제도는 현종 시기를 정점으로 쇠락의 양상을 보였다. 이에 따라 "천보 연간 이후에 학교가 더욱 폐치되었고 생도(生徒)들이 사라졌다."[97] 안사의 난 이후 이러한 현상은 두드러졌는데 해당 문제를 해결하기 위해 양관(楊琯)은 "경사에 태학이 있고 주현(州縣)에 소학이 있지만 전란이 있

---

93) 『구당서』 권189상, 「儒學傳」, 4940쪽. "以義寧三年五月, 初令國子學置生七十二員, 取三品已上子孫；太學置生一百四十員, 取五品已上子孫；四門學生一百三十員, 取七品已上子孫. 上郡學置生六十員, 中郡五十員, 下郡四十員. 上縣學並四十員, 中縣三十員, 下縣二十員."
94) 『通典』 권15, 「選擧典3」, 362쪽. "弘文·崇文館學生五十員, 國子·太學·四門·律·書·算凡二千二百一十員, 州縣學生六萬七百一十員."
95) 唐群, 『唐代敎育硏究』, 西安: 西安出版社, 2009, 10쪽.
96) 『구당서』 권189상, 「儒學傳上」, 4942쪽. "則天稱制, 以權道臨下, 不吝官爵, 取悅當時. [중략] 至於博士·助敎, 唯有學官之名, 多非儒雅之實. 是時復將親祠明堂及南郊, 又拜洛, 封嵩嶽, 將取弘文國子生充齋郎行事, 皆令出身放選, 前後不可勝數. 因是生徒不復以經學爲意, 唯苟希僥倖. 二十年間, 學校頓時隳廢矣."
97) 「신당서」 권44, 「選擧志上」, 1165쪽. "然自天寶後, 學校益廢, 生徒流散."

은 이후 생도들이 흩어지고 유신(儒臣)과 학사(學師)들이 생계를 유지할 수 없게 되었다. [중략] 국자감박사 등의 수를 늘리고, 그 녹질(祿秩)을 올려주고, 학식이 뛰어난 자를 뽑아 그 직임을 맡기도록 해야 한다. 10도(道) 중 대군(大郡)에는 태학관(太學館)을 설치하고 박사들로 하여금 나아가 군관(郡官)을 겸하고 생도들을 두도록 해야 한다."98)고 간언하기도 했다. 그럼에도 중앙과 지방 모두에서 교육제도의 운영에 어려움이 있었다. 관학을 진흥하려는 노력99)과 함께 일부의 성과100)를 거두기도 했지만, 원화(元和) 연간에 유우석(劉禹錫)이 재상에게 학관의 진흥을 강조하는 것101) 등의 내용을 보면, 당 후기 관학의 기능 약화는 추세적인 상황이었음을 알 수 있다.

이러한 상황 하에서 당대 사인들의 개별적 학습 및 교육 활동이 다양한 형태로 나타났다. 당 초기부터 그러한 모습을 찾아볼 수 있는데, 최신명(崔信明)은 "태행산(太行山)에서 은거하다가 정관(貞觀) 6년 조거(詔擧)에 응시하여 흥세승(興世丞)에 제수되었다."102)고 하여 산에서 개별적으로 독서를 하다 관도(官途)에 오르는 모습을 보여준다. 이후 유사한 사례가 다수 보이는데, "종남산(終南山) 깊은 곳에 들어가 홀로 공부한 것이 3년이 되자 나와 부시(府試)에 응시했다가 급제했다."103)는 허직(許稷)의 경우처럼, 정식

---

98) 『구당서』 권119, 「楊瑒傳」, 3434쪽. "今京有太學, 州縣有小學, 兵革一動, 生徒流離, 儒臣師氏, 祿稟無向. [중략] 其國子博士等, 望加員數, 厚其祿秩, 選通儒碩生, 間居其職. 十道大郡, 量置太學館, 令博士出external外, 兼領郡官, 召置生徒."

99) 『당회요』 권35, 「學校」, 635쪽. "貞元三年正月, 右補闕宇文炫上言, 請京畿諸縣鄕村廢寺並爲鄕學."

100) 『신당서』 권146, 「李栖筠傳」, 4736쪽. "則又增學廬, 表宿儒河南褚沖·吳何員等, 超拜學官爲之師, 身執經問義, 遠邇趨慕, 至徒數百人."

101) 『신당서』 권168, 「劉禹錫傳」, 5130쪽. "貞觀時, 學舍千二百區, 生徒三千餘, 外夷遣子弟入附者五國. 今室廬圮廢, 生徒衰少, 非學官不振, 病無貲以給也."

102) 『구당서』 권190상, 「崔信明傳」, 4991쪽. "隱於太行山. 貞觀六年, 應詔擧, 授興世丞."

103) [淸]徐松 撰 『登科記考』 권15, 貞元17年條, 北京: 中華書局, 1984, 542쪽. "深入終南山, 隱學三年, 出就府薦, 遂擢第."

의 학교 제도를 거치지 않고 개인의 학습 활동을 통해 관직에 나아가는 일이 잦았다. 서안백(徐顏伯)은 태행산에서 초가집을 짓고 은거하다 추천을받고 급제하기도 했으며[104], 노군(盧群)은 태안산(太安山)에서 독서를 하다유명해져 회남절도사(淮南節度使)의 막직관(幕職官)을 맡았다[105]. 물론 모든 사례의 학인(學人)들이 과거에 급제하는 것은 아니지만, 개인적인 독서의 행위를 거쳐 관직에 나아가는 사례가 다수 확인된다.[106]

이들이 개인적인 독서를 시작하게 되는 계기를 살펴보면, 진자앙(陳子昂)은 "예전에 나이가 18세이었을 때 글을 알지 못했는데 [중략] 후에 향교(鄕校)에 들어갔다가 후회를 느끼고 곧 [재(梓)]주(州) 동남쪽의 금화산관(金華山觀)에서 독서를 했다."[107]고 한다. 정식의 향교 교육에 만족하지 못했던 것이 진자앙의 개인적인 독서가 시작된 계기였음을 알 수 있다. 류찬(柳璨)은 "어려서 고아가 되고 가난하였지만 배우는 것을 좋아하였고, 임천(林泉)에 거하고 있었다. 낮에는 뗄 나무를 모으고 밤에는 나무와 잎을 태워책을 밝혔다."[108] 가난한 경제적 상황으로 인해 개인적인 독서를 이어가기도 했음을 알 수 있다. 이외에도 수대(隋代) 왕통(王通)의 5세손인 왕질(王質)은 "어려서 아버지를 잃고 수춘(壽春)에 객거(客居)했는데 힘써 농사를경작하며 어머니를 봉양하였다. 강학(講學)을 게을리하지 않았다."[109]고 한다. 이를 통해 왕질이 농사를 지으며 편모(偏母)를 봉양해야 하는 처지에서

---

104) 『신당서』 권114, 「徐顏伯傳」, 4201쪽. "七歲, 能爲文, 結廬太行山. 薛元超安撫河北, 表其賢良, 對策高第."
105) 『구당서』 권140, 「盧群傳」, 3833쪽. "初學於太安山, 淮南節度使陳少遊聞其名, 辟爲從事."
106) 嚴耕望, 『唐史硏究論稿』, 香港: 新亞硏究所出版, 1968, 367~424쪽 참조.
107) 傅璇琮 主編, 『唐才子傳校箋』 권1, 「陳子昂」, 北京: 中華書局, 1987, 105쪽. "初年十八時未知書 [중략] 後入鄕校, 感悔, 卽於州東南金華山觀讀書."
108) 『구당서』 권179, 「柳璨傳」, 4669쪽. "少孤貧好學, 僻居林泉. 晝則採樵, 夜則燃木葉以照書."
109) 『신당서』 권164, 「王質傳」, 5052쪽. "質少孤, 客壽春, 力耕以養母. 講學不倦."

개인적인 학습을 하는 모습을 확인할 수 있다. 한편, 선우향(鮮于向)의 경우는, "나이가 20여 살이 되어서도 아직 글을 깨우치지 못했다. (아버지인) 태상(太常)이 이를 심하게 꾸짖었다. [중략] 공(公)은 이내 강개(慷慨)하고 분발하여 세상의 일을 끊고 바위를 뚫어 방을 만들고 기거하면서 진력을 다해 공부를 했다."[110]고 한다. 세상과 단절하고 학습에 진력하려는 의도가 개별적인 학습의 계기로 작용했음을 보여준다. 이와 함께, 개인적인 성향도 영향을 끼친 것으로 보이는데 방관(房琯)의 경우처럼 홍문관(弘文館)의 학생 신분임에도 은둔(隱遁)을 좋아하는 성격상 이양산(伊陽山)으로 들어가 독서(讀書)를 했던 사례[111]가 이를 말해준다.

이와 같은 개별적인 학습의 방식은 특정 1인에 한정되지 않았다. 최종(崔從)은 "태원(太原)에 거주하였는데 둘째 형과 함께 산림(山林)에 은거하며 마음을 다해 공부하는데 힘썼다. [중략] 산을 나서지 않은 것이 10년과 같았다. 정원(貞元) 초에 진사로 급제했다."[112] 최종(崔從)의 사례는 형제가 함께 산에 들어가 수학하는 모습을 보여준다. 형제와 같은 가족의 관계뿐만 아니라 뜻이 맞는 사인(士人)들이 함께 학습하기도 했다. 부재(符載)는 "촉(蜀) 지역 사람으로 빼어난 재주를 가지고 있었는데 처음에 양형(楊衡), 송제(宋濟)와 함께 청성산(靑城山)에 기거하면서 습업(習業)했다."[113] 함께 수학한 결과는 사뭇 달랐지만 여럿의 사람이 함께 학습했던 것은 분명하다. 이와 유사한 형태로 정원(貞元) 연간의 허경(許敬)은 장한(張閈)과 함께

---

110) 『전당문』 권343, 「中散大夫京兆尹漢陽郡太守贈太子少保鮮于公神道碑」, 3483
쪽. "年二十餘, 尙未知書. 太常切責之. [중략] 公乃慷慨發憤, 棄人事, 鑿石構室以
居焉. 勵精爲學."

111) 『구당서』 권150, 「房琯傳」, 3320쪽. "琯少好學, 風儀沉整, 以門蔭補弘文生. 性
好隱遁, 與東平呂向於陸渾伊陽山中讀書爲事, 凡十餘歲."

112) 『구당서』 권177, 「崔愼由傳」, 4577-4578쪽. "寓居太原, 與仲兄能同隱山林, 苦
心力學. [중략] 不出山巖, 如是者十年. 貞元初, 進士登第."

113) [五代]孫光憲 撰, 賈二强 點校, 『北夢瑣言』 권5, 「符載侯鄖擁髯隱」, 北京: 中華書
局, 2002, 118쪽. "本蜀人, 有奇才, 始與楊衡·宋濟棲靑城山以習業."

언월산(偃月山)에 가서 독서를 했고, 서당(書堂)을 두 칸 마련하여 각각 하나씩 사용하는 일도 있었다.[114] 혼자 혹은 여러 명이 함께 독서를 하는 과정에서 자연스럽게 상호 간의 교류 관계가 생기기도 했다.[115]

개인적인 학습은 그것 자체로 한정되지 않았고 학습의 내용을 전수하는 강학(講學)이 수반되어 더욱 확대된 형태로 전개되었다. 이미 언급한 바 있는 왕질(王質)의 경우에서 일부 확인했듯이 그는 어머니를 봉양하면서 "강학을 주요한 일로 삼았고 문인(門人)들 중 수업을 받고자 하는 자들이 그 집에 크게 모였다."[116]고 한다. 이를 통해 다수의 사람들에게 강학하는 모습을 확인할 수 있다. 정관(貞觀) 초에 생활했던 마가(馬嘉)의 경우는 "백록산(白鹿山)에 은거하고 있었는데, 여러 곳에서 찾아와 수업을 받는 자가 천 명에 달했다."[117]고 한다. 이처럼 당시 일부에서는 강학의 규모가 상당했음을 알 수 있다.

강학을 이어가다 명성이 알려지면 천거를 받아 출사하기도 했는데, 원자(袁滋)가 그 전형적인 사례를 보여준다. 원자는 "형(荊)과 영(郢) 사이에 객거(客居)하면서 학려(學廬)를 세우고 강수(講授)를 했다. 건중(建中) 초에 출척사(黜陟使) 조찬(趙贊)이 조정에 추천하자 처사(處士)에서 기가(起家)하여 시교서랑(試校書郎)에 제수되었다"[118]. 강수(講授) 활동은 원자가 관직에 나아갈 수 있게 하는 중요한 계기가 되었다고 할 수 있다. 이외에 당 후기 정계의 중요 인물 중 하나인 이덕유(李德裕) 또한 관직 생활을 시작하

---

114) [宋]李昉 等編, 『太平廣記』 卷365, 「許敬張開」, 北京: 中華書局, 1961, 2898쪽 (이하 모두 中華書局本). "唐貞元中, 許敬·張開同讀書於偃月山, 書堂兩間, 人據其一."
115) 『태평광기』 권307, 「張仲殷」, 2434쪽. "張滂之子曰仲殷, 於南山內讀書, 遂結時流子弟三四人."
116) 『구당서』 권163, 「王質傳」, 4267쪽. "專以講學爲事, 門人受業者大集其門."
117) 『신당서』 권196, 「馬嘉運傳」, 5645쪽. "退隱白鹿山, 諸方來受業至千人."
118) 『신당서』 권151, 「袁滋傳」, 4824쪽. "後客荊·郢間, 起學廬講授. 建中初, 黜陟使趙贊薦于朝, 起處士, 授試校書郎."

기 전에 동도(東都)에서 강학 활동을 했음이 확인된다.[119] 개인적인 학습과
강학의 활동은 기가(起家)하기 전뿐만 아니라 관직의 재임 중에도 이루어
졌다. 개원(開元) 초까지 활동했던 윤지장(尹知章)은 "비록 관리의 직임에
거하고 있었지만, 집에 돌아가도 강수(講授)를 멈추지 않았고 특히 역(易)
과 노장(老莊)의 현학(玄學)에 밝아 주변의 사람들이 모두 와서 수업을 받
았다."[120]고 한다. 비서성(秘書省)에서 관직을 맡아 봉직하는 상황에서도
개인적인 강학 활동을 이어가는 모습을 보여준다. 관직을 맡기 전이나 재
임 중에 강학을 하는 것 이외에, 관직에서 물러난 후에 강학을 이어가는
경우도 많았다. 고종시기, 왕의방(王義方)은 내주(萊州)의 사호참군(司戸參
軍)을 맡았다가, "임기가 다하자 창락(昌樂)에 거주하면서 생도를 모아 가
르쳤다. 어머니가 죽은 후 더 이상 관직에 나가지 않았다. (왕의방은) 총장
(總章) 2년에 죽었는데 나이가 55살이었다. 『필해(筆海)』 10권과 문집10권
을 찬술했다."[121] 그는 관직을 마친 후 창락에 정착해 강학 활동을 했고 그
과정에서 저술도 남겼음을 알 수 있다. 또한 두상(竇常)과 같은 경우는 진
사에 급제했지만 관직에 나아가지 않고 거처를 마련해 강학과 저술의 일에
매진했다. 중앙의 관직뿐만 아니라 지방 절도사의 초빙에도 응하지 않고
자신의 개인적 활동을 계속했다.[122] 이처럼 당대에 개인적인 독서와 강학
의 활동이 다양한 형태로 이루어졌고, 당시 지식인들에 의한 보편적인 행
위의 하나로 이어졌다고 할 수 있다.

---

119) 『구당서』 권174, 「李德裕傳」, 4528쪽. "初未仕時, 講學其中. 及從官藩服, 出將
入相, 三十年不復重遊, 而題寄歌詩, 皆銘之於石."

120) 『구당서』 권189하, 「尹知章傳」, 4974쪽. "雖居吏職, 歸家則講授不輟, 尤明易及
莊·老玄言之學, 遠近咸來受業."

121) 『구당서』 권187상, 「王義方傳」, 4876쪽. "秩滿, 家于昌樂, 聚徒敎授. 母卒, 遂不
復仕進. 總章二年卒, 年五十五. 撰筆海十卷·文集十卷."

122) 『구당서』 권155, 「竇常傳」, 4122쪽. "兄常字中行, 大曆十四年登進士第, 居廣陵
之柳楊. 結廬種樹, 不求苟進, 以講學著書爲事, 凡二十年不出. 貞元十四年, 鎭州
節度使王武俊聞其賢, 遣人致聘, 辟爲掌書記, 不就."

개인의 독서 및 강학 활동과 관련해 흥미로운 기사가 전한다. 『신당서』
는 정원(貞元) 연간에 재상을 지내고 한림학사로서의 학문적 소양도 인정
받았던 정여경(鄭餘慶)의 부전(附傳)에서 아들 정한(鄭澣)에 대해 다음과 같
은 기록을 남겼다.

> 예전에 [정(鄭)]여경(餘慶)이 흥원(興元)에서 학려(學廬)를 만든 적이 있는데
> [정(鄭)]한(澣)이 이를 이어 완성하고 생도를 양성하자 교화가 크게 행해졌다.
> (황제가) 호부상서(戶部尙書)의 관직으로 불렀으나 배수(拜受)하지 않았으며, (나
> 중에) 죽게 되었는데 나이가 64세였고, 상서우복야(尙書右僕射)를 증관(贈官)으
> 로 내렸다.[123]

이것은 아버지가 독서와 강학을 했던 것을 아들인 정한(鄭澣)이 계승하
여 2대에 걸쳐 지속하는 모습을 보여준다. 정3품의 호부상서에 서임되는
것을 사양하고 독서와 강학을 이어갔다는 사실은 독서와 강학의 활동을 장
기간 유지했다는 것과 아울러 그러한 행위의 의미가 중시되었다는 것을 말
해준다. 앞선 두상(竇常)의 경우 역시 이러한 분위기를 방증하는 사례라고
하겠다. 또한 독서와 강학이 혈연의 관계 속에서만 계승된 것이 아니라 다
른 개인들 간에도 이어졌다. 『여산기(廬山記)』는 당대에 출현했던 서당의
연혁을 소개하면서 설씨(薛氏)인 간의대부(諫議大夫)의 서당이 원래 시어사
(侍御史) 유엄(劉弇)의 구거(舊居)였는데 회창(會昌) 연간에 설씨가 남해서
기(南海書記)를 지내다 임기를 끝마치고 와서는 직접 서당을 관리했다고
기록했다.[124] 이를 통해 개인의 독서와 강학의 장소가 다른 이에 의해 계
승되는 모습을 확인할 수 있다.

---

123) 『신당서』 권165, 「鄭餘慶傳」, 5061~5062쪽. "始, 餘慶在興元創學廬, 澣嗣完之,
　　養生徒, 風化大行. 以戶部尙書召, 未拜, 卒, 年六十四, 贈尙書右僕射."
124) [宋]陳舜俞, 『廬山記』 권2, 「叙山南篇」, 北京: 中華書局, 叢書集成初編本. "又有
　　薛諫議書堂, 卽劉弇侍御舊居. 會昌中, 薛自南海書記滿秩, 親經營之."

이러한 일련의 상황들은 개인의 독서와 강학 활동이 당대에 하나의 풍조를 이루어 사인들 사이에서 빈번하게 행해졌으며, 일부의 경우에는 특정 지역에서 장기간 이어짐에 따라 그로 인한 교육적 영향력도 확대되었음을 보여준다. 이러한 상황은 후대의 서원이 성장할 수 있는 중요한 배경이 되었다고 하겠다.

V. 맺음말

서원에 대한 연구는 그 제도적 완성과 학술적, 사회적 역할에 초점이 맞춰 진행되었다. 대체적으로 중국의 서원 제도는 송대에 성립되어 원대에 전반적인 보급이 이루어지며, 명대에 번영을 구가하다 청 말기에 쇠락하는 것으로 이해되고 있다. 그러한 과정에서 유교, 도교, 불교가 서원의 발전에 영향을 끼쳤으며 서원을 매개로 한 학문적 분파가 성립되어 학술의 전파와 계승을 추동(推動)하기도 했다.

후대 서원의 발전 양상이 다양하면서도 분명하게 확인되는 것과는 달리 서원의 시작을 알리는 초기 상황에 대한 이해는 제한적이며 의견이 상충된다. 이는 사료의 부족 문제와도 연관되어 있겠으나 근본적으로는 서원이 개인의 독서 및 강학이라는 생활 방식의 한 형태로 출현하여 후대 서원의 시원(始原)을 이루었던 탓이 크다. 게다가 '관(官)'과 '민(民)'이라는 이중적 원류 속에서 그 태동(胎動)을 드러냈다는 점은 서원의 초기 상황에 대한 이해를 복잡하게 만들었다.

여정서원 이후 관방 사료에서 확인되는 '서원'은 그 자체가 일정한 규제를 갖춘 특정 기관을 지칭하는 공식적인 용어가 아니었다. 현종 시기 관련 기관의 확장과 정비의 과정은 이를 잘 보여준다. 수서원의 간칭으로 등장한 서원은 정식의 제도 명칭이 아닌 일반적 의미로 사용되었고, 도서와 관련된 장소를 지칭하는 용어로 통용되었다. 이는 후대에 언급되는 서원과는 유별되는 명칭이었다.

이와 함께 당대에 '서원'은 민간의 그것을 지칭할 때도 사용되었는데, 이것이 시견(始見)되는 사례는 그에 해당하는 장소가 실존했다는 개관적 사실을 파악할 수 있게 한다는 점에서 중요한 의의를 갖는다. 그런데 기존의 이해와는 달리 여정서원의 출현 이전부터 존재했다고 간주되는 광석산 서원 등의 민간 서원들은 그 사료적 신빙성에 문제가 있어 서원으로서의 존재 자체를 인정하기 어렵다. 한편 당대 시문에서 확인되는 서원들은 그 존재를 긍정할 만한데 이들의 명칭은 후대의 그것과는 달리 특정 개인의 이름과 결부해 사용되었다는 특징이 있다. 이것은 당대 서원이 특정 개인의 독서 또는 강학의 장소에서 비롯되었음을 보여준다.

따라서 서원의 초기 형태는 개인의 학술 및 교육 활동과 직접적으로 연관을 맺으며 형성되었다고 할 수 있는데, 당 후반기 교육제도의 부실화가 가중되는 상황에서 발전을 이루었다. 여러 계기를 통해 시작된 개별적인 학습 방식은 특정 1인에 한정되지 않고 복수의 사람들에 의해 집단적으로 시행되기도 했다. 이러한 개별적 학습은 강학의 형태로 확대되었으며 아울러 다수의 사람들이 집단적으로 독서와 교육을 시행하는 사례가 늘어갔다. 이 과정에서 특정 개인이 추천 또는 과거에 응시해 관직에 나아가는 경우도 빈발했다. 그러나 독서와 강학은 관직을 얻기 위한 방편으로만 공유된 것이 아니어서 관직을 맡고 있는 기간이나 치사(致仕)를 한 이후에도 이루어졌다. 개인을 중심으로 한 독서와 강학은 점차 사회적인 확대 과정을 거치며 그 의미를 인정받아 중시되었다. 다양한 양상을 보인 개별적인 독서와 강학은 당대 지식인들에 의해 보편적 행위의 하나로 이어졌으며, 나아가 사회적 풍조를 이루었다. 이러한 상황은 당대 서원이 발전하는 중요한 배경이 되었다.

결국 당대 서원은 명칭과 실재 사이에 일정한 거리가 존재하는 조건하에서 형성되었고, 궁극적으로 개인의 독서와 강학이 지속적으로 확대되는 배경에서 구체화되었다.

참고문헌

사료

[後晉]劉昫 等撰, 『舊唐書』, 北京: 中華書局, 1975.

[唐]李吉甫 等撰, 陳仲夫 點校, 『唐六典』, 北京: 中華書局, 1992.

[唐]杜佑 撰, 『通典』, 北京: 中華書局, 1988.

[唐]呂溫, 『呂衡州文集』, 叢書集成初編本.

[唐]李群玉 著, 羊春秋 輯注, 『李群玉詩集』, 長沙: 岳麓書社, 1987.

[唐]劉禹錫, 『劉禹錫集』, 上海: 上海人民出版社, 1975.

[唐]許渾, 『丁卯集箋證』, 北京: 中華書局, 2012.

[唐]姚合, 『姚合詩集校考』, 長沙: 岳麓書社, 1997.

[唐]齊己, 『白蓮集』, 四庫全書本.

[五代]王溥 撰, 『唐會要』, 上海: 上海古籍出版社, 1998.

[五代]孫光憲 撰, 賈二强 點校, 『北夢瑣言』, 北京: 中華書局, 2002.

[宋]歐陽修 等撰, 『新唐書』, 北京: 中華書局, 1975.

[宋]孫逢吉, 『職官分紀』, 北京: 中華書局, 1988.

[宋]宋敏求 編, 『唐大詔令集』, 北京: 中華書局, 2008.

[宋]李昉 等編, 『文苑英華』, 北京: 中華書局, 1966.

[宋]王安石 編, 任雅芳 整理, 『唐百家詩選』, 上海: 復旦大學出版社, 2016.

[宋]李昉 等編, 『太平廣記』, 北京: 中華書局, 1961.

[宋]洪邁, 『萬首唐人絕句詩』, 叢書集成初編本.

[宋]陳舜俞, 『廬山記』, 叢書集成初編本.

[宋]朱熹, 『晦菴集』, 四庫全書本.

[金]元好問, 『唐詩鼓吹箋注』, 四庫全書本.

[淸]袁枚, 『隨園隨筆』, 王英志 編, 『袁枚全集新編』, 杭州: 浙江古籍出版社, 2015.

[淸]董誥 等編, 『全唐文』, 北京: 中華書局, 1983.

[淸]彭定求 等編, 『全唐詩』, 北京: 中華書局, 1980.

[淸]徐松 撰, 『登科記考』, 北京: 中華書局, 1984.

[明]曹學佺, 『石倉歷代詩選』, 四庫全書本.

[明]弘治『保定郡志』(이하 모두 『中國方志庫』 初集, 二集).

[明]嘉靖『青州府志』

[明]嘉靖『臨朐縣志』

[明]嘉靖『湖廣圖經志書』

[明]嘉靖『江西通志』

[明]嘉靖『九江府志』

[明]萬曆『保定府志』

[淸]雍正『陝西通志』

[淸]乾隆『衡州府志』

[淸]嘉慶『淸一統志』

[淸]嘉慶『湖南通志』

[淸]光緒『藍田縣志』

[淸]光緒『湖南通志』

[淸]康熙『漳州府志』

[淸]道光『衡山縣志』

周紹良 主編, 『唐代墓誌彙編(上, 下)』, 上海: 上海古籍出版社, 1992.

周紹良 主編, 『唐代墓誌彙編續集』, 上海: 上海古籍出版社, 2001.

논저

唐群, 『唐代教育硏究』, 西安: 西安出版社, 2009.

鄧洪波, 『中國書院史』, 上海: 東方出版中心, 2004.

鄧洪波, 趙子龍, 『中國書院的歷史與傳承』, 北京: 人民出版社, 2018.

毛禮銳, 沈灌群 主編, 『中國教育通史』(第3卷), 濟南: 山東教育出版社, 1987.

傅璇琮 主編, 『唐才子傳校箋』, 北京: 中華書局, 1987.

盛朗西, 『中國書院制度』, 北京: 中華書局, 1934.

劉夢溪, 『馬一浮與國學』, 北京: 三聯書店, 2018.

劉偉鏗, 吳詠平, 『肇慶歷史風貌』, 廣州: 廣州文化出版社, 1989.

李國鈞 主編, 『中國書院史』, 長沙: 湖南教育出版社, 1994.

李兵, 『書院與科擧關係硏究』, 武漢: 華中師範大學出版社, 2005.

楊鴻年, 『隋唐宮廷建築考』, 西安: 陝西人民出版社, 1992.

嚴耕望, 『唐史硏究論稿』, 香港: 新亞硏究所出版, 1968.

張正藩, 『中國書院制度考略』, 江蘇: 江蘇教育出版社, 1985.

錢穆, 『新亞遺鐸』, 北京: 三聯書店, 2003.

陳元暉, 尹德新, 王炳照, 『中國古代的書院制度』, 上海: 上海敎育出版社, 1981.

肖永明, 『儒學·書院·社會-社會文化史視野中的書院』, 北京: 商務印書館, 2012.

胡適, 『胡適論歷史』, 合肥: 安徽敎育出版社, 2013.

논문

郭建衡, 「李寬與石鼓書院之創設」 『中國書院論壇』(第10輯), 2017.

戴書宏, 肖永明, 「唐代集賢書院與'書院'的名和實-書院起源的一個假說」 『大學敎育科學』 2016-1.

鄧洪波, 「唐代地方書院考」 『敎育評論』 1990-2.

鄧洪波, 「83년 이래 중국의 서원연구」 『한국학논총』 29호, 2007.

鄧洪波, 「書院研究綜述」, 同氏 編著, 『書院學檔案』, 武漢: 武漢大學出版社, 2017.

羅寧, 「〈鄴侯家傳〉與〈鄴侯外傳〉考」 『四川大學學報』 2010-4.

徐曉望, 「唐五代書院考略」 『敎育評論』 2007-3.

楊榮春, 「中國古代書院的學風」 『華南師範大學學報』 1979-1.

王帥, 鄧洪波, 「2017年書院研究綜述」 『南昌師範學院學報』 2018-5.

劉海峰, 「唐代集賢書院有敎學活動」 『上海高敎研究』 1991-2.

李才棟, 「唐代書院的創建與功能」 『江西敎育學院學報』 2000-2.

李秋芳, 「嘉靖『湖廣圖經志書』及其史料價值」 『史學史研究』 2010-4.

曹松葉, 「宋元明淸書院槪況」 『中山大學語言歷史研究所周刊』, 1929年12月, 1930年1月.

趙連穩, 劉藤, 「2018年中國古代書院研究綜述」 『華北電力大學學報』 2019-5.

趙偉, 鄧洪波, 「2016年書院研究綜述」 『南昌師範學院學報』 2018-1.

朱漢民, 「書院精神與書院制度的統一-古代書院對中國現代大學建設的啓示」 『大學敎育科學』 2011-4.

肖嘯, 鄧洪波, 「2015年書院研究綜述」 『南昌師範學院學報』 2018-1.

肖永明, 劉艷偉, 「70년 동안의 중국 서원 연구」 『한국서원학보』 9, 2019.

拓夫 林爾吉, 「八十年中國書院研究綜述」, 朱漢民, 李弘祺 主編, 『中國書院』第六輯, 長沙: 湖南大學出版社, 2004.

백록동서원의 설립 배경과 중국 서원의 변화
―송·원·명·청을 중심으로―

등홍파·조위

Ⅰ. 서론

중국 서원의 기원 문제에 관해 예전부터 당대(唐代)기원설, 오대(五代)기원설, 송대(宋代)기원설 등 여러 의견들이 있었다. 의견이 서로 안 맞는 원인은 서원 제도가 발단(發端)한 이후 시작과 발흥, 조절과 변화 내지 성숙의 여러 단계를 겪었기 때문이다. 이것은 원래 새로운 사물이 탄생한 날로부터 반드시 거쳐야 할 정상적인 변천 과정이다. 그러나 후세 사람들이 서원의 기원을 살펴볼 때 흔히 '후견지명(後見之明)'의 영향을 벗어나지 못해 시공 초월적 판단기준으로 초기 형태에 처했던 서원을 바라보는 경향이 있었다. 그렇기에 서원 기원설의 상이점은 결국 '서원'이라는 개념 자체에 대한 의견 차이 때문에 생긴 것이다.

예를 들어 서원 제도가 북송(960~1127)대에 형성된다고 주장한 왕부지(王夫之, 1619~1692)는 1001년(송 함평 4) 황제의 명으로 무리지어 모여 강습하는 곳에 『구경(九經)』을 내려주었던 주현(州縣)학교 등이 서원의 시작이라고 하였다. 그는 조정의 서적 하사로 서원 제도가 공식적인 인증을 통과하고, 주현 관학과 같은 지위를 가지게 된 후부터 서원 제도의 정식적인 발단으로 볼 수 있다고 주장했다. 이에 반해 청(淸)나라의 원매(袁枚, 1716~1798)는 서원이라는 명칭은 당나라 현종 때의 여정서원(麗正書院)과 집현서원(集賢書院)에서 비롯하며, 모두 조정에 건립하여 서적을 편찬하던 곳으로 사자(士子)가 학습하는 곳이 아니라고 하였다.[1] 당나라의 여정서원과 집현서원은 독특한 기능을 갖고 있었고, 일반 의미상의 생도를 모아서 강학을 하는 서원과 다르다는 점을 지적하였다. 그러나 다양한 사료들에서 밝혀진 바와 같이 당나라의 서원은 다원적 형태와 다양한 특징을 갖고 있었으며, 후세 서원에서 진행된 거의 모든 활동은 모두 당나라 서원에서 그 시초를 발견할 수 있다는 것이 증명되었다. 즉 당대는 서원 제도 발전의 초기 단계라고 볼 수 있다.[2]

　서원이 공식적으로 일반 관학이나 사학과 차별화되고 독특한 교육 제도와 조직 형식을 갖추게 된 시기는 송나라 시기였다. 북송(北宋) 건립 초기에는 조정에서 각 급 관학의 회복에 힘쓸 여력이 부족한 상황이었다. 이때 각 지방에서 자발적으로 건립된 서원들이 관학을 대신해 양사(養士)의 역할을 하였다. 당시 나타난 '천하 사대서원(天下四大書院)'은 조정에서 녹봉(祿俸)과 현판 및 간행한 서적을 내려주면서, 안정된 운영의 조건이 잘 갖추어져서 북송 서원의 대표가 되었다.[3] 이른바 '천하 사대서원'은 사실상 남송 서원의 건립자들이 실제 수요에 따라 내놓은 새로운 개념이며, 각각 가리킨 서원도 다르고 그 호칭도 '사서원(四書院)'이나 '삼서원(三書院)', '오서원(五書院)' 등으로 차이가 났다.[4] 그 실상을 따져보면 그것은 다만 송나라 초기 서원의 막대한 영향력을 상징하며, 서원의 관학 대체 역할과 이로써 더욱 강화된 교육·교학 기능을 집중적으로 드러내었다. 그러나 교육·교학 기능을 갖추었다고 해서 기타 문화교육 기관과 차별화되어 특별

---

1) 袁枚, 『隨園隨笔』(王英志編纂校点, 『袁枚全集新編』 第13册, 杭州: 浙江古籍出版社, 2015, 275쪽).
2) 鄧洪波, 『中國書院史(增訂版)』, 武漢: 武漢大學出版社, 2012, 1~64쪽.
3) 呂祖謙, 「白鹿洞書院記」, 『東萊集』; 陳谷嘉·鄧洪波, 『中國書院史資料』, 杭州: 浙江教育出版社, 1998, 72쪽.
4) 鄧洪波·劉艶偉, 「宋代"天下四書院"之士人記億」, 『求索』 第12期, 2017.

한 지위를 차지한 것은 아니었다. 당·오대·북송시기에 지속적인 발전·보완 단계를 거쳐 왔던 서원은 남송 이학자들의 노력에 의해 천리(天理)와 인륜[民彛]이 머무는 곳이 되어 '강학명도(講學明道)'의 당연한 책임도 위임되었다. 이로써 중국서원은 새로운 출발점에 서게 되었다.

Ⅱ. 남송 : 중국 서원 발전의 새로운 출발점

1. 성리학자와 남송의 서원건설운동

남송(1127~1279)은 서원 발전사에 가장 중요한 시기였다. 이 시기에 서원은 일종의 문화교육 제도로서 완전히 자리를 잡았다. 통계에 의하면 조사 가능한 남송 서원의 총수는 442개소로서 북송(960~1127)서원의 73개소 보다 6배 이상 더 많은 수치이다. 이는 서원이 남송시기에 와서 번성하였다는 점을 잘 드러낸다. 그러나 양송 교체시기에는 전란으로 인해 남송 초기 10~20년 동안 정체를 겪었다. 그리고 북송 시기에 점차 회복된 각 급 관학 역시 전란의 영향으로 큰 충격을 받으면서 최고 등급의 관학기관인 태학(太學)도 1142년(남송 소흥 12)에 와서야 다시 설립되었다. 그 결과 사인(士人)들의 문화교육 욕구는 충족되지 못한 상황이었다. 다른 한편으로 북송 멸망 전후에 심지어 관학 학생들 중 금(金)나라에 무릎을 꿇은 무리들도 존재하고 있었다는 현실은 북송 관학교육의 실패를 선고하는 동시에 남송 사인들에게 인심(人心)의 수습, 강상(綱常)의 재건, 새로운 가치이념으로 세도(世道)와 민심을 유지시키라는 임무를 내놓았다. 북송시기에 탄생한 성리학은 이러한 배경 아래 새로운 발전의 기회를 맞이하게 되었다.

이학(理學)은 도학(道學)이라고도 하며, 넓은 의미와 좁은 의미로 나누어 볼 수 있다. 넓은 의미의 이학은 즉 의리지학(義理之學)이고 사장지학(辭章之學)이나 고거지학(考據之學)과 상대적인 것으로서 북송의 주돈이(周敦

頤, 1017~1073)·정이(程頤, 1033~1107)·정호(程顥, 1032~1085)·장재(張載, 1020~1077) 등에 의해 창립되어, 남송의 주희(朱熹, 1130~1200)·장식(張栻, 1133~1180)·여조겸(呂祖謙, 1137~1181)·육구연(陸九淵, 1139~1193) 등에 의해 보완되었고, 원·명·청시기에 주류 학설로서 세속해서 이어졌다. 이에 비해 좁은 의미의 이학은 넓은 의미의 이학 중 이정(二程)과 주희 학파의 학술을 일컫는 것으로 장기간 동안 정통의 통치사상으로 작용했다. 본고에서 일컫는 이학이란 넓은 의미의 이학으로 정주(程朱), 육왕(陸王) 등 각 학파의 학설을 아우른다.

남송시기 성리학이 더욱 발전함에 따라 서원은 그것의 전파에 중요한 매개체가 되었고, 교육이념과 운영제도에서도 새로운 변화가 나타났다. 성리학과 서원을 결합하여 가장 먼저 하나로 모은 호상(湖湘)의 학자 가운데 처음 그것을 시도한 사람은 호안국(胡安國, 1074~1138)·호굉(胡宏, 1102~1161) 부자였다. 1130년(남송 건염 4) 호안국은 전란을 피하여 형문(荊門)을 떠나 호남으로 이거하였다. 그곳의 형산(衡山) 기슭[지금의 호남성 상담(湘潭)]에 오두막집을 짓고서 '벽천서당(碧泉書堂)'이라고 칭하고, 이곳에서 문도들을 모아 강학을 시작하였다. 그의 아들인 호굉은 아버지의 뜻을 이었다. 그는 악록서원(岳麓書院)의 복원을 청하는 상소를 올렸다가 실패한 후 벽천서당을 벽천서원(碧泉書院)으로 고쳐 세우고, 집회와 강습(講習)의 장소로 삼았다. 그 당시에 장식, 표거정(彪居正), 호대원(胡大原)[호굉의 아들] 등 수많은 학자들이 여기에 모여서 서로 학문을 연마하여 '호상학통(湖湘學統)'을 열었다.[5] 이 소식을 들은 삼상(三湘)[6]의 학자들도 뒤따라 서원을 짓기 시작했다. 그 중에 가장 잘 알려진 사례는 1165년(남송 건도 원년) 호남 안무사 유공(劉珙)[주희의 장인]에 의해 중건된 악록서원이다. 그 당

---

5) 黃宗羲(全祖望補修, 陳金生·梁運華点校), 『宋元學案』 卷42, 「五峰學案」, 北京: 中華書局, 1986, 1366쪽.
6) 중국 호남의 상향(湘鄉), 상담(湘潭), 상음(湘陰)으로 상강(湘江)의 유역 및 동정호(洞庭湖) 일대 지방을 일컫는다.

시는 호굉은 이미 세상을 떠난 후였기에 그의 고제(高弟)인 장식이 유공의 초빙으로 서원에서 강학하였다.[7] 그 후 악록서원은 벽천서원을 대신하여 호상학파의 중심지가 되었다.

1167년(남송 건도 3) 주희는 장식이 악록서원에서 호굉의 학문을 강론한다는 소식을 듣고서 먼 길을 마다하지 않고 방문하였고, 이로써 "주장회강(朱張會講)"이라는 문화 행사가 개최되었다. '주장회강'은 악록서원을 중심지로 선화(善化)[지금의 長沙]의 성남서원(城南書院)과 형산의 남헌서원(南軒書院)을 왕래하면서 전개되었다. '중화(中和)'를 주제로 하여 태극(太極), 건곤(乾坤), 심성(心性), 찰식(察識)과 지선(持善)의 차례 등 성리학에서 보편적으로 주목받는 문제들로 나아가며, 두 달여 동안 강론(講論)을 하였다. 기록에 의하면 '수천 명의 학도들을 태운 수많은 가마와 말이 모여 저수지의 물이 마를 지경이었으며, 한동안 소상(瀟湘)[호남성의 瀟江과 湘江]이 수사(洙泗)[공자가 제자를 가르치던 곳에 있는 洙水와 泗水]라 불릴 정도였다'고 한다.[8]

호남 성리학자들이 처음 서원건설운동을 시작한 후 연이어 각 지역의 학자들도 서원을 창설하고, 자기 학파의 학설을 강의하여 가르치는 일을 시작하였다. 대표적으로 절강(浙江)의 여조겸이 1166년(남송 건도 2) 여택서원(麗澤書院)에서 강학을 시작했고, 복건(福建)에서는 주희가 1170년(건도 6)에 한천정사(寒泉精舍)를 설립하였다. 주희는 강서(江西)에서도 1179년(남송 순희 6)에 백록동서원(白鹿洞書院)을 다시 건립하였으며, 육구연은 1187년(순희 14) 상산정사(象山精舍)를 짓고서 강학을 하였다. 이들은 또한 그 학론의 영수(領袖)로서 여러 곳에서 강학하거나 서원의 기문과 서문을 지었으며, 전답과 서적을 구입하거나 서원의 규정을 바로 세울 것을 강

---

7) 寺田剛, 『宋代敎育史槪說』, 東京: 博文社, 1965, 265~271쪽. "岳麓書院的修 復與張栻的主敎, 曾被日本學者看作是新儒學書院運動的開始"

8) 吳道行·趙宁等修纂, 鄧共波·謝丰等点校, 『岳麓書院志』, 長沙: 岳麓書社, 2012, 225쪽. "學徒千餘, 輿馬之衆, 至飲池水立竭, 一時有瀟湘洙泗之目焉"

력하게 제창하면서 지방에서의 서원 건설을 이끌었다.

이에 따라 효종(孝宗)시기(재위: 1162~1189) 특히 건도·순희 연간(1165~1189)에 서원 건설 운동이 전국적으로 널리 전개되면서, 성리학 발전사에서 '건순의 성세'라는 남송서원 발전의 첫 번째 고소기를 맞이했나. 학자들의 통계에 따르면 이 시기에 창건·복원된 서원은 모두 63개소로[9] 연평균 2.52 개소이며, 남송 시기에 알려진 서원 총수의 23.77%를 차지한다. 이는 남송 후기인 이종(理宗)·도종(度宗)시기(1224~1274) 다음으로 많은 수치이다.

2. 전범의 구축: 주희와 백록동서원

남송 이학자들이 전개한 서원 건설 운동은 북송시기에 있었던 저명한 서원들의 복설에서부터 시작하였다. 예를 들어 호상학파의 호굉은 북송에서 처음 건립된 악록서원을 수리하여 복원하려고 시도했다. 그러나 실패한 후 직접 서원을 창설하고 강학하는 방식을 실천하였다. 이러한 일들은 사실상 장식 등 후배 성리학자들에게 서원 건설에서 제일 먼저 추구할 목표가 곧 관과 민간의 두 집단이 협력하는 방안을 모색하여, 공동으로 서원건설 사업을 추진하는 것임을 보여준다. 그들이 취한 기본 방식은 송나라 초에 건립된 유명한 서원들의 복설 사업부터 착수하여, 이전 왕조의 서원에 대한 장려와 포장(褒獎)정책을 거듭 강조하였다.

이전 왕대에서의 사서(賜書), 사액(賜額), 사전(賜田), 사관(賜官) 등의 조치를 요청함으로써 서원 건립 운동의 합법성을 공식적으로 승인받고, 아울러 자금이나 인력지원 등 서원 건설에 대한 실질적인 지원을 받는 것이었다. 건도·순희 연간의 악록서원과 석고서원(石鼓書院)은 바로 정부의 지원을 받아 순조롭게 복원된 사례이다. 그리고 백록동서원 역시 주희의 주도하에 다시 건립되어 남송 서원건설운동의 전범이 되었다. 주희는 남송 서

---

9) 白新良, 『明淸書院硏究』, 北京: 故宮出版社, 2012, 13~22쪽.

원건설운동의 후발자였지만 열광적으로 참여하여 곧바로 운동의 핵심인물
이 되었다. 그는 평생 동안 매우 큰 열의를 가지고 서원건설운동에 몰입하
였으며, 적어도 67개 소 이상의 서원과 직·간접적인 관계를 맺었다. 이는
동시대의 다른 이학자들보다 훨씬 많은 수치였다.

백록동서원의 전신은 당나라 사람 이발(李渤, 772~831)이 은거하여 독
서하던 곳이었다. 940년(남당 승원 4)에 백록동의 고사로 여산국학(廬山國
學)이 창립되었다가 송나라 초에 와서 서원으로 개건되었다. 977년(태평
흥국 2)에 송나라 태종이 서원에 『구경』을 하사한 일로 서원은 천하에 명
성을 떨쳐 '사대서원' 중 하나로 알려졌다. 그러나 잘 유지 되지 않아 불과
몇 년 뒤에 점차 황폐하게 되었다.[10] 그 후 1179년(순회 6)에 주희가 지남
강군(知南康軍)의 신분으로 백록동서원의 복원 사업을 주도하였다.

주희는 그 해에 심한 가뭄으로 많은 어려움에도 불구하고 군학교수(軍
學敎授)와 속읍의 지현(知縣)에게 원사(院舍)의 수리와 건립을 진행하도록
하였다. 그 외에도 서적의 수집, 전답(田畓)의 구비, 스승의 초빙, 생도의
모집, 학규의 제정, 과정(課程)의 설치 등도 순조롭게 전개하였다. 또한 육
구연을 초청하여 서원에서 강학을 열기도 하고, 심지어 거인(擧人)들을 모
집하여 집중 교육시키는 등 다양한 활동을 전개하였다. 그러나 무엇보다도
주희의 목표는 황제의 사액으로 조정의 공인을 받는 데에 있었다. 이에
1181년(순희 8) 3월, 중앙정부에 「걸사백록동서원칙액(乞賜白鹿洞書院勅
額)」이라는 보고를 올렸다. 그 내용에 따르면 다음과 같다.

황제의 은혜로 굽어 살펴주시기를 바랍니다. 태종황제와 진종황제께서 남기
신 뜻을 회상하며 말씀드립니다. 특별히 칙명을 내리셔서 옛날을 그대로 따라
서 백록동서원에 사액을 하시고, 거듭 국자감에 조서(詔書)를 내리셔서 광요수

---

10) 李才棟, 『白鹿洞書院史略』, 北京: 敎育科學出版社, 1989. 백록동서원의 연혁은
    이재동의 연구를 참고하였다.

성헌천체도성인성덕경무위문태상황제[남송 고종]의 어서석경(御書石經) 모본(摹本)과 인판본(印版本) 구경주소(九經註疏), 『논어』·『맹자』 등의 서적을 백록동서원[本洞]에 내려주시면 받들어 지키고 극진히 보겠습니다. 그래서 선두에서 유풍(儒風)을 더욱 밝게 드러내어 널리 퍼트린다면 어리석은 신과 학생들의 다행만이 아니라 실로 천하 만세에 다행일 것입니다.[11]

그러나 조정에서 서원의 일에 간여하지 않은지 오래되었기에 주희가 비록 송나라 태종(939~997)과 진종(968~1022)의 근거를 들어 사액과 서적 하사를 요청했으나 실패하였다. 오히려 조야에서 괴이한 일로 여기며 조소와 비난을 받았다. 이러한 곤경에도 주희는 포기하지 않고, 1181년(순희 8) 11월 효종(1127~1194)을 접견할 때 재차 백록동서원에 서적과 현판을 내려주길 요청하여 허락을 받았다. 주희는 백여 년 동안 굳어진 어려움을 깨고 조정으로 하여금 서적의 하사와 사액 등의 실질적인 행동으로 서원건설에 참여하도록 하는 목표를 이루었다. 이로부터 서원은 다시 중앙과 지방 정부 및 민간에서의 공동 지원을 받게 되었다. 이학자들이 꿈꾸었던 서원건설의 첫 번째 목표가 실현되었고, 관과 민 양쪽에서 힘을 모아서 서원 발전을 촉진하는 새로운 시기가 전개됨에 따라 남송 서원 발전의 첫 번째 고조기가 나타났다.

'학교의 과거 교육'에 대한 비판을 받아들여서 관방(官方)서원을 건립하여, 주현 관학과 공존하면서도 과거의 폐단을 바로 잡을 수 있는 또 다른 관방[=공식]교육 모델을 세우는 것은 이학자들이 추구하는 두 번째 목표였다. 이학자들이 설계한 이상적인 목표는 서원은 과거가 목적이 아니라 강

---

11) 朱熹,「乞白鹿洞書狀」,『朱熹集』(郭齊·尹波点校, 成都: 四川教育出版社, 1996, 647쪽). "欲望聖明俯賜鑒察 追述太宗皇帝 眞宗皇帝聖神遺意 特降勑命 仍舊以白鹿洞書院爲額 仍詔國子監仰摹 光堯壽聖憲天體道性仁誠德經武緯文太上皇帝 御書石經及印版本九經疏論語孟子等書 給賜本洞奉守看讀 于以襃廣前列光闡儒風 非獨愚臣學子之幸 實天下萬世之幸"

학(講學)에 있다는 것이다. 이 점에 대해 주희는 옛날 사람들이 서원을 건립한 본의는 사방의 사우(士友)를 대우하여 서로 더불어 강학하며, 과거의 계획을 그치지 않는 것이라고 하였다.[12] 이학자들은 장차 강학 사업에 많은 힘을 기울임으로서 자기 이학의 교육 목표를 서원 생도들의 이록(利祿)을 쫓는 마음을 해소 및 변화시켜서, 도리를 세상에 널리 알려 백성들을 구제[世道濟民]하는 인재로 양성하는 데 두었다. 이것이 바로 서원 강학에서 '학문[學]'하는 내용과 목적이다.

이를 위해 남송의 이학자들은 서원을 위한 다양한 방법을 채택하여 학규(學規)의 형식을 제정하고, 학교 설립의 종지(宗旨)를 확립하였다. 그것은 서원 교육의 방침, 독서의 지침, 학문을 닦는 방법과 품행을 평가하는 규정, 수신양성(修身養性)의 절차와 방법이었다. 남송시기 최초의 서원 학규는 여조겸의 「여택서원학규(麗澤書院學規)」이다. 이 학규의 특징은 바로 몸과 행동이 규범에 맞도록 하는 것이고, 서원 원생들의 일상행위 규범을 상세히 규정하였다.

> 무릇 여기에 참여하여 모인 자들은 효·제·충·신을 근본으로 삼아야 한다. … 이 자리에 함께 하고도 혹 이것을 범하면 동지들이 바로잡고, 바로 잡지 못하면 꾸짖고, 꾸짖을 수 없으면 모두에게 알려서 함께 고치도록 압력을 가한다. 그래도 고치지 않으면 학적에서 삭제한다.[13]

이 규정에서 알 수 있듯이 여조겸은 여택서원에서 비교적 강경한 조치를 취하였고, 또한 이것은 서원에 모인 학인(學人)들이 학파를 결성하는 방

---

12) 黎靖德編, 『朱子語類』(楊繩其·周嫻君校点, 長沙: 岳麓書社, 1997, 2388쪽). "前人 建書院 本以待四方士友 相與講學 非止爲科擧計"

13) 呂祖謙, 「麗澤書院學規」, 『呂祖謙全集』(杭州: 浙江古籍出版社, 2008, 359쪽). "凡 預此集者 以孝弟忠信爲本 … 旣預集而或犯 同志者規之 規之不可 責之 責之不可 告于衆而共勉之 終不悛者 除其籍"

식이라고 할 수 있다. 그러나 이 학규는 남송 서원학규 중의 한 유형일 뿐이다. 사실상 이학자들에게 가장 지향적인 서원학규는 마음을 섬긴다는 것인데, 그 전범은 바로 주희가 제정한 「백록동서원게시(白鹿洞書院揭示)」이다.

「백록동서원게시」는 「백록동서원학규(白鹿洞書院學規)」, 「백록동서원교조(白鹿洞書院敎條)」 혹은 「주자교조(朱子敎條)」라고도 불린다. 1180년(순희 7) 백록동서원 중건 후에 주희는 남강군 장관으로서 속료(屬僚)와 서원의 사생(師生)들을 인솔하여 개학례(開學禮)를 행하고, 강당에 올라 『중용』수장(首章)을 강의하였다. 아울러 성현들이 가르치신 학문하는 방법 중의 중요한 부분만을 취하여 문미(門楣)에 게시하고, 서원 내의 모든 사람들이 공동으로 준수하는 학규로 삼았다. 이것이 바로 유명한 「백록동서원게시」이다. 전체 내용은 다음과 같다.

> 어버이와 자식 사이에는 친함이 있어야 하고 [父子有親], 임금과 신하 사이에는 의리가 있어야 하며 [君臣有義], 남편과 아내 사이는 분별이 있어야 하고 [夫婦有別], 어른과 아이 사이에는 순서가 있으며 [長幼有序], 친구 사이에는 믿음이 있어야한다. [朋友有信]
>
> 이상은 오교(五敎)의 절목이다. 요(堯)·순(舜)이 설(契)을 사도(司徒)로 삼아, 정중히 오교를 펴려고 했었는데 바로 이것인 것이다. 배우는 자는 이것을 배운다는 것일 뿐이고 그것을 배우는 순서도 다섯 가지 있는데, 그 구분은 다음과 같다.
>
> 널리 배우고 [博學之], 자세히 묻고 [審問之], 신중히 생각하고 [愼思之], 밝게 분별하고 [明辨之], 성실히 행한다. [篤行之]
>
> 이상은 학문하는 차례로서 배우고, 묻고, 생각하고, 구별하는 이 네 가지는 이치를 궁구하는 이유이다. 무릇 독실하게 실천하는 일은 수신(修身)으로부터 일을 처리하고, 상대를 대하는 데에까지 또한 각각 중요한 단서가 있다. 그 구분은 다음과 같다.

말은 진실되고 믿음있게 [言忠信], 행실은 도탑고 공손하게 [行篤敬], 북받치
는 분을 절제하고 욕심을 막으며 [懲忿窒欲], 선한 쪽으로 나아가고 과실이 있
으면 고친다. [遷善改過]

이상은 수신하는 데 있어 중요한 교훈이다.

그 의리를 바로잡고 그 이익을 도모하지 말며[正其義 不謀其利], 그 도리를
밝히고 그 공을 헤아리지 말라[明其道 不計其功].

이상은 일 처리하는 데 있어 중요한 교훈이다.

내가 하고 싶지 않는 것은 남에게도 시키지 말고 [己所不欲 勿施於人], 행하
고도 얻음이 없으면 모두 자신을 되돌아 찾으라. [行有不得 反求諸己]

이상은 상대를 대하는 데 있어 중요한 교훈이다.

주희[熹]가 조용히 살펴보건대, 옛 성현(聖賢)들이 사람에게 학문하는 방법
을 가르치는 데 있어 그 뜻은 모두가 의리(義理)를 잘 알고 밝혀서 각기 자신을
닦은 뒤에 이를 다른 사람에게까지 미치게 하라는 것이었다. 한갓 사람들로 하
여금 널리 읽고 암기(記覽)만을 힘쓰고 문장(文章)이나 잘하여 실속 없는 이름이
나 얻고 이록(利祿)이나 취해오면 그만이라는 것은 아니었다. 그런데 지금의 학
문하는 사람들은 이미 그와 반대로 나가고 있는 것이다. 그러나 성현이 사람을
가르치던 법이 모두 경전 속에 있으니, 뜻 있는 사람이 그것을 잘 읽고 깊이 생
각하고 또 묻고 밝히고 하여 그것이 당연한 이치임을 알고서 자기 자신이 꼭 그
대로 해야겠다고만 한다면, 남이 규구(規矩)를 만들고 금제(禁制)를 만들기 이전
에 자기가 지킬 것은 지키고 자신이 갈 길은 스스로 알아서 가야 하지 않겠는가.

그러한 의미로 본다면 근세에 와서 학문하는 데 있어 규구를 둔다는 그 자
체가 이미 학자를 학자로 대우하는 도리가 아니다. 그리고 그 방법 또한 꼭 고
인들의 뜻에 맞는 방법이라고 할 수도 없는 것이다. 그러므로 지금 이 당(堂)에
서는 그러한 것들을 쓰지 않고 다만 성현이 가르치신 학문하는 방법 중의 중요

한 부문만을 골라 이상과 같이 조항별로 써서 문지방 사이에다 게시해 놓는 것
이다. 제군들이 그 모두를 자신의 책임으로 알고 그 내용을 강명(講明)하여 준
수해 나간다면, 무릇 생각하고 행동하는 데 있어 틀림없이 저 학규보다도 더 엄
격하게 삼가고 두려워할 것이 있을 것이다. 만약 그렇지 못하고 혹시 저 말대로
도 못한다면 그때는 저 학규라는 것이 제군들을 단속하는 도구로서 없어서는
안 될 물건이 될 것이다. 제군들은 그 점을 깊이 생각하기 바란다.[14]

「백록동서원게시」는 우선 유가의 '오륜(五倫)'을 절목으로 세우고, 학자
는 이것을 배운다는 점을 강조한다. 전통적인 인륜의 가르침을 학문에 힘
쓰는 목표로 세우는 것은 분명히 과거를 준비하는 사장학(詞章學)에 힘써
명성과 이록을 추구하는 현실에 대비하여 제시한 것으로서 강한 현실성을
지니고 있었다. 뿐만 아니라 요순시대의 '오교를 공경히 시행하라(敬敷五
敎)'는 말을 들어 인륜를 가르치는 게 목적임을 강조하였다. 이는 『상서(尙
書)』에서 내세운 인륜 교화를 빌려서 서원의 교육목표를 강조하는 것이다.
서원의 교육목표는 사인(士人) 개인의 도덕수양뿐만 아니라 도리를 세상에
널리 알려 사민(士民)을 구제한다는, 보다 높은 이상을 추구하고 있는 도
덕·윤리·제세(濟世) 세 가지로 조성된 공동체이며, 과거(科擧)에 상대되는
학교의 학문으로 말하자면 특수한 이학교육이념이 담겨져 있는 서원정신
을 드러내고 있다.

학문을 하는 방향에 이어서 주희는 학(學)·문(問)·사(思)·변(辨)·행(行)의
학문을 배우는 순서를 제시하였다. 앞에 네 가지는 모두 궁리(窮理)의 방법
즉 학습의 방법에 속한다. 행(行)은 즉 실천이다. 이는 그 당시 이학자들이
이미 실천을 배움의 내용 중 하나로 본다는 점을 설명해 준다. 이에 더 나
아가 「백록동서원게시」에서 학·문·사·변 다음에 수신(修身)·처사(處事)·

---

14) 朱熹, 「白鹿洞書院揭示」(鄧洪波, 『中國書院學規集成』, 上海: 中西書局, 2011, 636~
   637쪽).

접물(接物) 세 가지로 나누어서 독실하게 실천하는 일을 설명한 것은 강한 도덕실천의 경향성을 보여준다.

위에서 말한 바와 같이 「백록동서원게시」는 당시에 암기에 힘쓰고 이록을 추구하는 학풍에 대응하여 전통으로 돌아가 배움의 정의를 오교·오륜으로 규정하고, 학문에 힘쓰는 목표와 절차를 제시하였다. 이렇게 새롭게 내린 정의를 통해 배움을 현실적인 인륜세계에 정착시키고, 인륜세계 질서의 유지를 배움의 최종 목표로 설정하였다. 이 목표를 달성하기 위해 반드시 궁리와 독행이 필요하므로 궁리와 독행은 학문에 힘쓰는 두 구성부분으로 되었다. 이 두 부분에 대해 「백록동서원게시」는 궁리에 대해 학·문·사·변의 요점만 지적하는 데에 반해 독행(篤行)에 대해 상세하게 서술하였다. 이학자들이 경세 지향이 담겨져 있는 도덕 실천을 상당히 중시한다는 것을 알 수 있다. 이것이 바로 이학자들의 전형적인 교육이념이고, 장식이 악록서원에서 지적한 교육종지[15]와 몸소 자세히 살펴 인(仁)을 구하는 '체찰구인(體察求仁)'의 방법이자 천리와 인욕에 대한 인식 등과 같은 맥락이다. 나아가 그들이 추구한 경세제민(經世濟民), 전도제세(傳道濟世)나 전도제민(傳道濟民)의 이학정신을 잘 드러내었다.

이후로 「백록동서원게시」는 서원정신의 상징이 되었다. 1194년(소희 5) 주희는 담주(潭州) 지주(知州)로 부임하여 악록서원을 중건하였다. 이에 따라 「백록동서원게시」는 서원 학규에 편입되었다가 호상지역에 널리 전파되었는데 이를 「주자교조」라고 부른다. 그리고 1241년(순우 원년) 이종(理宗, 1205~1264)이 태학을 시찰하여, 친필로 「백록동서원게시」를 적어서 태학 제생들에게 하사하였다. 그 후로 「백록동서원게시」는 모사(摹寫), 석각(石刻), 모방(模倣)되어 전국 서원과 지방 관학에 두루 전파되어 모든 학교에서 공동으로 준수하는 학규가 되었다. 뿐만 아니라 이와 같은 중국 서

---

15) 張栻, 「潭州重修岳麓書院記」, 『張栻集』(鄧洪波点校, 長沙: 岳麓書社, 2010, 571~572쪽). "豈將使子群居佚談, 但爲決科利祿計乎? 抑豈使子習爲言語文詞之工而已乎?蓋欲成就人才, 以傳斯道而濟斯民也"

원제도는 조선·일본에도 전파되었고, 지금까지 계승되어 교훈으로 쓰는 곳도 있다[16]고 하니 가히 그 심원한 영향력을 엿볼 수 있다.

동남삼현(東南三賢)인 주희, 장식, 여조겸을 비롯한 이학자들의 노력에 의해 이학사상이 서원이념에 부여되었고, 다양한 유형과 형식을 갖춘 남송 서원에 새로운 형식의 이학식(理學式) 강학서원이 나타났다.[17] 이런 서원의 교육이념은 주희가 「백록동서원게시」에서 제시한 의리를 강구하여 밝힘으로써 그 몸을 닦고 그런 연후에 타인의 입장에서 생각하는 것이며, 무리지어 사장을 넓게 읽고 암기하는데 힘써 명성을 얻고 이록을 추구하는 것이 아니라는 것이다. 그러나 주희 등 이학자들이 관학을 비롯한 기타 교육 조직에서 과거를 통한 이록을 최상 목표로 한 교육현상에 대해 비판하였지만 과거 중심의 사회에서 과업을 완전히 배제하는 것도 불가능하다는 점을 유의해야 한다. 사실상 주희 등 이학자들도 서원제도를 설계할 때 절충적인 방법을 취하여 강학과 과업을 본말(本末)의 관계로 규정하였다. 이에 관해 주희는 다음과 같이 말하였다.

> 사인(士人)은 먼저 과거와 독서 두 가지 중에 어느 것이 가볍고 어느 것이 중요한 지를 분별하여야 하며, 만약 독서에 7푼의 힘을 기울이고 과거에 3푼의 힘을 기울이면 그래도 괜찮지만, 만약 과거에 7푼의 힘을 기울이고 독서에 3푼의 힘을 기울이면 장래에 반드시 과거 공부만 성하게 될 것이다. 더구나 이러한 생각은 과거에만 전념하게 되기 때문에 늙도록 전혀 힘을 다할 수 없게 된다.[18]

구체적으로 서원 과목설정에 있어 과업의 위치를 낮추거나 강습시간을

---

16) 平阪謙二, 「被称作書院的日本學校」, 『中國書院』, 長沙: 湖南敎育出版社, 1997, 260쪽.

17) 陳雯怡, 『由官學到書院: 從制度與理念的互動看宋代敎育的演變』, 台北: 聯經出版 事業公司, 2004, 233~269쪽.

18) 黎靖德編, 《朱子語類》(楊繩其·周嫻君校点, 長沙: 岳麓書社, 1997, 216쪽).

줄이는 조치들을 채택하였다. 예를 들어 여조겸이 무주(婺州) 명초산(明招山)에서 강학할 때 과업으로 생도를 모아 공부를 시켰다가 다시 의리정학(義理正學)[성리학]으로 인도한다는 책략이었다. 훗날에 정학에 지향하는 자가 점차 많아진 다음 과업을 "십일에 한번 수업을 하는[十日一課]" 식으로 명목상으로만 유지하는 것이었다.[19] 이런 교육이념과 제도는 후세에도 큰 영향력을 발휘하였다. 예를 들어 진덕수(陳德秀, 1178~1235)가 그의 「권학문(勸學文)」에서

상순(上旬)과 중순(中旬)의 두 순일은 마땅히 날마다 배우고 익히는 책에서 질문과 답(問目)을 위하여 요점을 가려 쓰고, 더하여 여러 유학자들의 말씀을 주장의 근거로 인용하여 자기의 생각을 그것으로 미루어 밝힌다. 말순(末旬)은 그대로 따라서 시문(時文)을 가르치도록 한다. 이와 같이 처음부터 끝까지 과거 공부를 겸하면 재주와 학식이 날로 채워져서 위로는 선현(先賢)의 정맥을 뒤따라가 이을 수 있으니 이것이 족히 지금 세상의 실용(實用)이라 할 수 있다.[20]

라고 말하였다. 그리고 방봉진(方逢辰, 1221~1291)이 횡성의숙(橫城義塾) 학규를 제정할 때도 10일 가운데 9일은 독서하며 의리를 연구하여 밝히고, 하루는 과거 공부를 한다고 하여 이 규정을 따라 하였다.[21] 이후에 이학과 서원은 형식으로부터 내용까지의 침투와 융합이 나타나고, 서로 의존하고 결합하는 형태로 발전되었다가 서원과 이학의 일체화가 형성되었다.

---

19) 呂祖謙, 「與朱侍講元晦」, 『呂東萊文集』(北京: 中華書局, 1985, 48쪽).

20) 眞德秀, 「權學文」, 『眞西山先生集』, 北京: 中華書局, 1985, 107쪽. "上中二旬 當課之日 則於所習之書 摘爲問目 俾之 援引諸儒之說 而以己意推明之 末旬則仍以時文爲課 如此則本末兼擧 器業日充 上足以追續先賢之正脈 此足以爲當世之實用"

21) 方逢辰, 「義塾綱紀序」(『中國家譜資料選編·敎育卷』, 上海: 上海古籍出版社, 2013, 635쪽). "一旬之中 以九日讀書 講明義理 而以一日爲科擧業"

3. 서원과 이학의 일체화

남송이후 서원은 이학의 기지(基地)로, 이학은 서원의 정신이 되면서 양자는 성쇠와 영욕을 함께하는 긴밀한 관계를 갖게 되었다. 1196년(경원 2) 한탁주(韓侂冑, 1152~1207)가 일으킨 '당금(黨禁)사건'을 계기로 이학이 '위학(僞學)'으로 공격받으면서 서로 연루되어 한 동안 냉대를 받았다. 당시 정치적 압박과 학술 전제(專制)가 뚜렷하게 나타나면서 서원과 이학의 발전이 잠깐 차단될 수도 있었다. 그러나 외부의 압박과 위협에도 불구하고, 이학과 서원은 서로 어우러짐이 더욱 심화되어 하나로 결집하였다. 나아가 다음 단계로의 발전을 준비하기 위하여 오랫동안 역량을 모았다. 정치적 압박에도 이학 학파의 중견 학자들은 여전히 서원을 제자에게 학문을 전수하는 장소로 선택했고, 남송 초기의 서원건설운동 정신을 지속하였다.

1202년(가태 2)은 주희가 세상을 떠난 지 2년 뒤로서 정치상황이 변화하여 '경원 당금령(慶元黨禁令)'이 해제되고, 통치자들의 이학에 대한 입장도 좋은 방향으로 전환되었다. 1209년(가정 2)에는 주희를 '문공(文公)'으로 추시(追謚)하고 그의 억울함을 바로 잡도록 했다. 1215년(가정 8)에는 장식에게 '선공(宣公)'의 시호가 내려졌고, 다음 해 여조겸에게 '성공(成公)'을 추시하였다. 1220년(가정 13)에는 주돈이에게 '원공(元公)'을, 정호에게 '순공(純公)'을, 정이에게 정공(正公)을, 장재에게 '명공(明公)'을 추시하였다. 이로써 건순(乾淳)시대의 이학자들이 끊임없이 설명했던 '학통(學統)'은 마침내 정부로부터 공인(公認)을 받았고, 자신들도 학통의 가운데에 편입되었다. 이것이 바로 '가정경화(嘉定更化)'이고, 이를 계기로 하여 이학은 암흑기를 벗어나게 되었다.

서원과 이학은 가정(嘉定,1208~1224)시기의 회복과 조절의 단계를 거치면서, 이종(理宗, 1224~1264)·도종(度宗, 1264~1274)시기에 관민의 밀접한 협조로 번영기를 맞이하게 되었다. 이학에 관심이 많았던 이종은 주희를 태사(太師)로 특별히 추증하고, 신국공(信國公)으로 추봉(追封)했다가 휘국공(徽國公)으로 고쳤다. 그리고 얼마 후 주돈이·장재·정호·정이·주희 다섯 사람 모두 학궁(學宮)에 종사하라고 명하였다. 이 다섯 사람을 역사에 서는 '송오자(宋五子)'라 칭하였는데, 실제의 성리학 도통 계보이다. 이에 따라 정주의 이학도 공식적으로 확립되었고, 조정의 정통 사상으로 자리를 잡았다. 한편 이종은 서원에 대해서도 보다 관심을 표하여 사액을 받은 서 원이 백신량(白新良)의 통계에 의하면 27개소에 이른다.[22]

뿐만 아니라 1241년(순우 원년) 이종이 태학을 시찰할 때 친필로 주희 의「백록동서원게시」를 적어서 태학생들에게 하사하였고, 아울러 모든 학 교에 반포하여 전국 관학에서 공동으로 준수할 규칙으로 삼았다. 이러한 행동들은 최고 통치자가 이전시기에 가졌던 서원에 대한 불확정한 태도를 버리고 확실한 긍정적 입장을 갖게 되었다는 점을 설명해준다. 도종도 이 정책을 계속 유지하고 당시 서원의 발전을 직접 추진하였다. 이처럼 황제 가 도통을 존숭하여 정전(正傳)을 표장(表章)하는 등 관심이 컸기에 학교 밖에 있는 여러 서원들도 번성하였다.[23]

조정과 서로 호응하여 민간에서도 서원에 대한 지지가 날로 높아지고 있었다. 이학을 집대성한 한 시대의 큰 스승들이 이미 세상을 떠난 지 오래 되었지만 그들의 제자와 재전 제자들이 모두 선현(先賢)을 이어 학문을 강 구(講求)하고, 스승의 학설을 크게 번창시켰다. 특히 위료옹(魏了翁, 1178~ 1237), 진덕수를 비롯한 대표적인 이학자들은 온 힘을 다해서 '경원당금' 으로 이학이 받은 잘못된 판결을 바로 잡고, 아울러 조정의 공인된 철학으 로 성사시켰다. 이들의 노력에 의해 서원을 설립하고, 이학을 전수하는 것 이 시대의 풍조로 형성되었다. 그로인해 아래와 같은 폐단도 나타났다.

---

22) 白新良, 『明淸書院硏究』, 27쪽. "聖天子尊崇道統 表章正傳 學校之外 書院几遍天 下 何其盛哉"
23) 王柏, 「上蔡書院講義」(陳谷嘉·鄧洪波, 『中國書院史資料』, 杭州: 浙江敎育出版社, 1998, 230쪽).

근년이래로부터 여러 유학자의 사당이 지방에 가득 퍼져 있을 뿐만 아니라 여러 유학자의 서적을 집에 두고 사람들이 암송한다. 이에 언어를 표절하여 의리를 그럴싸하게 따라서 세속을 현혹하고 관리를 속여서 이록을 취할 꾀를 계획한다. 이것 또한 내[위료옹]가 두려워하는 바이다.[24]

남송 후기에 와서 서원을 설립하여 이학을 전파하는 일은 민감하고, 막을 수 없는 사회문화적 주류였다. 서원과 이학의 일체화 현상도 서원과 사당을 건립하고, 『사서(四書)』를 주해(註解)한 「어록(語錄)」을 모으는 등의 비교적 고정된 형식으로 변하였다. 통계에 의하면 이종·도종의 50년 동안 복원된 서원은 총 123개소로 남송 대에 확실히 건립된 서원 총수의 49.8%를 차지한다. 당시의 문화적 주류와 형식의 영향을 받아 서원과 이학이 함께 번영한 것은 당연한 것이었다.

4. 제도의 확립 : 네 가지의 큰 기본 규제에서 여섯 가지의 큰 사업까지

관학을 대체한 송나라 초기의 사대서원은 중국서원교육제도가 성립되는 하나의 지표로 볼 수 있다. 비교적 성숙된 교육제도로서 서원은 강학, 장서(藏書), 제사(祭祀), 학전(學田)의 네 가지 기본 규제를 포함하였다. 관학의 대체로서 서원은 규정과 제도의 제정에 있어서 자연히 관학 제도를 참조하였다. 그러나 서원 교육 형식의 특색은 아직 완전히 형성하지 못하였다. 남송의 이학자들이 주도한 서원건설운동을 지나 서원제도는 건설과 완성으로 한발 나아갔다. 본래의 강학·장서·제사·학전의 4대 기본규제는 학술연구·강학·장서·각서(刻書)·제사·학전의 6대 사업으로 발전하였다.

---

24) 魏了翁, 「長宁軍六生先生祠堂記」, 『鶴山先生大全文集』, 上海: 上海書店, 1989, 14쪽. "自此歲以來 不惟耆儒之祠布滿郡國 而諸儒之書 家藏人誦 乃有剽竊語言 襲義理之近似 以眩流俗 以欺庸有司 爲規取利祿計 此又余所懼焉者"

학문연구와 이학의 집성은 남송 서원 건설의 가장 큰 사업이었다. 학문연구는 강학에서 비롯되었지만 논리적으로 강학보다 높이 위치하였다. 가령 강(講)으로서 학문을 치밀하게 완성하는 체계적인 이론 체계를 형성하는 것이 연구의 주요 임무였다. 그 역할의 주요 담당자는 장식·여조겸·육구연·주희 등 당시의 대현(大賢)과 그들의 주요 제자였다. 그러므로 이들이 직접 관여한 서원은 수적으로 많지 않았다. 서원에서 진행된 학술연구와 그것에서 형성된 이학 이론은 서원 강학의 높은 수준과 연속성을 보장하여 아래로 끊이지 않고 전진하였다. 비록 현실 세계에서 진정으로 학문연구의 역할을 담당할 수 있는 서원은 소수에 불과했으나 강학의 풍조가 성행했던 그 시대에 이 서원들의 선도적인 영향력은 간과할 수가 없다. 이런 영향에 따라 대부분의 서원에게 학술연구는 존숭과 동경의 목표가 되었고, 학술연구를 하는 것 자체가 일종의 시대적 풍조가 되었으며 최종적으로 서원의 기본 규제로 발전되었다.

강학은 주로 서원의 교육·교학 기능을 나타내며, 문화 전파의 범주에 속하는 높은 수준의 학술연구 서비스이다. 강학의 기본 역할은 각 학파의 사상과 이론을 사인과 일반 민중에게 널리 전파하여 기초지식과 문화를 보급하는 것이다. 다시 말해 강학이라는 규칙과 제도는 일반문화지식을 전파하는 일반교육과 학술전파를 포함한 전도(傳道)·강학 두 측면으로 나누어 볼 수 있다. 일반교육은 당·오대 시기로부터 생긴 기능이고, 전도·강학은 남송시기 이학자들이 부여한 서원의 임무였다. 나아가 전도는 그것이 학술의 깊이에 미치는 정도에 따라 강학을 학술의 독창성, 학문 이론의 전파성, 학문의 보급성이라는 세 가지로 나눌 수 있다.

장서는 서원의 영구적인 사업을 추구한다. 북송시기에 황제가 악록·백록동·숭양서원 등에 경사(經史) 전적을 하사하는 일이 있은 후 남송시기에 주희, 원섭(袁燮, 1144~1224), 위료옹 등을 비롯한 서원 설립자들은 서원 장서에 많은 노력을 기울였다. 그리고 서원과 학파의 결합으로 나타난 학술적 수요는 마침내 각지의 수많은 서원 내에 장서누각(藏書樓閣)을 세워서 수만 내지 수십만 권의 장서를 보관토록 했다. 이후로부터 서원장서는 관부(官府)장서, 개인장서, 사찰 및 도관[寺觀]의 장서와 함께 중국 고대 장서의 4대 중심처가 되었다. 서원 장서는 모두 서원 내 스승과 제사의 교학과 학술 연구에 활용되는 것이지만 아울러 공공성, 공개성, 이용성의 3대 특징도 지니고 있었다.

도서를 생산하는 것은 당나라의 여정서원, 집현서원부터 있던 기능이지만 손으로 필사했을 뿐 제대로 된 생산의 규모를 갖추지는 못했다. 남송 시기에 들어 조판(雕版) 인쇄술의 보급과 함께 여건이 갖추어진 서원들은 모두 책을 새겨서 "서원본"이 형성되었고, 서적의 판각은 서원의 기본 규정 중 하나가 되었다. 서원 내 사생(師生)의 교학과 학술연구에 힘쓰도록 함으로써 서원의 발전을 도모하는 것이 서원 각서(刻書)의 가장 중요한 임무였다. 제사와 더불어 서원에서는 항상 자기 학파 스승의 저작을 출판하여 서원 내의 모든 유생들에게 가르쳤다. 서원의 내부 규제를 보면 서적 출판은 학술연구와 강학·전도를 위한 것으로서 연구 성과를 보전·전시하고, 교학의 수준을 제고하였다. 또한 원내 사생(師生)과 원외의 사인들에게도 널리 전파되면서 사회적 영향력을 확대했고, 서원 제사와 함께 학술적·학파적 정체성을 강화하였다. 이처럼 여러 문화적 효능을 보이므로 서원 규제를 만드는 데 중요한 부분을 이루고 있다.

제사도 서원 규제의 중요한 부분 중 하나이다. 북송 서원에서 묘학(廟學)제도를 차용하여 처음 제사를 행하였지만 관학 제사와 동일하여 특색이 없었다. 남송에 들어와서 서원과 학술 사업이 지방문화와 결합하면서 서원의 대현, 유명한 산장(山長), 서원 건설에 관심을 가졌던 향현(鄕賢)과 지방관이 점차적으로 서원의 사당에 제향되면서 서원의 제사는 점차 독립적인 발전의 길로 나아가기 시작했다. 서원 제사의 주요 목적은 해당 학파의 학술추구를 표방하고, 원생들을 교육시키는 데에 있다. 즉 선현(先賢)을 높여 후학을 권장한다는 것이다.

학전은 서원의 생존과 발전의 기반으로서 남송의 이학자들이 매우 중요시한 부분이었다. 비록 북송시기 조정이 내려준 학전은 없었지만 지방 관부에서 토지와 자금을 할당하여 토지를 두도록 하거나 정부 관원 개인이 기부한 녹봉으로 토지를 매득하여 마련하였다. 또한 민간에서 가문이나 개인이 기부한 사전(私田)도 있어서 이것으로 모든 원생들을 공궤하였다. 이처럼 서원은 학전을 두고서 일족과 마을의 자제를 가르치는 비용을 스스로 조달하거나 관부로부터 '저질고(抵質庫)'를 기부 받아서 매월 그곳에서 거두는 이자로 사인(士人)들을 양성하는 데 보태었다.[25] 이와 같이 서원은 토지의 생산과 식리(殖利)를 함께 하였고, 돈과 식량의 공존은 서원의 지속적인 생존과 발전을 위한 안정적인 경제적 기반을 제공해 주었다.

위에서 서술한 바와 같이 북송에서 형성된 서원 4대 기본 규제는 남송 이학자들의 노력에 의해 6대 사업으로 확대되었다. 4대에서 6대까지의 변화는 규제의 완성 그리고 사업의 파생과 확대로서 이는 서원 발전의 한 측면이다. 돌이켜보면 서원의 기본 규제는 아직 변하지 않았으며, 연구는 강학에서 시작되었다. 장서와 서적 간행은 본질적으로 서적의 유통 과정 중의 두 단계로 볼 수 있다. 따라서 서원의 6대 사업은 서원 4대 규정의 완성으로 볼 수 있다.

그리고 서원 기본 규제가 외형화한 것이 건축이다. 대체로 강당과 재사, 서루(書樓)와 서고(書庫), 사당과 묘우(廟宇), 창름(倉廩)과 주방(廚房) 등이 기능이 서로 다른 지역 공간에 짝을 이루어 인문적 특색을 지닌 서원 건축을 형성하게 된 것이다.

III. 원대 서원의 관학화 및 발전

1. 서원과 이학의 북쪽으로의 이동과 관학화

1279년에 남송이 멸망하고, 원나라가 중국을 통일하였다. 남송 멸망 초기에는 서원을 세워서 강학하는 풍조가 송나라 유민들에 의해 일어났다.

---

25) 鄭瑤等, 『景定嚴州新定續志』 卷3, 「釣台書院」(台北: 成文出版社, 1970, 84쪽).

이것은 원나라 초기에 서원의 번창기가 나타나는 직접적인 원인으로 작용하였다. 이에 대해 일부 학자들은 "송유(宋儒)들에 의해 개창된 서원 정신은 원유(元儒)들의 퇴은이상((退隱理想)이 주입되면서 지속·발전해 갔다. 이학자들의 학술 사상을 더욱 확대 발전시킬 뿐만 아니라 이민족 통치 하에 한족(漢族)의 진귀한 유산을 보존하였다."고 인정하였다.[26] 동시에 송나라 유민들의 흥학(興學)운동이 원대의 서원정책에 영향을 끼쳤고, 이 정책은 긍정적으로 작용하여 서원의 발전을 촉진했다는 점에 주목해야 한다. 통계에 의하면 원나라 8명의 황제가 재위한 98년 동안 모두 406개소의 서원이 건립되었다. 평균적으로 매년 4.1개소가 건립된 것으로, 남송시기의 2.9개소보다 월등히 높은 수치이다. 원대에 남송시기의 왕성한 발전 추세를 계승하여 외적으로는 서원의 역사상 상승발전 단계라 볼 수 있다.

원나라 이전의 몽고국 때부터 이미 몽고 통치자는 남쪽의 서원에 대해 관심을 가졌다는 기록이 있다. 1235년(窩闊臺 7) 양유중(楊惟中, 1205~1259), 요추(姚樞, 1203~1280) 등 유신(儒臣)들이 남방에 있는 학자들을 망라해 이학 저작(著作)을 수집하도록 함으로써 북방에서 이학을 전파하는 서막을 올렸다. 그 후 12~13년간 연도(燕都)에 처음으로 태극서원(太極書院)을 건립하고, 이학의 창시자인 주돈이를 주향으로 정이·정호·장재·양시(楊時, 1053~1135)·유초(遊酢, 1053~1135)·주희 등 6명의 이학 명신을 배향하였다. 그 동안 강회(江淮) 일대에서 수집한 이학 전적들을 모두 서원에 저장해 놓고 『태극도(太極圖)』·『통서(通書)』·『서명(西銘)』 등 이학 명저들을 벽에 새겨놓았다. 또 강한(江漢)의 명유 조복(趙復, 1200~1277)을 초빙하여 서원 강학을 진행하였다. 그 당시에 따라다니며 배우는 자가 백 명 가까이 되고 그 중에는 통달한 인재들도 많이 있었다.[27] 학경(郝經, 1223~1275)이 「태극서원기(太極書院記)」에서 "지금 서원을 건립하여 도학을 밝힘으로서

---

26) 李弘祺, 「絳帳遺風－私人講學的傳統」 ; 劉岱, 『中國文化新論·學術篇·浩瀚的學海』, 台北: 聯經出版事業公司, 1981, 386쪽.

27) 姚燧, 「序江漢先生事實」, 『牧庵集』(北京: 中華書局, 1985, 47쪽).

다시 이락(伊洛)의 학문이 전해졌으니 이는 북방에서 처음이다."[28]라고, 지적하듯이 태극서원은 이학이 북방으로 전파되는 중심지로 평가되었다.[29]

이와 함께 요추와 조복에 의한 '소문강학(蘇門講學)'은 역시 정주이학이 북방으로 전파되는 데 중요한 공헌을 하였다. 당시에 두 사람이 강학하는 곳을 서원이라 부르지 않았고, 1347년(지정 7)에야 비로소 두 학자를 기리기 위한 설재서원(雪齋書院)이 설립되었다. 요추는 가족을 이끌고 휘주(徽州)로 가서 황무지를 개간하여 농사지으며, 띠풀로 집과 사묘(私廟)를 세웠다. 그는 사당에 4대를 봉안하고 집안 감실(龕室)에는 노사구(魯司寇)[공자]의 화상을 두었다. 옆 모퉁이에 주돈이·정호·정이·장재·소옹·사마광(司馬光, 1019~1086) 등 여섯 명의 군자상(君子像)을 두고서 그 사이에서 독서하였다. 설재서원은 바로 이곳에서 유래하였다. 요추는 의관을 장엄히 하고 도학(道學)으로 명성을 높였으며, 백성을 교화하여 아름다운 풍속을 만드는 데에도 마음을 다하였다.[30] 또한 성리학 전적을 간행하여 배포했으며, 허형(許衡, 1209~1281)·두묵(竇默, 1196~1280)과 같은 원나라의 유명한 성리학자들도 그에게 유학(遊學)하였다.

북방지역 성리학 전파의 본거지로서 태극·설재서원은 허형·유인(劉因, 1249~1293)과 같은 생도를 배출하면서 북방에 이학의 불씨를 널리 퍼트리고, 이학이 북쪽으로 옮겨가는 것을 실현하였다. 이에 따라 서원도 북쪽으로 널리 전파되었다. 통계에 따르면 송나라 때 황하 유역에 있는 서원의

---

28) 郝經, 「太极書院記」, 『郝文忠公陵川文集』(秦雪淸点校, 太原: 山西人民出版社·山西古籍出版社, 2006, 373쪽). "今建書院以明道 又伊洛之學傳諸北方之始也"

29) 陳雯怡對此提出了不同的看法(鄧洪波, 『元代書院與士人文化』(邱仲麟主編, 『中國史新論－生活與文化分册』, 台北: 中央研究院·聯經出版事業公司, 2013, 255~261쪽). "携家來輝 墾荒糞田 誅茅爲堂 置私廟奉祠四世 中堂龕魯司寇容 傍垂周程張邵司馬六君子像 讀書其間 衣冠庄嚴 以道學自鳴 汲汲以化民成俗爲心"

30) 許有壬, 「雪齋書院記」(陳谷嘉·鄧洪波, 『中國書院史資料』, 杭州: 浙江教育出版社, 1998, 376쪽). "携家來輝州 墾荒糞田 誅茅爲堂 置私廟奉祠四世 中堂龕魯司寇容 傍垂周程張邵司馬六君子像 讀書其間 衣冠庄嚴 以道學自鳴 汲汲以化民成俗爲心"

수는 장강 유역에 비해 22배나 적었는데, 원나라에 와서 황하 유역 서원 수가 주강(珠江) 유역을 역전하여 2위에 올라와 장강 유역과의 차이가 3배까지 축소되었다.

원나라 서원의 발전은 조정의 적극적인 문교(文敎)정책과 긴밀하게 관련되어 있다. 송나라 정벌 전쟁 중인 1261년(중통 2)에 쿠빌라이[忽必烈, 1215~294]가 서원 등의 문화교육 시설을 보호하기 위하여 조서(詔書)를 내렸다. 여기에는 성묘(聖廟)와 관내 서원은 유사(有司)가 세시마다 치제(致祭)하고, 월삭(月朔)마다 석전(釋奠)을 행하도록 했다. 또한 금령으로 모든 관원과 사신(使臣), 군마(軍馬)가 침해하여 소란을 피우거나 더럽히고 업신여기지 말도록 했으며, 이를 어기는 자는 더욱 엄하게 처벌한다고 했다.[31] 전국을 통일한 후에도 원의 통치자들은 서원에 대한 보호 정책을 거듭 강조하였다. 동시에 유호제(儒戶制)가 확립됨에 따라서 원 조정에서는 일련의 조치를 통해 서원을 관학 체계에 편입하여,[32] 서원에 대한 통제를 강화시킨 결과 원대 서원의 관학화(官學化) 문제가 초래되었다.

원나라 서원의 관학화는 정부에서 취하였던 중요한 정책으로 인해 나타난 것이다. 첫째는 관립 혹은 사립서원으로서 정부 자원을 이용하려면 일제히 관학 체계에 편입해야 하고, 아울러 신고 절차를 엄격히 관리하여 사액 신청 및 서원의 설립과 운행을 통제한다는 것이었다. 둘째는 산장을 임명하여 파견하는 것을 통해 관학 체제에 편입시키는 정책이다. 산장의 선발부터 심사·승진까지 정부에서 관리하는 것으로 관학화 정책의 제일 중요한 조치였다. 셋째는 학전을 승인하고 조달하는 관리를 두고서 돈과 양식을 관리하여 서원의 경제적 기반을 장악하는 방식이었다.

한편으로는 관학화로 인해 서원의 발전에 위협이 되는 각종 반대 세력

---

31) 宋濂等, 『元史』 卷4, 「世祖本紀一」(北京: 中華書局, 1976, 71쪽). "宣聖廟及管內 書院 有司歲時致祭 月朔釋奠 禁諸官員使臣軍馬 毋得侵撓褻瀆 違者加罪"

32) 陳雯怡, 《元代書院與士人文化》(邱仲麟主編, 『中國史新論-生活與文化分冊』, 台 北: 中央研究院·聯經出版事業公司, 2013, 214~242쪽).

에게 대항할 만한 정치적 역량을 갖게 되었을 뿐만 아니라 서원의 유지·발전을 위한 경제적 지원도 함께 받을 수 있었다. 정부의 지원이 없었으면 원대 서원의 전파와 발전도 불가능한 것이었다. 반면, 관학화로 인해 서원의 폐단도 함께 나타났다. 관학화 된 서원은 관사(官師)가 설치되어 있고, 경비도 관에서 총괄하는 등 관부의 통제를 받았다. 서원의 설립자도 오직 관부의 명령을 따를 수밖에 없었다. 그래서 유사에게 빌린 은총만 알고 가르침이 중요함을 알지 못해서 그 이름만을 쫓고 그 실상을 찾아보지 않았다.[33]

이런 까닭에 일각에서는 관학화로 가자는 의견도 제기되었다. 그러나 당시의 모든 서원이 관학에 편입된 것은 아니었다. 오징(吳澄, 1249~1333), 우집(虞集, 1272~1348), 정문해(程文海, 1249~1318) 등의 대유(大儒)들은 서원의 관학화 폐단을 의도적으로 비판하고, 남송의 서원 정신을 선양(宣揚)하였다. 그로 인해 서원의 관학화 현상에 대한 무형적 영향과 제약이 형성되었다. 이와 같이 관학화란 일종의 추세일 뿐이었으며, 관학화 현상이 아무리 강하게 나타났더라도 서원을 관학과 동일시할 수는 없다.

2. 『독서분년일정』 : 성리학 교육 규정의 상세화

원나라 초기의 서원은 남송 초기와 비교하여 서로 다른 역사적 상황에 직면했다. 송나라 이종(理宗)이 「백록동서원게시」를 전국에 반포한 후 서원과 관학의 교육 내용과 이념이 점차 일치해졌다. 남송 초기 이학자들이 제창한 서원교육제도도 점차 특수성을 상실해갔으며, 남송 후기에는 관학화 추세가 나타났다. 원대 서원의 관학화는 바로 남송대의 기반에서 발전해 온 것이다.[34]

---

33) 程文海, 「東庵書院記」.(陳谷嘉·鄧洪波, 『中國書院史資料』, 杭州: 浙江敎育出版社, 1998, 381쪽). "徒知假寵於有司 不知爲敎之大 徒徇其名 不求其實然耳"

34) 陳雯怡, 『元代書院與士人文化』(邱仲麟主編, 『中國史新論－生活與文化分冊』, 台北: 中央研究院·聯經出版事業公司, 2013, 214~242쪽).

과거제도가 1313년(원 인종 황경 2)에 겨우 회복되었다는 데서, 서원과 과거 사이의 긴장 관계를 개선하는 것이 사인(士人)들이 추구하는 주요 목표가 아니라는 것을 알 수 있다. 정단례(程端禮, 1271~1345)는 당시 사정에 대하여 "전국의 모든 학자들이 주자가 경전에 주석한 것만 높일 줄 알고 … 공거제(貢擧制) 또한 주자의 견해[私議]를 따라 시행했으며, 명경(明經)도 정주(程朱)의 학설을 중심으로 하였다. 아울러 옛 주소(注疏)와 경의(經義)를 사용하며 격율(格律)에 구애되지 않았다."[35]고 했다. 이 내용은 남송 이학자들이 추구하였던 이상이었다. 그런데 원대에 과거제도가 회복된 이후 부분적으로 실현되었던 것이다. 이때 원나라 사인들이 제일 먼저 해결해야 할 것은 빈흥제(賓興制)가 있어서 학교법을 세우지 않는 현상[36], 즉 과거제도 회복 이후 학교의 교법(敎法)을 어떻게 제정하는가의 문제였다.

이에 대해 정단례가 제시한 해결법은 남송의 서원건설운동 정신을 계승하고, 세밀한 교육규정을 제정하는 것이었다. 그는 "지금 마땅히 주자의 「백록동학규」로서 교육의 큰 법을 갖추고, 「정동학교(程董學校)」에 있는 절목을 본받고, 보씨(輔氏)의 「독서법(讀書法)」 6조항을 온전히 굳게 지키며, 그 중 하나도 잃으면 안 된다."[37]고 하였다. 정단례는 주희가 바로 잡은 「백록동서원게시」, 「정동학칙(程董學則)」, 「독서법」을 제시하여, 관학과 서원의 사자(士子)들이 공동으로 준수해야 할 규칙으로 삼고자 했던 것이다. 그리고 그는 40년의 교육 생애 동안 끊임없이 편집하여 세밀한 이학 교육 규정집인 『독서분년일정(讀書分年日程)』을 출판하였다.

---

35) 程端禮, 「弋陽縣新修藍山書院記」, 『畏齋集』(『文淵閣四庫全書』第1199册, 上海: 上海古籍出版社, 1987, 682쪽). "天下學者皆知尊朱子所注之經 … 貢擧之制又用朱子私議 明經主程朱說 兼用古注疏經義 不拘格律"

36) 程端禮, 「弋陽縣新修藍山書院記」, 『畏齋集』(『文淵閣四庫全書』第1199册, 上海: 上海古籍出版社, 1987, 682쪽). "賓興有制而學校法未立"

37) 程端禮, 「弋陽縣新修藍山書院記」, 『畏齋集』(『文淵閣四庫全書』第1199册, 上海: 上海古籍出版社, 1987, 682 :). "方今惟宜 以朱子白鹿洞學規正其宏綱 以所訂程董學校有其節目 又以輔氏所称讀書法六條 確守而不遺其一焉"

『독서분년일정』은 1335년(원통 3)에 최종 편찬되었고, 용동(甬東)[절강성 정하(定河)]의 정씨가숙(程氏家塾)에서 간행되었다. 이 책은 후세에 널리 퍼졌는데 오늘까지 발견된 가장 오래된 판본은 청대(淸代) 철금동검루(鐵琴銅劍樓) 소장 원판본(元刊本) 총 3권이다. 권수에는 여겸(余謙), 조세연(趙世延, 1260~1336), 이효광(李孝光, 1285~1350), 정단례 등 네 명의 서문들이 수록되어 있다. 서문 다음인 강령에는 「백록동서원교조(白鹿洞書院敎條)」, 「정동이선생학칙(程董二先生學則)」, 「서산진선생교자재규(西山眞先生敎子齋規)」, 그리고 「주자독서법(朱子讀書法)」이 수록되어 있다.

그 중에 「백록동서원교조」는 곧 「백록동서원게시」이고, 「정동이선생학칙」은 주희의 문인 정단몽(程端蒙, 1143~1191), 동수(董銖, 1152~1214)가 향숙(鄕塾)의 자제들을 위해 제정한 학칙으로 학생들의 일상생활 및 행동 예절을 규정하였다. 주희의 재전제자 요로(饒魯, 1193~1264)가 두 가지를 어울러서 실시하였다. 그는 그것을 배우고 익힘에 큰 법과 조목을 제시해서 사람들로 하여금 힘써 따를 바를 알게 했으며, 한편으로는 무리지어 거주하면서 날마다 상시 예의를 갖추도록 정해서 사람들로 하여금 준수하도록 했다.[38] 요로는 이것이 곧 크고 작은 학교에서의 유법(遺法)이라고 하였다. 그리고 「서산진선생교자재규」는 진덕수가 작성한 가정교육 규정으로 학례(學禮)·학좌(學坐)·학행(學行)·학립(學立)·학언(學言)·학읍(學揖)·학송(學誦)·학서(學書)의 8항목으로 나누어져 있다.

마지막으로 「주자독서법」은 각처에서 수집한 주자의 독서방법과 관련한 내용을 모아서 편집한 것이다. 첫머리에는 보광(輔廣)[輔漢卿]이 정리한 주자의 독서육법, 즉 차례에 따라 점차 나아감[循序漸進], 많이 읽고 정밀히 생각함[熟讀精思], 마음을 비우고 깊이 빠져듦[虛心涵泳], 자기가 절실하게 몸으로 성찰함[切己體察], 의지를 가지고 방심하게 되는 것을 막는데 힘

---

38) 程端禮, 『程氏家塾讀書分年日程』(『四部叢刊續編(四九)』, 上海: 上海書店出版社, 1934, 413쪽). "一則擧其學問之宏綱大目 而使人知所用力 一則定爲群居日用之常 儀 而使人有所持循 卽大小學之遺法也"

을 씀[著緊用力], 항상 공경으로 뜻을 가다듬음[居敬持志] 등이 적혀있다. 정단례 역시 이 독서육법에 의해서 『독서분년일정』의 절목을 정하였다. 또한 주희의 '기한을 너그럽게 하되 과정을 다그치라(寬着期限 緊着課程)'는 정신에 따라 「분년독시세칙(分年讀書細則)」을 제정하였다.

『독서분년일정』 권1은 「분년일정절목」으로 8세 미만은 학문에 들기 전이며, 8세부터 학문에 들어간 후 15세부터 학문에 뜻을 두는 나이인 즉 마땅히 뜻을 고상히 갖는 세 부분으로 나누고, 각 단계의 학습목표와 독서요목을 규정하고 있다. 8세 이전의 동몽(童蒙)단계는 정단몽(程端蒙, 1143~1191)이 짓고, 정약용(程若庸)이 보집(補輯)한 『성리자훈(性理字訓)』 위주로 읽는다. 8세에 입학한 후부터 순서대로 『소학』·『대학』·『논어』·『맹자』·『중용』·『효경』·『역경』·『서경』·『시경』·『의례(儀禮)』·『예기』·『주례』·『춘추』 및 『공양전(公羊傳)』·『곡량전(穀梁傳)』·『좌씨전』을 읽는다. 그것의 독서법은 눈으로 읽는 간독(看讀)과 책을 보지 않고 돌아앉아서 외는 배독(倍讀, 背讀)을 위주로 하고, 매번 세부 단계에서는 반드시 간독과 배독을 각기 100번씩 하고, 또 배독은 20~30번을 통과해야 무릇 경서를 읽었다고 견줄 수 있다고 했다.[39]

이외에 통독(誦讀), 설서(說書=講談), 습자(習字), 연문(演文) 등의 과정이 있다. 『북계자의(北溪字義)』, 『통서(通書)』, 『근사록』 등과 같이 송유들이 지은 저서를 중심으로 모든 성리서를 완전히 배운 다음에 도리를 다스리고 다음으로 법도를 바로 잡는다. 이 과정을 살펴보면 15세 전에 『소학』, 사서, 모든 경전의 본문[諸經正文]까지 다 끝낸다.[40] 15세 이후에는 명확하게 위학(爲學)과 위인(爲人)을 목표로 삼아서 학문을 하는 데는 도리[道]에다 뜻을 두고, 사람이 되는 데는 성인(聖人)이 되는 것에 뜻을 두었다.[41] 생도

---

39) 程端禮, 『程氏家塾讀書分年日程』(上揭書, 1934, 444~445쪽). "每細段必看讀百遍 倍讀百遍 又通倍讀二三十遍 後凡讀經書仿此"
40) 程端禮, 『程氏家塾讀書分年日程』(上揭書, 1934, 471쪽). "小學書 四書 諸經正文 可以盡畢"

들은『주자독서법』에 의해 학습 중심을 사서오경에 두고, 이때 권1의 끝에 기록되어 있는 초독법(抄讀法)도 같이 이용한다.

사서오경에 밝으면 방향을 바꿔서 사서(史書), 한문(韓文),『이소(離騷)』를 중점으로 읽고, 아울러 습문(習文)의 단계에 들어간다. 사서는『자치통감(資治通鑑)』을 위주로 읽고, 주희의『자치통감강목』,『사기』 등을 참고한다.『통감』을 마치면 한유(韓愈, 768~824)의 글을 읽으며 문법을 익혀야 한다. 정단례는 한유의 글은 평생의 핵심되는 것을 지은 것으로 여겼기에 생도들로 하여금 한 번 혹은 두 번 숙독(熟讀)하고, 또한 100번 외우도록 했다.[42] 한유의 글 다음으로 읽을 것은『초사(楚辭)』이다.『초사』를 읽을 때 반드시 주희의『초사집주(楚辭集注)』에 따라서 음독(音讀)과 훈의(訓義)를 바르게 하고, 아울러 외는 것을 이룬다면 고부(古賦)의 골자를 지을 수 있다고 했다.[43] 또한 사서, 한문,『이소』를 읽을 때에는 5일 중 2~3일 정도 사서오경을 거듭 복습하여 깊이 새겨서 본경(本經)을 잊지 않도록 강조했다.

또한 위에서 언급한 서적들을 모두 학습하는 시기가 대략 20세에서 21~22세가 되므로 다시 2~3년 공을 들여 학문에 집중하는데, 한유·구양수(歐陽修, 1007~1072)·증공(曾鞏, 1019~1083) 등의 글 중에서 한자의 필획과 문장의 구성법을 시작하고 학습하는 것이 옳다고 했다.[44] 이외에도 역사[史], 책문[策], 경문(經問), 경의(經義), 고부(古賦), 고체제고장표(古體制誥章表), 사육표장(四六表章) 등 글을 작성할 때 각각 필요한 책의 목록[書目]도 나열하였다.

그 다음은 과거 시험의 문장을 작성하는 방법이다. 정단례는 진덕수의

---

41) 程端禮,『程氏家塾讀書分年日程』(上揭書, 1934, 472쪽). "爲學以道爲志 爲人以聖爲志"

42) 程端禮,『程氏家塾讀書分年日程』(上揭書, 1934, 498쪽). "熟讀一篇或兩篇 亦須百遍成誦"

43) 程端禮,『程氏家塾讀書分年日程』(上揭書, 1934, 503쪽).

44) 程端禮,『程氏家塾讀書分年日程』(上揭書, 1934, 510쪽). "展開間架之法"

뜻을 취하여 일상의 독서 속에서 작문법을 익혔다. 경문, 경의, 고부, 제고 표장이든 책론이든 거론치 말고, 모두 9일 정도 독서한 후 하루는 오로지 작문(作文)을 하는데,[45] 문체를 충분히 익힌 후 작문 일수를 늘릴 수 있었다. 동시에 사서오경 등의 경서도 거듭 복습해야 한다. 그리고 독서 공언(空言)의 폐단을 피하기 위해 정단례는 사자가 친구를 가려서 사귀는 것을 권장하고, 또 남전(藍田)의 여씨향약(呂氏鄕約)을 실시하여 덕업을 서로 권하고[德業相勸], 과실은 서로 규제[過失相規][46]하면 사습이 순후하게 된다고 했다.

생도들이 단계별 계획대로 진도를 나가게 하고, 과업의 근면과 태만을 수시로 검사하기 위해 정단례는 「일정공안부(日程空眼簿)」 제도를 섞어서 시행하였다. 이 공안부는 위 규정과 계획에 맞춰 순서대로 일정을 나누어 간행했는데 「독경일정(讀經日程)」, 「독간사일정(讀看史日程)」, 「독간문일정(讀看文日程)」, 「독작거업일정(讀作擧業日程)」, 「소학일정(小學日程)」의 다섯 가지로 구분된다. 생도들이 한 부씩 가지고서 매일 공부내용이 시작되는 곳과 끝날 곳을 표시하고 생도는 이것으로 배우고 익힌 것을 대조한다. 날마다 항상 지키고 마음을 틈틈이 정비하는데 노력했는지 뒷날에 교사는 직접 그 익힌 부분을 검사하고는 청산해 준다.[47]

이상으로 「분년독서절목」의 대강을 정리하였다. 권2의 마지막 부분에 「비점경서범례(批點經書凡例)」, 「속보구독범례(續補句讀凡例)」, 「비점한문범례(批點韓文凡例)」이 있는데, 독서방법에 속한다. 그리고 권3은 「정시지음(正始之音)」으로 한자의 음과 뜻을 분별하는 방법이다. 맨뒤의 「부록」에는 주희의 「학교공거사의(學校貢擧私議)」, 「조식잠(調息箴)」 그리고 정단례의 「집경로강동서원강의(集慶路江東書院講義)」가 있는데, 생도들의 학습 참고

---

45) 程端禮, 『程氏家塾讀書分年日程』(上揭書, 1934, 523쪽).
46) 程端禮, 『程氏家塾讀書分年日程』(上揭書, 1934, 527쪽).
47) 程端禮, 『程氏家塾讀書分年日程』(上揭書, 1934, 466쪽).

용으로 지은 것이다. 생도들이 이『분년독서일정』에 따라서 배우고 익힌
다면 학문의 성취가 20여 살을 넘기지 않으므로 과거를 보는 일에도 방해
가 안 되고, 본말선후(本末先後)의 순서를 잃지도 않는다. 세속의 오로지
과거의 이록만 위하는 학풍에 대해 정단례는 처음부터 끝까지 경계적인 태
도를 가지고 있었다.

그는 각 단계의 독서일정을 제정할 때 항상 사서오경 관련 학습내용을
추가하여 그 핵심적 지위를 강조했다. 이러한 태도는 주희의「독서법」,「학
교공거사의」에 따른 것이다. 뿐만 아니라 역사를 읽고[讀史], 문장을 보고
[看文], 작문하는 방법도 송유들[특히 주희]의 것이지만 옳고 그름을 옳고
그르다고 하였다. 이런 까닭에『독서분년일정』은 기본적으로 남송 이학교
육정신의 연속이며, 원나라의 과거 재개와 이학만이 존귀한 새로운 사회정
치적 배경 하에서 학교의 교법(教法)이 세워지지 않은 상황에 맞추어 남송
제유(諸儒)의 큰 성과들을 모아서 제정한 상세한 교육 규정이다.『독서분
년일정』은 정씨가숙을 넘어 밖으로 원나라 서원교육의 출현에 영향을 주
었다. 뿐만 아니라 국자감에서는 이를 군읍(郡邑)의 교궁(校宮)에 반포하여
학자들의 기준으로 삼도록 하였다.[48] 이처럼『독서분년일정』은 전국에 두
루 퍼져 나갔고, 아울러 후세의 이학교육 규정에도 영향을 주었다.

IV. 명대 서원의 양면 : 번영·다양화와 금제·억압

1. 명나라 초기 서원의 회복과 호거인의 「속백록동학규」

정주이학은 명나라(1368~1644) 건국 직후 국가통치사상으로 자리를 잡
았다. 명 성조(成祖) 주체(朱棣, 1360~1424)의 명령으로『오경대전(五經大

---

48) 宋濂等,『元史』卷190,「程端禮傳」(北京: 中華書局, 1976, 4343쪽).

全)』, 『사서대전(四書大全)』, 『성리대전(性理大全)』이 편찬된 후 명나라 조
정의 사상문화 발전과 정치권력의 운영에는 이학적 언어 환경이 필수였으
며, 국가와 사회에서도 형식상 이학에 의지하였다. 이학이 제국의 통치를
지탱해 주는 이데올로기로 인식된 주된 이유는 명나라 초기 국가의 이학에
대한 추숭 때문이었다.[49] 강력한 중앙정권의 확립에 따라 중앙에서 지방까
지 체계적으로 갖추어진 관학제도가 형성됨으로써 명나라는 학교가 널리
유행하여 큰 성취를 거두었다.[50]

　명나라 전시기에 있어 조정의 기본 정책으로 관철된 '나라를 다스림에
교화로서 우선하고, 교화는 학교로서 근본을 삼는다.'는 문교정책은 1369
년(홍무 2)부터 확립되었으며, 관학을 담당하여 교화를 일으키는 것은 사
자(士子)의 책임이었다. 명나라 태조 주원장(朱元璋, 1328~1398)의 하명으
로 전조 서원은 고쳐 관학으로 하고, 산장은 훈도(訓導)로 전환되면서 송원
이래로 왕성히 전개되던 서원 운동은 좌절되었다. 그 후 서원은 명나라 초
기 '백년 침체'의 단계에 빠져 들었다.

　통계에 의하면 명대에 창건·복건된 서원은 모두 1,962개소이다. 그 중 홍
무(洪武)에서 천순(天順)시기(1368~1464)까지는 서원의 저조기로서 기존 서
원을 유지하는 시기였고, 성화(成化)·홍치(弘治)시기(1465~1505)가 열리면서
서원은 발전을 시작하였다. 이후 정덕(正德)연간(1506~1521)에 평균 115.4
개소를 돌파하며 상승세를 계속 유지하다가 가정(嘉靖)연간(1522~1566) 최
고치에 도달하였다. 이어서 융경(隆慶)시기(1567~1572)에 잠시 평균치 이
하로 하락하지만 만력(萬歷)시기(1573~1620)에 다시 상승세를 형성하고
빠른 속도로 발전하다가 두 번째 고조기를 이루었다. 그 후 창태(昌泰)·천
계(天啓)·숭정(崇禎)시기(1620~1644)에 또다시 평균치 이하의 수준으로 하
락하였다. 이와 같이 명대 서원의 시간분포는 전기에 매우 적고, 중기에 대

---

49) 包弼德 著, 王昌偉 譯, 『歷史上的理學』(杭州: 浙江大學出版社, 2010, 127쪽).
50) 張廷玉等, 『明史』 卷69, 「選擧一」(北京: 中華書局, 1974, 1686쪽).

량으로 집중적으로 나타났는데 정덕·가정·융경·만력 대에 가장 많았다.

그러나 명나라 초기 서원의 침체는 상대적인 말이며, 서원이 완전히 사라진 것은 아니었다. 사실상 양명학(陽明學) 흥기 이전의 서원 건설 운동은 관과 민의 양측에서 끌고 갔다. 그리고 명나라의 서원 건설 운동은 관력(官力)이 더욱 증가·상승하여 민력(民力)을 뛰어넘었다. 이는 송·원 시기와 구별되는 새로운 발전 추세였다. 문교에 열중하는 관원 가운데 가장 대표적인 것은 학무를 전담하는 제독학교관(提督學校官)이었다. 제독학교관, 즉 제학관(提學官)이 처음 설치된 것은 1436년(영종, 정통 원년)이었다. 조정은 관학의 문란한 폐단을 정돈하기 위하여 전담 관원을 설치하였다.[51] 제학관을 설치한 본래 의도는 감찰기능을 발휘하여 관학의 폐단을 정돈하는 것이었지 직접 교육활동에 참여하는 것은 아니었다. 그러나 의도하는 바와 달리 제학제도는 관학의 계통성·제도성의 쇠패(衰敗)를 만회하지 못하였다. 이로 인해 일부 제학관은 서원 창건으로 교화가 흥기하기를 희망하였다. 명대의 서원 건설 운동 역시 관학 외에 별도로 서원을 건립하여 관학 교육의 부족을 보완한다는 역사 순환의 가운데 있었다. 이것은 남송 초기의 정황과 닮았으나 같지는 않았다.

명대 제학관에 의해 110개소의 서원이 건립되었다. 홍치·정덕·가정 연간이 최고 전성기로서 명대 서원 건설 운동의 전성기인 정덕·가정·융경 연간의 전체 추세와 비교해 보면 일찍 나타난 편이었고, 일정한 선도적 영향력을 드러내었다.[52] 제학관에 의해 건립한 서원은 대체로 아서(衙署)·제사(祭祀)·취도강학(聚徒講學)의 세 유형으로 나눌 수 있다. 그 중에서 수량이 가장 많고 영향력이 가장 큰 유형은 바로 취도강학형으로 기층 교육, 엘리트 교육과 강회의 세 가지 특성을 가진다. 강회형 서원을 빼고 기타 유형의 서원들은 기본적으로 관학의 연장선상에 있었다. 강회형 서원의 교

---

51) 張廷玉等, 『明史』 卷69, 「選擧一」, 1687~1688쪽.
52) 鄧洪波, 『中國書院史(增訂版)』, 281~284쪽.

육이념은 남송의 서원건설운동을 주도한 이학자들의 견해를 변함없이 계승하였다.

예를 들어 1478(성화 14)~1483년(성화 19) 동안에 하남(河南) 제학(提學)으로 재임했던 오백통(吳伯通, 1441~1502)은 서원을 설립하는 것은 무릇 학자들이 옛 사람의 학문을 따르는 일이라고 생각하였다.[53] 여기서 옛 사람의 학문이라는 개념은 주희의 「백록동서원게시」 가운데 '옛날의 성현이 사람들을 가르쳐 학문을 하게 하다.'라는 말을 계승한 것으로 성리학의 표현을 대신 지칭한다. 그는 하남 제학으로 있는 동안 서원 네트워크 계획을 세워서 제출한 뒤 개봉부 대량서원(大梁書院), 하남부 이락서원(伊洛書院), 위휘부(衛輝府) 백천서원(百泉書院), 여령부(汝寧府) 여남(汝南)·상채서원(上蔡書院) 등을 건립하였다. 서원 건립 후 각 유사에게 '예를 갖추어 현철(賢哲)을 초빙'하도록 명령하였다. 오백통은 순시(巡視)할 때 모임에 직접 참석하여 경서를 강해(講解)하고, 학업에 뜻을 두도록 분별하여 바로잡고 그들이 돌아가서는 동학(同學)에게 전수(傳授)하도록 했다.[54] 이들 서원은 명대 제학관이 건립한 서원 가운데 대표적인 유형이었다.

다음으로 서원 강학에 있어 주희의 서원정신을 계승하고 연역(演繹)하는 것은 명나라 중엽 양명학[王學]이 발흥하기 전의 주류였다. 관에서 건립한 서원이나 사인들이 건립한 사립서원을 막론하고, 주희의 「백록동서원게시」를 따르는 게 항상 보편적인 모형이었다. 경태(景泰)연간 오여필(吳與弼, 1391~1469)의 문하에서 수업한 호거인(胡居仁, 1434~1484)이 귀향 후 예오서사(禮吾書舍)와 여택당(麗澤堂)을 건립하자 사람들이 배우러 모여들었다. 호거인이 제정한 「여택당학약(麗澤堂學約)」 중에는 학업하는 가운데 일상에서 지켜야할 법도로서 오로지 백록동과 정단몽에 의지하고, 서산 진(眞)선생을 본보기로 하라고 규정하였다.[55] 그리고 1468년(성화 4)과 1480

---

53) 吳伯通, 「跋甘棠書院堂齋銘后」, 『石谷達意稿』 卷29, 國家圖書館藏明正德十一年刻本, 第11a.
54) 吳伯通, 「提督河南學校條約」, 『石谷達意稿』 卷32, 第7b.

년(성화 16)에 백록동서원 동주(洞主)를 역임하면서 주희의 「백록동서원게 시」를 따라서 「속백록동학규(續白鹿洞學規)」[56]를 작성하였다. 호거인은 여 섯 요목의 각각의 뒤편에 관련된 유가 경전 및 선진(先秦)의 제자백가(諸子 百家), 송대 제유들의 관련 글을 인용하여 서술함으로써 학자들의 관심을 끌었고 그들이 중시하며 실천하도록 했다. 또한 인용한 경전의 뒤에는 호 거인이 직접 논평을 작성하고, 선현의 제설(諸說)을 정리했으며 학자가 강 학하는 방향을 명시하였다.

주희는 「백록동서원게시」에서 학문하는 목적으로 '오륜'을 우선하였다. 마찬가지로 호거인은 학자들이 학문을 하는 취지를 바르게 세우는 것이 우 선이라고 강조하고, 성현지학(聖賢之學)을 배움으로써 발돋움 하라고 했다. 그 당시의 역사적 배경에서 호거인이 입지(立志)를 학규의 시작으로 한 것 은 주희의 유지 계승을 제외하더라도 한층 현실을 헤아린 것이었다. 호거 인에 의하면 당시의 학자들은 성현의 학문이 있는 줄도 알지 못하여서, 재 기(才氣)가 높은 자는 현묘함이 없이 텅 빈 영역을 내달리고, 명민(明敏)한 자는 해박한 것을 자랑하며 과거급제를 생각하는 부류라고 했다. 또한 그 아래인 자는 시구(詩句)를 마친 데 불과하면서 허튼소리로 세인들의 환심 을 샀을 뿐이라고 했다. 설사 알았다고 하더라도 성인의 길은 고원(高遠)하 여 지극히 어렵고, 후학이 감히 도달할 바가 아니라고 여겼을 것이라고 보 았다.

따라서 호거인은 「속백록동학규」를 지어서 주희가 「백록동서원게시」에 서 제시했던 '성현지학', 즉 '의리를 강명(講明)하여 자신을 닦은 뒤에 남에 게까지 미치게 하는 것이었지, 사람들로 하여금 보고 기억하는 데만 힘쓰

---

55) 胡居仁, 「麗澤堂學約幷序」(鄧洪波, 『中國書院學規集成』, 上海: 中西書局, 2011, 724쪽). "學中規矩 一依白鹿洞及程端蒙 西山眞先生爲準"

56) 胡居仁, 「續白鹿洞學規」(鄧洪波, 『中國書院學規集成』, 上海: 中西書局, 2011, 640~ 645쪽). "正趨向以立其志 主誠敬以存其心 博窮事理以盡致知之方 審察幾微以爲應 事之要 克治力行以盡成己之道 推己及物以廣成物之功"

고 문장이나 공부해서 명성이나 얻고 이록이나 취하면 그만이라는 것은 아니라는 점'을 다시 강조하였다. 이와 동시에 학자들에게 성인은 학문을 통해 도달할 수 있다면서 절대 신념을 잃지 말도록 당부했다. 다만 조건은 선한 본성을 함양하여 잘못된 길로 빼지지 않도록 살펴 경계[存養省察]하고, 진심으로 윤리를 분명히 하고서 물욕(物欲)을 행하지 않으면 된다고 하였다.

호거인은 일찍이 당시 사람들이 도학은 세속적이지 않은 바를 숭상하고, 행하는 것이 어렵다는 관점에 대하여 인정하였다. 그는 청소하고 응대(應對)하며 부모를 섬기고, 사물(事物)을 접하는 등의 일상 행위에서 도(道)가 흘러가지 않는 것이 없지만 가르쳐 키우는 일정한 방침이 없으므로 사람들이 그 존재를 발견할 수 없었을 뿐이라고 지적했다. 이 때문에 호거인은 노력하는 방도로 정성과 공경을 위주로[主誠敬] 사물의 이치를 넓게 궁구하고[博窮事理], 징후를 자세히 살펴서[審察幾微] 사욕과 그릇된 생각을 다스리는데 힘써 행하면[克治力行] 자기를 미루어 사물에게 미치게 한다[推己及物]고 몇 조목으로 제시하였다.

정통 주자학의 추종자로서 호거인은 평생 '주경(主敬)'에 힘썼으며,[57] 그 격물치지의 수양공부는 곧 사물의 궁리에 그 중점을 두었다. 서원 생도들에게는 사물의 이치를 넓게 궁리하는 방법으로 성현의 책을 읽고 반복하여, 그 이치를 구하기 위하여 탐구하도록 했다. 이와 동시에 평상시에도 모든 일에서 그것의 지극한 선(善)을 구하고, 온갖 물건에서 그것의 당연함을 찾도록 했으며, 날마다 외물과 접촉할 때에는 징후를 자세히 살피는 방법을 따르도록 했다. 즉 사물을 처음 접하여 본심(本心)이 일어나기 시작하는 때를 조심히 살피고 정밀히 변별해서 어느 것이 천리이고 사람의 욕망인지, 착함과 악함[善惡], 옳음과 그름[是非], 공공의 일과 사사로운 일[公私], 의리와 이익(義利)을 명백히 구분하기 전에 그 선(善)을 따른 후 그 악(惡)을 제거한다고 했다.

---

57) 陳來, 『宋明理學』, 北京: 生活·讀書·新知三聯書店, 2011, 247쪽.

깊이 연구하여 지식을 넓히는 '치지(致知)'의 방법을 규명한 후 호거인은 또 '극치역행(克治力行)'과 '추기급물(推己及物)'의 두 조목을 제시하였다. 이것은 만약 알고도 행하지 않음이 있다면 이치를 궁구하는 것에 앞서 편안한 바가 없으며, 강학의 성과를 낭비하는 것이라는 말로써 궁행실천(躬行實踐)의 중요성을 보여준다. 즉 서원에서 강의하는 학문은 속학(俗學)의 얕고 좁은 부분을 뛰어넘는데 이곳의 학문은 반드시 힘써 실천하고 나서야 비로소 끝날 수 있다는 것이다. 마지막으로 호거인은 학자들에게 '유자지학(儒者之學)'을 이루어야 한다고 요구했다. 이른바 '유자지학'은 반드시 '자기를 미루어 사물에 미치고[推己及物]', '천지(天地)가 만물을 생성·발육하는 데 참여하여 도울 수 있는[參天地贊化育]' 지경에 이르러, 개인의 부귀공명(富貴功名)이란 얕은 단계를 넘어서 덕을 밝혀 백성을 새롭게 하고[明德新民], 군주를 바로하여 풍속을 개선[正君善俗]하는 데 도달하는 것이 목적이라고 했다.[58]

호거인에 의하면 이 방법대로 꾸준히 덕행과 학업을 닦으면 옛날의 어진 임금과 같은 다스림을 다시 회복할 수 있다[復先王之治]고 하였다. 벼슬도 없이[布衣] 강학으로 유명한 호거인 역시 강한 정치이상을 품고 있었다는 점을 알 수 있다. 그는 직접 벼슬길에 나서지 않았을 뿐 자신의 기대를 전부 다 강학명도의 역정(歷程)에 담아 두었다. 「속백록동학규」와 「독서분년일정」을 비교해 보면 알 수 있듯이 사실상 호거인은 보다 높은 차원에서 학자들에게 '조정으로 나아가 도를 행하라[出而行道]'는 요구를 제시하였다. 명대는 원대에 비하여 이학이 더욱 사회에 깊이 번져 나갔기에 명유들은 송유들의 뒤를 이어서 계속 '임금의 신임을 얻어서 도를 실천[得君行道]'하거나, '백성들을 깨우쳐 도를 실천[覺民行道][59]하는 사이에서 선택을 했다. 호거인의 「속백록동학규」는 명유들이 송유의 사상의식과 행위방식

---

58) 胡居仁, 「續白鹿洞學規」(鄧共波, 『中國書院學規集成』, 上海: 中西書局, 2011, 640~645쪽).

59) 余英時, 『士與中國文化』序言, 上海: 上海人民出版社, 2003.

을 적극 계승하려는 의도를 잘 보여주었고, 또한 남송을 이어서 명나라에
도 새로운 학술사상의 전파를 수반하는 서원 발전의 두 번째 번영기가 곧
다가올 것을 예고해 주었다.

2. 명나라 중엽 서원의 재흥기와 백록동서원의 양명학 전파

명나라 중엽 이래로 관학 교육은 남송 초기의 상황과 비슷하게 관학의
퇴폐와 교사 수준의 하락, 팔고취사제(八股取士制)로 인한 사습(士習)의 부
정 등으로 또다시 곤경에 빠졌다. 정주이학은 통치사상으로 되었다가 점차
활력을 잃고 형식화 되었으며, 사인(士人)들의 명리(名利)를 추구하는 도구
로 전락하였다. 이때 날마다 흩어지고 무너진 인심을 새로운 이론의 중건
으로 유지하자는 요청이 재차 출현하였다. 이런 분위기 속에서 왕수인(王
守仁, 1472~1529)·담약수(湛若水1466~1560) 등의 대표적 이학가들이 강
상을 다시 진작시키고, 인심의 책무를 다시 잇는 이론을 재건하였다.

왕수인의 학문이 주희와 가장 큰 차이점은 격물치지에 대한 이해에 있
다. 왕수인은 주희가 격물치지를 '즉물궁리(卽物窮理)'로 이해함으로써 '말
이 더욱 상세해지며 도(道)가 더욱 희미해졌고, 이치를 분석함이 더욱 정밀
해지며 학문은 바탕도 없이 더욱 산란해졌다. 그래서 밖에서 전념하는 것
이 더욱 복잡하고 어려워졌다'고 했다. 그렇기에 반드시 아름다운 시만 연
마하고, 마음을 속여서 미색을 취하고도 서로 거짓으로서 근신[60]하는 폐단
을 야기할 것이고, 결국 성인의 학문을 폐기할 지경에 이를 수밖에 없다고
주장했다.

왕수인은 외물(外物)은 궁구할 것도 없기 때문에 '마음 밖에 이치가 없
고, 마음 밖에 사물이 없다'고 했으며, 당연히 격물(格物)을 '격심(格心)'으

---

60) 王守仁, 「別湛甘泉序」(王守仁著, 王曉昕·趙平略点校, 『王文成公全書』, 北京: 中華
書局, 2015, 278~279쪽).

로 이해하였다. 이에 따라 그는 '지행합일(知行合一)'과 '치양지(致良知)'의 학설을 만들었다. 왕수인과 함께 강학을 하였던 담약수는 '언제 어디서나 천리를 체득한다'는 이념을 학문의 종지로 하였다. 그가 검토하는 '심(心)'은 사람의 마음[方寸]에 국한되지 않고, 만물을 남김없이 모두 포함한 것이었다. 이러한 차이점에 따라 당시 학자들이 왕학(王學)과 담학(湛學)의 두 학파로 나누어져 송명이학 가운데 정주학(程朱學)과 다른 학파로 이어졌다.

왕수인과 담약수 모두 서원 건설을 중요시하고, 서원을 학문연구와 자신의 학술사상을 전파하는 거점으로 여겼다. 그들의 학문이 수차례의 변화를 거쳐 서원에서 확립되었고, 그들의 가르침 역시 서원을 통해서 전승되었다. 서원의 강학 과정을 통해 자신들의 학술주장과 사상체계를 발전시키고 끊임없이 완성해갔다. 말하자면 정덕(正德)·가정(嘉靖) 연간에 그들은 끊임없는 노력을 통해 남송 이래 중국 역사상 두 번째로 서원과 학술을 서로 일체화하여 발전적인 추세를 열었다. 새로운 이론이 서원에서 굴기(崛起)했고, 새롭게 굴기한 이론이 또 한 차례 서원의 발흥을 촉진하였다.

『만력야획편(萬曆野獲編)』에는 '무종(武宗)[正德帝]조부터 왕수인이 새롭게 양지(良知)의 학문을 제창하여 강소(江蘇)와 절강(浙江)의 사이에서 행하면서, 염암(念庵) 나홍선(羅洪先, 1504~1564)과 형천(荊川) 당순지(唐順之, 1507~1560) 등에게 이어졌고, 이를 동남(東南)지역에서 추항해 따르면서 서원이 너무 성해지자 세종(世宗)[嘉靖帝]이 힘써 금지해도 끝내 그치지 않았다'[61]고 기록되어 있다. 이 시기에 군사서원(軍事書院), 사단서원(社團書院), 왕부서원(王府書院), 사학서원(仕學書院) 등과 같은 새로운 유형의 서원들도 다수 나타났는데, 이것은 당시 서원의 확대·번영과 다양성을 드러낸다. 명나라 서원의 눈부신 국면은 왕수인·담약수 및 그 후학들이 정덕~

---

61) 沈德符, 『万歷野獲編』, 北京: 中華書局, 1959, 608쪽. "自武宗朝王新建以良知之學行江淛兩廣間 而羅念庵唐荊川諸公繼之 於是東南景附 書院頓盛 雖世宗力禁而終不能止"

만력 연간의 100년 동안 강회와 서원의 건립을 계속하였기 때문이다. 이 시기에 건립하거나 복설된 서원은 1,108개소로 명나라 서원 총수인 1,962개소의 절반 이상을 차지한다. 이로써 당시 서원 발전의 추세를 짐작할 수 있다.

주자학과 이념을 달리하는 학설로서 양명학[王學]은 발전 과정이 그리 순탄치 않았다. 새로운 학술사상을 순조롭게 전파하기 위해서 왕수인은 대응책을 취하였다. 1518년(정덕 13) 남감순무(南贛巡撫)로 재임 중이던 왕수인은 영왕(寧王) 신호(宸濠)의 반란을 진압하는 가운데 군대 내에서도 강학과 저술을 멈추지 않았다. 이 시기에『주자만년정론(朱子晚年定論)』,『전습록(傳習錄)』등을 간행하였는데, 모두 주자학의 중요 서적을 엮어서 비판적으로 해석한 것이다.

그는『주자만년정론』에서 주희의 학문은 중년과 만년의 두 단계로 나누어 봐야 한다고 했다. 세상에 전해져서 가르치는 것은 실제 주희가 중년에 미정(未定)한 학설이며, 그의 만년에 옛날의 학설이 잘못되었음을 크게 깨달았다고 했다. 그러면서 왕수인은 자신의 학설이 사실상 주희가 만년에 깨달은 학설과 차이가 없다고 했다.[62] 이처럼 주희의 행적에서 단서를 찾아서 다시 해석하고 활용하는 방법은 왕수인의 서원 실천에도 이어졌다. 왕수인은 감주(贛州)[강서성 감주시]에 건립한 의천(義泉)·정몽(正蒙)·부안(富安) 등 6개 서원 외에도 주자학의 근거지인 백록동서원의 점거를 특별히 중요시 했다.

나아가 문인 채종연(蔡宗兗)이 백록동서원 동주(洞主)를 맡자 왕수인은 직접 손으로 쓴『수도설(修道說)』,『중용고본(中庸古本)』,『대학고본서(大學古本序)』,『대학고본(大學古本)』의 책을 천리나 떨어진 백록동서원으로 보내었고, 명륜당에 '문공[주희]에게 증명하기를 요구한다'는 내용을 각석(刻石)하였다.[63] 뿐만 아니라 왕수인 본인도 1520년(정덕 15)과 1521년(정

---

62) 王守仁,「朱子晚年定論序」(王守仁著, 王曉昕·趙平略点校,『王文成公全書』, 291쪽).

덕 16)에 백록동서원을 방문해서 문인들을 모아 강학을 하고 시제(詩題) 글
씨를 남겼으며, 자금을 보내어 학전을 사도록 했다.

한편 주희가 제정한 「백록동서원게시」에 대해서도 남다른 인식을 가지
고 있었다. 1515년(정덕 10) 주희의 고향 휘주에 있는 자양서원(紫陽書院)
이 지부(知府) 웅세방(熊世芳)의 주도 하에 중수되었고, 원생 정증(程曾)이
『자양서원집(紫陽書院集)』을 편찬하면서 첫 장(首篇)에 주희의 「백록동서
원게시」를 수록하였다. 책이 완성된 후 웅세방이 왕수인에게 서문을 요청
하자 그는 주자학을 다음과 같이 공개 비평하였다.

> 그렇기 때문에 군자의 학문은 오직 그 심(心)만을 구하여 얻는다. 비록 천지
> 를 제자리에 있게 하고, 만물을 기르는 데 이르더라도 자신의 심(心)은 바깥에
> 있지 아니하다. 맹자가 '학문의 길은 다른 것이 없고, 방심(放心)을 다시 찾아오
> 는 것일 뿐이다'라고 말한 바를 한 마디 말로 요약하면, 널리 배움[博學]은 이것
> [심(心)]을 배우는 것이고, 자세히 물음[審問]은 이것을 묻는 것이고, 신중히 생
> 각함[愼思]은 이것을 생각하는 것이며, 밝게 분별함[明辯]은 이것을 분별하는 것
> 이고, 두터이 행함[篤行]은 이것을 행하는 것인 까닭에 심(心) 외에 일이 없고,
> 심(心) 외에 이치가 없으므로 심(心) 외에는 배울게 없다.[64]

왕수인은 겉으로는 주희가 「백록동서원게시」에서 제시한 서원 정신을
지지했지만 사실상 「백록동서원게시」의 문자가 간단명료한 점을 이용하여
자기의 새로운 해석을 덧붙인 것이었다. 그것에서 주자의 미진함을 밝힌다

---

63) 鄭廷鵠, 『白鹿洞志』(李夢陽等編, 白鹿洞書院古志整理委員會整理, 『白鹿洞書院古
志五種』, 北京: 中華書局, 1995, 212쪽). "是欲求證於文公也"

64) 王守仁, 「紫陽書院集序」(王守仁著, 王曉昕·趙平略点校, 『王文成公全書』, 289쪽).
"是故君子之學 惟求得其心 雖至于位天地 育萬物 未有出于吾心之外也 孟氏所謂學
問之道無他 求其放心而已矣者 一言以蔽之 故博學者 學此者也 審問者 問此者也 愼
思者 思此者也 明辯者 辯此者也 篤行者 行此者也 心外無事 心外無理 故心外無學"

는 의의는 거짓이며, 사실상 자신의 '치양지(致良知)적 심학(心學)'을 널리 보급하는 것이 진짜였다. 그는 주자학의 불완전하고 자질구레한 실수를 비판하고 '마음 외에 일이 없고[心外無事], 마음 외에 이치가 없고[心外無理], 마음 외에 배울게 없다[心外無學]'는 주장을 대대적으로 선양하였는데 그의 문인들도 모두 동조하였다. 이처럼 왕수인 및 그의 제자들은 「백록동서원게시」를 다시 해석하고, 백록동서원의 강학 주도권도 차지함으로써 그곳을 양명학 전파의 일대 근거지로 만들었다. 그들이 서원을 통해 자기학파 학술을 전파하는 데 잘 활용한다는 점을 알 수 있다. 서원을 통해 왕수인의 이론사상은 짧은 기간에 중국 동남지역에 널리 보급되었다. 나아가 중앙정부까지 확대되면서 정주이학의 기세를 덮고 수십 년을 유행하였다.

3. 명나라 말기 동림강학운동과 서원의 금훼(禁毁)

양명학은 가정~융경 이래로 왕성하게 유행하였지만 반대로 발전 과정에서 많은 문제점도 수반되었다. 양명학은 본체만을 논하고 공부를 소홀히 하는 말류(末流)적 폐단으로 심성(心性)을 빈 말이라 하며 책을 쌓아두고도 읽지 않는 풍조가 출현하였다. 심지어 술·여색·물욕(物慾)·객기(客氣)와 승려가 되는 일에 거리낌이 없다고 할 정도로 유학을 저버리고 불문(佛門)에 들어가기를 제멋대로 하면서 개인과 사회의 도덕적 범위를 깨뜨렸다.[65] 당시는 정주의 서적은 세상에서 쓰이지 않고, 왕양명과 육상산의 서적만 집안에 있던 시기[66]로서 정주이학은 위기에 처해 있었다. 일부 학자들이 양명학의 폐단을 비판하면서 명·청 교체기에 양명학에서 주자학으로 되돌리려는 사상운동을 시작했는데 그 주력은 곧 '동림학파(東林學派)'로 대표된다.

동림학파는 강소성 무석(無錫)의 동림서원(東林書院)이 근거지이다. 이

---

65) 梁啓超, 『中國近三百年學術史』, 太原: 山西古籍出版社, 2004, 4쪽.
66) 張履祥, 『楊園先生全集·备忘三』, 北京: 中華書局, 2002, 1143쪽.

서원은 1111년(북송 정화 원년) 이정(二程)의 고제 양시(楊時, 1053~1135)
에 의해 처음 건립되었다. 양시는 성리학의 역사에 있어서 이정과 주희의
학술을 연결시킨 중요한 인물이다. 따라서 동림서원는 '낙민중추(洛閩中樞)'
라 불리게 되었다. 1604년(만력 32) 2월 고헌성(顧憲成, 1550~1612), 고반
용(高攀龍, 1562~1626)이 도맥(道脈)을 유지하고 바른 교화를 행하는 것을
소임으로 삼아 고윤성(顧允成, 1554~1607), 안희범(安希范, 1564~1621) 등
과 함께 동림서원을 수복(修復)할 기부금 모집을 시작하여 인근 지역 재직
관원의 지원을 받았다. 9월에 낙성된 동림서원은 대문, 패방(牌坊), 동림정
사(東林精舍), 여택당(麗澤堂), 의용당(依庸堂), 연거묘(燕居廟), 도남사(道南
祠), 장서루(藏書樓) 등의 건물이 있었으며, 공자를 봉안하고 양시를 종사
(從祀)했다.

동림서원에서의 강학 활동은 양명학을 비판하고, 학술의 방향을 전환시
키는 것을 급선무로 하였다. 중건된 동림서원은 제생들이 장기간 서원에
거처하면서 공부하는 곳이라기보다는 뜻을 같이 하는 동지와 군자들이 모
여서 강회(講會)를 하는 장소였다. 매년 대회(大會)는 10일, 매월 소회(小會)
는 3일을 진행하는 전형적인 결사단체[社團] 성격을 지닌 서원이었다. 고
헌성은 「동림회약(東林會約)」을 작성하여 강학에 참여하는 동지들이 공동
으로 준수할 규약으로 삼았다.[67] 「동림회약」은 맨 앞에서 공자·안자·증
자·자사·맹자가 학문을 논한 말로 계통의 근원을 밝히고, 그 다음으로 주
희의 「백록동서원게시」를 정법(定法)의 과정으로 삼았다. 또 '칙사요(飭四
要)', '파이혹(破二惑)', '숭구익(崇九益)', '병구손(屛九損)'을 경계함으로써
도학(道學)을 보위하고 시대를 구제[衛道求時]하고자 했다. 「동림회약」은
동림서원의 강학 취지, 학문을 하는[治學] 방법의 학술 경향적인 강령(綱
領) 성격의 자료이다. 이 회약은 동림서원이 양시의 정신을 계승하여 위로
는 주정(周程)을 받들고, 아래로는 주희에게 접하는 정주이학으로서 양명

---

67) 顧憲成, 「東林會約」(鄧洪波, 『中國書院學規集成』, 231~238쪽).

학의 학술 주장을 반대하는 뜻을 천명(闡明)하고 있다.

고헌성에 의하면 주희의 「백록동서원게시」는 옛날을 상고하여 생민(生民)을 서술하고, 법칙을 헤아려서 언제나 지켜야할 도리[彝訓]를 차례대로 묶어서 장(章)을 갖추고, 자세하면서도 격식(格式)을 갖추었다고 했다. 또한 성인(聖人)과 초학자 모두 뛰어넘을 수 없는 대본(大本)·대원(大原)·대강(大綱)·대기(大紀)라고 하였다. 그래서 동림의 강회는 당연히 이것에 의거하여 강습해야 한다고 했다. 구체적으로 어디서부터 착수해야 하는 지에 대해 고헌성은 「게시」에 대한 재해석을 통해 네 가지 중요한 핵심을 갖추고[飭四要], 두 가지 의혹을 없애며[破二惑], 아홉 가지 이익을 존중하고[崇九益], 아홉 가지 손해를 막는[屏九損] 조목을 제시하여서 학자들이 함께 지키는 규칙으로 삼았다.

이른바 네 가지 중요한 핵심은 근본을 알고[知本=識性], 뜻을 세우고[立志], 경전을 높이고[尊經], 기미를 살피는 것[審幾]을 일컫는데, 학문에 힘쓰고[爲學], 학문을 하고[治學], 학문을 연구하는데[講學] 있어서 가장 중요한 대목이라고 할 수 있다. 세상 사람들이 강학에 대해 말하는 두 가지 의혹[二惑] 중 하나는 강학이 현실과 관련이 멀어서 절실하지 않고, 또 높고 아득하여 따르기가 어렵다는 것이며, 다른 하나는 학문을 하는데 있어 몸소 행하면[躬行] 되는데 굳이 강학을 할 필요가 있겠는가라는 것이다. 그리고 아홉 가지 이익은 강학의 장점뿐만 아니라 강학의 방법도 언급한 것이다. 오계삼(吳桂森, 1565~1632)은 아홉 가지 이익에 대하여 다음과 같이 요약하였다.

> 아홉 가지 이익은 국가가 학교를 설립하여 사람들에게 성현(聖賢)이 되는 기초를 가르치고, 과명(科名)을 그치지 않지만 강학을 저버리지 않는 것이 첫 번째이다. 같은 뜻을 가진 많은 사람들을 연결하는 것이 두 번째이다. 삼엄하게 지시하는 것이 세 번째이다. 단정하고 엄숙한 습관이 네 번째이다. 스승을 계승하고 뜻이 맞는 벗을 구하는 것이 다섯 번째이다. 견문(見聞)이 넓고 깊어지는

것이 여섯 번째이다. 하루 동안 미리 가서 살피고, 장래를 계산할 수 있는 것이 일곱 번째이다. 다른 사람의 허물을 꾸짖고, 나의 허물은 매우 무겁게 꾸짖는 것이 여덟 번째이다. 내가 스스로 일어서서 진실로 의리를 세우는 것이 아홉 번째이다. 무릇 이러한 이익으로 평생을 수행하면 어찌 작은 일이겠는가. 그런 연유로 사람들이 아는 바를 취하려고 한다.[68)]

마지막으로 반드시 제거해야할 아홉 가지는 비루하고[鄙], 편벽되며[僻], 도둑질하고[賊], 진실되지 않으며[浮], 망령되고[妄], 의지하고[怙], 화내고 [悸], 교만하고[滿], 거친[荊] 것을 말한다.

동림서원의 강학운동은 짧은 기간 내에 천하에 명성을 떨쳤으며, 만력 말기에 와서 동림·관중(關中)·자양·강우(江右)의 사대서원 단체를 형성하는 데 이르렀다. 강학하는 사람은 대부분 정쟁 속에 숙청을 당했던 관원들이었다. 가정~만력 연간의 서원 금훼(禁毀)가 준 교훈이 있었기에 특별히 서원규정에 시정(時政)을 의논하지 않고, 조정과 군읍의 득실을 이야기하지 말라고 명시하였다. 그렇지만 본래 충신으로서 매사에 성현들의 가르침을 따라 할 수밖에 없었다. 그래서 그들이 강학하는 서원은 사업을 잘 해나가는 것이 바로 학문을 하는 것[事卽是學]이고, 학문을 잘하는 것이 바로 사업을 하는 것[學卽是事]이므로, 사업을 제외한 학문은 없다[無事外之學]는 학술 원칙을 따랐다. 나아가 가정과 국가와 천하의 사업에 관심을 벗어나지 않으면서 청의(淸議)와 공정(公正)의 화신이 되었다. 게다가 반대파의 탄압은 강학의 장소였던 서원이 점차 사회단체·정치적 성격을 지닌 사회 민간조직으로 태어나게 촉진하였으며, 아울러 '동림당(東林黨)'이라는 이름도 붙여졌다. 특히 이삼재(李三才, 1552~1632)의 입각(入閣), 경찰(京察),

---

68) "九益者 國家設學 本敎人爲聖爲賢 非止科名 講學庶幾不負 一也, 廣聯同志 二也, 指視森嚴 三也, 整肅習氣 四也, 尋師覓友 五也, 廣見博聞 六也, 一日之中 可以按 旣往 可以籌將來 七也, 人之責望我者甚重 八也, 我之自樹立者方眞 九也, 凡此之 益 陶鑄生平 豈係細事 故欲人知所取."

정격(挺擊), 홍환(紅丸), 이궁(移宮) 등 일련의 큰 정치 사건들을 겪은 후 동림서원은 강학서원의 대명사로 되었으며, 동림당과 동일시되었다.

천계(天啓) 초년 환관 위충현(魏忠賢, 1568~1627)을 수장으로 한 엄당(閹黨) 집단이 특무기관인 동창(東廠)과 금의위(錦衣衛)를 통해 권세를 휘두르고 정치를 어지럽혀서 동림당 인물들을 격분시켰다. 양자 간의 불가피한 대립은 결과적으로 혹독한 '동림당안(東林黨案)'을 초래하였다. 동림당으로부터 모든 동림 강학서원에 재앙이 미쳐서 명대 서원은 가정~만력 이래로 세 번째 금훼(禁毁) 당하는 화를 입었다. 1625년(천계 5) 엄당은 수도의 수선서원(首善書院)부터 시작하여 교지(矯旨)를 내려 모든 동림 강학서원을 금훼하라고 명하고, 동림당 뿌리를 끊어버리려고[69] 하였다. 동림의 제군자(諸君子)들도 박해를 당하여 살아있는 자는 삭적(削籍)되고, 죽은 자도 추탈(追奪)[추가로 삭적]됐으며 이미 삭탈로 다스린 자는 금고(禁錮)하였다.[70] 이 사건을 겪으면서 동림서원과 동림당은 치명적인 충격을 받았다. 그 다음해 3월 고반룡(高攀龍), 주기원(周起元) 등 '강남칠군자(江南七君子)'가 죽임을 당했고, 4월에는 동림서원에 기와 조각과 서까래 하나도 남기지 말라는[71] 훼철 명령이 내려져서 폐허가 되었다.

이처럼 가혹한 환경 속에 각 지역의 관민들이 자기의 방식으로 엄당의 횡포에 대항하기 시작하였고, 서원 금훼령의 실행을 거부하였다. 덕분에 금령의 확산 범위가 어느 정도 억제되었고 실제로 철폐된 서원은 28개소 정도로 확인된다. 숭정 조에 위충현이 실각하고 서원을 복건하는 조령이 내려졌지만 당시는 명나라 말기의 왕조 쇠락기로서 서원은 이미 세 차례의 훼철로 다시 일어나지 못하였다.

---

69) 張廷玉等, 『明史』 卷305, 「魏忠賢傳」, 7820쪽.
70) 東林書院志整理委員會整理, 『東林書院志』, 北京: 中華書局, 2004, 802쪽. "生者削籍, 死者追奪, 已經削奪者禁錮"
71) 「縣申拆毀書院緣由」(東林書院志整理委員會整理, 『東林書院志』, 565쪽). "不許存留片瓦寸椽"

V. 청대 서원의 궤적 : 자성·획일·변혁

1. 남송으로 되돌아가기: 벽왕숭조(闢王崇朱)의 사상적 조류 속 청나라 초기 서원 건립

청나라(1636~1912)는 원나라 다음으로 소수민족에 의해 건립된 두 번째 대통일 왕조이다. 만청(滿淸)이 입관(入關) 후 즉시 명나라의 구례(舊例)에 의해 학교를 건립하고, 과거를 실시해 인재를 뽑기 시작하였다. 문교정책에 있어 청나라 초기에는 대체적으로 명나라의 '교화는 학교로서 본원을 삼는다'는 정신을 지속하였으며, 서원은 명나라 초기 서원처럼 국가교육 시스템에 편입되지는 않았다. 청나라 초기의 서원 정책은 명나라보다 완화된 편이었고, 명나라처럼 전국적인 서원 훼철은 발생하지 않았다. 통계에 의하면 명나라 말기 이래로 민간서원의 발흥 추세가 청나라 초기에 와서도 계속 유지되었다. 순치·강희·옹정 연간(1644~1735)에 신축 및 복건된 서원은 총 1,424개소로 청나라 전체 시기 서원수의 24.4% 차지하며, 명나라 전체 시기 서원수와 비교해도 불과 538개소의 차이였다.[72]

청나라 초기의 서원은 대체적으로 명나라 말 이래의 강학 풍습을 계승하였다. 그러나 명·청 교체의 영향으로 인해 사인들이 명나라 멸망의 교훈을 반성하면서 때때로 왕학[양명학] 말류(末流)를 시인하고, 고원(高遠)하고 공소(空疏)한 폐단을 극복하였다. 이것이 바로 훗날 양계초(梁啓超, 1873~1929)가 말했던 '이학 내에서의 반동(反動)'이었다.[73] 반동의 첫 단계는 바로 양명학에서 주자학으로의 복귀였다. 이로 인해 주자학을 원용(援用)하여 양명학[왕학]에 들고, 양명학으로 말미암아 주자학으로 되돌아오는 풍속이 청나라 초기 '존주(尊朱)'의 문교정책 아래 널리 확산되었다.

---

72) 鄧洪波, 『中國書院史(增訂版)』, 武漢: 武漢大學出版社, 2012, 456쪽.
73) 梁啓超, 『中國近三百年學術史』, 1~10쪽.

예를 들어 하남지역 같은 경우 청나라 초기의 이학 부흥운동은 명나라 유민인 손기봉(孫奇逢, 1584~1675)에 의해 시작되었다. 손기봉의 학문은 세 단계의 변화가 있었다. 초기에는 정주학을 매우 독실하게 지켰었고, 30세 내 녹선세(鹿善繼, 1575~1636)와 함께 『진습록』을 읽으면시 '지행합일(知行合一)'로 생생히 얻는 게 있어서 그 안에서 침식할 정도였다.[74] 만년에는 주자학과 양명학의 파벌에 얽매이지 않고 융합을 주장하였다. 손기봉의 강학 활동은 북방의 학자들이 대개 그의 문하에서 나왔다고[75] 할 만큼 북방에서 매우 큰 영향력을 가지고 있어서 그를 핵심으로 한 '하봉학파(夏峰學派)'가 형성되었다. 그가 죽은 후 문인 경개(耿介, 1623~1693)가 북송 사대서원 중 하나였던 숭양서원을 중수하였고, 그곳에서 강학활동을 전개함으로써 후(後)하봉 시대의 서원-이학 네트워크를 구축하였다.

경개는 초기에 양명학의 영향을 많이 받았으나, 뒤에 다시 정주학으로 돌아갔다. 그의 강학은 양명학[왕학]을 물리치고, 주자학을 숭상하는 '벽왕숭주(闢王崇朱)' 특징을 갖고 있었다. 서원 활동에 있어서 그는 주희의 백록동서원을 모범으로 삼았다. 그가 『백록동서원지(白鹿洞書院志)』를 모방하여 작성한 『숭양서원지(嵩陽書院志)』에는 백록동서원이 여러 면에서 청나라 초기의 숭양서원에 많은 영향을 끼쳤다는 점을 잘 나타냈다. 예를 들어, 백록동서원에는 도통정맥(道統正脈)의 소재를 의미하는 예성전(禮聖殿), 종유사(宗儒祠)가 갖추어져 있는데, 『숭양서원지』에 의하면 '지금의 숭양서원 역시 이 제도를 모방하여 별도로 삼현사(三賢祠)라 하고 이정(二程)과 주자를 제사지낸다'[76]라고 기록되어 있다.

---

74) 湯斌·耿极, 『孫夏峰先生年譜』(張顯淸 主編, 『孫奇逢集』中, 鄭州: 中州古籍出版社, 2003, 1383쪽). "知行合一 躍然有得 自是寢食其中"

75) 黃宗羲, 「征君孫鐘元先生奇逢」, 『明儒學案』下, 北京: 中華書局, 1985, 1371쪽.

76) 耿介, 『嵩陽書院志』(鄧洪波 主編, 『中國書院文獻叢刊』(第一輯)第72冊, 北京: 國家圖書館出版社·上海: 上海科學技術文獻出版社, 2018, 301쪽). "今嵩陽書院亦 仿此制 別爲三賢祠 祀二程朱子"

뿐만 아니라 장서와 학전제도 및 내용의 설계 역시 모두 백록동서원의
이전 방식을 따라 하였다. 경개는 또한 「백록동서원게시」가 새겨져 있는
비석을 서원에 세워 '나와 다른 사람이 함께 서로 더불어 그 의리를 곱씹
어 따지고서 그것을 궁행실천하고, 성현(聖賢)을 본받으면 대도(大道)가 내
게 있게 된다'[77]고 했다. 서원 회강(會講)을 시행할 때 경개와 동도(同道)인
두극근(竇克勤, 1653~1708)이 「백록동서원게시」와 『효경(孝經)』을 같이 강
의하였는데, 하봉학파가 일상에서 인륜을 실천하는 사이에 천리를 깊이 이
해하는 것을 중요시하는 학술 특징이 드러난다.

청나라 초기 사상·윤리질서의 재건 과정에서 「백록동서원게시」는 많은
학자들의 관심을 끌었다. 강남의 학자 왕주(王澍, 1668~1739)는 격치(格致)
의 해석이 왕백안[왕수인] 이후로 병폐가 났다고 했다. 즉 정주의 격물치지
론이 방대하여 학자들이 단서를 찾을 수 없자 마침내 정주의 책을 폐기하
였다는 것이다. 그런 연유로 수년 동안 노력하여 정주의 대전(大全)을 살펴
보고서 다시 이를 따르며 성현의 깊은 뜻을 엿보고는[78] 1703년(강희 42)
『주자백록동규조목(朱子白鹿洞規條目)』을 완성하였다. 이 책은 총 20권으
로 구성되어 있으며 「백록동서원게시」를 대강으로 각 조목을 분류하고 경
사백가(經史百家)의 학설로서 인증하였다. 실제 이 책은 가장 치밀하고 상
세한 「백록동서원게시」 주해서(注解書)로 평가된다.

청나라 초기에는 이학 명신들 역시 주희의 「백록동서원게시」로서 그들
의 서원 건립을 지도하였다. 복건성 순무였던 장백행(張伯行, 1651~1725)
은 민학(閩學=주자학)의 유업을 발전시키기 위해 오봉서원(鰲峰書院)을 건
립하고, 서원 제생을 위해 『학규유편(學規類編)』을 편찬하였다. 이 책은 「백

---

77) 耿介, 「跋白鹿洞學規」, 『敬恕堂文集』(鄭州: 中州古籍出版社, 2005, 128쪽). "我同
人相與 尋繹其義 而窮行實踐之 則聖賢可學 而大道在我矣"
78) 王澍, 「朱子白鹿洞規條目」(鄧洪波 主編, 『中國書院文獻叢刊』(第二輯)第70册, 北
京: 國家圖書館出版社·上海: 上海科學技術文獻出版社, 2019, 281쪽). "以窺程朱
之大全 更循是以窺聖賢之奧矣"

록동서원게시」로 시작하여 주자의 「학교공거사의」로 끝을 맺었다. 그 내용을 보면 '옛날 성현의 학문을 하는 조목을 뽑아서 가려내고, 더불어 그것을 따라 들어가는 길에 힘쓰는 핵심을 종류별로 모아서 책을 만들었다'[79]고 했다. 앞서 서술한 「정동이선생학칙」, 「서산진선생교자재규」, 「호분경속백록동학규」, 「정단례독서일정술어」도 모두 실려 있는데, 청나라 초기 묘당(廟堂)의 이학 교육사상을 하나로 모아서 보여준다.

청나라 초기 서원이 빠른 속도로 발전하게 된 것은 강희제(康熙帝)의 장려 정책과 밀접한 관계가 있다. 지방관의 요청으로 서원에 서책[賜書]과 현판[賜額]을 내리는 것이 강희연간 조정의 서원 지원책의 가장 큰 특징이었다. 이 점은 남송시기의 상황과 매우 유사하였다. 1676(강희 15)~1722년(강희 61)까지 사액을 받은 서원은 23개소이다. 명나라의 경우 지방서원이 사액 받은 사례가 매우 드물다는 것과 대조적이다.[80] 당시 청나라 조정에서는 서원의 발전에 직접적으로 관여하지 않았고, 서원을 국가교육체계에 편입하지도 않았다. 옹정(1723~1735) 연간에 와서야 청대의 서원정책에 비로서 공식적인 변화가 나타났다.

2. 서원 체계의 확립과 보완

옹정(雍正)대는 청대 서원정책이 적극적인 지원책으로 변화한 시기였다. 1733년(옹정 11) 조정에서는 성회서원(省會書院)을 창건하라는 조서를 내렸는데 그 내용은 다음과 같다.

총독(總督)과 순무(巡撫)가 근무하는 곳을 성회(成會)의 장소로 하여서 해당

79) 張伯行, 「學規類編」(鄧洪波主編, 『中國書院文獻叢刊』(第二輯)第1册, 3쪽). "采撫 昔聖賢 所以爲學之目 與夫從入之途 用功之要 類集成帙"
80) 陳時龍, 「明人對書院的態度－以明代地方志的書院記載爲考察對象」, 『明史研究論 叢』 第12輯.

총독과 순무가 협의하여 봉행하도록 한다. 각각 탕금(帑金=국고) 1,000냥을 내려 주어서 장차 사자들이 무리지어 모여 독서하러 오면, 반드시 미리 형편을 헤아려서 그들이 공부하는 자금으로 영구히 베푼다. 그 부족한 자금은 남은 공은(公銀) 내에서 지불하여 쓴다.[81]

이에 따라 각지 총독이나 순무들이 조정의 명에 의해 공금[公帑]을 조달하여 서원을 새로 짓거나 확대·수리함으로써 건륭 이전까지 보정(保定) 연지서원(蓮池書院), 제남(濟南) 낙원서원(濼源書院), 태원(太原) 진양서원(晉陽書院), 개봉(開封) 대량서원(大梁書院), 강녕(江寧) 종산서원(鐘山書院), 소주(蘇州) 자양서원(紫陽書院), 안경(安慶) 수영서원(修永書院: 훗날 敬敷로 개칭됨), 항주(杭州) 부문서원(敷文書院), 복주(福州) 오봉서원(鰲峰書院), 남창(南昌) 예장서원(豫章書院), 무창(武昌) 강한서원(江漢書院), 장사(長沙) 악록서원(嶽麓書院), 조경(肇慶) 단계서원(端溪書院), 광주(廣州) 월수서원(粤秀書院), 계림(桂林) 수봉서원(秀峰書院), 성도(成都) 금강서원(錦江書院), 곤명(昆明) 오화서원(五華書院), 귀양(貴陽) 귀산서원(貴山書院), 서안(西安) 관중서원(關中書院), 난주(蘭州) 난산서원(蘭山書院) 등 20개 성회서원을 확보하였다. 창건된 성회서원은 18개 행성(行省)의 수도에 최고 학부(學府)로 있었다. 이것은 관에서 운영하는 서원교육체계의 마지막을 도와서 기초를 다졌으며, 청대 서원의 발전과 창조성에 공헌하였다.

건륭(1736~1795)대에 이르러 청나라 정부의 서원정책은 더 이상 동요치 않고 지지에서 통제로 옮겨갔다. 서원 창건은 중앙에서 지방까지 하나로 통합하는 제도를 완성하고, 명확한 관판(官辦)서원 교육체계를 주요 목표로 하는 성격을 규정했다. 1736년(건륭 원년)에 다음과 같은 상유(上諭)가 내려졌다.

---

81) 陳谷嘉·鄧共波, 『中國書院史資料』, 855쪽. "督撫駐紮之所 爲省會之地 着該督撫商酌奉行 各賜帑金一千兩 將來士子群聚讀書 須預爲籌劃 資其膏火 以垂永久 其不足者 在於存公銀內支用"

서원의 제도는 인재를 인도하여 나가는 곳으로서 넓은 학교에 미치지 못하는 곳이나, 우리 세종헌황제[옹정제]의 명령으로 성회서원(省會書院)을 설립하고서 공금[帑金]을 보태어 학비[膏火]의 자금으로 삼도록 하시니 호의가 지극히 두터웠다. 옛날에 향학(鄕學)의 수재(秀才)를 국학에 올리기 시작한 연유는 그 당시 제후국은 모두 학교가 있었기 때문이다. 지금은 부·주·현학을 함께 건립했으나 차례대로 승진하는 법이 없다. 국자감이 비록 수도[京師]에 설립되었으나 거리가 멀고 사방의 선비들이 모두 모이기 불가능하다. 그런 즉 서원은 곧 옛 제후국의 학교이다. 강의하는 자리에 앉는 사람은 진실로 노성(老成)하고 오랜 명망을 가진 자가 마땅하다. 그래야 종유[從遊]한 사인들 또한 틀림없이 마음가짐과 품격을 세워 부지런히 배우고, 다투어 스스로 몸을 닦으며 서로 살펴서 선(善)함을 쫓는다. 많은 인재가 목적한 바를 이루고, 조정에 근무할 대비를 한다. 교육의 의미를 저버리는 않는데 겨우 거업(擧業)을 책망하는 것은 유생의 하찮은 일이 이미 되었다. 하물며 가령 마음과 뜻이 서로 통하는 소재로서 지나치게 칭찬하는 도구로 삼으면, 안으로는 심신에 이익이 없고 밖으로는 민물(民物)에 보탬이 없다. 나아가 문장으로 명성을 얻고, 옛날의 훌륭한 말을 앙모하는 자를 깍아 내리면 또한 다수에게 이득이 아니니 정녕 사인을 양성하는 처음의 뜻이겠는가. 해당 부서에서는 즉시 각 성의 총독·순무·학정에게 문서를 보내어 무릇 서원의 장(長)은 반드시 경학에 밝고 행실이 착하여, 족히 많은 사인들의 모범이 되는 자를 가려서 예로써 정중히 청하도록 한다. 배우러 와서 머무는 생도는 반드시 향리에서 특히 우수하고 성정이 깊고 차분하게 학문하는 자를 가려 뽑는다. 학문을 익히는 가운데 그 재주만 믿고 큰소리만 치거나, 진도가 늦고 통제되지 않는 사인은 서원 안에 함부로 들어오지 못한다. 주자의 「백록동규조」를 본떠서 의절(儀節)로 정하고 그들의 심신을 검속(檢束)하며, 「분년독서법」을 본떠서 교과의 표준으로 한다. 생도는 경사(經史)를 완전히 이해하도록 하고, 가르치는 인물을 받들지 않음이 있으면 곧 지체하지 말고 물리친다. 학신이 3년의 임기를 채우면 심사를 상의하는데 결과적으로 가르치는 방법이 볼만하여 인재가 늘었으면 각각 장려(獎勵)를 더해준다. 6년 후 교육의 효과가 뚜렷하게 있으면, 이를 헤아려 의서(議敍)[82]하도록 주청(奏請)한다. 모든 생도 가운데 재기(材器)가 특히 남다른 자는 법령에 준하여 1~2인을 추천함으로써 더욱 힘을 내도록 격려한다.[83]

위 상유는 청대 서원 건설정책에 관한 가장 중요한 공식 자료이다. 그 내용은 다음 몇 가지가 있다.

첫째, 서원은 일종의 교육기관으로서 인재를 인도하여 나아가는 곳이지만 넓은 학교에 미치지 못하는 곳이라는 것이다. 둘째, 성회서원을 중앙 국자감과 지방 부·주·현학의 학교를 연결하는 위치로 정하였다. 성회서원을 옛날 제후국의 학교라는 명분으로 국가의 교육체계에 편입함으로써 중앙 및 지방관학 사이에 차례차례 승진하는 모범을 형성하도록 했다. 셋째, 서원에서 학문을 하는 방침은 마음가짐과 품격을 세워서 부지런히 배우는 것으로 확정하였다. 그래서 내적으로 심신을 유익하게 하며, 외적으로 민물(民物)을 더하도록 해서 인재를 양성하고, 조정에서의 임용을 대비하도록 했다. 다만 거업(擧業)에만 몰입하는 것은 중요치 않은 일[末務]이고, 문장으로 유명해짐을 깔보는 것도 교육의 참 뜻이 아니라는 점을 강조하였다.

---

82) 공적이 뛰어난 관원에 대하여 해당 部에 交付하면, 해당 부가 자세히 조사한 다음 주청해서 加級이나 紀錄 등을 해 주어 장려하는 청나라 제도이다.

83) 陳谷嘉·鄧洪波, 『中國書院史資料』, 857쪽. "書院之制 所以導進人材 廣學校所不及 我世宗憲皇帝命設之省會 發帑金以資膏火 恩意至渥也 古者鄕學之秀 始升于國 然其時諸侯之國皆有學 今府州縣學并建 而無遞升之法 國子監雖設于京師 而道里遼遠 四之士不能宵會 則書院卽古侯國之學也 居講席者 固宜老成宿望 而從遊之士 亦必立品勤學 爭自濯磨 俾相觀而善 庶人材成就 足備朝廷任使 不負敎育之意 若僅攻擧業 已爲儒者末務 況藉爲聲氣之資 遊易之具 內無益于身心 外無補于民物 卽降而求文章成名 是希古之立言者 亦不多得 寧養士之初旨耶 該部咨行文各省督撫學政 凡書院之長 必選經明行修 足爲多士模範者 以禮聘請 負笈生徒 必擇鄕里秀異 沉潛學問者 肄業其中 其特才放誕 佻達不羈之士 不得濫入書院中 酌倣朱子白鹿洞規條 立之儀節 以檢束其身心 倣分年讀書法 子之程課 使貫通乎經史 有不率敎者 則擯斥勿留 學臣三年任滿 諮訪考核 如果敎術可觀 人材興起 各加獎勵 六年之後 著有成效 奏請酌量議敍 諸生中材器尤異者 准令荐擧一二 以示鼓勵"

넷째, 초빙할 산장의 자격으로 경학에 밝고 덕행을 닦아서, 족히 많은 사인(士人)들의 모범이 될 만한 노성(老成)하고 오랜 명망을 가진 유학자라고 규정하였다. 그래서 3년차에는 심사[考核]하고, 6년차에는 의서(議敍)하여 학술이 훌륭한 자는 장려를 했다. 다섯째, 생도로 선발되는 자격은 우선 향리에서 특히 우수하고, 학문에 집중하는 자여야 했다. 허튼 소리를 하고 통제되지 않는 자가 서원에 함부로 들어오는 것을 방지하고, 학업이 우수한 학생은 관직 임용에 천거한다고 했다. 여섯째, 「백록동규조」를 학규로 하고, 「독서분년법」을 본받아서 과목의 단계를 설정했다. 또한 의절을 규정하여 심신을 단속하고, 경사(經史)를 중요시 했다. 기율(紀律)을 엄숙히 해서 가르침을 따르지 않는 자는 모두 지체하지 말고 쫓아내도록 했다.

그 후에도 건륭제의 유지(諭旨)가 몇 번 더 내려지면서 서원 관리, 원장 초빙, 생도 선발 등의 표준 규범이 되었다. 예를 들면 산장은 '원장'이라고 개칭하고, 총독·순무·학신(學臣)은 본성과 이웃한 성(省)에서 출사(出仕) 유무를 구분하지 않고, 경학에 밝으며 덕행을 닦아서 족히 많은 사인들의 모범이 되는 자를 선택하여 예로써 찾아가 초청하도록 했다. 서원생도에 대해서는 성에 머무르는 도원(道員)이 오로지 학습하는 것을 점검하여 각 주현에서 공평하게 가려 뽑으면, 포정사(布政使)가 그 도원과 회동하여 더욱 신중히 조사[考驗]해서 결과적으로 재질을 키워나갈 수 있는 자들을 묶어서 서원에 머물며 수업하도록 허락했다.

또한 나머지 각 부·주·현의 서원은 혹 유력한 인사[紳士]가 자금을 기부하여 창립하거나, 혹 지방관이 공금의 일부를 관리하면 모두 그 담당 관청에 사실을 조사하여 보고하고, 각 처의 서원은 강습을 오랫동안 비우지 말도록 했다. 이외에도 부모의 상을 당하여 본적지에 있는 관원을 원장으로 초빙하면 안 되고, 교관이 서원의 사장(師長=스승)을 겸임할 수 없다는 것[84] 등을 제도적으로 규정하였다. 이처럼 각 지역 부·주·현 관방(官方) 서

---

84) 『欽定大淸會典事例·禮部』 卷33, 光緖二十五年刊本.

원들이 설립됨에 따라 위로는 기존의 성회서원으로부터 아래로는 부·주·현의 서원들이 정비되어 상하 일체의 서원 교육시스템이 형성되었다.

한편, 교학(敎學) 정도와 학술연구 수준의 차이에 따라 청대 서원은 등급별로 차이가 나타났다. 전체적으로 볼 때 가장 낮은 등급으로는 사사로이 설립한 가족서원과 향촌에서 운영[民辦]하는 향촌서원이 있고, 중간 등급으로는 현(縣)에서 세운 서원이 있으며, 높은 등급으로는 주·부·도·성·연성(聯省)의 각급 서원이 있다. 낮은 등급의 서원은 수량이 가장 많고 널리 보급되어 있어서 문화지식의 전파뿐만 아니라 유학 사상을 대중화시키고, 나아가 민간 신앙과 가치관을 형성하는 데도 중요한 역할을 하였다. 향촌사회에 자리 잡은 이 서원은 더 높은 등급의 서원들로 나가는 출발점이었다.

중국 서원의 등급적 구조형태를 탑(塔)으로 표현한다면 아래 등급의 서원들은 바로 탑의 튼튼한 밑받침이다. 그 다음에 탑의 몸체로 볼 수 있는 중간 등급의 현립서원은 사립서원, 향촌서원의 윗 등급인 동시에 관립서원의 최저 등급에 있는 이중적인 존재로서 문화지식의 전파와 유학 이념을 정치화하고, 나아가 정부 의지로 민간 신앙과 가치관을 영향시키는 역할을 하고 있었다. 그리고 높은 등급의 서원은 탑의 꼭대기 부분으로서 한편으로는 학술이념의 정치화 임무를 분담하고 있고, 다른 한편으로는 학술연구, 유가 정신의 창립, 학파의 형성에 영향력을 발휘하고 있었다. 주목할 점은 유명한 학술대가들이 창건한 서원이나 그들의 주도 하에 운행된 서원들은 관립이나 민판에 상관없이 전부 최상위 등급의 서원으로 보아야 한다. 이처럼 완전한 서원교육체계가 확립됨에 따라 중국 서원은 보급화·성숙화 단계에 진입하였다.

3. 19세기 하반기 이후 서원의 근대적 변천

19세기 하반기 이래로 청나라가 태평천국의 난을 평정하고 '동광중흥(同光中興)'의 시대를 맞이하였다. 동치(同治)·광서(光緒) 연간(1862~1908)

서원은 초고속으로 발전하기 시작하였고, 이 기간에 신축된 서원 수가 무려 1,233개소에 이르렀다. 이것은 지난 1,300년 역사상 미증유의 성황이었다. 뿐만 아니라 시대의 발전에 따라 중국 사회에 날로 확대되고, 급격하게 변화하는 문화 교육 요청에 맞추어서 '신학(新學)'과 '서학(西學)'을 도입하여 연구 및 교육활동을 전개하였다. 또한 서원 자체의 신속한 변화, 개조와 개혁을 모색하면서 고대에서부터 근대·현대로 발전해 나가는 여정을 시작하였다.

동치·광서 연간의 서원 개혁은 실제로 전통 서원의 개조와 새로운 형태의 서원 창건이라는 두 가지 측면을 포함하고 있었다. 외적으로는 열강의 침략으로 인한 국가·민족의 멸망 위기가 있었고, 내적으로는 자체의 심각한 폐단이 쌓여있었기 때문에 서원의 개혁은 피할 수 없었다. 서원의 적폐는 여러 면에서 나타났는데 관학화 정도가 심각하여 과거에 종속[附庸]되었다는 지적도 있고,[85] 산장이 학문에 관심이 없고 유명무실하여 사인의 기풍이 자만하고 언제나 말썽을 일으키는 발단이 된다는 것도 있다. 또한 많은 과목의 첩시[帖括][86]는 실용에 보탬이 되는 게 없으며, 글 짓는 흉내는 내지만 의지와 취향은 비루(卑陋)하다는 비판도 있다.[87]

서원 개혁은 이와 같은 적폐를 겨냥해서 실시되었는데, 그 내용은 주로 다음 두 가지가 있다. 하나는 실용에 무익한 과업을 경세치용(經世致用)의 학문으로 나아가 신학과 서학으로 대체하는 것이다. 다른 하나는 규정을

---

85) 田正平·朱宗順, 「傳統敎育資源的現代轉化」, 『中國書院』 第5輯, 長沙: 湖南敎育出版社, 2003, 85~87쪽.

86) 당대의 과거에서 경서를 시험보이는 방법 중 하나이다. 경서에 있는 몇 글자를 인용하여 출제한 문제에 대해 그 경서의 글을 총괄하여 답안을 작성하는 시험 방법이다. 일설에는 경서의 글을 군데군데 종이로 바르고 그 글자를 알아 맞추게 하여 응시자의 학력을 측정하는 시험 방법이라고도 한다(『한국고전용어사전』, 세종대왕기념사업회, 2001).

87) 葛飛, 「晚淸書院制度的興廢」, 『史學月刊』 第1期, 1994. "士風浮誇 動滋事端 多課帖括 無裨實用 注重膏獎 志趣卑陋"

새로 제정하여 관의 권한을 삭감·한정시키는 반면 사신(士紳)[지방의 재력가] 등의 민간 세력을 끌어들여 서원 운영에 참여시키고 산장의 자격도 제도적으로 규정하였다.

전통서원 개조에 관해 가경·도광 연간(1795~1820) 완원(阮元, 1764~1849)의 고경정사(詁經精舍)와 학해당(學海堂) 창설 활동은 그 출발점이라고 할 수 있다. 그의 목표는 과거화(科擧化)를 제거하는 데에 있고, 경사와 실학(實學)연구, 경전에 통달해 실용에 이른다는 통경치용(通經致用)을 중요시하였다. 1831년(도광 11) 호남 순무 오영광(吳榮光, 1773~1843)이 학해당의 제도를 본받아 악록서원 내에 상수교경당(湘水校經堂)을 건립하였다. 교육과목은 경의(經義), 치사(治事), 사장(詞章)의 세 과목으로 나누었고, 한학(漢學)과 송학(宋學)을 병행하였다. 이어서 1890년(광서 16) 교경서원(校經書院)이 정식적으로 설립되었다. 교경서원에는 경사(經史)의 대의(大義)와 그 시대의 시급한 일을 목표로 한 경의재(經義齋)와 치사재(治事齋)가 설치되어 있었다. 경전을 통하여 실용에 이른다는 학술 주장과 세상을 다스려 나라를 구한다는 치세구국(治世救國)의 정치현실이 여기서 융합되었다.

1894년(광서 20) 갑오전쟁 후 새로 부임한 학정(學政) 강표(江標, 1860~1899)는 풍속을 변화시켜 어지러운 세상을 새롭게 바로잡는 것을 사명으로 삼아 교경서원에 대한 개조와 혁신을 전개하였다. 장서루를 새로 지어 중학(中學)과 서학(西學)의 서적을 모아놓고, 서원 과정을 경학·사학·장고(掌故)[역사적 유래가 있는 어휘나 이야기]·여지(輿地)·산학(算學)·사장의 6과목으로 변경하였다. 또한 천문·여지·측량(測量)·광학(光學)·화학(化學)·광물[礦]·전기학(電氣學)의 각종 기계를 시험하여, 여러 학생들이 옛 학문을 궁구하는 것 외에도 겸하여 현재의 학문도 알도록 했다.

그는 별도로 산학(算學)·여지·방언(方言) 등의 학회들을 설립하고, 「교경학회장정(校經學會章程)」을 제정하였다. 또한 사학·장고·교섭(交涉)·상학(商學)·여지·산학의 6가지 내용을 갖춘 『상학보(湘學報)』를 정기적으로 출판하여, 교사와 학생들의 연구 성과를 발표함으로써 유신변법(惟新變法)

사상을 선전하였다. 이를 따라서 호남성[湘省]의 학습 풍속도 크게 변모하였다.[88] 몇 차례의 점진적인 개혁을 통해 서원에서 추구한 학문 주제는 경세치용(經世致用), 통경치용(通經致用)에서 서학(西學)·서예(西藝) 등 자연과학으로 전환되었고, 전통 서원의 근현대적 변형의 가능성을 보여주었다.

새로운 형식의 서원은 연구와 교육내용에 이전에 없었던 서학 내용을 추가하는 것이 그 주요 특징이다. 새로운 형식의 서원은 창건자별로 식견이 있는 중국인이 창건한 서원, 외국인이 창건한 서원, 중외(中外)인사가 공동으로 창건한 서원으로 나눌 수 있다. 외국 선교사가 창건한 교회서원(教會書院)은 100여 개소가 있었는데 동·광 연간 특히 광서연간(1875~1908)에 들어 종교적 색채가 약화해지고, 성학(聲學)·광학·화학·전기학 등 근현대 과학기술지식 관련 내용이 대폭 추가되었다.

예를 들어 선교사 존 알렌 영(林樂知, 1836~1907)이 창건한 상해(上海) 중서서원(中西書院)은 수학계몽, 대수학 구고법(勾股法)[피타고라스의 정리], 평삼각(平三角), 호삼각(弧三角), 화학, 중학(重學), 항해측량(航海測量), 천문측량(天門測量), 지학(地學), 금석류고(金石類考), 금음(琴韻), 서어(西語), 만국공법(萬國公法) 등의 과목을 설치하였다. 또한 중국 학생의 요구를 맞추기 위해 심지어 서학을 익혀 시무(時務)를 통달하고, 더하여 마땅히 중학(中學)을 겸하여 익혀서 과명(科名)을 얻으며, 기존에 과명을 이루었으면 서학으로 연유해 능력을 과시한다고 표방하였다.[89]

중국인의 신식서원 창건은 처음에 전통서원 개조와 같이 시작한 것이다. 예를 들어 상해 구지서원(求志書院) 같은 경우 1876년(광서 2) 순도(巡道) 풍준광(馮焌光, 1830~1878)에 의해 창건되었다. 이곳에서는 경학재·사학재·장고재·산학재·여지재·사장재 등 6재(齋)로 나누어져 있었는데, 계

---

88) 劉琪·朱漢民, 「湘水校經堂述評」, 『岳麓書院一千零一十周年紀念文集』, 長沙: 湖南人民出版社, 1986, 26~34쪽.

89) 林樂知, 「中西書院課程規條」(鄧洪波, 『中國書院學規集成』, 131쪽). "習西學以達時務 尤宜兼習中學以博科名 科名旣成 西學因之出色"

절별로 과제를 내어 학업을 심사했다. 또한 사인들이 연령과 지역에 상관 없이 모두 입원 시험을 볼 수 있었다.[90]

갑오전쟁 이전에 중국인이 창건한 신식서원은 전통서원과 긴밀하게 관련되어 있었다. 대체로 구식서원에 서학과정을 추가하는 것이 일반적인데, 중학을 주체로 서학을 보조로 하는 식으로 운영된 것이다. 그 후에 서학부분의 비중이 갈수록 높아짐에 따라 서원의 근현대적 발전 조류가 형성되었다. 중외 공동 창건서원의 경우 상해 격치서원(格致書院)을 예로 들자면 1874년(동치 13) 영국 주상해영사관 영사인 매드 허스트(麥華陀, 1823~1885), 영국 전교사 존 프라이어(傅蘭雅, 1839~1928), 중국인 신사(紳士) 서수(徐壽, 1818~1884) 등이 발기하여 북양대신(北洋大臣) 이홍장(李鴻章, 1823~1901)의 동의를 받아 창건한 것이다. 이처럼 중국·서양의 상류층 상인과 관료[紳商仕官]들이 힘을 모아서 창건한 격치서원은 40년(1874~1914) 넘게 운영되었고, 중·서 문화교류에 뛰어난 성과를 거두었다.[91]

갑오전쟁 후 중국 서원의 근현대화 개혁이 가속되었고, 1896(광서 22)~ 1898년(광서 24) 사이에 형성되었던 서원제도 개혁실천운동은 무술(戊戌, 1898) 유신의 실시로 고조를 이루었다. 서원의 개혁방안으로는 대체로 장정(章程)을 변통하여 서원을 정돈하거나, 새로운 형식의 실학서원을 창건하거나, 서원을 고쳐서 학당(學堂)으로 하는 방안이었다. 이것을 각 성의 총독·순무·학정에게 넘겨 재량에 따라 처리하도록 했다. 1898년(광서 24) 5월 광서제(1871~1908)가 강유위(康有爲, 1858~1927)의 건의를 채택해 두 달 안에 전국 범위의 크고 작은 서원들을 중·서학을 아울러 익히는 학교로 개조한다는 명령을 내렸다. 그러나 얼마 지나지 않아 무술변법의 실패에 따라 무산되었다.

1900년(광서 26) 팔국연합군이 북경에 침입한 다음 해인 1901년(광서

---

90) 『(光緖)松江府續志』卷17, 「學校」, 上海: 上海書店出版社, 2010, 427쪽.

91) 「有關格致書院的貢獻」(王爾敏, 『上海格致書院志略』, 香港: 香港中文大學出版社, 1980 ; 熊月之, 『西學東漸與晚淸社會』, 上海: 上海人民出版社, 1995).

27) 자희태후(慈禧太后, 1835~1908)가 서쪽으로 순수(巡狩) 도중에 '신정(新政)'을 선포하였다. 이에 호광총독(湖廣總督) 장지동(張之洞, 1837~1909), 양강총독(兩江總督) 유곤일(劉坤一, 1830~1902)이 연명 상주하여 「강초회주변법삼절(江楚會奏變法三折)」 중의 제1절인 「변통정치인재위선준지주의절(變通政治人才爲先遵旨籌議折)」을 올렸다. 이들은 중국 내외의 정세와 형편을 헤아려 현재 설립하려는 학당의 방식을 고려해야 한다면서, 문·무·농·공·상·광업(文武農工商礦)를 포괄한 각종·각급 학당의 근대 학제체계를 건립해야 한다고 주장하였다. 청나라 정부는 두 사람의 방안을 채택하여 1901년(광서 27) 서원 제도 개혁에 관한 상유를 내렸다. 그 내용은 다음과 같다.

> 경사(京師)에는 이미 대학당이 있으니 응당 절실하게 정돈하는 데에서는 제외하더라도 각 성에 소유한 서원을 생각하면 성도(省都)에는 대학당을 고르게 개설(改設)하고, 각 부(府)와 직접 예속된 주(州)에는 중학당을 고르게 개설하며, 각 주현(州縣)에는 소학당을 고르게 개설하고, 아울러 양몽학당(養蒙學堂)을 많은 설립한다. 그 가르치는 방법은 마땅히 사서오경으로써 강상대의(綱常大義)의 기본으로 하며, 역대의 역사를 성찰하고, 중외(中外)의 정치예학으로써 돕도록 한다. 심술(心術)을 순정(純正)히 하는데 힘쓰고, 학문과 품행을 서로 닦으며 시무(時務)에 두루 통하고 실학(實學)을 추구한다.[92]

신세기에 내려진 이 서원제도개혁 조령(詔令)은 그 전에 이미 명백한 이유와 계기가 있는데다가 그 후 1902년(광서 28) 임인학제(壬寅學制)와 1903년(광서 29) 계묘학제(癸卯學制)가 뒤따라 나왔기 때문에 보다 원활하게 실

---

92) 陳谷嘉·鄧洪波, 『中國書院史資料』, 2489쪽. "除京師已設大學堂 應行切實整頓外 着各省所有書院 於省城均改設大學堂 各府及直隷州均改設中學堂 各州縣均改設小學堂 倂多設養學堂 其教法當以四書五經綱常大義爲主 以歷代史鑑及中外政治藝學爲輔 務使心術純正 文行交修 博通時務 講求實學"

행될 수 있었다. 그래서 청나라 말까지 각 성 서원들이 대체적으로 학당으로 개조되었고, 민국(民國)시기에 와서는 다시 각 급 학교로 발전하게 되었다. 오랜 역사와 전통을 가진 서원은 이로써 근현대 여정에 넘어가게 되었고, 개혁을 통해 중국 문화교육 발전의 명맥을 이어주었다.

VI. 결론

서원은 당대로부터 탄생한 이후 송대에 와서 독창적인 서원교육제도가 형성되었다. 호굉·주희·장식·여조겸을 비롯한 남송 이학가들이 서원건설운동을 적극적으로 촉진하여 서원의 교육 이념과 운행 방식을 확립함으로써 서원 발전에 크게 기여하였다. 그 중에 주희가 심혈을 기울여 경영했던 백록동서원은 전범적인 의미를 갖고 있으며, 후대 서원의 본보기가 되었다. 주희가 직접 제정한 「백록동서원게시」 역시 높은 관심 속에서 역대 서원들이 계속 사용해왔으며, 그 전승의 과정을 지나면서 서원은 각 시대에 맞춰 다양한 운영 형식을 드러내었다. 그리고 후세 유학자들이 「백록동서원게시」에 대해 끊임없이 재해석하고, 보완·발전시킴으로써 당시 사상·학술계의 주요 과제 그리고 서원 발전 특징을 밝히는 데 중요한 단서를 제공해 주었다. 정단례의 「독서분년일정」은 과거제의 회복 후 남송이학 도통과 서원 정신을 이어 받아 당시의 학교와 서원 교육을 재건하려고 했던 원나라 유학자들의 노력을 반영하였다.

명나라 초기의 서원 역시 「백록동서원게시」를 핵심 정신으로 삼아 어려운 환경에서 간신히 유지되고 천천히 회복되었다. 호거인의 「속백록동학규」는 단순한 독서학습 외에 보다 높은 측면에서 치군택민(致君澤民)을 요청하였다. 명나라 중·후기에 들어 각 학파 학자들 간에 「백록동서원게시」의 재해석을 둘러싼 논쟁이 전개되었다. 왕수인은 심학 주장에 입각하여 주희가 제작한 이 학규가 자기의 사상과 서로 일치한다고 주장하였다. 이에 비해 동림학파는 명·청 교체기에 양명학에서 주자학으로의 복귀를 목적으로 한 사상운동을 일으켰다. 이어서 청나라 초기의 서원은 조정의 존주적 문교정책으로 인해 크게 발전하였다. 당시 「백록동서원게시」가 사인들의 서원 강학 활동과 이학 명신들의 서원 건설 운동에도 다시 핵심적인 역할을 하면서 벽왕숭주(闢王崇朱)의 사조를 잘 드러내었다.

옹정조의 성회서원 건설 조령은 청대 서원정책의 변화를 선고해 주었다. 건륭시기까지의 발전·보완을 거쳐 성·부·주·현 서원을 포함한 서원 시스템이 체계적으로 구축되었고, 청대 서원은 고속 발전의 궤도에 접어들었다. 19세기 이후 서원은 중국 사회 발전과 함께 근대적 변형이라는 요청이 부각되었다. 무술유신, 청말 신정 등 개혁 과정을 통해 서원은 1901년(광서 27) 공식적으로 학당으로 체제를 개혁함으로써 근대적 변형을 이루었다. 여기서 주목할 점은 청대 말에 서원은 전국적 교육제도로서 폐지를 당했지만 민국시기 신식서원의 창립으로 그 명맥이 다시 이어지게 되었다가 1980년대에 와서 재차 부흥의 추세가 나타났다는 것이다. 이에 따라 이전의 전통서원들이 많이 복건되었고, 민간의 신식서원들도 우후죽순으로 생겨났다. 뿐만 아니라 고등교육계에도 이른바 '서원제' 개혁이 나타나 서원 관련 각종 단체와 협회들이 이어서 설립되었으며, 서원의 부흥을 다시 이루었다. 현대 서원연구도 학계의 신흥 영역으로서 힘차게 발전하고 있다.

중국에서 탄생한 서원은 방대한 규모와 복잡하고 다양한 유형으로 중국 내 학자들의 많은 관심을 끌어 모았다. 서원은 중국에서 탄생하였지만 중국에만 국한되어 있는 것이 아니라 명나라부터 해외로 전파되기 시작하였다. 그 첫 출발점은 바로 조선이었고, 이어서 일본, 베트남, 말레이시아, 싱가포르 심지어 유럽까지 멀리 전파되어 중국내외 문화교류의 교량 역할을 해왔다. 이와 함께 주희 및 그의 「백록동서원게시」도 국내외 서원 공동의 정신적 상징으로 되었다. 서양 중심적 근대화 역사서술에서 벗어나서 외력의 간여가 없더라도 서원이라는 동양 역사문화 속에 뿌리 박힌 독특한 교육제도를 통해서 근대화로 나아갈 다른 가능성은 없었을까? 오늘날의 새로운 시대에도 서원이 국제문화교류의 교량 역할을 계속 발휘해 나갈 수 있을까? 이런 것들이 모두 현대의 학자들에게 요청되는 새로운 연구 과제이다.

참고문헌

沈德符, 『万歷野獲編』, 北京: 中華書局, 1959.

王夫之, 『宋論』, 北京: 中華書局, 1964.

寺田剛, 『宋代教育史槪說』, 東京: 博文社, 1965.

王爾敏, 『上海格致書院志略』, 香港: 香港中文大學出版社, 1980.

李弘祺, 「絳帳遺風－私人講學的傳統」, 『中國文化新論·學術篇·浩瀚的學海』, 台北: 聯經出版事業公司, 1981.

劉琪·朱漢民, 「湘水校經堂述評」, 『岳麓書院一千零一十周年紀念文集』, 長沙: 湖南人民出版社, 1986.

李才棟, 『白鹿洞書院史略』, 北京: 教育科學出版社, 1989.

葛飛, 「晚淸書院制度的興廢」, 『史學月刊』 第1期, 1994.

熊月之, 『西學東漸與晚淸社會』, 上海: 上海人民出版社, 1995.

李夢陽等編, 白鹿洞書院古志整理委員會整理, 『白鹿洞書院古志五种』, 北京: 中華書局, 1995.

平阪謙二, 「被称作書院的日本學校」, 『中國書院』, 長沙: 湖南教育出版社, 1997.

陳谷嘉·鄧洪波, 『中國書院史資料』, 杭州: 浙江教育出版社, 1998.

田正平·朱宗順, 「傳統教育資源的現代轉化」, 『中國書院』 第5輯, 長沙: 湖南教育出版社, 2003.

余英時, 『士與中國文化』, 上海: 上海人民出版社, 2003.

陳雯怡, 『由官學到書院: 從制度與理念的互動看宋代教育的演變』, 台北: 聯經出版事業公司, 2004.

梁啓超, 『中國近三百年學術史』, 太原: 山西古籍出版社, 2004.

東林書院志整理委員會整理, 『東林書院志』, 北京: 中華書局, 2004.

包弼德 著, 王昌偉 譯, 『歷史上的理學』, 杭州: 浙江大學出版社, 2010.

鄧洪波, 『中國書院學規集成』, 上海: 中西書局, 2011.

鄧洪波, 『中國書院史(增訂版)』, 武漢: 武漢大學出版社, 2012.

吳道行·趙寧等修纂, 鄧洪波·謝豊等点校, 『岳麓書院志』, 長沙: 岳麓書社, 2012.

白新良, 『明淸書院研究』, 北京: 故宮出版社, 2012.

鄧洪坡, 『元代書院與士人文化』, 『中國史新論－生活與文化分冊』, 台北: 中央研究院·

聯經出版事業公司, 2013.

陳時龍, 「明人對書院的態度－以明代地方志的書院記載爲考察對象」, 『明史硏究論叢』第
　　12輯, 2014.

王英志編纂校点, 『袁枚全集新編』 第13冊, 杭州: 浙江古籍出版社, 2015.

鄧共波·劉艶偉, 「宋代"天下四書院"之士人記憶」, 『求索』 第12期, 2017.

鄧共波　主編, 『中國書院文獻叢刊』(第一輯)第72冊, 北京: 國家圖書館出版社·上海: 上
　　海科學技術文獻出版社, 2018.

일본과 베트남의 서원연구 현황과 제언

이 우 진

Ⅰ. 서론

유네스코(UNESCO)는 한국의 9개 서원을 세계유산으로 등재하면서, 그 기준을 "중국에서 들어온 성리학이 한국의 여건에 맞게 변형되고 그 결과 그 기능과 배치, 건축적인 면에서 변화를 겪고 토착화되는 역사적 과정에 대한 특출한 증거"[1]라고 제시하였다. 당시에 많은 언론들은 "소수서원, 옥산서원, 도산서원, 병산서원, 도동서원, 남계서원, 무성서원, 필암서원, 돈암서원 9곳의 서원유산들은 동아시아 성리학 교육기관의 한 유형인 서원의 한국적 특성을 나타낸다"[2]는 유네스코의 설명을 대서특필하였다. 특히 "서원이라는 단어는 한국뿐만 아니라 중국과 일본, 베트남에도 존재하지만, 다른 나라들의 서원들과는 다른 한국 서원만의 독자성을 지닌다"는 점을 강조하면서 "이런 공간은 한국뿐"이라는 기사제목마저 있었다.[3]

당시 많은 서원 전문가들은 중국의 서원과 달리 한국의 서원은 '제향인물, 입지, 기능, 통일성 등'에서 독자성을 지니고 있음을 제시하였다. 하지만 한국의 서원과 일본이나 베트남의 서원이 어떠한 차이를 지니는가에 대한 논의는 찾아보기 어려웠다. 단지 "일본에는 가신(家臣)을 대상으로 한

---

1) 문화재청 국가문화유산포털(www.heritage.go.kr), 검색일(2020.05.15).
2) 유네스코 한국위원회(www.unesco.or.kr), 검색일(2020.05.15).
3) 중앙일보 인터넷판(2019.07.06), 「이런 공간은 한국 뿐 … 서원 9곳 유네스코 세계문화유산 등재」(news.joins.com), 검색일(2020.05.15).

사숙(私塾:시주쿠)이 있었지만, 지역에 뿌리를 둔 서원 같은 교육기관은 사실상 없었다"[4]는 정도에서 머물 뿐이었다. 이러한 상황은 우리 학계의 서원연구에 대한 실상을 반영하고 있다고 하여도 과언이 아닐 것이다.

〈그림 1〉 유네스코 세계유산으로 등재된 '한국의 서원' 기념식[5]

현재 우리 학계의 서원연구는 상당한 수준에 이르렀다. 이수환에 따르면, 우리 학계는 유홍렬(柳洪烈)의 「조선(朝鮮)에 있어서 서원(書院)의 성립(成立)」[6]이라는 선구적인 연구 이래로, 일제 관학자들에 의한 당쟁사 연구의 일환으로 이루어졌던 서원에 대한 부정적 인식에서 벗어나 양적·질적으로 놀라운 학문적 성과를 이루어왔다. 2000년을 기점으로 이전의 연구들이 한국 서원연구의 틀을 형성하는 거시적인 접근을 하였다면, 그 이후로는 현재까지의 서원 역사, 문화, 기능 등의 제반 사항에 대한 미시적 연

---

4) 연합뉴스 인터넷판(2019,07,06), 「중국과는 다른 서원 …고유한 유산 가치 인정 받다」(www.yna.co.kr), 검색일(2020.05.15).
5) 문화재청(https://www.cha.go.kr/cop/bbs/selectBoardArticle.do)
6) 柳洪烈, 「朝鮮에 있어서 書院의 成立」, 『靑丘學叢』 29·30, 1930.

구를 진행시켜왔으며, 나아가 개별 서원에 대한 학제 간 사례 연구를 본격화하여 개개 서원의 구체적인 실체를 밝혀왔다.[7]

그러나 이수환이 지적하고 있듯이, "우리 학계의 서원연구는 아직까지 한국 서원연구는 중국 및 동아시아 유교 문화권에 속한 국가들의 전통교육기관과의 비교 연구가 미흡한 실정"이다.[8] 앞으로 더 확대·심화시켜야 하겠지만, 2000년대 이후로 한·중 서원을 비교·분석하는 연구들이 간간이 나오고 있다.[9] 성급한 결론일지 모르겠으나, 한·중 서원을 비교·분석한 연구 성과들이 나오고 있음은 우리 학계가 '중국 서원'에 대한 이해나 탐구를 어느 정도 축적하고 있었기 때문이라고 할 수 있다.

반면, 일본이나 베트남 서원을 한국 서원과 비교·분석한 연구는 그 시작마저도 이루어지지 않고 있다. 그 이유는 무엇보다도 일본·베트남 서원

---

7) 이수환, 「2000年 이후 한국 서원연구의 현황과 과제」, 『민족문화논총』 67, 영남 대학교 민족문화연구소, 2017, 99~152쪽.

8) 위의 논문, 130쪽.

9) 현재 한국의 서원과 중국의 서원을 비교·분석한 연구들은 석사학위 논문 5개, 학술지 논문 4개, 단행본 1권이 있다. 구체적으로 석사학위논문으로는 "仲麗娟, 「中國과 韓國의 書院教育 比較研究:德性教育을 中心으로」, 경북대학교 교육학석사 학위논문, 2018 ; 링진이, 「한국 안동과 중국 휘주 서원의 비교연구 : 도산서원과 자양서원의 경제적 기반을 중심으로」, 안동대학교 석사학위논문, 2014 ; 李虎, 「韓·中 書院建築의 比較研究:嶽麓·白鹿洞·陶山·屏山書院에 대한 사례분석을 중심으로」, 성균관대학교 석사학위논문, 2012 ; 송미영, 「중한 서원교육의 비교연구」, 경기대학교 교육대학원 석사학위논문, 2008 ; 김홍화, 「한·중 초기서원교육 비교연구」, 영남대학교 석사학위논문, 2005"이 있다. 다음으로, 학술지논문으로는 "조인철, 「한국 소수서원과 중국 백록동서원의 비교고찰: 건립배경과 자연환경의 풍수적 특성을 중심으로」, 『道教文化研究』 50, 한국도교문화학회, 2019 ; 임근홍·안득수, 「한·중서원의 입지와 외부공간에 관한 비교연구」, 『휴양 및 경관연구』 10, 전북대학교 부설 휴양및경관계획연구소, 2016 ; 이수환, 「朝鮮朝 嶺南과 淸代 山東의 書院 비교연구－人的組織과 經濟的 기반을 중심으로」, 『민족문화논총』 46, 2010 ; 정낙찬·김홍화, 「한·중 초기서원 교육 비교」, 『한국비교교육학회』 15, 2005"가 있다. 마지막으로 단행본으로 "강판권, 『서원생태문화기행 : 중국과 한국 서원의 생태문화』, 계명대학교 출판부, 2019"가 있다.

에 대한 우리 학계의 이해가 극히 빈곤하기 때문이다. 하지만 일본·베트남의 서원은 우리 학계의 서원연구자들이 반드시 다루어야 할 중요한 대상이다. 왜냐하면, 서원연구의 영역을 중국을 넘어 일본과 베트남까지 확대하는 일은 '한국 서원의 독자성'과 '동아시아 유교문화권에서 서원이 지닌 보편성'을 확인하는 데 더없이 중요한 일이기 때문이다. 그럼에도 일본이나 베트남의 서원연구는 대단히 어려운 실정이다. 선행연구의 빈곤함을 넘어 자료의 접근마저도 용이하지 않기 때문이다.

이 글의 구성은 다음과 같다. 2장에서는 한국·일본·베트남 서원 비교·분석을 위한 전제를 논의하고, 3장에서는 '일본과 베트남의 서원'에 관한 선행연구들을 간략하게 검토한 뒤, 마지막으로 '한국과 일본·베트남의 서원 비교연구'를 위한 몇 가지 제언을 하고자 한다.

II. 일본·베트남 서원 비교연구를 위한 전제

중국에서 기원한 유교가 한국·일본·베트남에 전파되었을 때 토착화 과정을 거쳐 독자적인 유교를 확립하게 된 것처럼, '서원이라는 용어' 역시 각 지역의 독자적 양상과 변용을 띠어왔다. 한국과 중국과 달리 일본과 베트남에서는 '서원'을 '존현과 강학을 위한 사설 교육기관'을 가리키는 용어로서 거의 사용되지 않았다.

일본의 경우, '서원이라는 용어'는 대체로 '서재(書齋)를 겸하고 있는 건물'을 의미하는 것으로서 사용되어왔다.[10] '서원조(書院造:쇼인즈쿠리)'라는 용어에서 볼 수 있듯이, '서원'은 주택 양식을 나타내는 표현으로 사용되었다. 실제로 사립교육기관을 가리키는 용어로서는 '서원'보다는 '사숙(私塾:시주쿠)'이라는 용어가 더 일반적으로 사용되었다.

---

10) 구체적으로 '다다미가 깔리고 뒤로는 객실 정면에 설치하여 미술품 등을 장식하는 도코노마(床の間) 등이 있는 거실과 서재를 겸하고 있는 건축양식'을 의미한다.

〈그림 2〉 일본의 서원조(書院造:쇼인즈쿠리)[11]

　　베트남의 경우, '서원이라는 용어'는 어떤 조직화된 교육적 기능이나 프로그램이 없이 순수하게 책들과 문서들을 보관하는 '도서관'을 나타내는 것으로 국한되어 왔다. 특이할 만한 점으로, 베트남에서는 한국·중국·일본과 달리 'Library'를 나타내기 위해 '도서관(圖書館)'이라는 용어를 사용한 적이 없었다.[12] 이처럼 서원이라는 용어를 일본과 베트남에서는 한국이나 중국과는 판이하게 사용하여왔다.

　　물론 일본과 베트남에서도 '서원'이라고 이름을 한 '사설 교육기관'이 존재하고 있었음은 부정할 수 없다. 하지만 마가렛 메흘(Margaret Mehl)이 "일본에는 한국과 중국의 서원과 같은 양상의 제도는 존재하지 않았다"고 단언하고 있듯이,[13] 우리의 일반적인 서원개념으로 일본 서원을 이해하는

---

11) https://hags-ec.com/column/what-is-shoin-zukuri-style
12) Nguyễn Tuấn-Cường, *Private Academies and Confucian Education in 18th-Century Vietnam in East Asian Context: The Case of Phúc Giang Academy*, Confucian Academies in East Asia, Brill, 2020, p.90.
13) Margaret Mehl, *Transmutations of the Confucian Academy in Japan: Private Academies of Chinese Learning (Kangaku Juku 漢學塾) in Late Tokugawa and Meiji Japan as a Reflection and a Motor of Epistemic Change*, Ibid.

것은 상당한 무리가 따른다. 왜냐하면 우리의 서원과 유사하기는 해도 일
본에서 그 기능과 역할이 정확히 일치하는 기관을 찾아보기 어렵기 때문이
다. 이와 관련하여 남바 유키오(難波征男)의 언급을 들어볼 필요가 있다.

> 확실히 사숙(私塾) 안에서는 예를 들면, 나카에 도주(中江藤樹)의 등수서원
> (藤樹書院)이라든지, 구스모토 단잔(楠本端山)의 봉오서원(鳳鳴書院)과 같이 서
> 원이라고 이름 지은 것이 있으나, 이들은 주자학과 양명학을 교육하는 면에서
> 중국과 한국의 서원과 같지만, 중국과 한국의 서원 개념으로 보자면 엄밀하게
> 는 서원이라고 말하는 것이 맞는지 재검토하지 않으면 안될 것이다.[14]

곧 '서원'이라는 명칭을 지닌 교육기구가 일본에 존재하였다고 할지라
도, 그 교육기구는 우리가 익히 알고 있는 '학문연구와 선현제향을 하는 사
설 교육기관이자 서적을 출판·보관하는 향촌 자치운영기구'가 아니었다.
사와이 게이치(澤井啓一)가 지적하고 있듯, 근세 일본 사회에서는 국자감
(國子監)·부주현학(府縣學校)이나 성균관(成均館,)·향교(鄕校)과 같은 중앙
집권적인 관립학교제도가 완비되어 있지도 않았고, 또 그러한 관립학교제
도와 긴장관계를 내포하면서 '자립적'이려던 서원과 같은 교육제도가 존재
하지 않았다.[15]

그러나 남바 유키오는 일본에서도 나름의 '서원의 독자적인 전개'가 있
었다고 주장한다. 바로 "근대화 학교 이전에 존재했던 번교(藩校:한코), 향
교(鄕校:교코), 숙(塾:주쿠), 사자옥(寺子屋:데라코야)과 같은 기관이 서원의
일본적인 전개"라는 것이다.[16] 더불어 그는 "각양각색의 서원들이 지닌 교

2020, 126쪽.

14) 難波征男, 「일본의 '서원' 연구의 현황과 과제」, 『韓國學論叢』 29, 국민대학교 한
국학연구소, 2007, 63쪽.

15) 澤井啓一, 「東アジアの中の日本漢學塾」, 『東アジア文化交渉研究』 2, 關西大學文
化交渉學教育研究拠点, 2009, 141쪽.

육적 유산을 결합시킬 때 교육사적 유산의 규모와 역량은 비약적으로 확대"될 수 있다고 당부한다.[17] 다시 말하면, 한·일 서원을 비교·분석하기 위해서는 '서원에 대한 정의'를 한국이나 중국의 시각에서 벗어나 조금은 느슨하고 열린 시각에서 재구성해야 한다는 것이다. 이러한 주장은 한·일 서원뿐만 아니라 한·베 서원을 비교·분석하는 데 있어서도 상당히 유의미한 주장으로 판단된다. 그러나 남바의 주장처럼 '번교(藩校)·향교(鄕校)·숙(塾)·사자옥(寺子屋)' 모두를 '서원의 일본적인 전개'라는 명목으로 묶는 것은 비교 연구를 하기 위해서는 적절치 않아 보인다. 그 기관의 성격이 한·중 서원과 확연히 다를 뿐만 아니라, 그 범위도 지나치게 넓어 비교 연구를 하기에는 약간의 제한이 필요하기 때문이다.

여기에 아주마 주지(吾妻重二)가 '관학과 사학' 및 '교육내용의 수준이나 교육대상'에 따라 한국·중국·베트남·일본의 교육제도들을 분류하여 제작한 아래의 표에 주목할 필요가 있다.[18]

<표 1> 근세 동아시아의 학교

	중국	한국	베트남	일본
科擧制	有	有	有	無
官學	國子監, 府縣學校	成均館, 鄕校	國子監, 府縣學校	昌平坂學問所, 藩校, 鄕校
私學1	書院	書院	私塾	私塾, 書院[19]
私學2	小學, 義學, 家塾	書堂	私塾	鄕校, 寺子屋(手習所)

---

16) 위의 논문, 같은 쪽.
17) 위의 논문, 67쪽.
18) Azuma Juji, The Private Academies of East Asia: Research Perspectives and Overview, *A Selection of Essays on Oriental Studies of ICIS*, 2011, p.12
19) 이 표에서 아주마 주지(吾妻重二)는 사숙(私塾)과 서원(書院)을 구분하고 있지만, 사실 서원은 사숙에 포함된다. 왜냐하면 근세 일본에서의 사숙(私塾)은 '서원'이라는 명칭을 비롯하여 숙(塾)·의숙(義塾)·당(堂)·사(舍)·학사(學舍)·학관(學館)·사(社) 등 다양한 명칭을 지니고 있었기 때문이다.

아주마 주지(吾妻重二)는 위의 표에 대해 그 유용성에도 불구하고, 근세 일본의 경우에 부가적인 설명이 반드시 필요하다고 요청하였다. 그것은 바로 근세 일본은 막번체제(幕藩體制)의 사회로서 한국·중국·베트남과 같이 중앙집권적인 사회체제가 아니었으며, 무엇보다도 관립학교와 사립학교의 구분이 한국과 중국의 학교만큼 명확하지 않다는 점이었다.[20] 실제로 근세 일본에서 관학에 해당되는 창평판학문소(昌平坂學問所:쇼헤이자카가쿠몬쇼)나 번교(藩校)도 한국이나 중국처럼 관료 양성이나 등용을 위한 교육기관은 아니었다.[21] 이러한 시각에서 사와이 게이치(澤井啓一)는 한·일 서원을 비교·분석함에 있어서, 민간의 사숙뿐만 아니라 번교(藩校)도 추가해야 한다는 주장을 들을 필요가 있다. 아니, 그는 한·일 서원을 비교·분석함에 있어서 번교가 가장 적절한 대상이라고 제안하고 있었다.

> 근세 일본으로 거슬러 올라가 한·중 서원과 비교를 시도할 때에, … 민간의 학숙(學塾)과 함께 반드시 번교(藩校)를 추가해야 한다고 나는 제안한다. … 물론 번교(藩校)는 순수한 민간 시설은 아니기에, '준-관립(準-官立)'이라 말할 수 있겠으나, 그 실태를 보면 각 지역의 특성과 각 번(藩)의 사정을 반영하여 상당히 다양한 교육이 이루어지고 있었다. 중국이나 한국의 서원이 완수한 역할, 즉 인재의 양성, 서적의 출판이나 수집과 같은 교육적 역할뿐만 아니라 공자묘를 설립해 석전(釋奠)이라는 유교 제사의례를 실천하는 등 지역사회의 문화활동을 널리 담당했다는 서원의 역할에 가까운 활동에 생각하면, 일본의 경우는 역시 '번교(藩校)'와 비교하는 것이 가장 적절하다고 생각한다.[22]

그렇다고 한다면 한·일 서원을 비교·분석한다고 할 때, 먼저 아주마 주

---

20) Ibid. p.13

21) 辻本雅史, 「근세일본(1600~1867)의 유학 학습과 유교적 인간 형성」, 『한국학논총』 33, 국민대학교 한국학연구소, 2010, 110쪽.

22) 澤井啓一, 위의 논문, 141~142쪽.

지(吾妻重二)가 제안한 것과 같이 '관학과 사학' 및 '교육내용의 수준이나 교육대상'의 기준으로 하여 '사숙'을 대상으로 삼을 수가 있을 것이다. 또한 사와이 게이치(澤井啓一)가 제안한 것처럼 그 역할과 기능의 측면에서 '번교'를 대상으로 삼을 수도 있을 것이다. 하지만 이 모두는 앞서 언급하였던 것처럼, '서원에 대한 정의'를 한국이나 중국에서 바라보는 고정된 시각에서 벗어나 조금은 느슨하고 열린 시각'에서 규정하는 것이 전제되어야 한다.

Ⅲ. 일본·베트남 서원의 선행 연구 검토

'서원에 대한 정의'를 조금은 느슨하고 열린 시각에서 규정해 본다면, 한국의 서원과 비교·분석을 위한 '서원의 일본적 전개'에 해당되는 대상은 '사숙'과 '번교'라고 할 수 있다. 그렇게 보자면, 우리 학계에서 이루어진 '근세 일본의 서원'에 대한 연구는 아직 갈 길이 많이 남아있지만 어느 정도 시작되었다고 말할 수 있다.

이에 비해 '베트남 서원'에 관한 우리 학계의 연구상황은 극히 미진하다. '서원'은 고사하고 '전근대 베트남 교육이나 교육기관'에 관한 구체적인 연구마저도 전무하다고 해도 과언이 아니다. 과연 베트남에 서원이 존재하고 있는지 조차 의문을 갖게 하는 실정이다. '베트남의 역사'를 소개하는 한 저술에서 '숭정서원(崇貞書院)'이라는 용어가 출현한다는 사실에서, 베트남에 서원이 존재 유무만을 짐작할 수 있는 정도였다. 그 저술에서 '숭정서원(崇貞書院)'이란 용어가 출현하게 된 맥락은 이와 같았다.

> [떠이선(西山) 왕조의] 꽝쭝(光中)황제는 또한 학문과 예술과 문화의 융성, 특히 독자적인 민족문화의 창달을 위해 노력했다. 그는 무인이었음에도 불구하고 교육에 힘써 중앙에 숭정서원을 만들었다. 당대의 이름난 학자였던 응우옌 티엡(阮浹)에게 숭정서원의 운영을 맡기고 지방의 선비들에게는 자기 고장에 학

교를 설립하도록 권장했다.[23)

위의 설명에서, 베트남의 서원은 황제의 칙령에 의해 설립되었으며, 딩대의 이름난 학자가 원장으로 임명되었음을 확인해 볼 수 있다. 하지만 그외의 정보에 대해서는 거의 확인하기 어려운 상황이었다. 다행히 최근『동아시아의 유교 서원들(Confucian Academies in East Asia)』(2020)이라는 제목으로 출간된 서적에서, '응우옌 투안쿠옹(Nguyễn Tuấn-Cường)이 베트남의 서원을 소개하고 있었다.[24) 현재 우리 학계에 베트남 서원에 관한 연구가 전문할 뿐만 아니라, 앞으로 한·베 서원을 비교·분석함에 아이디어를 제공해 줄 수 있다는 측면에서, 응우옌 투안쿠옹의 연구를 소개하도록 하겠다.

이에 앞서 먼저 우리 학계에서 이루어진 '근세 일본의 서원'에 관한 연구에 대해 간략히 살펴보도록 하겠다.

1. 일본 서원에 관한 선행 연구 검토

일본 서원에 관한 우리 학계의 선행 연구들은 비록 그 수는 많지 않지만, 앞으로 한·일 서원을 비교·분석해가는 노정을 구축함에 있어 나름의 가치를 지니고 있다. 왜냐하면 그 연구들의 주제가 "일본 초기 사숙의 전형(典型)"[25)으로 평가되는 '나카에 도주(中江藤樹, 1608~1648)의 도주서원(藤樹書院:도주쇼인),[26) 한국에는 존재하지 않으며 중국의 양명학 서원과는

23) 유인선, 『새로 쓴 베트남의 역사』, 서울:이산, 2002, 242~243쪽.

24) Nguyễn Tuấn-Cường, Private Academies and Confucian Education in 18th-Century Vietnam in East Asian Context: The Case of Phúc Giang Academy, *Confucian Academies in East Asia*, Brill 2020, pp.89~125.

25) Rubinger, Richard, 石附實·海原徹 譯, 『私塾－近代日本を拓いたプライベート·アカデミー』, 東京: サイマル出版會, 1982, 37~43쪽. Rubinger는 도주서원을

26) 김대식, 「나카에 도주(中江藤樹)의 문인(門人)공동체와 도주서원」, 『亞細亞研究』,

다른 독자성을 보이는 '오시오 츄사이(大鹽中齋, 1793~1837)의 세심동학당(洗心洞學堂:세신동가쿠도)',[27] 일본의 근세와 근대를 연결시킨 사숙인 '오가타 고안(緒方洪庵, 1810~1863)의 적숙(適塾:데키주쿠)과 요시다 쇼인(吉田松陰, 1830~1859)의 송하촌숙(松下村塾:쇼카손주쿠)'이기 때문이다.[28] 물론 본격적인 한·일 서원을 비교·분석하기 위해서는 더 다양한 개별적 사숙에 대한 탐구가 요청된다는 것은 두 말할 나위가 없다. 이제부터 그 선행 연구에 의해 검토된 내용을 간략히 살펴보도록 하겠다.

설립된 시대순에 따라서, 먼저 '일본 초기 사숙의 전형'으로 평가되는 도주서원(藤樹書院)에 대한 김대식의 연구를 살펴보도록 하자. 김대식은 이 연구에서 '도주서원을 나카에 도주가 생전에 교육하던 전통을 이어받아 그 문인과 재전(再傳) 문인들이 제도화시킨 교육기관'으로 정의하고 있다. 비록 이 서원의 기원이 나카에 도주가 1647년에 건립한 사숙이지만, 도주서원을 하나의 교육기관으로 성립시키고 학문을 강론하고 제향하는 공간으로 발전시킨 주체는 도주의 문인과 재전(再傳) 문인들이었다는 것이었다. 실제로 18세기 초까지 서원이 아닌 강당이란 명칭이 공식적으로 사용되었으며, 그 이후에야 도주서원이란 명칭이 사용되었다는 점에 주목하였다. 특히 김대식은 일본에 서원이란 유학교육기관이 널리 보급되지 않았는데도 불구하고, 왜 도주서원은 '서원'이란 명칭을 특별히 사용했는가에 대한 이유의 하나로서, 이곳이 '나카에 도주를 제향(祭享)하고 그의 학문을 강학하였기' 때문인 것으로 추정하고 있다.

고려대학교 아세아문제연구소, 2010, 103~125쪽. *이하 도주서원에 대한 기술은 이 논문을 참조하여 제시하였다.

27) 이우진, 「오시오 츄사이(大鹽中齋)의 세심동(洗心洞) 강학(講學) 연구(研究)」, 『한국서원학보』 7, 한국서원학회, 2018, 33~57쪽. *이하 세심동학당에 대한 기술은 이 논문을 참조하여 제시하였다

28) 이건상, 「근세말 시주쿠(私塾) 교육의 특징 : 데키주쿠(適塾)와 쇼카손주쿠(松下村塾)를 중심으로」, 『일어일문학』 32, 대한일어일문학회, 2006, 183~194쪽. *이하 적숙과 송하촌숙에 대한 기술은 이 논문을 참조하여 제시하였다.

〈그림 3〉 도주서원(藤樹書院)²⁹⁾

　　도주서원은 하나의 건물 내부에 강학 공간과 제향 공간이 함께 접해 있는데, 이는 사당과 강당을 반드시 별개의 공간으로 구획하고 건물도 따로 짓는 중국이나 한국의 서원과는 완전히 다른 형식이다. 또한 사당에 나카에 도주만이 아니라 그의 조부(祖父), 부(父), 그리고 부인(婦人), 3남(男)인 조세(常省)의 신위가 함께 안치되어 있는 일종의 가묘(家廟)의 형태를 띠고 있다. 이와 같은 특징들은 한·일 서원을 비교·분석함에 있어서 유의미한 대상이 될 수 있을 것으로 보인다.

　　또 하나, 나카에 도주는 일종의 학규에 해당되는 「등수규(藤樹規)」와 「학사좌우계(學舍座右戒)」를 작성하였는데, 여기서 「등수규」의 앞부분에 주희의 「백록동규(白鹿洞規)」를 차용하였다는 사실이다. 나카에 도주는 자칭 양명학자로서 『전습록(傳習錄)』 등과 같은 양명학 관련 서적을 문인들에게 강학하였음에도, 「백록동규」를 차용하였다는 점은 특이할 만한 것으로 생각된다. 이는 후대의 양명학자인 오시오 츄사이가 세심동학당(洗心洞學堂)을 위해 제정한 학규들과 비교해 볼 때 더욱 두드러진 특징이다. 오시오

---

29) http://kashomemorandum.blog.fc2.com/blog-entry-163.html
30) https://www.city.osaka.lg.jp/kensetsu/page/0000009985.html

츄사이가 마련한 세심동학당의 학규들을
통해 그곳에서 시행된 강학의 구체적인 면
모를 확인하고자 했던 이우진의 연구에 따
르면, 오시오츄사이의 학규는 나카에 도주
와 달리 철저히 양명학의 입장에 기반하고
있었기 때문이다.

세심동학당은 오시오 츄사이가 양명학
에 입문한 이듬해(1817)에 자기 수양과 제
자 강학을 위한 공간으로 설립하게 된 기
관이었다. 세심동학당이 본격적인 교육기
관으로 체제를 갖추게 된 것은 1825년으

〈그림 4〉 세심동학당 자취[30]

로, 이때 오시오 츄사이는 학당의 교육이념이 담긴 「학당동게(學堂東揭)」·
「학당서게(學堂西揭)」·「학당게시(學堂揭示)」와 실제적 규칙인 「세심동입
학맹서팔조(洗心洞入學盟誓誓八條)」를 작성하게 된다.

먼저 「세심동입학맹서팔조」를 살펴보면, 각 조에는 세심동학당에서의
마음가짐과 태도, 처벌의 기준과 내용, 학당 기숙생활의 원칙 등이 규정되
어 있다. 흥미로운 벌칙으로써 학생이 학업을 게을리하거나 나쁜 짓을 하
면, 학생의 가정형편에 맞추어 선생이 지정하는 경서(經書)와 사서(史書)를
구매케 하여 그 책들을 전부 세심동의 학생들이 이용하도록 기증하게 하는
것이 있다. 더불어 몇몇 경우에 있어서는 학생에게 회초리 처벌이 이루어
질 것이라는 규정도 있다. 이러한 '장서기증과 회초리 체벌'의 방식은 한·
일 서원의 학규를 비교·분석함에 있어서 유의미한 대상이 될 수 있을 것으
로 생각된다.

다음으로 세심동의 학당의 게시물인 「학당동게(學堂東揭)」·「학당서게
(學堂西揭)」·「학당게시(學堂揭示)」를 보면, 이 게시물 모두 양명학적인 가
르침이다. 먼저 「학당서게」는 왕양명(王陽明)이 작성한 「교조시용장제생
(敎條示龍場諸生)」이고, 다음으로 「학당게시」는 왕양명의 제자인 전덕홍

(錢德洪)의 「천성편(天成篇)」이다. 마지막 「학당동계」는 양명학과 직접적인 관련이 없는 여곤(呂坤)의 『신음어(呻吟語)』에서 발췌한 18개의 문구이지만, 오시오 츄사이가 여곤의 『신음어』를 읽고서 그 학문적 연원이 양명학이라고 언명하였다는 점에서 이우진 양명학적인 학규로 보아야 한다고 판단한다. 특히 이우진은 세심동학당에 게시된 교육이념들은 오시오 츄사이 자신의 양명학적 공부론인 '귀태허(歸太虛) 공부론'의 틀과 부합하고 있다고 평가한다. 이와 같은 서원 설립자의 공부론과 학규의 일치성은 비교연구를 하는 데 있어서 주목할 만한 대상이다. 또한 오시오 츄사이의 세심동학당에서는 나카에 도주와 달리 동아시아 전반에 영향력을 펼친 주희의 학규인 「백록동규(白鹿洞規)」의 틀을 완전히 벗어났다는 점도 주목할 필요가 있다.

앞의 두 교육기관이 일본의 근세를 대표하는 사숙이라면, 오가타 고안(緖方洪庵)의 '적숙(適塾)'과 요시다 쇼인(吉田松陰)의 '송하촌숙(松下村塾)'은 일본의 근세와 근대를 연결시킨 대표적인 사숙이라고 할 수 있다.

먼저 오가타 고안의 '적숙(適塾)'에 대해 살펴보도록 하겠다. 오가타 고안은 에도와 나가사키에서 최신 서양의학과 네덜란드어를 습득한 뒤, 1838년 오사카로 돌아와 '적숙'을 열었다. 이 '적숙'에서 오가타 고안은 서양의학을 주로 가르쳤지만, 병학(兵學), 포술(砲術), 본초(本草), 화학(化學) 등 당시 난학에 관심을 갖고 있던 다양한 사람들과 함께 네덜란드어의 독해에 힘을 기울였다. 그 점에서 이건상은 '적숙'을 일종의 외국어학교 즉 '어학숙(語學塾)'의 성격이 강한 교육기관이라고 평가한다. 이러한 적숙은 신분의 상하, 선후배에 관계없이 실제의 노력과 능력에 의해 정해지는 능력주의의 원칙이 일관되게 적용되는 근대적인 면모를 보여주는 교육기관이기도 하였다.

위와 같은 적숙과 달리 요시다 쇼인의 '송하촌숙(松下村塾)'은 서양의 새로운 지식을 교수하거나 능력주의적 커리큘럼을 갖추지도 못했다. 사실상 송하촌숙은 설립자인 요시다 쇼인의 개성이 강하게 나타나는 기관이었다고 이건상은 평가한다. 1857년 요시다 쇼인은 송하촌숙(松下村塾)의 주재자가 되어 교육을 실시하는데, 신분의 구별 없이 입문을 허용하였다. 당시 숙생들의 연령층은 12세부터 40대까지 다양했고, 사자옥(寺子屋)에서 기초적인 교육을 받은 이들부터 번교(藩校)에서 이미 일정수준의 교육을 받은 이들까지 다양했기에, 요시다 쇼인은 통일된 커리큘럼보다는 맨투맨식 교육을 실시하였다. 무엇보다 이 송하촌숙은 사농공상·남녀노소를 가리지않고 평등주의에 입각하여 개성을 존중하는 교육을 실시했다는 점이 특징적이다. 또한 쇼인은 모든 직업의 존재이유를 인정하고 각각의 직업이 있기 때문에 세상 전체가 조화를 이룰 수 있다고 믿고 제자들에게 먼저 각자의 가업을 계승할 것을 기대하면서도, 국가에도 깊은 관심을 가질 것을 요청하였다.

〈그림 5〉 요시다 쇼인의 송하촌숙(松下村塾)

오가타 고안의 적숙(適塾)과 요시다 쇼인의 송하촌숙(松下村塾)은 자유로운 분위기 안에서 개인의 재능이 발전되도록 숙생들을 규칙으로 묶어 두려 하지 않았고, 무엇보다 신분에 차별을 두지 않고 평등주의에 입각한 교육을 실시한 점이 그 특징이라 할 수 있다. 이러한 특징은 한·일 서원을 비교·분석하는 데 있어서, 통일성을 유지한 한국의 서원과 다양화를 추구한 일본의 서원과의 차이를 노정하는데 유의미한 대상이 될 수 있을 것이다.

2. 베트남 서원에 관한 선행 연구 검토

응우옌 투안 쿠옹(Nguyễn Tuấn-Cường)은 「동아시아 맥락에서 18세기 베트남에서의 서원과 유교 교육」이라는 연구에서,[31] 18세기 후반 베트남에서 가장 유명한 서원인 '응우옌 후이 오한(阮輝儆)의 복강서원(福江書院)'을 중심 주제로서 다루었다.

먼저, 응우옌 투안 쿠옹은 베트남에서의 '서원이라는 용어'는 주로 '도서관'이라는 의미로 국한되었고, 그것의 다른 의미인 '학원 또는 학교'로서는 거의 사용되지 않았음을 밝힌다. 하지만 '서원'이라는 용어의 기원이 당(唐)의 여정수서원(麗正修書院), 집현전서원(集賢殿書院)이라는 점에서, 베트남에서 사용되고 있는 '서원'은 본래 서원의 기능인 '도서관(Library)'이라는 의미를 계승하고 있다고 평가한다.

다음으로 응우옌 투안 쿠옹은 아주마 주지(吾妻重二)가 '베트남은 다른 모든 동아시아 국가들에 존재하는 모델인 서원이 아닌 사립 학교 모델만 가지고 있었다'고 주장한 것에 대해 이는 완전히 정확한 주장은 아니라고 반박한다. 물론 베트남은 한국·중국·일본과 같은 풍부한 서원 전통을 공유하지는 않았어도, 현존하는 자료를 검토해 볼 때 베트남 역사에서는 서원이라는 명칭을 사용한 기관이 곳이 적어도 3곳 이상 있었다는 것이다. 그 기관들의 이름은 난가서원(爛柯書院), 숭정서원(崇正書院), 복강서원(福江書院)이다.

---

31) Nguyễn Tuấn-Cường, Private Academies and Confucian Education in 18th-Century Vietnam in East Asian Context: The Case of Phúc Giang Academy, *Confucian Academies in East Asia*, Brill 2020, pp.89~125. 이하 내용은 이 연구의 내용을 정리한 것이다.

먼저, 난가서원(爛柯書院)은 베트남 역사에서 '학원을 의미하는 서원'이라는 용어에 걸맞는 최초의 기구이다. 이 서원은 쩐(陳)왕조(1226~1400) 시절에 개창되었다. 명대 학자 고웅진(高熊徵)의 『안남지(安南志)』에 따르면, 쩐(陳)왕조는 난가서원을 설립하고 유명한 유학자 쩐똥(陳蓀)을 이 서원의 원장(院長)으로 임명하여 생도(生徒)들을 가르쳤으며, 왕이 종종 서원을 방문하기도 하였다. 난가서원에 대해서는 이『안남지』의 기록밖에 없지만, 그 내용을 볼 때 명성있는 학자를 원장을 완비하고 생도를 교육하였다는 점에서 '교육기관으로서의 서원모델'이었다고 응우옌 투안 쿠옹은 평가한다.

두 번째로 숭정서원(崇正書院)은 떠이선(西山) 왕조(1778~1802)의 꽝쭝(光中)황제가 마련한 서원이다. 꽝쭝황제는 수도가 아님에도 명망있는 응우옌 티엡(院浹)를 기리기 위하여 그가 은퇴한 지역인 '응혜 안'에 이 숭정서원을 건립하였고, 서원의 원장으로 응우옌 티엡을 초빙하였다. 이 숭정서원은 많은 유교 고전들을 재인쇄, 번역, 목판 인쇄, 배포하였다. 특히 이들 고전의 상당수는 용이한 교육을 위해 쯔놈(字喃)문자를 사용하였다. 쯔놈은 베트남어를 적기 위해서 만든 한자에 바탕을 둔 문자체계로서, 베트남이 프랑스 식민치하에서 라틴 문자 표기법인 쯔꾸옥응으가 보급되기 전까지 공식적인 문자였다. 특히 꽝쭝황제는 왕조의 수도를 응혜 안으로 이전시켰는데, 그 점에서 숭정서원은 떠이선왕조의 중앙 서원으로서 역할을 하였다. 더불어 이 서원에서 쯔놈(字喃)문자를 통해 유교 경전을 번역, 인쇄, 배포하였다는 점에서, 베트남에서 유교경전을 확산시키는 데 커다란 역할을 하였다.

마지막 세 번째 복강서원(福江書院)은 18세기 후반의 서원으로서, 앞의 두 서원이 국가적인 규모로 후원을 받은 교육기관이었다면, 복강서원은 응혜 틴(Nghệ Tĩnh) 지역을 대표하는 사설 교육기관이었다. 당시 베트남의 유명한 학교는 대부분 북 베트남에 위치하고 있었음에도, 비교적 외진 지역에 자리한 복강서원은 학규 제작, 학전 마련, 유교 교재의 편찬, 편집, 인쇄, 배포 등을 시행하였다. 응우옌 투안 쿠옹은 복강서원이 이룬 성공은 베트남 역사상 다른 어떤 사설 서원과도 견줄 수 없다고 평가한다.

응우옌 투안 쿠옹은 복강서원이 사설 서원으로서 엄청난 성공하게 된 중요한 이유로서 이 서원의 설립자인 '응우옌 후이 오한(阮輝瑩)'이 베이징에 사절단으로 파견되었을 때 방문한 중국의 9개 서원에 영향을 받은 것으로 파악한다.[32] 특히 그 가운데 악록서원의 영향이 무엇보다도 컸던 것으로 보고있는데, 당시 응우옌 후이 오한은 악록서원을 방문하였을 때 악록서원을 건설·발전하는 데 기여한 여섯 명의 인물들을 배향한 육군자사(六君子祠)에 커다란 감동을 받았던 것이었다. 서원의 교육 발전에 기여하였다는 이유로 사당에 모셔서 사람들의 기억 속에 영원히 새겨질 것이라는 사실에 감동을 받아, 응우옌 후이 오한은 베트남으로 귀국한 후 악록서원 모델을 바탕으로 자신만의 서원을 창설하게 된 것이었다.

하지만 복강서원의 토대는 '응우옌 후이 오한'의 아버지인 '응우옌 후이 떠(阮輝儆)'가 설립한 사설 학교까지 거슬러 올라간다. 복강서원의 전신은 '응우옌 후이 오한' 자신이 1732년 송 레우(Côn Lêu)에 개교한 학교이지만, 이 학교는 또한 아버지인 '응우옌 후이 떠'의 유산을 이은 것이기 때문이다. 아버지 응우옌 후이 떠가 개교한 사설 학교는 당시 1218명이나 되는 학생들이 수업을 받기 위해 전국 각지에서 몰려왔을 정도로 교육기관으로서 커다란 영향력을 끼치고 있었다. 특히 응우옌 후이 떠는 가난한 학생들의 수업료를 보조하기 위해 일종의 서원학전(書院學田)인 과명전(科名田)을 마련하기도 하는데, 응우옌 후이 오한도 아버지의 이러한 유지를 이어 복강서원의 학생들을 위해 일등전(一等田)을 마련하기도 하였다. 이와 같이 응우옌 후이 오한은 아버지 응우옌 후이 떠의 교육이념과 제도를 계승하여 복강서원을 건립하게 되었다. 이후 복강서원은 자손들에게까지 계승되었다. 그 서원의

---

32) 응우옌 후이 오한이 방문한 9개 서원은 '廣西, 太平의 麗江書院', '廣西, 平南의 武成書院', '廣西, 蒼梧의 蒼梧書院', '廣西, 梧州의 古岩書院', '廣西, 桂林의 愛日書院', '廣西, 桂林의 流恩書院', '湖南, 衡州의 石鼓書院', '湖南, 長沙의 嶽麓書院', '山東, 東平의 龍山書院'이다.

전신이 아버지로서 시작되어 이후 자손들에게까지 지속적으로 계승된다는
사실에서, 복강서원은 문중서원의 면모를 지니고 있다고 할 수 있다.

응우옌 후이 오한은 복강서원을 건립하면서 독자적인 「복강서원규례(福
江書院規例)」를 제작한다. 응우옌 투안 쿠옹은 이 학규가 한국과 일본에
엄청난 인기를 얻은 「백록동규(白鹿洞規)」와도 완전히 다른 것으로 평가한
다. 그 규정을 살펴보면 다음과 같다.

> (1) 교육 시작을 위한 의례, (2) 졸업자 및 모범생 축하공고를 위한 예문, (3)
> 음력 1월부터 마지막 달까지 서원에서 행해진 다양한 의례를 위한 한 각종 의
> 식에 대한 의례 규정과 예문, (4) 학생의 도덕적 요구, (5) 중국 유자들에게 채택
> 한 교육과 도덕과 관련된 선별된 격언들.

〈그림 6〉 복강서원의 「서원규례(書院規例)」[33]

응우옌 투안 쿠옹이 언급처럼 한국의 많은 서원에서 백록동서원의 학규
를 차용하고 있었다. 앞서 살펴본 것처럼, 나카에 도주(中江藤樹) 자신이

---

33) 阮俊强, 「書院與木雕版在東亞儒家知識的傳播: 越南敎育家阮輝及其1766-1767年
出使中國的案例研究」, 『臺灣東亞文明研究學刊』 15卷(2), 2018, 54쪽

양명학자임을 표방하였음에도 자신의 도주서원(藤樹書院)의 학규로서 「백록동규(白鹿洞規)」를 채택하고 있었다. 하지만 한국과 일본의 서원 학규는 후기로 갈수록 독자성을 띠게 되었다는 점을 검토할 필요가 있다. 앞서 살핀 것처럼, 일본의 경우 오시오 츄사이(大鹽中齋)의 세심동학당의 학규는 「백록동규」를 벗어나고 있었다. 그 점에서 1767년 응우옌 후이 오한이 쓴 「서원규례」의 초안은, 베트남의 복강서원의 독자적인 것이 아니라, 당시 동아시아 서원들이 「백록동규」를 탈피하여 독자성을 마련하고 있던 경향의 연장선으로 해석할 수 있을 것이다.

또한 복강서원은 동아시아의 다른 서원들처럼 '서원본'을 출간하기도 하였다. 응우옌 후이 오한은 자신과 부친의 저술들의 목판본들을 제작하고 인쇄하였는데, 그 대표적인 목판들은 다음과 같다.

『福江書院規例』(阮輝瑩), 『初學指南』(阮輝瑩), 『訓女子歌』(阮輝瑩), 『國史纂要』(阮輝瑩), 『詩纂要大全』(阮輝瑩), 『書經纂要大全』(阮輝瑩), 『禮經纂要大全』(阮輝瑩), 『易經纂要大全』(阮輝瑩), 『春秋纂要大全』(阮輝瑩), 『性理纂要大全』(阮輝似).

〈그림 7〉 복강서원의 목판들[34]

이처럼 복강서원의 목판들은 『소학』, 『오경』, 『여훈서』, 성리학 저술에 이르기까지 다양한 주제를 담고 있었다. 오늘날 복강서원의 소장품 중 일부는 응우옌 후이 가문의 후손들에 의해 보관, 번역, 연구, 홍보되어 연구자들과 사회 전반의 관심과 찬사를 받고 있다. 2016년 복강서원의 목판 379개가 '유네스코 아시아-태평양 지역 세계 기록 유산'으로 지정받기도 하였다.

지금까지 살펴본 것처럼 18세기 베트남에서 복강서원은 서원이라는 그 이름에 걸맞는 상당한 성과를 이루는 교육기관이었다. 당시에 복강서원에서는 엄청난 수의 과거합격자를 배출하기도 하였다.

하지만 응우옌 투안 쿠옹은 복강서원을 제외하고는 베트남 서원 전통이 다른 동아시아 국가들에 비해 풍요롭지 않았다고 평가한다. 그는 이에 대해 두 가지 이유를 제시하고 있다. 그 첫 번째로, 베트남의 서원이 유교 사상을 깊이 탐구하고 토론하기 보다는 과거시험에 참여하는 데 필요한 지식을 제공하는 역할을 하였다는 것이다. 두 번째로, 베트남 유림들이 스승의 가르침을 더 발전시키고 전수한다는 개념, 즉 '사법(師法)의 사상'을 중요하게 여기지 않았기 때문이라고 판단하고 있다. 이와 같은 베트남 유교문화의 특징은 앞으로 한·베 서원을 비교·분석하는데 있어서 우리 학계가 반드시 검토해야 할 특징으로 볼 수 있다.

IV. 결론과 제언

지금까지 살펴본 것처럼, 우리 학계에서 일본과 베트남의 서원에 관한 연구는 대단히 미진한 상황이다. 특히 베트남 서원의 경우 언어와 자료 접

---

34) 阮俊强, 「書院與木雕版在東亞儒家知識的傳播: 越南教育家阮輝及其1766-1767年出使中國的案例研究」, 『臺灣東亞文明研究學刊』 15卷(2), 2018, 59쪽

근의 어려움 때문에 아직까지 우리 학계 내에서 연구된 바가 없다. 사실 우리 학계는 그들 국가의 서원은 물론이고, 교육사 자체에 대한 연구가 부족한 실정이다. 하지만 서원연구의 지평을 중국을 넘어 일본과 베트남까지 확대하는 일은 '동아시아 유교문화권에서 서원의 보편성'과 '한국 서원의 독자성'을 확인하는 데 있어 반드시 넘어서야 할 과업이라 할 수 있다.

이와 같은 서원연구 지평의 확대를 위해서는 무엇보다 현지 국가의 전문 연구자들과 협업작업이 이루어져야 할 것이다. 하지만 이러한 협업을 위해서는 몇 가지 전제되어야 사항들이 있다. 2장에서 논의하였듯이, '서원'을 일본과 베트남에서는 '존현과 강학을 위한 사설 교육기관'을 가리키는 용어로서 거의 사용되지 않았다. 따라서 서원에 대한 정의를 한국이나 중국에서 바라보는 고정된 시각에서 벗어나 조금은 느슨하고 열린 시각'에서 규정하는 것이 전제되어야 한다. 사실 이와 같은 서원에 대한 열린 시각을 갖기 위해서는 무엇보다 일본과 베트남에서 토착화 과정을 거쳐 확립한 독자적인 유교 사회·문화에 대한 이해를 지녀야 한다. 예컨대, 베트남의 유교 문화가 다른 동아시아 국가들과 달리 스승의 가르침을 존숭하고 계승하려는 '사법(師法)의 사상'을 중시하지 않는다는 점을 이해할 필요가 있다. 이때에야 베트남에서 서원 문화가 풍요롭게 발달하지 않은 그 이유를 확인할 수 있기 때문이다. 또한, 근세 일본 사회가 막번체제(幕藩體制)의 사회로서 한국·중국·베트남과 같이 중앙집권적인 사회체제가 아니었으며, 무엇보다도 관립학교와 사립학교의 구분이 한국과 중국의 학교만큼 명확하지 않다는 점을 이해해야 한다. 이러한 전제들을 수용할 때에야 비로소 한·일 서원에 대한 비교·분석이 이루어질 수 있을 것이다. 예컨대 '관학과 사학' 및 '교육내용의 수준이나 교육대상'의 기준으로 하여 '사숙(私塾)'을 그 비교·분석의 대상으로 삼거나, 혹은 그 역할과 기능의 측면에서 '번교(藩校)'를 비교·분석의 대상으로 삼을 수가 있는 것이다.

선행연구의 검토에서 보았듯이, 한국·일본·베트남 서원의 학규에 대한 차이와 공통점을 확인해 볼 수도 있을 것이다. 더불어 서원의 건립주체를 비교해 볼 수도 있을 것이다. 예컨대, 베트남의 숭정서원(崇正書院)은 황제가 마련한 서원이고, 일본의 도주서원이나 세심동학당은 양명학을 자처한 무사들이 마련한 서원이었다. 특히 일본의 경우 사숙을 건립한 주요 주체들은 어떤 이들이었는가를 확인해보고, 이를 한국 서원을 건립한 주요 주체들과 비교해보는 것도 의미있는 것이라 생각된다. 또 도주서원에서 볼 수 있듯이, 우리의 서원과 달리 강학 공간과 제향 공간이 함께 접해있으며, 가묘형태를 띠고 있는 측면도 의미있는 비교 대상일 것이다. 더불어 서원의 강학교재와 장서(藏書), 출판문화 등 비교·분석을 위한 수많은 대상들을 발굴할 수 있을 것이다.

참고문헌

강판권, 『서원생태문화기행 : 중국과 한국 서원의 생태문화』, 대구: 계명대학교 출판부, 2019.

유인선, 『새로 쓴 베트남의 역사』, 서울: 이산, 2002.

Rubinger, 石附實·海原徹(譯). 『私塾-近代日本を拓いたプライベート·アカデミー』, 東京: サイマル出版會, 1982.

김대식, 「나카에 도주(中江藤樹)의 문인(門人)공동체와 도주서원」, 『亞細亞硏究』, 고려대학교 아세아문제연구소, 2010.

難波征男, 「일본의 '서원' 연구의 현황과 과제」, 『韓國學論叢』 29, 국민대학교 한국학연구소, 2007.

링진이, 「한국 안동과 중국 휘주 서원의 비교연구 : 도산서원과 자양서원의 경제적 기반을 중심으로」, 안동대학교 석사학위논문, 2014.

송미영, 「중한 서원교육의 비교연구」, 경기대학교 교육대학원 석사학위논문, 2008.

김홍화, 「한·중 초기서원교육 비교연구」, 영남대학교 석사학위논문, 2005.

辻本雅史, 「근세일본(1600~1867)의 유학 학습과 유교적 인간 형성」, 『한국학논총』 33, 국민대학교 한국학연구소, 2010.

柳洪烈, 「朝鮮에 있어서 書院의 成立」, 『靑丘學叢』 29·30, 1930.

이건상, 「근세말 시주쿠(私塾) 교육의 특징 : 데키주쿠(適塾)와 쇼카손주쿠(松下村塾)를 중심으로」, 『일어일문학』 32, 대한일어일문학회, 2006

이수환, 「朝鮮朝 嶺南과 淸代 山東의 書院 비교연구-人的組織과 經濟的 기반을 중심으로」, 『민족문화논총』 46, 영남대학교 민족문화연구소, 2010.

이수환, 「2000年 이후 한국 서원연구의 현황과 과제」, 『민족문화논총』 67, 영남대학교 민족문화연구소, 2017.

이우진, 「오시오 츄사이(大鹽中齋)의 세심동(洗心洞) 강학(講學) 연구(硏究)」, 『한국서원학보』 7, 한국서원학회, 2018.

李虎, 「韓·中 書院建築의 比較硏究:嶽麓·白鹿洞·陶山·屛山書院에 대한 사례분석을 중심으로」, 성균관대학교 석사학위논문, 2012.

임근홍·안득수, 「한·중서원의 입지와 외부공간에 관한 비교연구」, 『휴양 및 경관연구』 10, 전북대학교 부설 휴양및경관계획연구소, 2016.

정낙찬·김홍화, 「한·중 초기서원 교육 비교」, 『한국비교교육학회』 15, 2005.

조인철, 「한국 소수서원과 중국 백록동서원의 비교고찰: 건립배경과 자연환경의 풍수적 특성을 중심으로」, 『道教文化硏究』 50, 한국도교문화학회, 2019.

仲麗娟, 「中國과 韓國의 書院教育 比較硏究:德性教育을 中心으로」, 경북대학교 교육학석사학위논문, 2018.

澤井啓一, 「東アジアの中の日本漢學塾」, 『東アジア文化交涉硏究』 2, 關西大學文化交涉學教育研究拠点, 2009.

阮俊强, 「書院與木雕版在東亞儒家知識的傳播：越南教育家阮輝及其1766-1767年出使中國的案例硏究」, 『臺灣東亞文明研究學刊』 15卷(2), 2018.

Azuma Juji, The Private Academies of East Asia: Research Perspectives and Overview, *A Selection of Essays on Oriental Studies of ICIS*, 2011.

Margaret Mehl, Transmutations of the Confucian Academy in Japan: Private Academies of Chinese Learning (Kangaku Juku 漢學塾) in Late Tokugawa and Meiji Japan as a Reflection and a Motor of Epistemic Change, *Confucian Academies in East Asia*, Brill, 2020.

Nguyễn Tuấn-Cường, Private Academies and Confucian Education in 18th-Century Vietnam in East Asian Context: The Case of Phúc Giang Academy, *Confucian Academies in East Asia*, Brill, 2020.

문화재청 국가문화유산포털(www.heritage.go.kr), 검색일(2020.05.15).

연합뉴스 인터넷판(2019.07.06), 「중국과는 다른 서원 …고유한 유산 가치 인정받다」(www.yna.co.kr), 검색일(2020.05.15).

유네스코 한국위원회(www.unesco.or.kr), 검색일(2020.05.15).

중앙일보 인터넷판(2019.07.06), 「이런 공간은 한국 뿐 … 서원 9곳 유네스코 세계문화유산 등재」(news.joins.com), 검색일(2020.05.15).

제2부

한중 서원 의례의
유형과 특징

중국 서원 의례의 유형과 특징

란갑운

Ⅰ. 고대 학례에서 유래한 중국 서원 의례

1. 중국 서원의 의례는 고대 학례에서 유래되었다

중국 서원의 의례는 중국 고대의 학례(學禮)에서 유래하며, 국자감·태학·주학(州學)·부학(府學) 등 관학의 의례를 참고하였다. 서원 의례는 중국 고대 학례의 일부분에 속한다. 학례의 태동은 『주역』〈몽(蒙)〉괘로 거슬러 올라가는데, 이는 동몽(童蒙) 교육에 대해 논의한 괘이다. 스승을 존경하고 도리를 중히 여긴다는 존사중도(尊師重道)의 사상을 언급하고 있으며, 학례의 핵심 사상이기도 하다. 〈괘사〉에 "내가 몽매한 어린아이에게 가서 점(占)을 치는 것이 아니라, 몽매한 어린아이가 나에게 와서 점을 치는 것이다. 처음 점치거든 말해 주고, 두 번 세 번 점치면 모독하는 것이다. 모독하면 말해 주지 않으니, 이로운 점이다."라고 하였다. 학생이 반드시 자발적으로 스승에게 가르침을 청해야 하는 것이지, 스승이 학생에게 공부하라고 요구하는 것이 아니라는 뜻이다.[1)]

『상서(尚書)』와 『논어』, 『사기』〈공자세가(孔子世家)〉와 〈중니제자열전(仲尼弟子列傳)〉에 학례와 관련된 내용이 있지만, 가장 완전한 기록은 『예기』〈문왕세자(文王世子)〉에서 확인할 수 있다. 〈문왕세자〉에는 공부의 순서·시

---

1) 兰甲云, 『周易古禮研究』, 長沙: 湖南大學出版社, 2008.

간·내용 및 거동[規矩]과 관련된 예법을 교육하면서 주고받은 문답, 그리고 고대에 가장 중요한 학례였던 석전례와 석채례가 중점적으로 수록되어 있다. 〈문왕세자〉에서 "무릇 세자를 교육시키고, 태학에 입학한 국자(國子)들을 교육할 때에는 반드시 계절별로 각각 다르게 가르쳐야 한다. 봄과 여름에는 방패와 창을 들고 추는 춤을 가르치고, 가을과 겨울에는 깃털과 피리를 들고 추는 춤을 가르치되, 이러한 교육 모두를 동서(東序)에서 시행한다. 소악정(小樂正)이 방패를 들고 추는 악무를 국자들에게 가르치면, 대서(大胥)는 소악을 도와서 함께 가르치고, 약사(籥師)가 창을 들고 추는 악무를 국자들에게 가르치면, 약사승(籥師丞)은 약사를 도와 함께 가르친다."라고 하였다.

한편, 주희의 『의례경전통(儀禮經傳通解)』과 『주자어류(朱子語類)』에도 학례와 관련된 내용이 적지 않게 실려 있다.

고례(古禮)에서 학례는 오례(五禮) 중 길례(吉禮)에 속한다. 그러나 『주례(周禮)』〈춘관(春官)·대종백(大宗伯)〉의 길례 36조목에는 학례 조항이 없으며, 『의례(儀禮)』에도 학례와 관련된 내용을 찾아볼 수 없다. 『예기』〈문왕세자〉와 〈학기〉에는 학례와 관련된 내용이 기재되어 있는데, 주로 길례인 석전례·석채례에 대한 것이다. 〈곡례(曲禮)〉와 〈문왕세자〉에는 학생이 부모·스승을 섬기는데 필요한 사소한 예절들이 다수 기록되어 있다. 이를 미루어 본다면, 상고(上古) 시대에도 이와 비슷한 고례(古禮)가 충분히 있었을 것이다. 『주역』〈계사전(繫辭傳)〉에서 "비록 스승이 없으나 부모가 계신 듯하다."라고 했는데, 이는 부모와 스승에 대한 예절이 유사함을 뜻한다. 이와 관련해 『사기』에서 공자 제자들은 부모에 대한 거상(居喪) 기간과 동일하게 스승의 복상(服喪)을 3년 심상(心喪)했다고 한다.

2. 중국 고대 학례의 주요 내용은 공묘(孔廟) 안 학교의 것과 일치

고대 학례의 주요 내용 중 공묘의 석전례·석채례와 일치하는 것은 제사의 대상, 제사를 지내는 자, 예물·음악·가무(歌舞)·축문, 의식과 절차, 제사를 지내는 시기, 그리고 장소이다.

먼저, 제사의 대상은 선성(先聖)과 선사(先師)이다. 선성은 예법을 정하고 악률을 제정한 선대의 성인이니, 요(堯)·순(舜)·우(禹)·탕(湯)·문(文)·무(武)·주공(周公) 등과 같은 이들이 여기에 해당한다. 선사는 선대 성인들의 예악을 전해 준 역대 스승들을 가리키는데, 예를 들면 후대의 악정(樂正)·약사(籥師) 등과 같은 이들이다. 『주례』에서 "도와 덕이 있는 사람에게 가르치게 하고, 그가 죽으면 악조(樂祖)로 받들어 고종(瞽宗)[은(殷)나라의 학교 이름]에서 제사 지낸다."라고 하였다. 손희단(孫希旦)[1736~1784]은 선대의 선사(先師)가 있고, 당대(當代)의 선사도 있다고 하면서 이렇게 말했다.

> 옛날 어진 신하들은 자신이 종사하는 일에 밝은 것으로 스승이 되었다. 예를 들어 『예기』에는 백이(伯夷)가 있고, 〈악기(樂記)〉에는 후기(後夔)가 있는 것과 같은 것이다. 〈제의(祭義)〉에서 이른바 "서학(西學)에서 선현에 제사를 드린다."라고 한 것이 바로 이것이다. 이 분들이 선대의 선사인 것이다. 그 도덕이 우월하고 학문이 대사성(大司成)이 되는 사람이 세상을 떠나면 또한 제사를 지냈는데, 선사로 여겼기 때문이다. … 이 분들은 당대의 선사들이다.[2]

선성과 선사는 모두 선대나 당대에 도덕을 갖추고 있을 뿐만 아니라, 예악의 교육으로 학생이나 백성을 교화할 수 있는 성인과 현인, 또는 도덕과 예악으로 교화하는 일을 하고 인재를 양성할 수 있는 사람을 가리키는 것이다.

두 번째는 제사를 지내는 자들이다. 여기에는 일반적으로 제사를 주관하는 자[혹 헌작(獻爵)을 주재하는 자]와 제사를 보조하는 자[혹 헌작을 돕

---

2) [清] 孫希旦 撰, 『禮記集解』[中], 北京: 中華書局, 1989, 560쪽. "以古之賢臣明於其業者爲師 若禮有伯夷 樂有後夔 祭義所謂'祀先賢於西學 是也 此先代之先師也 其有道德而爲學之大司成者 死則亦祭之 以爲先師 … 此當代之先師也"

는 재가 있으며, 그리고 제사에 참여하는 학생들이 있다. 그 밖에 의식을 관람하는 백성들이 있을 수 있으니, 공자도 일찍이 의식을 참관했다. 『주역』〈관(觀)〉괘는 관례(觀禮)의 교육적 의의를 전문적으로 논한 것이다. 석전례는 비교적 성대한데, 일반적으로 태학에서는 천자가 친히 학교를 시찰하고 제사를 주관하며, 제후국에서는 나라의 임금이 몸소 제사를 주관하였다. 그리고 후대의 주학·군학·현학에서는 지방의 정무를 주재하는 자가 제사를 주관하였다. 석채례는 비교적 간단한데, 일반적으로 학관(學官)이 제사를 주관하였다. 여기서는 선생들이 제사를 돕고, 학생들이 참가하였으며, 그 외에도 사회적으로 명망 있는 인사와 마을 사람들이 의식을 관람하기도 했다. 『당서(唐書)』〈예악지(禮樂志)〉에 따르면, 당나라 정관(貞觀)[627~649]연간 황태자가 국학(國學)에서 석전례를 행했는데, 황태자가 초헌(初獻)을 올렸고, 국자감좌주가 아헌(亞獻)을 올렸으며, 국자사업(國子司業)이 종헌(終獻)을 올렸다고 한다. 주학에서는 자사(刺史)가 초헌을 올리고, 상좌(上佐)가 아헌을 올리며, 박사(博士)가 종헌을 올렸다.

세 번째는 제사의 예물·음악·가무(歌舞)·축문이다. 석전례에서 예물은 소뢰(小牢)와 대체로 비슷한데, 양과 돼지를 바치되 소는 사용하지 않는다. 만약 소를 바친다면 곧 태뢰(太牢)의 예물이 된다. 유방(劉邦)[BC 256~BC195]이 곡부(曲阜)에서 공자에게 제사 지낼 때 태뢰의 예물을 사용한 적이 있었다.

네 번째는 의식과 절차이다. 석전례와 석채례는 각 절차마다 약간의 차이가 있다.

다섯 번째는 제사를 지내는 시기이다. 석전례·석채례는 일반적으로 봄과 가을의 두 번째 달 첫 번째 정일(丁日), 즉 상순의 정일에 정제(丁祭)를 거행한다. 또한 봄·여름·가을·겨울 네 계절의 두 번째 달 상순의 정일에 석전례를 거행하기도 한다. 『수서(隋書)』〈예의지(禮儀志)〉에는 "수나라 규정에는 국자시(國子寺)에서 매년 2·5·8·11월의 첫 번째 정일에 선성과 선사께 석전제를 지낸다."라고 하였다. 『신당서(新唐書)』〈예악지〉에는 "중춘(仲春)·중추(仲秋)에는 문선왕(文宣王)·무성왕(武成王)에게 석전제를 지내는데, 모두 상순의 정일과 상순의 무일(戊日)에 시행한다."라고 하였다.

여섯 번째는 제사를 지내는 장소이다. 학례는 일반적으로 학궁, 즉 삼대 (三代)의 상서(庠序)·명당(明堂)·고종(瞽宗)·태학 등 학교에서 거행했다. 역대 왕조에서는 정부의 최고 기관인 태학과 지방의 각급 관학에서 거행하였으며, 송나라 이후의 서원에서는 서원의 문묘(文廟) 안에서 거행하였다. 중국 고대의 제사 장소는 대대로 약간씩 변화가 있었다. 청나라 오송흠(吳省欽)[1729~1803]은 「십방현 방정서원 신건성상루비(什邡縣方亭書院新建聖像樓碑)」에서 삼대의 학례와 제사 장소는 사당[묘우(廟宇)]이 아니라 학교였다고 주장했다. 한(漢)나라에 이르러 태학에 공자묘를 건립했고, 명제(明帝)[28~75] 초기에는 주공과 공자를 군학(郡學)에서 제사 지냈으며, 위(魏)나라 문제(文帝)[187~226]가 노군(魯郡)에 학교를 세우면서 문묘와 학교가 비로소 하나로 합쳐지게 되었다.

Ⅱ. 중국 서원 의례의 주요 유형과 구체적인 예절 분석

석전례와 석채례는 유구한 역사를 가지고 있다. 주(周)나라 초기에 이미 완비되었고, 춘추 시대에는 보편화 되었다. 중국 서원의 학례 제도는 전체 학례 제도의 중요한 구성 요소이다. 석전례와 석채례는 본래 관학의 제사와 예법이었다. 정부와 민간 사이에 있는 서원은 반관반민(半官半民)적 성격을 지니고 있었다. 그래서 석전례·석채례는 관학의 제사와 기본적으로 같다. 서원에서는 이 학례를 매우 중요시하였다. 명나라 서원의 학칙에는 봄과 가을에 석전례와 석채례를 거행하는 것을 11조목의 학칙 가운데 제1 조로, 즉 "봄과 가을에는 석채례를 행하고, 초하룻날과 보름날에는 조상의 사당을 배알한다."라고 규정하고 있다.

1. 석전례 의식

1) 학궁의 석전례를 모방하고 인용한 고대 서원

고대 학례는 공자의 제사를 매우 중시하였다. 송나라 이후 공자에게 제사를 드리는 것은 언제나 국가의 성대하고 장중한 전례로 간주되었으며, 원나라의 황제는 여러 번 명령을 내려 각급 관학과 서원에 그대로 시행하도록 했다.

중통(中統) 2년(1261) 6월, 삼가 황제의 성지(聖旨)를 받들어 마땅히 다음과 같이 이행해야 할 것이다. "선성의 사당[宣聖廟:공자의 사당]에 나라에서는 봄·여름·가을·겨울 네 계절마다 제사를 드리고, 여러 선비들은 매달 초하루에 석전(釋奠)을 드리며, 항상 청소하게 하여 깨끗함을 유지하도록 해야 한다."[3]

지원(至元) 31년(1294) 7월, 황제의 성지로 정부 안팎의 모든 관리와 아전들에게 다음과 같이 유시(諭示)한다. "공자의 도리는 만세에 큰 법도가 되니, 나라일에 관여하는 자는 마땅히 이를 받들어 모셔야 한다. … 공자 사당에는 마땅히 학교를 설립해야 한다. 서원에서는 … 공부하는데 보탬이 될 토지와 산업을 경영하여 … 거기에서 나오는 돈과 곡식을 2월과 8월의 첫 번째 정일에 바치고, 초하룻날과 보름날에 제사를 지내도록 하라."[4]

---

3) 佚名,『廟學典禮』卷1,〈先聖廟歲時祭祀禁約掃除褻女下〉,『文淵閣四庫全書』[406], 臺北: 臺灣商務印書館, 1986. "中統二年六月 欽奉聖旨昭該 先聖廟 國家歲時致祭 諸儒月朔釋奠 宜恒令灑掃修潔";『廟學典禮』卷2,〈文廟禁約掃褻〉,『文淵閣四庫全書』[406]. "中統二年聖旨節文 宜聖廟 國家歲時致祭 諸儒月朔釋奠 宜常令灑掃修潔"

4) 佚名,『廟學典禮』卷4,〈崇奉孔祀教養儒生〉,『文淵閣四庫全書』[406]. "至元三十一年七月日 皇帝聖旨諭中外百司吏人等 孔子之道, 垂惠萬世 有國家者 所當崇奉 … 應設廟學 書院 … 其贍學地土產業 … 所出錢糧 以供春秋二丁 朔望祭祀"

중국 고대 정부에서는 황제가 성지로서 관학과 서원의 제사 규정을 법제화 했다. 석전례는 봄·가을·겨울 세 차례 학궁에서 거행하되, 시동(尸童)은 맞이하지 않았다. 진상도(陳祥道)[1053~1093]는 "석전에는 희생과 제물을 올리며, 음악을 연주하고, 술잔을 주고받는 의식을 거행한다."[5]라고 하였다. 물론 서원의 제사도 이와 같았다.

2) 소뢰 석전례의 기본 예절

제사의 엄숙함을 보장하고, 신령에게 최고의 경의를 표하기 위하여 제사에는 재계(齋戒)·산재(散齋)·치재(致齋) 절차가 있다. 『예기』〈제의〉에서 정현(鄭玄)[127~200]은 "산재 때는 7일 동안 수레를 몰지 않으며, 음악을 연주하지 않고, 조문을 하지 않는다."라고 주석을 달아 놓았다. 『송서(宋書)』〈예지(禮志)〉에는 "남교에 제사 지낼 때 황제가 궁중에서 7일 동안 재계하고, 또 3일 동안 치재한다."고 했다.

예법에 부모에게 제사 드리기 7일 전부터 수레를 몰지 않으며, 음악을 연주하지 않고, 조문하지 않는 것을 '산재'라고 하였다. '제(齊)'는 후대에 '재(齋)'로 쓰였다. 『예기』〈제의〉에 "내적으로는 치재하고, 외적으로는 산재한다."라고 했으며, 『예기』〈제통(祭統)〉에서는 "7일 동안 산재하여 마음을 안정시키고, 3일 동안 치재하여 마음을 가지런하게 한다."라고 했다. 또한 "재계란 순수하고 청명함의 지극함이다. 그런 연후에 신명을 맞이할 수 있는 것이다."라고 하였다. 한편, 『예기』〈표기〉에서는 "공자가 말하기를 '재계하여 귀신을 섬기며, 날과 달을 가려서 군주를 뵙는 것은 백성들이 공경하지 않을까 염려해서이다.'라고 하였다." 『예기외전(禮記外傳)』에서도 "모든 크고 작은 제사에서 반드시 먼저 재계를 하는 것은 하늘의 여러 신

---

5) 乾隆十三年 勅撰, 『欽定禮記義疏』 卷28, 〈文王世子〉, 『文淵閣四庫全書』[118], 臺北: 臺灣商務印書館, 1986. "釋奠有牲幣 有合樂 有獻酬"

들과 죽은 자의 영혼을 공경히 섬기기 위한 것이다. '재'라는 것은 공경한 다는 뜻이다.[6]라고 하였다.

고대 제사에서는 재계 전에 반드시 목욕하고 옷을 갈아입었다. 『묵자 (墨子)』〈천지(天志)〉에 "천자에게 질병이나 재앙이 있으면 반드시 목욕재 계를 해야 한다."라고 하였다. 한나라 동중서(董仲舒)[BC 179~BC 104]의 『춘 추번로(春秋繁露)』〈사제(四祭)〉에도 "목욕재계를 하여 몸과 마음을 청결 히 하고 온갖 정성을 다 들여서 조상과 부모에게 제사를 드린다."라고 하 였다.

『도남연원록(道南淵源錄)』에서는 석전례 재계를 다음과 같이 규정하고 있다.

> 제사 지내기 3일 전부터 재계를 한다. 하루 전 서원에 묵으며, 오후에는 제 사에 쓸 희생을 검사하는데, 양과 돼지를 각각 한 마리씩 쓰되 온전한 희생을 문묘에 바친다.[7]

이 제사에는 소뢰의 예물, 즉 희생으로 양과 돼지 각각 한 마리를 바친 다. 나머지 제물로는 현주(玄酒)·장염(醬鹽), 여러 종류의 곡물, 신선한 과 일과 말린 과일 등이 있는데, 구체적인 수량과 진설 방법은 다음과 같다.

> 선사의 제사에는 먼저 작(爵) 6개를 진설하는데, 3개에는 현주(玄酒)를 담는 다. 등(登) 1개를 진설하는데, 돼지고기로 만든 태갱(太羹)이란 국을 담으며, 거 기에는 소금과 간장을 쓰지 않는다. 형(鉶) 2개를 진설하는데, 화갱(和羹)이란

---

6) [唐] 成伯 撰, [唐] 張幼倫 注, 『禮記外傳』, 『玉函山房輯佚書』本. "凡大小祭祀 必先 齋 敬事天神人鬼也 齋者 敬也"

7) [淸] 鄒鳴鶴 編撰, 『道南淵源錄』卷9, 淸道光刻本. "先三日齋戒 前一日宿院中 午 後省牲 用羊豕各一 以全牲獻聖廟" 이하의 인용문도 모두 이 책에서 인용한 것이 다. 이 의식에 관한 기록은 〈유본유선생지초(劉本孺先生志草)〉가 원문이다.

국을 담으며, 그것은 여러 가지 양념을 섞어서 만든 것이다. 보(簠) 2개를 진설
하는데, 찰기장과 메기장을 담는다. 궤(簋) 2개를 진설하는데, 벼와 조를 담는
다. 변(籩) 8개를 진설하는데, 각각에 호랑이 모형으로 만든 소금[형염(形鹽)],
말린 물고기, 대추·밤·개암·마름·연밥·감을 담는다. 두(豆) 8개를 진설하는데,
위와 아랫부분을 잘라내고 그 가운데 4촌(寸) 길이의 부추로 담근 김치, 무김치,
여린 갈잎김치, 죽순김치, 미나리김치, 죽순김치, 돼지고기를 숙성시켜 소금을
넣은 술을 조미료로 하여 잘게 다져 만든 육장(肉醬)과 물고기를 숙성시켜 소금
을 넣은 술을 조미료로 하여 잘게 다져 만든 어장(魚醬), 곡물 가루를 불에 조금
지져서 만든 구병(糗餠)과 조금 쪄서 만든 분자(粉餈)를 각각 담는다. 조(俎) 4개
를 진설하는데, 양머리 1개, 돼지머리 1개, 양 앞다리 1개, 돼지 앞다리 2개를
각각 담는다. 그리고 백(帛) 1필과 주준(酒尊) 1개를 각각 진설한다.[8]

재계 이후 거행하는 석전례의 순서는 영신(迎神)·초헌·아헌·종헌·음복
수조(飮福受胙)·철찬(徹饌)·송신(送神) 등 모두 일곱 단계이다.

첫 번째 영신 단계에서는 제사를 주관하는 자와 이를 도우는 자가 길례
예복을 성대하게 차려입는데, 이를 '구길복(俱吉服)'이라고 한다.

두 번째 단계는 초헌(初獻)이다. 각종 의례는 질서정연하며, 제사를 주
관하는 자와 이를 도와 제사를 지내는 자가 영신한 후에 초헌례를 올리는
데, 초헌의 동작에는 몸을 굽히기[국궁(鞠躬)], 절하기[배(拜)], 일어나기[흥
(興)], 몸을 펴기[평신(平身)] 등의 의례가 있다.

세 번째 단계는 아헌(亞獻)이다. "인찬(引贊)[의식을 인도하여 행하도록
돕는 일을 하는 사람]이 다음의 의식(儀式)을 선창한다. '[제주가] 관세소(盥

---

8) [淸] 鄒鳴鶴 編纂, 『道南淵源錄』 卷9, 淸道光刻本. "先師前設爵六 三盛玄酒 登一
太羹豬肉汁 不用鹽醬 鉶二 和羹汁 用菜料和者 簠二 黍稷 簋二 稻粱 籩八 形鹽·
槁魚·棗·栗·榛·菱角·芡實·柿 豆八 韭菹切去本末 取中四寸 菁菹·菜葅·芹菹·筍
菹·醓醢細切 豬肉熟之 和鹽酒料物 魚醢細切 魚熟之和鹽酒料物 糗餠用小燒餠 粉
餈用小糕 俎四 羊首一 豬首一 羊前肩一 豬前肩二 帛一 酒尊一"

洗所)[제사 때 제관이 절차에 따라 손을 씻는 곳에 나아가기[예관세소(詣
盥洗所)], 주준소(酒尊所)[제향 때 주전(酒奠), 즉 술잔을 두는 곳에 나아가
기[예주준소(詣酒尊所)], [제주가 거기에 이르면 사준자(司尊者)가 멱(冪)을
들고 술을 떠내기[사준자거멱작주(司尊者擧冪酌酒)], [떠낸 술을 들고] 지성
선사(至聖先師)이신 공자의 신위 앞에 나아가기[예지성선사공자신위전(詣
至聖先師孔子神位前)], 무릎 꿇기[궤(跪)], 작(爵)을 올리기[헌작(獻爵)], 백
(帛)을 바치기[전백(奠帛)], 부복하기[부복(俯伏)], 일어나기[흥(興)], 몸을 펴
기[평신(平身)], 무릎 꿇기'라고 외친다. 통찬(通贊)[인찬과 비슷하게 의식이
순조롭게 진행되도록 돕는 일을 하는 사람]이 '제사를 모시는 사람 모두 무
릎 꿇기[배제자개궤(陪祭者皆跪)]'라고 외친다. 인찬이 '축문을 읽기[독축
(讀祝)]'라고 외친다. 통찬과 인찬이 함께 다음의 의식을 차례로 선창한다.
'부복하기, 일어나기, 몸을 펴기, 자리로 돌아가기[복위(復位)], 아헌례를 행
했음을 알리기[행아헌례(行亞獻禮)]'라고 외친다."

　네 번째 단계는 종헌(終獻)이다. "통찬이 다음의 의식을 선창한다. '주준
소에 나아가기, 사준자가 멱을 들고 술을 떠내기, 지성선사이신 공자의 신
위 앞에 나아가기, 무릎 꿇기, 작을 올리기, 부복하기, 일어나기, 몸을 펴
기, 자리로 돌아가기.' 통찬이 '종헌례를 행했음을 알리기[행종헌례(行終獻
禮)]'라고 외친다." 이른바 삼헌례(三獻禮)인 것이다.

　다섯째 단계는 제주가 음복수조(飮福受胙)하는 것이다. 즉 제사에 참가
한 사람들이 제사에 쓴 술을 마시고[음복(飮福)], 제사에 쓰고 난 희생의 고
기를 나누어 받는[수조(受胙)] 절차이다. "인찬이 다음의 의식을 선창한다.
'주준소에 나아가기, 사준자가 멱을 들고 술을 떠내기, 지선선사이신 공자
의 신위 앞에 나아가기, 무릎 꿇기, 작을 올리기, 부복하기, 일어나기, 몸을
펴기, 자리로 돌아가기'라고 외친다. 통찬이 '음복하고 조(胙)를 받기[음복
수조(飮福受胙)]'라고 외친다. 인찬이 다음의 의식을 선창한다. '음복의 자
리로 나아가기[예음복위(詣飮福位)], 무릎 꿇기, 복주(福酒)를 마시기[음복
주(飮福酒)], 조(胙)를 받기[수조(受胙)]'라고 외친다. [인찬은 이어서 다음의

의식도 선창한다.] '부복하기, 일어나기, 몸을 펴기, 자리로 돌아가기'라고
외친다. 통찬이 다음의 의식을 선창한다. '신위 앞에서 몸을 굽히기[국궁
(鞠躬)], 절하기, 일어나기, 절하기, 일어나기, 몸을 펴기'라고 외친다."

여섯 번 단계는 음식을 치우는 철선(徹饌)이다.

일곱 번째 단계에서는 송신(送神)하며 축문을 읽는다. "송신 의식은 신
위 앞에서 몸을 굽혀 절을 하고, 일어나고, 절을 하고, 일어나고, 절을 하
고, 일어나고, 몸을 펴는 의식의 순서를 거친다. 이어서 축문을 읽는 사람
은 축문을 받들고, 백(帛)을 올리는 자는 백을 받들고, 각각 신위가 묻힌 곳
에 나아가 그곳을 바라본다. 인찬이 다음의 의식을 선창한다. '신위가 묻힌
곳에 나아가 바라보기[예망예위(詣望瘞位)], 축문과 백을 불사르기[분축백
(焚祝帛)], 송신의 의식을 끝내기[흘(訖)]'라고 외친다. 통찬과 인찬이 다음
의 의식을 같이 선창한다."

축문은 다음과 같다.

모년 세차 갑자 모월 갑자 삭월 모일 갑자에 후학(後學) 아무개 등은 감히
지성선사이신 공자께 밝게 고합니다. 생각건대, 선사께서는 요임금과 순임금의
뜻을 근본으로 하여 서술하시고, 문왕과 무왕의 법도를 드러내 밝히셨습니다.
위로는 하늘의 때를 법도로 삼고, 아래로는 땅과 물의 이치를 따르셨습니다. 그
리하여 그 하신 말씀에는 하늘과 땅 가운데 붙잡아 실어주지 않은 것이 없고,
덮어 감싸주지 않은 것이 없으며, 사계절의 운행이 번갈아 운행되고, 해와 달이
교대로 밝혀주는 것과 같은 이치가 담겨 있습니다. 이에 삼가 봄과 가을로 희생
을 비롯해 폐백(幣帛), 맛좋은 술[예제(醴齊)], 풍성한 곡물, 그리고 여러 가지 음
식으로 제수(祭需)를 차려 올리나이다. 부디 흠향하소서.[9]

---

9) "祝文曰 某年歲次甲子某月甲子朔越某日甲子 末學某等敢昭告於至聖先師孔子 惟師祖
述堯舜 憲章文武 上律天時 下襲水土 如天地之無不持載 無不覆幬 如四時之錯行 如
日月之代明 惟春秋謹以牲帛醴齊粢盛庶品 式陳明薦 尙饗" 황진쥔[黃錦君. 1960~]은
『도남연원록』 권9 〈교감기[校記]〉에서 "'통인동창(通引同唱)[통찬과 인찬은 다음

3) 공자 제사에 쓰는 태뢰 및 사배(四配), 십이철(十二哲), 선현, 선유(先儒) 제사에 쓰는 소뢰 예물에 관한 예절

『도남연원록』의 석전례 희생에 관한 제도는 다른 서원의 것과 비교해 적지 않게 차이가 난다. 『도남연원록』에서는 소뢰의 예물을 올리지만, 많은 서원에서 태뢰의 예물인 소·양·돼지를 각각 한 마리씩 쓴다. 이는 예물의 규격을 한 등급 높인 것이다.

예를 들어 청나라 조유정(曹維精)의 『침후서원지(郴侯書院志)』권1[동치(同治) 2년(1863) 각본(刻本)]에 수록된 석전례의 경우 관학의 석전례를 따르고 있음이 나타난다.

석전례는 매우 성대하다. 거기에는 정헌(正獻)[고대의 제사에서 제사를 받는 자에게 행하는 헌작(獻爵)과 헌백(獻帛)의 예절]과 제사를 주관하는 자가 현지 정부의 장관이고, 예악이 끊임없이 오가며, 악무가 모두 갖추어져 있다. 문헌에 기록된 의식은 다음과 같은데, 공자에게 올리는 희생의 기준이 태뢰라는 것이 흥미롭다.[10]

조칙(詔勅)에 성(省)·부(府)·주(州)·현(縣)의 문묘에서 선사이신 공자께 드리

의 의식을 같이 선창한다]' 뒤에는 마땅히 '예필(禮畢)[의식을 끝내기]'이라는 두 글자가 있어야 하니, 아래 문장의 제사 의식의 범례를 보라.('通引同唱 下當有'禮畢'二字, 見下文祭祀儀式例.)"라고 하였다([淸] 鄒鳴鶴 編撰, 黃錦君 校點, 『道南淵源錄』, 四川大學古籍整理硏究所 編, 『儒藏·史部·學校史志』第56冊, 成都: 四川大學出版社, 2010, 781쪽).

10) [淸] 邱之稑 編纂, 『丁祭禮樂儀注備考』, 長沙: 湖南文藝出版社, 2010, 참조. "直省·府·州·縣廟祀先師孔子 皆以歲春·秋仲月上丁行釋奠禮 縣以長官爲正獻 其貳及所屬兩序分獻 司祝·司香·司帛·司饌 引贊·通贊·引班以學子弟員媚禮儀者執事 致齋如期 祭前一日 飭廟戶潔掃殿廡內外 藉以樓稷薦 拂拭神座 視割牲官公服 詣神廚 視割牲以豆 取毛血瘞於坎(先一日 宰夫預鑿於宰牲所之西) 正獻官奉執事生入學習儀 敎官奉樂舞諸生入學習樂舞 夜分陳設 先師位前 牛一·羊一·豕一·登一·鉶二·簠二·簋二·籩十·豆十·爐一·鐙二 按『會典』帛一·尊一·爵三"

는 제사는 모두 해마다 봄과 가을 2월과 8월 첫 번째 정일에 석전례로 거행하도록 되어 있다. 현에서는 장관을 정헌관(正獻官)으로 하고, 그 보좌관과 두 학교에 소속된 사람을 헌관으로 나눈다. 그리고 사축(司祝)·사향(司香)·사백(司帛)·사찬(司饌)·인찬·통찬·인반(引班)은 학교에 다니는 자제들 가운데 의식에 익숙한 사람을 집사(執事)로 삼아 치재(致齋)에 차질이 없도록 한다. 제사 하루 전에는 문묘를 관리하는 민가의 사람들로 하여금 전무(殿廡)[대성전(大成殿)과 동무(東廡), 서무(西廡)를 가리킴]의 안팎을 깨끗이 청소하게 하고, 묘직(廟稷)과 천조관(薦俎官)이 중심이 되어 신위가 놓인 자리를 말끔하게 치운다. 희생을 가르는 것을 참관하는 관리는 공복(公服)을 입고 신주(神廚)[제사에 쓰이는 제수를 조리하는 부엌]에 나아가고, 희생을 가르는 것을 참관할 때는 두(豆)를 가지고 가며, 희생의 털과 피를 거두어서 구덩이에 제사를 지내주도록 한다. [희생을 잡기 하루 전에 재부(宰夫)가 희생을 도살하는 곳의 서쪽에 미리 구덩이를 판다.] 정헌관은 일을 맡은 학생들을 이끌고 학교에 들어가 의식을 연습하며, 교관은 음악과 무용을 맡은 학생들을 이끌고 음악과 무용을 연습한다. 한밤중에 제물을 진설한다. 선사의 신위 앞에 진설하는 제물은 다음과 같다.

소 1마리, 양 1마리, 돼지 1마리, 등(登) 1개, 형(鉶) 2개, 보(簠) 2개, 궤(簋) 2개, 변(籩) 10개, 두(豆) 10개, 향로 10개, 등(鐙) 2개이다. 『회전(會典)』에 따르면, 백(帛) 1필, 준(尊) 1개, 작(爵) 3개로 되어 있다.

서원에서 석전례를 거행할 때 사철(四哲)과 십이철(十二哲)은 한 등급 낮추어 소뢰의 예물을 사용한다.

배향하는 사철(四哲)[안회(顏回)·증삼(曾參)·자사(子思)·맹자(孟子)를 가리킴]의 신위 앞에 진설하는 제물은 다음과 같다.

각각 양 1마리, 돼지 1마리, 형(鉶) 1개, 보 1개, 궤 2개, 변 8개, 두 8개, 로 1개, 등 2개이다. 『회전』에 따르면, 각각 백 1필, 작 2개로 되어 있다.[11]

열두 분의 선철(先哲)[공자의 제자 중 열 사람의 철인(哲人), 즉 민손(閔損)·
염경(冉耕)·염옹(冉雍)·재여(宰予)·단목사(端木賜)·염구(冉求)·중유(仲由)·언언
(言偃)·복상(卜商)·전손사(顓孫師)에다가 유자(有子)와 주자(朱子)를 추기한 것을
가리킴] 앞에 진설하는 제물은 다음과 같다.

형 1개, 보 1개, 궤 1개, 변 4개, 두 4개이다. 그리고 동쪽과 서쪽 양편에 각
각 양 1마리, 돼지 1마리, 향로 1개, 등 2개를 진설한다. 『회전』에 따르면, 각각
백 1필과 작 3개로 되어 있다. 그리고 건물[전(殿)] 한가운데 탁자 1개를 설치하
고, 조금 서북쪽으로 향하게 하여 축문판(祝文板)을 모셔 놓는다. 그 남동쪽에는
탁자 1개를 설치하고, 서쪽으로 향하게 하여 신위에 예(禮)를 올리는데, 다음과
같은 제물을 진설한다. 백 9필[흰색], 향반(香盤) 4개, 준(尊) 3개, 작(爵) 27개이
다. 서쪽에 탁자 1개를 설치하고, 서쪽으로 향하게 하여 신위에 예를 올리는데,
다음과 같은 제물을 진설한다. 백 8필[흰색], 향반 3개, 준 2개, 작 24개이다. 이
것들은 거의 조(俎)에 담아 진설한 희생과 백(帛)이다.[12]

많은 서원에서 선현에 제사 지낼 때도 소뢰의 예물을 쓴다. 소뢰의 예
물은 양과 돼지 각각 두 마리를 쓴다.

선현의 탁자 앞에는 다음과 같은 제물을 진설한다.
양 2마리, 돼지 2마리, 향안(香案) 2개, 향로 2개, 등 2개이다.

선유(先儒)의 제사 때는 소뢰의 예물인 양과 돼지 각각 한 마리씩을 쓴다.

---

11) [淸] 邱之稑 編纂, 『丁祭禮樂儀注備考』, 長沙: 湖南文藝出版社, 2010. "四配位前
各羊一·豕一·鉶二·簠二·簋二·籩八·豆八·爐一·鐙二 按『會典』各帛一·爵三."

12) [淸] 邱之稑 編纂, 『丁祭禮樂儀注備考』, 長沙: 湖南文藝出版社, 2010. "十二哲位
前 鉶一·簠一·簋一·籩四·豆四 東西各羊一·豕一·爐一·鐙二 按『會典』各帛一·爵
三 殿中設一案 少西北向 供祝版 其南東設一案 西向 陳禮神制 帛九(色白)·香盤四·
尊三·爵二十有七 西設一案 東向 陳禮神制 帛八(色白)·香盤三·尊二·爵二十有四
凡牲陳於俎凡帛"

선유의 탁자 앞에는 다음과 같은 제물을 진설한다.

양 1마리, 돼지 1마리, 향안 1개, 향로 1개, 등 2개이다. 그리고 남쪽에 탁자 1개를 설치하고 북쪽으로 향하게 하여 신위에 예를 올리는데, 다음과 같은 제물을 진설한다. 백 2필, 향반 2개, 준 3개, 허작(虛爵) 6개, 그리고 조(俎)·비(篚)·막(幕)·작구(勺具)이다.

4) 석전례에서 음악을 사용하는 예절과 악장(樂章)제도

석전례에서는 음악을 매우 성대하게 사용하는데, 먼저 악기는 다음과 같이 진열한다.

동무(東廡)의 바깥 한곳에 악기를 나열해 두는데, 양쪽 계단에다 특종(特鍾) 1개와 편종(編鐘) 16개를 둔다. 서무(西廡) 동쪽에는 특경(特磬) 1개와 편경(編磬) 16개를 둔다. 서무 서쪽에는 모두 거업(虡業)[종과 북을 매달아 거는 나무로 만든 틀]을 내다 걸고, 동편의 올라가는 계단에는 용휘(龍麾) 1기, 응고(應鼓) 1대, 축(柷) 1대를 걸어둔다. 서편의 내려가는 계단에는 용휘 1기(여러 책에는 모두 휘(麾) 1기로 되어 있는데, 『성문예악통(聖門禮樂統)』에서는 나중에 2기로 증가되었다고 하였다. 상세한 것은 뒤쪽 악기휘번(樂器麾幡)에 기록되어 있다.) 도고(鞀鼓) 1대, 어(敔) 1대를 걸어둔다. 그리고 동편과 서편으로 나누어 금(琴) 6대, 슬(瑟) 4대, 소(簫) 6대, 적(笛) 6대, 호(箎) 2대, 배소(排簫) 2대, 훈(塤) 2대, 생(笙) 6대, 박부(搏拊) 2대, 정(旌) 2기, 우약(羽鑰)[고대 제사나 연회 때 춤추는 사람들이 가지고 있던 무구(舞具) 또는 악기] 36대를 벌여놓는다.[13]

---

13) 西廡同陳樂於殿外 兩階特鍾一 編鍾十有六 在東特磬一 編磬十有六 在西皆懸以虡業 東升龍麾一 應鼓一 祝一 西降龍麾一(羣書皆麾一『聖門禮樂統』云 後增爲二 詳後樂器麾幡注)鞀鼓一 敔一 東西分列琴六 瑟四 簫六 笛六 箎二 排簫二 塤二 笙六 搏拊二 旌二 羽鑰三十有六.

서원 석전례의 악장은 소평(昭平)·선평(宣平)·질평(秩平)·서평(敍平)·의평(懿平)·덕평(德平) 등 여섯 부분으로 구분되며, 그 내용은 다음과 같다.

영신례(迎神禮)에 연주되는 소평(昭平)의 악장 :

위대하도다, 공자여! 먼저 깨닫고 먼저 아시는 성인이시옵니다.

천지와 마찬가지로 숭고하시니, 영원한 스승이 되오십니다.

상서로움을 징조를 구하니, 금사(金絲)의 선율로 화답하셨습니다.

해와 달이 모두 떠오르니, 하늘과 땅 모두가 태평합니다.[14]

초헌례에 연주되는 선평(宣平)의 악장 :

밝은 덕을 품으시고, 온갖 좋은 것들을 집대성하셨습니다.

이 땅에 사람이 있은 이래로 진실로 크게 이루셨습니다.

오랫동안 제사를 드리고, 봄가을 상순의 정일에 석전을 올립니다.

맑은 술 이미 갖추어지고, 그 향불 이제 막 피어오릅니다.[15]

아헌례에 연주되는 질평(秩平)의 악장 :

예를 행함에 어긋남이 없고, 사당에 올라 다시 술잔을 올립니다.

북과 종의 소리 서로 어울리고, 뢰(罍)와 언(甗)의 소리 정성스럽습니다.

엄숙하고도 엄숙하며 온화하고도 온화하며, 어진 선비를 명예롭게 하나이다.

예로 길러지고 음악으로 맑아지니, 서로 바라보며 착하게 됩니다.[16]

종헌례에 연주되는 서평(敍平)의 악장 :

옛날 옛적부터 선민(先民)들이 행한 것이 있으니,

피변복(皮弁服)으로 석채를 올림은 『논어』에서 건져 올린 즐거움입니다.

---

14) 大哉孔子 先覺先知 與天地參 萬世之師 祥征麟紱 韻答金絲 日月旣揭 乾坤淸夷.

15) 子懷明德 玉振金聲 生民未有 展也大成 俎豆千古 春秋上丁 淸酲旣載 其香始升.

16) 式禮莫愆 升堂再獻 響協鼓鏞 誠孚罍甗 肅肅雍雍 譽髦斯彥 禮陶樂淑 相觀而善.

하늘은 사람들을 깨우쳐주시고, 성인은 사시(四時)를 조화롭게 해주시니,

떳떳한 인륜이 펼쳐지고, 이제는 목탁(木鐸)이 되십니다.[17]

철찬례(徹饌禮)에 연주되는 의평(懿平)의 악장 :

선민께서 말씀하시기를, 제사를 드리면 복을 받는다고 하시니,

온 세상 학교에서 누가 감히 제사에 엄숙하지 않겠습니까.

예식을 마치고 제사상 거두기를 아뢰니, 소홀함도 없고 모독함도 없습니다.

생겨난 근원을 즐거워하니, 언덕 가운데의 콩을 거두는 것과 같습니다.[18]

송신례(送神禮)에 연주되는 덕평(德平)의 악장 :

도산(島山)과 역산(繹山)은 높고도 높고, 수수(洙水)와 사수(泗水)는 넓고도 넓으니,

큰길을 나아감에 은택의 흐름은 끝이 없어라.

아, 제사 일 밝히셔서 제사 지내는 일 잘 갖추어지니,

우리 백성 교화되고, 우리 학교 길러지도다.[19]

2. 석채례 의식

고대 서원의 석전례·석채례는 학례와 기본적으로 일치한다. 다만 일부 제사의 회수와 거행 시간에 있어서는 차이가 있다. 석채례는 석전례와 비교해 상대적으로 간소하다.

예를 들어 『익양 잠언서원지(益陽箴言書院志)』 상권에 실린 호림익(胡林翼)[1812~1861]의 「잠언서원 제사 장정(箴言書院祭祀章程)」에 따르면, "선성께는 봄과 가을의 중월(仲月)인 2월과 8월 첫 번째 정일에 제사를 드

---

17) 自古在昔 先民有作 皮弁祭菜 於論思樂 惟天牖民 惟聖時若 彝倫攸敍 至今木鐸.

18) 先民有言 祭則受福 四海黌宮 疇敢不肅 禮成告徹 毋疏毋瀆 樂所自生 中原有菽.

19) 島繹峩峩 洙泗洋洋 景行行止 流澤無疆 書昭祀事 祀事孔明 化我蒸民 育我膠庠.

리는 것이 나라의 법이다. 그러나 서원에서는 감히 같은 날에 할 수 없어 지금 2월 10일과 9월 1일 제사를 드리는 날로 정하게 되었다."라고 하였다.

동림서원(東林書院)의 제사 일시는 관학과 같은데, 석채례를 기행하기 전 3일 동안 재계를 해서 엄숙함을 나타내어야 한다. 이는 석전례와 완전히 일치하는 대목이나, 석채례의 예절[의주(儀注)]은 상대적으로 간소하다.

석채 의식에 대한 기록은 다음과 같다.

석채를 드리기 3일 전 재계를 하고, 하루 전에는 서원 안에서 묵는다.

선사의 신위 앞에 작(爵) 3개를 진설하는데, 양옆에 있는 2개의 작에는 먼저 술을 따르고, 가운데 작에는 헌관을 기다렸다가 행한다. 변(籩)과 두(豆)는 각각 2개를 진설하는데, 2개의 두를 가운데 두고서 무김치와 토끼고기 젓갈을 가득 담는다. 2개의 변은 두의 양쪽에 두고서 대추와 밤을 가득 담는다. 그런데 토끼고기 젓갈이 없으면 생선으로 담근 젓갈로 대신한다. 제사를 드리는 날에는 일찍 일어나 주제자(主祭者)와 배제자(陪祭者)가 함께 길복(吉服)을 입는다.

통찬은 다음의 의식을 선창한다. "집사자(執事者)는 각기 자기의 자리로 나아가기[집사자각취위(執事者各就位)], 배제자는 각기 자기의 자리로 나아가기[배제자각취위(陪祭者各就位)], 주제자는 자리로 나아가기[주제자취위(主祭者就位)], 희생의 털과 피를 구덩이에 묻기[예모혈(瘞毛血)]"라고 외친다. 이어서 "신령을 맞이하기[영신(迎神)], 신위 앞에 몸을 굽히기, 절하기, 일어나기, 절하기, 일어나기, 절하기, 일어나기, 절하기, 일어나기, 몸을 펴기, 헌례(獻禮)를 행하기[행헌례(行獻禮)]"라고 외친다.

인찬이 다음의 의식을 선창한다. "관세소로 나아가기[예관세소(詣盥洗所)], 주준소로 나아가기[예주준소(詣酒尊所)], 사준자는 멱을 들기[사준자거멱(司尊者擧羃)], 술을 따르기[작주(酌酒)]"라고 외친다. 이어서 "선사이신 공자의 신위 앞에 나아가기[예선사공자신위전(詣先師孔子神位前)], 무릎 꿇기[궤(跪)], 작을 바치기[헌작(獻爵)], 부복하기[부복(俯伏)], 일어나기, 몸을 펴기, 축문을 읽는 자리로 나아가기[예독축문(詣讀祝位)], 무릎 꿇기"라고 외친다.

통찬이 '배제자는 모두 무릎 꿇기[배제자구궤(陪祭者俱跪)]'라고 외친다. 인
찬이 '축문을 읽기[독축(讀祝)]'라고 외친다. 통찬과 인찬이 다음의 의식을 같이
선창한다. "부복하기, 일어나기, 몸을 펴기, 자리로 돌아가기[복위(復位)]"라고
외친다.

통찬이 "신령을 보내드리기[송신(送神)]"라고 외친다. 이어서 "신위 앞에 몸
을 굽히기, 절하기, 일어나기, 절하기, 일어나기, 절하기, 일어나기, 절하기 일어
나, 몸을 펴기, 의식을 끝내기[예필(禮畢)]"라고 외친다.[20]

축문은 다음과 같다.

삼가 모년 모월 모일에 후학 아무개 등은 감히 지성선사이신 공자님께 분명
하게 고합니다. 선사께서는 요임금과 순임금을 조종(祖宗)으로 받들어 계승하시
고, 문왕과 무왕의 법도를 드러내 밝히시고, 위로는 하늘의 때를 법으로 삼고,
아래로는 땅의 이치를 따르셨습니다. 그것은 비유하면 하늘과 땅이 거두어 실
어주지 않는 것이 없고, 덮어주고 감싸주지 않는 것이 없는 것과 같으며, 사계
절이 교대로 바뀌는 것과 같으며, 해와 달이 번갈아 밝아지는 것과 같습니다.
이에 우리 동림서원에서는 한 해의 강습을 시작하는 처음에 공손히 석채 의식
을 거행합니다. 부디 흠향하옵소서.[21]

---

20) 釋菜儀注 前三日齋戒 前一日宿院中 先師前設爵三 旁二爵先酌酒 中爵待獻官行 籩
豆各二 二豆在中 盛菁菹兔醢 二籩在兩旁 盛棗栗 無兔則以魚醢代 至日夙興 主祭
者與陪祭俱吉服 通贊唱 執事者各就位 陪祭者各就位 主祭者就位 瘞毛血 迎神 鞠
躬 拜興拜興拜興拜興平身 行獻禮 引贊唱 詣盥洗所 詣酒尊所 司尊者舉冪 酌酒 詣
先師孔子神位前 跪 獻爵 俯伏 興 平身 詣讀祝位 跪 通贊唱 陪祭者俱跪 引贊唱 讀
祝 通引同唱 俯伏 興 平身 復位 通贊唱 送神 鞠躬 拜興拜興拜興拜興平身 禮畢.
21) 이상의 인용문의 출처는 [淸] 鄒鳴鶴 編撰, 『道南淵源錄』 卷9〈劉本儒先生志草〉
(淸道光刻本)이다. "祝文曰 惟年月日 末學某等 敢昭告於至聖先師孔子 惟師祖述堯
舜 憲章文武 上律天時 下襲水土 如天地之無不持載 無不覆幬 如四時之錯行 如日
月之代明 玆當東林書院一歲講習之初 恭修釋菜之禮 尙饗"

3. 반관반민(半官半民) 성격의 향현(鄕賢) 제사 예절

향현에 제사를 지내는 전례는 석전례 다음에 거행한다. 기대 서원에서 석
채례를 거행할 때 선현에게도 같이 제사를 지냈는데, 예를 들어 동림서원에
서는 공자에게 석채례를 거행한 후 이어서 양귀산(楊龜山)[1053~1135]과 기
타 일곱 분의 향현에게 제사를 지냈다. 그 의식에 관한 기록은 다음과 같다.

> 같은 날 귀산(龜山) 양시(楊時) 선생의 신위 앞에 작(爵) 3개, 등(登) 1개, 형
> (鉶) 1개, 보(簠) 1개, 궤(簋) 1개, 변(籩) 6개를 진설하였는데, 거기에 형염(形鹽)
> 을 비롯해 말린 물고기·대추·밤·개암·가시연밥을 담아낸다. 그리고 두(豆) 6개
> 에는 부추김치를 비롯해 무김치·미나리김치·죽순김치·육장·생선젓을 담아낸
> 다. 또한 백(帛) 1필과 조(俎) 4개를 진설하는데, 2개의 조에는 양고기를 담아
> 양편에 놓고, 2개의 조에는 돼지고기를 담아 양편에 놓는다.[22]

> 일곱 분의 선생 신위 앞에는 작 7개, 동쪽과 서쪽에 각각 형 1개, 보와 궤
> 1개, 변 4개를 진설하고, 거기에 소금을 비롯해 대추·밤·가시연밥을 담아낸다.
> 그리고 동쪽과 서쪽에 각각 두 4개를 진설하고, 거기에 부추를 비롯해 순무·죽
> 순·미나리를 담아낸다. 또한 동쪽과 서쪽에 각각 조 2개를 진설하고, 거기에 양
> 족발 1짝과 돼지 족발 1짝을 담아낸다.

> 통찬이 다음의 의식을 선창한다. "각자 자리로 나아가기[각취위(各就位)], 신
> 령을 맞이하기[영신(迎神)]"라고 외친다. 이어서 '신위 앞에 몸을 굽히기, 4번 절
> 하기, 일어나기, 몸을 펴기'라고 외친다. 그 다음에는 '백(帛)을 바치기[전백(奠
> 帛)], 초헌례를 거행하기[행초헌례(行初獻禮)]'라고 외친다. 인찬은 다음의 의식
> 을 선창한다. "관세소에 나아가기, 주준소에 나아가기"라고 외친다. 이어서 "사

---

22) 同日 楊龜山先生神位前 設爵三 登一 鉶一 簠一 簋一 籩六形鹽槁魚魚棗栗榛芡實
　　豆六 韭菹菁菹芹菹筍菹醢醢魚醢 帛一 俎四二俎盛羊肉二方 二俎盛豬肉二方.

준자는 멱을 걷고 술을 따르기, 양선생(楊先生)의 신위 앞에 나아가기, 무릎 꿇기, 작을 바치기, 백을 바치기[헌백(獻帛)], 부복하기, 일어나기, 몸을 펴기"라고 외친다. 그 다음에는 "무릎 꿇기, 배제자는 모두 무릎 꿇기[배제자개궤(陪祭者皆跪)]"라고 외친다. 인찬이 "축문을 읽기[독축(讀祝)]"라고 선창한다. 통찬과 인찬이 같이 다음의 의식을 선창한다. "부복하기, 일어나기, 몸을 펴기, 자리로 돌아가기"라고 외친다. 인찬이 다음의 의식을 선창한다. "헌자(獻者)는 나누어져 일곱 선생의 신위 앞에 나아가기[분헌자예칠선생신위전(分獻者詣七先生神位前)], 무릎 꿇기, 작을 바치기"라고 외친다. 이어서 "부복하기, 일어나기, 몸을 펴기, 자리로 돌아가기"라고 외친다.

통찬이 다음의 의식을 선창한다. "아헌례를 행하기[행아헌례(行亞獻禮)], 전과 같이 하기[여전(如前)]"라고 외친다. 통찬이 다음의 의식을 선창한다. "종헌례를 행하기[행종헌례(行終獻禮)], 아헌례와 같이하기[여아헌례(如亞獻禮)]"라고 외친다. 통찬이 다음의 의식을 선창한다. "신위에 절하고 작별하기[사신(辭神)], 신위 앞에 몸을 굽히기, 4번 절하기, 일어나기, 몸을 펴기"라고 외친다. 이어서 "축문을 읽는 자는 축문을 받들기[독축자봉축(讀祝者捧祝)], 백을 올리는 자는 백을 받들기[진백자봉백(進帛者捧帛)], 각자 축문과 폐백을 묻을 구덩이로 나아가 구덩이를 바라보기[각예예위망예(各詣瘞位望瘞)]"라고 외친다. 인찬이 망예위[망예위(望瘞位): 제사를 지낸 뒤 축문과 폐백을 묻는 것을 바라보는 자리]에 나아가 축문과 폐백의 불사르기를 마치기[예망예위분축백흘(詣望瘞位焚祝帛訖)]"라고 외친다. 통찬과 인찬이 "의식을 끝내기[예필(禮畢)]"라고 외친다.[23]

---

23) 七先生神位前設爵七 東西銂各一 簠簋各一 籩各四鹽棗栗芡實 豆各四 韭菁筍芹 組各二 羊蹄一 猪蹄一 通贊唱 各就位 迎神 鞠躬 四拜 興 平身 奠帛 行初獻禮 引贊唱 詣盥洗所 詣酒尊所 司尊者擧冪酌酒 詣楊先生神位前 跪 獻爵 獻帛 俯伏 興 平身 跪 陪祭者皆跪 引贊唱 讀祝 通引同唱俯伏 興 平身 復位 引贊唱 分獻者詣七先生神位前 跪 獻爵 俯伏 興 平身 復位 通贊唱 行亞獻禮 如前 通贊唱 行終獻禮 如亞獻禮 通贊唱 辭神 鞠躬 四拜 興 平身 讀祝者捧祝 進帛者捧帛 各詣瘞位望瘞 引贊唱 詣望瘞位焚祝帛訖 通引同唱 禮畢.

축문은 다음과 같다.

삼가 모년 모월 모일에 후학 아무개 등은 송나라 귀산 양선생의 신위 앞에서 감히 분명하게 고합니다. 삼가 선생께서 동남쪽에서 도리를 외치신 뒤로 석읍(錫邑)에 이르시어 18년 동안 모범을 엄숙하게 보이시니, 이후 500년 동안 도리로 교화함이 새롭게 대하는 것과 같다고들 사람들은 말합니다. 이에 2월과 8월에 공경히 사시(四時)의 제사를 드립니다. 그리고 삼가 중소(仲素) 나종언(羅從彦) 선생, 덕휘(德輝) 호정(胡珵) 선생, 옥천(玉泉) 유선생(喻先生), 원초(遠初) 우선생(尤先生), 소산(小山) 이선생(李先生), 실재(實齋) 장선생(蔣先生), 이천(二泉) 소선생(邵先生)을 함께 배향합니다. 부디 흠향하옵소서. 지금 이후로 축문을 읽을 때는 지금의 것을 따르라.[24]

4. 회강(會講) 예절 및 의례 간 일상 의례

1) 회강 예절

『우산서원 원규(虞山書院院規)・향약의(鄕約儀)』를 예로 들어 설명하면 다음과 같다. 향약(鄕約)의 강당(講堂) 예절은 아주 분명해서, 강당에서는 엄숙해야 하고, 북을 울려 호령하고 지휘하며, 시를 노래로 부르고 소리 내어 읊되, 외모를 정제하고 엄숙하게 해야 한다.

무릇 서원에서 『향약』을 강론할 때, 대청 위에는 성유패(聖諭牌)[성인께서 하신 말씀을 기록한 패를 진설하고, 강단 아래에는 강안(講案)을 진설한다. 그리고 북을 큰소리가 나게 한번 치면, 각자 서열을 정한 도식에 따라 동서로 마

---

24) 祝文曰 惟年月日 末學某等 敢昭告於宋龜山楊先生之神 曰惟先生倡道東南 至止錫邑 十八年儀刑儼在 五百歲道化如新 玆當仲春秋敬擧時祭 謹以仲素羅先生 德輝胡先生 玉泉喻先生 遠初尤先生 小山李先生 實齋蔣先生 二泉邵先生配 尙饗 自今以後 讀祝文例見前.

주보고 선다.

약찬(約贊)이 "정해진 반열(班列)에 따라 늘어서기[배반(排班)]"라고 외친다. 각자는 자신의 반열에 나아가 몸을 돌려 윗자리를 향해 선다. 약찬이 "반열을 정돈하기[반제(班齊)]"라고 외친다. 이어서 "성인의 가르침을 전하기[선성유(宣聖諭)]"라고 외친다. 그러면 탁생(鐸生)이 반열에서 나와 강안 앞으로 나아가 남쪽을 향해 선다. 약찬이 "모두 무릎 꿇기[개궤(皆跪)]"라고 외친다.

그러면 맨 첫 번째 탁생이 "들으시오, 태조 고황제(高皇帝)께서는 우리에게 부모님께 효도하고 순종하라고 가르치셨습니다."라고 선창한다. 두 번째 탁생은 "우리에게 어른을 존경하라고 가르치셨습니다."라고 선창한다. 세 번째 탁생은 "우리에게 마을사람들과 화목하게 지내라고 가르치셨습니다."라고 선창한다. 네 번째 탁생은 "우리에게 자손을 잘 훈육하라고 가르치셨습니다."라고 선창한다. 다섯 번째 탁생은 "우리에게 도리를 편안히 받아들이라고 가르치셨습니다."라고 선창한다. 여섯 번째 탁생은 "우리에게 그릇된 일을 하지 말라고 가르치셨습니다."라고 선창한다. 무리가 일제히 "그렇게 하겠습니다."라고 응답하고, 모두 함께 머리를 조아린다.

그러면 약찬이 다음의 의식을 선창한다. "일어나기, 몸을 펴기"라고 외친다. 탁생은 반열로 돌아가 성유패를 배알할 준비를 한다. 약찬이 다음의 의식을 선창한다. "읍(揖)하기, 절하기, 일어나기, 절하기, 일어나기, 절하기, 일어나기, 절하기, 일어나기, 절하기, 머리를 조아리기[고두(叩頭)], 일어나기, 몸을 펴기"라고 외친다. 이어서 약찬이 "반열로 나뉘어 가기[분반(分班)]"라고 외친다. 각자 자신의 반열로 나아가 몸을 돌려 동쪽과 서쪽으로 서로를 향하여 절하기를 준비한다.

약찬이 다음의 의식을 선창한다. "읍하기, 절하기, 일어나기, 절하기, 일어나기, 몸을 펴기"라고 외친다. 이어서 "모두 앉기[개좌(皆坐)]"라고 외친다. 그러면 각자는 자기의 반열 자리로 나아가 앉는다. 의식에 참석한 중앙의 관리나 지방의 관리는 의자에 앉으며, 여러 탁생과 약정(約正) 및 부약정(副約正) 등은 걸상에 앉으며, 그 나머지 무리는 바닥에 앉는다. 각자 떠들며 이야기하는 것을 허락하지 않는다.[25)]

이어서 약찬이 "강고(講鼓)[강론의 시작을 알리는 북]를 울려라."고 외치면,
북을 다섯 번 친다. 약찬이 "첫 번째 진강(進講)하기[초진강(初進講)]"라고 외치
면, 강생(講生) 두 사람이 반열에서 나와 강안에 나아가 그 앞에 선다. 약찬이
"모두 일어나기[개흥(皆興)]"라고 외치면, 각자 몸을 움직여 일어난다. 약찬이
"정해진 반열에 따라 늘어서서 강론을 듣기[배반청강(排班聽講)]"라고 외치면,
각자 위쪽을 향해 몸을 돌려 귀를 기울이고 엄숙한 얼굴로 '부모에게 효도하고
순종하라는 가르침[효순부모(孝順父母)]'과 '어른을 존경하라는 가르침[존경장상
(尊敬長上)]' 두 조목에 대한 강론을 듣는다.

강론을 마치면 약찬이 "읍하기, 몸을 펴기"라고 외치면, 대중은 모두 읍하고
몸을 펴며, 강생은 반열로 돌아간다. 약찬이 "반열을 나누어 앉기"라고 외치면,
각자 몸을 돌려 동쪽과 서쪽으로 서로를 향해 앉는다. 약찬이 "시를 노래로 읊
기[가시(歌詩)]"라고 외친다. 가생 두 사람이 반열에서 나와 강안 앞으로 나아가
『부모에게 효도하고 순종하라는 가르침』과 『어른을 존경하라는 가르침』에 관
련된 두 편의 시를 노래한다. 모인 사람들은 함께 가락에 맞추어 노래한다. 이
때 노래에 맞춘 종(鐘)과 북의 리듬은 모두 양명(陽明) 선생의 옛 법도에 따른다.
노래가 끝나면 가생은 반열로 돌아가 앉는다.

약찬이 "차를 올리기[진다(進茶)]"라고 외친다. 차를 올리는 의식이 끝나면,
잠시 정좌를 한다. 그 다음 약찬이 "두 번째 진강하기[아진강(亞進講)]"라고 외
친다. … 그리고 마지막으로 약찬이 "의식이 끝났음[예필(禮畢)]"하고 외친다. 그
러면 성유패를 거둔다. 대중은 일제히 무릎 꿇고 의식에 참석한 본현(本縣)의

---

25) [明] 張鼐 等, 『虞山書院志』 卷4, 明萬曆間刻本. "凡書院講『鄕約』堂上設聖諭牌 台
下設講案 發鼓一大通 各照圖式班位 東西相向而立 約贊唱排班 各就本班中轉身向
上立 唱班齊 唱宣聖諭 鐸生出班 詣講案前 南向立 唱皆跪 首鐸唱聽著 太祖高皇帝
敎你們孝順父母 次鐸唱敎你們尊敬長上 三鐸唱敎你們和睦鄕裏 四鐸唱敎你們敎訓
子孫 五鐸唱敎你們各安生理 六鐸唱敎你們勿作非爲 衆齊聲應曰諾 齊叩頭 唱興平
身 鐸生歸班 拜聖 唱揖 拜 興 拜 興 拜 興 拜 興 拜 叩頭 興 平身 唱分班 各就本
班中 轉身東西相向 交拜 唱揖 拜 興 拜 興 平身 唱皆坐 各就本班中本位而坐 官府
鄕宦坐椅 諸生約正副人等坐凳 餘衆坐於地 各不許喧嘩"

관리에게 교훈을 청한다. 관리는 상황에 맞추어 다시 몇 마디 말을 하고, 해산
하기를 분부한다. 각자는 두 손을 마주 잡고 느린 걸음으로 해산하며, 이때 시
끄럽게 떠들거나 웃으면서 말할 수 없다. 예의가 없는 사람은 우리의 백성이 아
니기 때문이다. 그래서 삼척동자도 모두 마땅히 이러한 도리를 준수한다.[26]

여조겸(呂祖謙)[1137~1181]의 「여택서원 학규(麗澤書院學規)」에는 회강
의 예법과 용모를 가지는 태도에 대해 이런 규범이 있다.

모여서 강론할 때의 용모는 단정하면서도 엄숙해야 한다. 무리지어 함께 거
처할 때의 용모는 온화하면서도 정중해야 한다. (두 다리를 뻗고 앉거나, 비스
듬히 기대어 서거나, 시끄럽게 떠들거나, 빙 둘러서는 것을 엄숙하지 못한 것이
라고 한다. 상대방을 멸시하거나 실없는 말로 농지거리를 하는 것을 정중하지
못한 것이라고 한다.)

또한 여조겸의 학규에서는 스승과 제자의 의례에 대해 "옛 스승을 따르
던 것과 계절마다 오고가는 것, 그리고 여러 사람이 서로 만나는 것은 없
앨 수 없는 옛날의 예절이다."라고 규정하였다.

2) 사제 간의 일상 의례

작자 미상의 『묘학전례(廟學典禮)』 권5〈행대좌하헌사강구학교편의(行

---

26) [明] 張萱 等, 『虞山書院志』 卷4, 明萬曆間刻本. "唱鳴講鼓 擊鼓五聲 唱初進講 講
生二人出班 詣案前立 唱皆興 各起身 唱非班聽講 各轉身向上 傾耳肅容聽講 孝順
父母尊敬長上二條 訖 唱揖 平身 大衆皆揖 平身 講生複班 唱分班坐 各轉身東西相
向坐 唱歌詩 歌生二人出班 詣案前 歌孝順父母尊敬長上詩二章 會衆俱和歌 鍾鼓之
節 俱依陽明先生舊法 歌訖 歌生複班坐 唱進茶茶畢 靜坐片時 唱亞進講 … 唱禮畢
撤聖諭牌 大衆一齊跪請本縣敎訓 本縣道宜複說數句 分付散 各叉手緩步而散 不得
喧嘩笑語 無禮無儀 非我民也 三尺之童 皆宜遵守"

臺坐下憲師講究學校(便宜)〉에는 원나라 관청이 규정한 관학과 서원의 일상 의례가 다음과 같이 수록되어 있다.

앉는 자리의 차례는 다음과 같다. 스승의 좌석은 가운데 자리하게 하고, 그 좌우에 나란히 책 읽고 글을 쓸 탁자를 진설하는데, 오른쪽을 높은 자리로 삼는다. 여러 학생들은 나이를 순서로 둘 씩 둘 씩 마주보고 앉는다. 직일(直日)을 맡은 사람은 스승의 자리 남쪽 양 끝에 자리 2개를 두는데, 종(鍾)은 스승의 자리 오른쪽에, 명패(名牌)는 그 왼쪽에 둔다.

… 여러 학생들이 매일 거행하는 의식은 아침에 스승께 다음과 같이 문안 인사를 하는 것이다. 새벽에 여러 학생이 모두 이르면, 스승은 자리에 나아가 앉는다. 이때 직일을 맡은 사람이 종을 한번 치면, 여러 학생들은 차례로 문밖을 나가 서열대로 선다. 두 번째 종소리가 울리면 여러 학생들은 차례로 정문에서부터 동쪽으로 들어와 북문 위쪽에 두 줄로 선다. 세 번째 종소리가 울리면 당직을 맡은 사람이 "읍하기"라고 선창을 하고, 여러 학생들은 일제히 읍을 한다. 이때 반수(班首)[반열의 우두머리로, 지금의 반장에 해당됨]는 서쪽에서부터 꺾어 돌아 스승의 자리 앞에 이르면, 세 걸음 앞으로 나아가 두 손을 마주 잡고 선생의 안부를 여쭙는다. [스승은 한결같다고 대답을 한다.] 그리고 나서 다시 세 걸음을 물러나서 읍을 하고, 꺾어 돌아 본래의 자리에 들어간다.

그러면 직일을 맡은 사람이 원읍(圓揖)[읍을 하는데 몸을 굽혀 초승달 형태의 모습을 이루는 것]이라고 외치고, 여러 학생들은 원읍을 한다. 그 뒤 자리로 나아가라는 종소리가 울리면, 여러 학생들은 각자의 자리로 나아간다. [여러 학생 가운데 형제나 숙질(叔姪)로 같이 공부하는 사람이 있으면, 행렬이 높고 나이가 많은 사람이 자리에 나아가기를 기다린 뒤 행렬이 낮고 어린 사람이 존장(尊長)에게 나아가 읍을 한다.] 책을 강론하는 데는 직일을 맡은 사람과 스승을 모시고 서는 사람이 각기 한 사람씩 있다.

… 모여서 식사 할 때 아침 식사가 이르면, 직일을 맡은 사람이 종을 울리고, "읍하기"라고 외치면 여러 학생은 일제히 읍을 하고 식사 자리로 나아간다. 이

때 말을 하거나 기침을 해서는 안 된다. 스승을 모시고 식사하는 것이 모두 끝나면, 직일을 맡은 사람이 읍하기라고 외치고, 여러 학생들은 일제히 읍을 한다. 그러고 나서 차례대로 자리에서 물러나와 정원에 들어가 질서 있게 보행을 한다. 이때 천천히 걷기를 힘쓰고, 뛰거나 농담을 해서는 안 된다. 그리고 조금 뒤 직일을 맡은 사람이 종을 치면, 각자 자리로 나아간다. 오후의 식사 때도 이와 같이 한다. … 날이 저물어 돌아갈 때도 새벽에 하던 의식과 같은 것을 행한다.[27]

여조겸의 『여택강의(麗澤講義)』에서는 스승과 제자 간에 질문을 주고받는 의례에 대하여 다음과 같이 언급하고 있다.

어른이 물을 때 사양하지 않고 대답하는 것은 의례가 아니다. 물음에 진실로 적절한 대답이 있을지라도, 마음을 비우고 그 질문을 받아들여야 한다. 만약 급하게 대답을 하면, 스스로 능하다고 여기는 것이 된다. 그리고 이 마음을 잃으면, 비록 법도가 되거나 정밀한 말이 있다고 해도 또한 쉽게 받아들여지지 않을 것이다. 자로(子路)가 비웃음을 산 까닭도 이 때문이다. 증자(曾子)가 "제가 총명하지 못한데, 어찌 그것을 알 수 있겠습니까!"라고 말한 것이 바로 사양하는 대답이다. 배우는 사람은 모름지기 이 예절로 마음을 함양해야 온전히 성숙할 수 있다.[28]

---

27) 坐次 師席居中 左右以次設書桌 以右爲上 諸生序齒 兩兩相對 直日設二師席南 兩端 鍾設於師席右 名牌設於師席左 … 諸生逐日儀式 晨參 淸晨諸生畢至 師就坐 直日鳴鍾一聲 諸生以次出門外序立 第二聲 諸生以次自正門東方入 北門上重行立 第三聲 唱揖 諸生齊揖 班首自西折旋到師前 進三步 拱手問先生安否(師云如常) 複退三步 揖 折旋入本位 直日喝圓揖 諸生圓揖 鳴就位 諸生各就位中有兄弟叔侄同學 候就位後 卑幼者就尊揖 講書 直日與侍立各一人 … 會食 早食到 直日鳴鍾 喝揖 諸生齊揖 就食 毋得語言咳唾 侍食俱畢 喝揖 齊揖 以次退入庭中 以序行步 務爲舒徐 毋得跳擲戲笑 少頃 直日鳴鍾 各就位 午食亦如之 … 暮歸 如淸晨儀.

28) 長者問 不辭讓而對 非禮也 有問固對 然而是虛心而受之 若率爾而對 自以爲能 便失了此心 雖有法言精語 亦不能受 子路所以被哂也 如曾子曰 參不敏 何足以知之 此辭讓之對也 學者須以此禮涵養此心 全熟.

여조겸은 학생의 겸손한 모습과 의례를 아주 중요하게 여겨,

> "〈곡례〉·〈소의(少儀)〉는 모두 마음을 겸손하게 하는 도리로, 나아가고 물러
> 나는 걸음걸이와 이리저리 움직이는 행동거지에 관한 것들이다. 그런데 만약
> 사사건건 이해 하고자 한다면, 틀림없이 이르지 못함이 있을 것이다. 오직 이
> 마음을 간직한다면, 저절로 예절에 어긋나지 않을 것이다. 마음에 이러한 생각
> 을 두지 않는다면, 때때로 의례에 어긋나는 것이 있을 것이다. 이른바 겸손한
> 마음을 가지면, 천천히 어른의 뒤를 따르게 된다. 물 뿌리고 쓸며 응하고 대답
> 하는 것과 좋은 것을 본받고자 하는 것은 모두 겸손한 마음의 기상이다.[29]

라고 하였다. 여조겸에게는 의례를 영원히 깃들게 할 마음이 사소한 예절
보다 훨씬 더 중요한 것이었다.

Ⅲ. 중국 서원 예절의 기본 특징

상고 시대의 최고 통치자들은 교육을 중시하는 전통을 가지고 있었다.
『예기』〈학기(學記)〉에는 "나라를 세워서 백성들에게 임금 노릇함에 가르
침과 배움을 세우는 것을 급선무로 삼았다."라는 기록이 있다. 『주역』의
첫 번째 괘는 건(乾), 두 번째 괘는 곤(坤), 세 번째 괘는 준(屯), 네 번째 괘
는 몽(蒙)인데, 건괘·곤괘는 천지를 대표하는 괘이며, 준괘는 나라를 세우
고 천자가 땅을 나누어서 제후를 분봉하는 괘이다. 그리고 네 번째 몽괘가
교육을 논의하는 괘이다. 이를 미루어 볼 때 가르침과 배움을 우선으로 삼
았다는 것이 결코 빈말이 아님을 알 수 있다. 나라를 세우고 제후를 분봉

---

29) 曲禮少儀皆是遜志道理 步趨進退 左右周旋 若件件要理會 必有不到 惟常存此心 則
　　自然不違乎禮 心有不存 則禮有時失 所謂遜志 則徐行後長 如灑掃應對 如相師 皆
　　是遜志氣象.

한 뒤, 백성 교화를 가장 중요한 임무로 삼았던 것이다.

학례 제도와 서원 의례는 고대 교육의 기본 내용과 맞물려 있다. 유학의 기본 경전은 육경(六經)이다. 그 가운데 지금까지 전해오는 오경(五經)은 선진 시대에 기본적으로 정형화되었으며, 그 당시 관학과 사학 교육의 공용 텍스트였다. 그중 예경(禮經)[『의례(儀禮)』]에 포함된 예법, 예치주의, 예절과 의식, 예악 교육은 육경에서 중요한 분량을 차지하고 있다. 공자는 『논어』에서 인(仁)을 말하고 예(禮)를 말한 게 가장 많으니, 결국 공자의 학문은 예학(禮學)으로 귀결된다. 공자는 "사욕을 극복하여 예를 회복하는[克己復禮]" 것을 자신의 임무로 삼았다. 양(梁)나라 황간(皇侃)[488~545]도 "육경은 그 가르침이 비록 다르다 할지라도 결국은 예를 근본으로 삼는다."[30]라고 했다.

육경의 텍스트는 자연스레 서원의 기초 교재였다. 육경 가운데 고대의 예절을 해설한 『의례』, 『주례』, 『예기』 삼례(三禮) 교육은 당연히 서원 교육의 기본 교재이자 주요 내용이었다. 이것은 우리가 서원의 의례 교육을 논의할 때 도외시할 수 없는 대목이다.[31]

이상의 고찰을 통해 중국 서원 의례의 기본 특징을 다음의 일곱 가지로 정리할 수 있다.

1. 서원의 의례 교육은 관학의 예법 교육과 예교(禮敎)를 중심으로 하는 교육의 전형을 만들었다.

유학은 중국 고대 문화와 문명의 주요 부분이며, 중국 문화와 문명의 바탕, 그리고 중국인의 정신세계의 중요한 버팀목이 되었다. 중국 서원 의

---

30) [宋] 衛湜 撰, 『禮記集說』卷117, 『文淵閣四庫全書』[113], 臺北: 臺灣商務印書館, 1986. "六經其敎雖異 總以禮爲本"

31) 본 논문은 서원 의례를 집중적으로 탐구하는 것이기에 삼례(三禮) 교육과 관련된 부분은 다루지 않았다.

례는 고대 관학의 학례 교육과 함께 고대 예법 교육의 중요한 내용을 구성하며, 예법에 밝은 나라라는 문화적 특색을 형성하였다.

중국 고대 교육은 삼대(三代) 때부터 시작되었다. 〈문왕세자〉와 같은 경우는 주로 예악을 교육했는데, 예교는 악교(樂敎)를 포함한다. 이는 고대 교육의 가장 주되고 중요한 내용으로 역대 통치자들과 교육가들은 모두 예교를 중시했다.

여조겸의 『여택강의』는 서원 의례 교육을 중시했다. 여조겸은 옛 사람들이 공부하는 시간 중 10분의 9를 일상에서 의례를 실천하는 데 쏟아 부었고, 오직 10분의 1만 책을 소리 내어 읽고 책에서 배운 지식을 익히는 데 썼다고 생각하며 이렇게 말했다.

> 옛사람들이 하는 공부는 10할 중 9할이 몸가짐과 행동, 물 뿌리고 쓸며 응하고 대답하는 것이며, 나머지 1할이 글을 읽고 외우는 일이었다. 그런데 지금 사람들이 하는 공부는 글을 읽고 외우는 것이 전부이다. 귀로 들어가 입으로 나오니, 머금어 간직되는 것이 없다. 이른바 "길에서 듣고 길에서 말하는 것은 덕(德)을 버리는 것이다."고 하는 것이 바로 이것이다.[32]

그는 이렇게도 말했다. "만물을 발육시키니, 높이가 지극해 하늘에 이르는구나. 그것을 이어서 예의(禮儀) 300가지와 위의(威儀) 3,000가지로 하였으니, 성인의 도가 바로 이와 같다."[33] 여조겸은 심지어 의례·예악의 도가 곧 성인의 도라고 생각했던 것이다.

남송의 구양수도(歐陽守道)[1208~1272]는 〈학례정사설(學禮精舍說)〉이

---

32) [宋] 衛湜 撰, 『禮記集說』 卷88, 『文淵閣四庫全書』[112], 臺北: 臺灣商務印書館, 1986. "古人爲學 十分之中 九分是動容周旋 灑掃應對 一分在誦說 今之學者 全在誦說 入耳出口 了無函蓄 所謂道聽塗說 德之棄也"

33) [宋] 衛湜 撰, 『禮記集說』 卷134, 『文淵閣四庫全書』[113]. "發育萬物 峻極于天 而繼之以禮儀三百 威儀三千 聖人之道正是如此"

라는 글에서 인의예지(仁義禮智)는 모두 마음에 근본하며, 또한 예가 가장 중요한 것이라고 생각했다. 그는 인간이 예를 배우면 "비록 보통사람이라고 하더라도 가장 높은 곳까지 이를 수 있으나,"[34] 만약 예를 배우지 않으면 "비록 타고난 자질이 높고 밝다고 해도, 옛 것을 보전하지 못할 것"[35]이라고 하였다.

청나라 이래장(李來章)[1654~1721]은 「자운서원 학규(紫雲書院學規)」에서 예교를 중시하며, "횡거(橫渠) 선생이 평소에 가르침으로 확립한 것은 반드시 사람들로 하여금 먼저 예를 배우게 하는 것이었다."라고 하였다.

2. 서원의 석전례·석채례와 관학의 석전례·석채례는 근본적으로 같다.

한나라 이후 관학의 석전례·석채례는 중국 고대의 학례에서 나왔으며, 송나라 이후 서원의 석전례·석채례 의식에 관한 기록은 주로 중국 고대의 학례 중 석전례와 석채례에서 유래되었다. 따라서 관학의 석전례·석채례와 서원의 석전례·석채례의 의식에 관한 기록은 근본적으로 같은 것이다.

이와 관련해 원나라 황제는 서원의 석전례·석채례를 법제화하기 위하여 다음과 같이 성지를 내렸다.

> 지원(至元) 31년(1294) 7월, 황제의 성지로 정부 안팎의 모든 관리와 아전들에게 다음과 같이 유시(諭示)한다. '공자의 도리는 만세에 큰 법도가 되는 것이니, 나라의 일에 관여하는 자는 마땅히 이를 받들어 모셔야 한다. … 공자의 사당에는 마땅히 학교를 설립해야 한다. 서원에서는 … 공부를 하는데 보탬이 될

---

34) [宋] 歐陽守道 撰, 『巽齋文集』卷25, 『文淵閣四庫全書』[122], 臺北: 臺灣商務印書館, 1986. "雖中人可以循至於上達"

35) [宋] 歐陽守道 撰, 『巽齋文集』卷25, 『文淵閣四庫全書』[122], 臺北: 臺灣商務印書館, 1986. "雖資稟高明不保於往"

토지와 산업을 경영하여 … 거기에서 나오는 돈과 곡식을 2월과 8월의 첫 번째 정일(丁日)에 바치고, 초하룻날과 보름날에 제사를 지내도록 하라.[36]

3. 서원의 향현·선유에 대한 제례는 서원마다 다르며 각기 특색을 가지고 있다.

서원 학생들에게 있어 향현은 좀 더 친근할뿐더러 자부심을 불러 일으켜 본받는데 좀 더 용이하다. 또한 도통·학통 확립과 서원 교육이 경세치용의 인재를 배양한다는 인재 가치관의 인증 표준을 세우는 데도 효과적이다.

석전례·석채례는 관학과 서원의 공통된 제사 대상이다. 그러나 서원의 경우 민간이 주도하기 때문에 자기 지방만의 제사 체계를 가지고 있다. 나아가 향(鄕)에 따라 선현·선사의 사당을 별도로 세우기도 한다. 예를 들어 악록서원에는 삼려대부사(三閭大夫祠)·주장사(朱張祠)·도향사(道鄕祠)·육현사(六賢祠)·숭도사(崇道祠)·사잠사(四箴祠)·선산사(船山祠) 등의 사당이 있으며, 동림서원에는 도남사(道南祠)·오현사(五賢祠) 등이 있다.

일부 서원들은 서원 의례에서 제사의 교육적 기능을 대단히 중시하여, 제사 대상이 되는 향현이 100여 명에 이르기도 했다. 예를 들어 염흥방(閻興邦)[1635~1698]의 「중건 대량서원 이정사전기(重建大梁書院釐正祀典記)」에는 다음과 같은 기록이 있다.[37]

대현(大賢)이신 복자(葍子) 이외 명현(名賢) 150명 가운데 어떤 이는 이곳에서 태어났고, 어떤 이는 이곳에서 벼슬살이를 했으며, 어떤 이는 이곳에 잠시

---

36) 佚名, 『廟學典禮』 卷4, 〈崇奉孔祀敎養儒生〉, 『文淵閣四庫全書』[406]. "皇帝聖旨諭中外百司吏人等 孔子之道 垂憲萬世 有國家者 所當崇奉 … 應設廟學書院 … 其贍學地土産業 … 所出錢糧 以供春秋二丁 朔望祭祀"

37) 自大賢葍子外得名賢百十五人, 或生於斯, 或仕於斯, 或寄跡於斯, 立功立德, 與崇同峻, 與河同深, 皆與大梁有光, 則進而祀之大梁書院. 後之繼起者, 有能與前人比跡, 亦從而配食焉. 是以傳之百世.

거주하였다. 그런데 이들이 세운 공로와 덕행은 산과 같이 높고 강과 같이 깊으니, 모두 대량(大梁)과 함께 영광된 것이다. 그래서 이전의 사람들에 이어 대량서원(大梁書院)에서 제사를 드린다. 나중에 [그들을] 이어서 일어나는 사람 가운데 이전 사람들의 공적과 비교할 수 있는 사람이 있으면, 또한 이어 배향하여 영원토록 전하게 하라.

향현에 대한 제사 중 양귀산을 제사 지냈던 동림서원의 사례는 전형적인 지방 특색을 보이는데, 이와 관련해 다음 기록이 주목된다.

> 같은 날 귀산 양시 선생의 신위 앞에 작(爵) 3개, 등(登) 1개, 형(鉶) 1개, 보(簠) 1개, 궤(簋) 1개, 변(籩) 6개를 진설하였는데, 거기에 형염(形鹽)을 비롯해 말린 물고기·대추·밤·개암·가시연밥을 담아낸다. 그리고 두(豆) 6개에는 부추김치를 비롯해 무김치·미나리김치·죽순김치·육장·생선젓을 담아낸다. 또한 백(帛) 1필과 조(俎) 4개를 진설하는데, 2개의 조(俎)에는 양고기를 담아 양편에 놓고, 2개의 조(俎)에는 돼지고기를 담아 양편에 놓는다."[38]

4. 서원의 의례 교육은 관학의 예법 교육과 더불어 예치주의 중심의 정치적 성향을 가지고 있다.

고대 중국은 예로써 입신하고 나라를 세우며, 예로써 사람을 다스리고 나라를 다스렸다. 공자가 『논어』 〈태백(泰伯)〉에서 "먼저 시를 배우고, 예로써 입신하고, 음악에서 완성할 것이다."라고 말했듯이, 의례 교육 속의 예절과 의식은 많은 지식인들이 도덕적인 규범을 양성하고 심성을 함양하는데 필수 요소가 된다. "집안 대대로 시례(詩禮)를 전한다."라는 공자 가문

---

38) 同日 楊龜山先生神位前 設爵三 登一 鉶一 簠一 簋一 籩六形鹽槁魚魚棗栗榛芡實 豆六 韭菹菁菹芹菹筍菹醢醢魚醢 帛一 俎四二俎盛羊肉二方 二俎盛豬肉二方.

의 가훈도 같은 의미이다.

예교의 핵심은 자신을 낮추고 상대를 높이는 것이니, 바로 겸손하고 겸허한 태도로 사람을 대하고 사물을 접하며, 다른 사람과 윗사람, 그리고 부형(父兄)을 존경해야 한다. 서원 의례는 거의 예외 없이 이러한 예교의 근본적인 특징을 갖추고 있다.

5. 서원 의례는 일상 속에서 경학 교육의 내용을 실현하는 중요한 지표이다.

서원 의례 교육은 서원의 역사이면서, 서원의 교육을 보장하는 질서이며, 가르침의 임무를 완성하고, 교육 목표를 실현하는 주요한 수단이자 방법이다.

작자 미상의 『묘학전례』 권5〈행대좌하헌사강구학교편의(行臺坐下憲師講究學校便宜)〉에는 원나라에서 규정한 관학과 서원의 일상 의례 표준이 수록되어 있다. 여조겸의 『여택강의』에도 스승과 제자 간에 질문을 주고받는 의례 등이 언급되어 있다. 교사와 학생의 일상생활과 강학 활동, 그리고 사제간에 문답할 때의 언행도 전부 서원에서 규정하는 의례 순서와 범위 속에 담겨져 있다.

사제간의 교학 활동은 학례 의례에 따라 조리정연하게 진행되며, 사제 모두 자각적으로 양호한 교학 습관을 키워서 좋은 학풍을 조성하게 된다. 즉, 공부를 가르치고 인재를 양성하는 동시에 학생으로 하여금 자신도 모르는 사이에 의례와 예법과 도덕의 훈도를 통해 예로 사람을 대하는 습성과 덕성을 함양하게 한다.

일부 서원의 의례는 학교 이외의 일상생활에서도 적용된다. 예를 들면 이옹(李顒)[1627~1750]은 「관중서원 학정(關中書院學程)」에서 다음과 같이 말하고 있다.

어떤 일로 친구의 집에 왕래하거나, 밭두둑을 시찰하거나, 지방에 공무(公務)로 나갈 때, 걸음걸이는 모름지기 찬찬히 침착하고 신중하게 내딛어야 하며, 읍을 하는 동작은 모름지기 천천히 몸을 아주 둥글게 하여야 한다. 몸을 빙 두르는 동작은 그림쇠에 맞고, 몸을 꺾어 도는 동작은 곱자에 맞아야 한다. 앉은 자세는 시신(屍身)과 같고, 선 자세는 박힌 못과 같아야 한다. 손과 마음을 일치시켜 몸가짐을 장엄하면서도 화락하게 하고, 조용히 마음을 안정되게 하여 자기를 바르게 하는 것으로 사물을 바르게 하도록 한다.[39]

6. 서원 의례는 친밀한 사제 관계를 구축해서 성현 군자를 양성하고, 도덕 교육의 실현을 목표로 삼는다.

"하늘과 땅, 임금, 부모, 스승은 하나이다.[天地君親師]"라는 말은, 스승이 고대 중국인의 마음속에 중요한 지위를 차지하고 있음을 보여준다. 제자가 스승에 대해 심상 3년을 치르는 것은 고대 중국의 가장 성대한 예절이다.

서원의 의례 교육은 양호한 사제 관계를 구축하는데 중요한 밑바탕이 된다. 그런 까닭에 『예기』〈곡례〉에서 "벼슬하고 배울 때 스승으로 섬길 사람도, 예가 없는 사람이면 서로 친해지지 않는다."라고 했던 것이다.

7. 서원 의례에서 예악과 가무가 결합된 미학 예술 교육은 학생들을 감화시켜 잘못된 길로 나아가는 것을 미연에 방지한다. 이렇게 시가와 음악 및 미술을 하나로 융합하여, 체득하는 예술 교육은 단순한 지식 교육보다 그 효과가 뛰어나다.

고명사(高明士)[1922~]는 『동아시아 교육권 형성사론(東敎亞育圈形成史

---

39) 有事往來親友之家 或觀田疇 或赴地方公務 行步須女詳穩重作揖須舒徐深圓 周中規 旋中矩 坐如屍 立如釘 手與心齊 莊而和 從容閑定 正己以格物.

論)』에서 다음과 같이 말했다.

> 유학에서 칭송하는 성현은 모두 공자묘에 모습이 갖춰져 있다. 독서인들으
> 평소 유가의 경전과 관례대로 행해지는 석전례를 통하여 예악의 분위기로 성현
> 을 참배하고, 성현에 가까이 다가간다. 그래서 성현이 마치 바로 곁에 있는 것
> 같고, 항상 보고 들어서 익숙하고 습관이 되어 있다. 거기에다 장엄하고 엄숙한
> 예악의 제전(祭典) 속에서 촉매 작용을 일으키니, 언젠가는 그들 자신도 나라의
> 정부에 나란히 설 수 있게 되는 것이다.

중국 서원 의례는 고대 예절 가운데 학례, 즉 태학의 석전례와 석채례
에서 유래한다. 학례는 중국의 전통 오례를 구성하는 주요한 부분이다. 서
원 의례는 중국의 태학·국자감·주학·부학·현학 등의 관학과 민간의 사숙
(私塾) 등과 더불어 고대 교육 기관의 학례를 구성하였다. 고대 학례는 현
대의 교육법과 대학교 규정 및 교육·교학에 관한 법률 조항, 기본적인 교
육 과정에 관한 규정에 해당한다.

학례의 근본 목적은 교육의 취지를 규정하고, 교육의 목표를 확립하며,
인재의 양성이라는 목표를 실현하는 것을 보장하는 데 있다. 스승을 존경
하고, 도리를 중히 여기며, 교권을 확립하고, 진리와 학문을 전수하고, 의
문을 풀어주며, 학례를 본받아 수양하는 것은 성현 군자가 되는 것이자 국
가와 국민을 위한 봉사인 것이다.

참고문헌

[唐] 成伯 撰, [唐] 張幼倫 注, 『禮記外傳』, 『玉函山房輯佚書』本.

[宋] 朱熹, 『儀禮經傳通解』, 『文淵閣四庫全書』[125], 臺北: 臺灣商務印書館, 1986.

[宋] 歐陽守道 撰, 『巽齋文集』 卷25, 『文淵閣四庫全書』[122], 臺北: 臺灣商務印書館, 1986.

[宋] 衛湜 撰, 『禮記集說』 卷117, 『文淵閣四庫全書』[113], 臺北: 臺灣商務印書館, 1986.

[明] 張珝 等, 『廬山書院志』 卷4, 明萬曆間刻本.

[淸] 邱之稑 編纂, 『丁祭禮樂儀注備考』, 長沙: 湖南文藝出版社, 2010.

[淸] 孫希旦, 『禮記集解』(中), 北京: 中華書局, 1989.

[淸] 鄒鳴鶴 編撰, 『道南淵源錄』, 淸道光刻本.

[淸] 鄒鳴鶴 編撰, 黃錦君 校點, 『道南淵源錄』, 四川大學古籍整理硏究所 編, 『儒藏·史部·學校史志』 第56冊, 成都: 四川大學出版社, 2010.

乾隆十三年 勅撰, 『欽定禮記義疏』, 『文淵閣四庫全書』[118], 臺北: 臺灣商務印書館, 1986.

佚名, 『廟學典禮』, 『文淵閣四庫全書』[406], 臺北: 臺灣商務印書館, 1986.

鄧洪波, 『中國書院史』, 上海: 東方出版中心, 2004.

兰甲云, 『周易古禮硏究』, 長沙: 湖南大學出版社, 2008.

孫詒讓, 『周禮正義』, 北京: 中華書局, 1981.

生雲龍, 『中國古代書院學禮硏究』, 北京: 淸華大學出版社, 2013.

劉伯驥, 『廣東書院制度沿革』, 北京: 商務印書館, 1939.

趙所生 主編, 『中國書院志』(第七冊), 南京: 江蘇敎育出版社, 1995.

陳穀嘉·鄧洪波 主編, 『中國書院史資料』, 杭州: 浙江敎育出版社, 1998.

胡靑著, 『書院的社會功能及其文化特色』, 武漢: 湖北敎育出版社, 1999.

藍甲雲·張長明, 〈易永卿.論中國古代書院的學禮制度〉, 『湖南大學學報(社會科學版)』, 2005年 第3期.

肖永明·唐亞陽, 〈書院祭祀的敎育及社會敎化功能〉, 『湖南大學學報(社會科學版)』, 2005年 第3期.

한국 서원 의례의 유형과 특징

한 재 훈

I. 여는 말

모든 '의례(儀禮)'는 행사를 주관하는 주체가 있어야 하고, 그 행사는 주체가 설정한 어떤 목적을 가져야 하며, 그 목적을 가장 합리적이고 수월하게 진행하는 체계화된 법식이 있어야 하고, 그 법식을 구성하는 내용들이 하나의 체계 안에서 상호 유기적으로 조응해야 한다. 이런 기준에 비추어 본다면, 이 글에서 다루고자 하는 '한국의 서원 의례'는 구체적으로 조선시대 유학자들(주체)이 어떤 목적의식을 갖고 서원 의례(행사의 법식)를 구성·진행했으며(유형), 그것이 다른 시대, 다른 문화권의 그것과 비교하여 어떤 차별점을 갖는지(특징) 구명하는 것이라 할 수 있다.

중국의 서원 문화가 회암(晦庵) 주희(朱熹: 1130~1200)로부터 부흥하기 시작했다면, 한국에서는 그것이 퇴계(退溪) 이황(李滉: 1501~1570)으로부터 시작되었다고 평가된다.[1] 퇴계는 16세기 중엽 영남지역에 세워진 서원이 다른 지역과 비교했을 때 가장 먼저 시작되었고 그 숫자도 가장 많다고 남 얘기하듯 했지만,[2] 그 중심에 그 자신이 있었다.[3] 그리고 그는 각 지역

[1) 『南溪集』 卷63, 「書院考證」 1. "夫中朝書院, 因朱子始盛, 其在我國, 亦創自退溪."

2) 『退溪全書』 卷42, 「易東書院記」. "書院之制, 近作於東方, 而嶺南州郡之建置者, 比諸道諸邑, 爲最先而居多焉."

3) 『조두록(俎豆錄)』의 기록에 따르면 명종(明宗) 말까지 총 17개의 서원이 건립되었는데, 이들 중 퇴계가 관여한 서원은 9개로 절반 이상을 차지한다(조준호, 「퇴

에 세워진 공립 교육 기구인 향교(鄕校)가 학문의 장으로서 제 역할을 담당
하지 못한 상황에서 서원을 통해 진정한 의미의 교육과 학문을 실현해보고
자 했다.[4]

　서원의 본질적 기능으로 '강도(講道)'와 '존현(尊賢)' 크게 두 가지를 꼽
는다.[5] '강도'란 스승과 제자 그리고 동문 학우들 간에 가르침과 배움을 통
해 사상적 진리를 함께 익혀나가는 것이고, '존현'이란 선현들의 위패를 모
시고 그들의 학문적 업적과 실천적 덕행을 기리며 본받는 것이다. 이때 '강
도'는 서원의 강학(講學)을 통해 수행되고, '존현'은 향사(享祀)를 통해 표현
된다. 따라서 한국의 서원 의례를 탐구할 때 '강학 의례'와 '향사 의례'에
초점을 맞추는 것은 지극히 당연하다. 그러나 이 글에서는 이에 더하여 '향
음주례'를 또 하나의 서원 의례로 주목하고자 한다. 그동안 '향음주례'는
그 자체로 연구되거나 넓은 의미의 학교 의례로 다루어지기는 하였으나 서
원 의례의 범주로 다루어진 적은 없다. 이 글에서는 서원의 건립 본의에
비추어 '강학례'·'향사례'와 더불어 '향음주례'를 한국의 서원 의례로 함께
다루어보고자 한다.

II. 한국 서원의 '강학' 의례

　매산(梅山) 홍직필(洪直弼: 1776~1852)은 "사우(師友)와의 강습(講習)을
통해 가장 많은 학문적 도움을 받는다"면서, "사우와 함께 도리에 대한 강

계 이황의 서원 건립 활동과 서원론의 실현」, 『연사문화논총』 2, 2006, 115쪽).
　4)『退溪全書』卷9,「上沈方伯」. "況竊見今之國學, 固爲賢士之所關, 若夫郡縣之學,
　　則徒設文具, 敎亦大壞, 士反以游於鄕校爲恥, 其刑敵之極無道以救之, 可爲寒心.
　　惟有書院之敎盛興於今日, 則庶可以救學政之缺."
　5)『退溪全書』卷12,「擬與豊基郡守論書院事」. "夫書院何爲而設也? 其不爲尊賢講道
　　而設乎?"

명(講明)을 한 차례 경험하고 나면 그만큼 자신의 마음도 광명(光明)해질 것"이라고 했다. 이어서 매산은 "훌륭한 스승을 존중하고 좋은 학우들을 취하는 것은 단순히 같은 소리끼리 호응하거나 같은 기운끼리 당기기[6] 때문만은 아니라고 하면서, 강학(講學)은 '자기를 위해서 하는 것[爲己]'이지 '남을 위해서 하는 것[爲人]'이 아니라'고 말했다.[7] 이와 같은 강학의 근본정신을 실천적으로 수행하기 위해, 향교라는 공적 교육기관이 있었음에도 불구하고 굳이 서원이 출현하게 되었던 것이다.

도암(陶菴) 이재(李縡: 1680~1746)는 도봉서원(道峯書院) 원임(院任)에게 보낸 글에서 서원을 설립한 근본 취지는 '군거강습(群居講習)' 즉, 학문을 하는 여러 사람들이 한데 모여서 강론하고 학습하기 위해서라고 하면서, "서원이라는 곳이 선현들에게 향사를 지내는 집에 불과하다면 그것은 이름만 서원일 뿐 서원의 실상이 없는 것"이라고 지적했다.[8] 이런 점에서 도암이 말한 '군거강습'이 바로 서원에서 이루어지는 '강학(講學)'이고, 매산이 말한 강학의 근본정신을 구현하는 구체적 방법이라고 할 수 있다.

'강학'은 학문적 내용을 강명(講明)하는 것이다.[9] 그렇기 때문에 그것은 혼자 할 수 있는 작업이 아니고, 여럿이 함께 모여 하는 것이 훨씬 유효하다. 강학을 하기 위해 벗을 모은다든가,[10] 제생들과 함께 강학을 한다는[11]

---

6) 『易經』·「乾卦」 文言曰. "同聲相應, 同氣相求."
7) 『梅山集』, 卷20, 「答李生晩愨○丙午」. "盖師友講習, 爲益最多. 聖人亦以學之不講爲憂, 此道與師友講明一番, 則此心光明一番. 盖講學爲己非爲人也, 往哲尊師取友, 豈徒爲聲氣哉?"
8) 『陶菴集』 卷25, 「論道峯院任」. "夫書院者, 本爲士子羣居講習而設. … 及夫末世, 士習日壞, 未見有群居講習之美, 則書院不過爲先賢享祀之宇, 是則名爲書院, 而無書院之實者也." 조선의 서원은 등장한 지 1세기도 안 되어서 교육 기능은 점차 유명무실하게 되었고, 제례 기능만 두드러지게 되어 사우(祠宇)와의 구별이 모호해지고 있는 실정이었다. 이에 관해서는 윤희면, 「조선시대 서원의 제례와 위차」 (『진단학보』 90, 2000), II장 참조.
9) 『論語』·「述而」: 子曰. "… 學之不講, … 是吾憂也." 『論語集註』: 尹氏曰: "… 學必講而後明 …"

표현은 모두 이런 취지를 반영한 언급들이다. 율곡(栗谷) 이이(李珥: 1536~
1584)는 소현서원(紹賢書院)의 전신인 은병정사(隱屛精舍)의 학도들에게
보낸 글에서 학문 공동체의 구성원들 사이에 서로 선한 영향을 주고받는
'이택(麗澤)'[12]의 힘을 이야기하면서 다음과 같이 당부했다.

> "원컨대, 제현(諸賢)들이 비록 항상 모일 수는 없더라도 매월 초하룻날 반드
> 시 5~6일 동안 모여 어떤 책을 함께 읽고[通讀] 의리(義理)를 실제로 강명하라
> [實講]. 그리고 이것이 실학(實學)임을 잊지 말라."[13]

어떤 책을 함께 읽고 의리를 실제로 강명하는 것, 그것이 바로 강학을
하는 근본 목적이다. 퇴계는 의리를 강명하는 것이 결국 삶을 온전히 살아
내기 위한 것이라는 점을 다음과 같이 논했다.

> "학문에 목말라 하면서 방책(方册)에서 구하거나 혹은 사우(師友)의 도움을
> 받아, 의리(義理)가 평소 마음속에 명확해 있다면 처사(處事)에 어떤 의심과 미
> 혹이 있겠는가?"[14]

여기에서 말하는 '방책'은 바로 옛날 성현들의 가르침이 수록되어 있는
서책이고, '사우'는 지금 내 곁에서 나의 견해를 교정해줄 수 있는 사람들
이다. 방책에 수록되어 있는 성현의 가르침을 사우의 도움을 받아 분명하
게 이해해 나가는 것은 바로 의리를 명확하게 이해하려는 목적 때문이며,

---

10) 『雙梅堂篋藏集』 卷23, 「論取契」. "且講學以會友, 則其樂可知也."
11) 『梅月堂集』 卷20, 「張載傳」. "敝衣蔬食, 與諸生講學."
12) 『易經』·「兌卦」 象曰. "麗澤, 兌. 君子以, 朋友講習."
13) 『栗谷全書』, 卷15, 「示精舍學徒」. "顧諸賢雖不得恒聚, 每一月朔, 必須齊會五六日,
　　通讀某書, 實講義理, 毋忘此簡實學."
14) 『退溪全書』 卷28, 「答金惇敍」. "汲汲於學問, 或求之方册, 或資於師友, 義理素明
　　於心, 則其於處事也, 何疑惑之有哉?"

이 의리에 대한 분명한 이해가 요구되는 이유는 일상에서 맞닥뜨리는 모든 일에 의심과 미혹이 없고자 함이다.

성리학적 설명에 따르면, '의리'란 천리(天理)가 인사(人事)에 가장 합당한 방식으로 구현된 것을 일컫는 개념이며,[15] 따라서 '의리'는 그 내용에 있어서는 본질적으로 천리와 동일하지만, 그 범주에 있어서는 천리가 인사에 구현되는 장에서 사용되는 개념이다.[16] 이 의리를 탐구하는 것이 바로 '궁리(窮理)'이다. 그런데 성리학에서 말하는 궁리는 단순히 외부의 지식정보를 검색하고 획득하는 것과는 본질적으로 그 성격이 다르다. 그것은 어쩌면 내 안에 이미 충분했던 것을 확인하는 과정이지 부족한 것을 보완하는 것이 아니며, 망각했던 것을 자각하는 과정이지 결핍된 것을 보충하는 것이 아니다. '강학'을 중요하게 생각하는 이유가 바로 여기에 있다. 그리고 이와 같은 목적의 강학을 온전히 수행하기 위해 서원이 필요했다고 퇴계는 설명한다.

> "은거하며 지조를 지키려는 선비나 도리를 강명하고 학업을 닦으려는 사람들은 대부분 시끄럽고 경쟁하는 세상을 싫어합니다. 그래서 그들은 묵은 서책을 짊어지고 느긋하고 한적한 산속이나 물가로 숨어들어 선왕의 도를 노래하고 읊조리며, 고요히 천하의 의리(義理)를 연구하면서 자신의 덕(德)을 축적하고 자신의 인(仁)을 순숙시키는 것으로 즐거움을 삼으려 합니다. 그래서 서원에 나아가는 것을 즐거워하는 것입니다. 이는 도성 한가운데 위치한 데다 갖가지 구속적인 학령(學令)과 마음을 움직이고 관심을 빼앗는 이물(異物)들로 포위된 국학

---

15) 伊川은 "在物爲理, 處物爲義."(『二程粹言』 卷1)라는 말로 '의리'의 개념적 성격을 분석한 바 있고, 이에 대해 朱子는 다음과 같이 부연했다. "'在物爲理, 處物爲義.' 理是在此物上, 便有此理 ; 義是於此物上自家處置合如此, 便是義. 義便有箇區處." (『朱子語類』 卷95).

16) 김낙진은 이와 관련하여 다음과 같이 설명한다. "의리는 주관과 객관이 만나(所遇) 구체적인 행위가 수수(授受)되는 '일'(事)에서 논의된다는 성질을 가진다."(김낙진, 『의리의 윤리와 한국의 유교문화』, 집문당, 2004, 105쪽).

이나 향교와 비교할 때 그 공효에서 현격한 차이를 보입니다."[17]

한국 서원은 강학의 이와 같은 의미를 의례화함으로써 여기에 참여하는 사람들로 하여금 그것이 갖는 학문적·실천적 중요성을 개인적 또는 집단적으로 자각하는 계기를 마련하고자 했다. 그것이 이른바 '강학 의례'이다.

김대식은 서원에서 이루어진 강학 활동을 '자발적 강학으로서 회강(會講)'과 '공식적·의례적 강학으로서 강회(講會)'로 구분한다.[18] 그에 따르면 "회강은 스승과 제자가 자발적으로 참여하여 경전을 토론함으로써 경전에 대한 심층적 이해에 이르는 과정"이다. 그리고 그 방식은 "경전의 일부분을 통독한 후 여기에 대해 강론하는 순서로 진행"되었으며, 별도의 절차나 의례는 포함되어 있지 않다. 따라서 회강의 주된 목적은 "회강을 통해 성리학에 대한 체계적인 이해와 더불어 개인의 성정(性情)에 변화가 나타나기"를 기대하는 것이다.

이렇게 회강이 임시적이고 임의적인 학술 세미나 형식이었던 데 비하면 강회는 상대적으로 정기적이고 공식적인 행사였다. 일반적으로 강회는 향사(享祀)를 지낸 다음, 「백록동규(白鹿洞規)」나 「여씨향약(呂氏鄉約)」 같은 교화서를 낭독하고, 강생(講生)들이 강장(講長) 앞에서 진강(進講)을 하는 순서로 진행된다. 진강을 하는 방식은 찌[栍: 경전의 한 장의 내용을 적어 놓은 추첨 기귀를 뽑아 거기에 적힌 구절을 강생이 외우고 해석하면, 강장은 그 의미를 묻고 강생이 이에 대해 답하는 방식이다. 이와 같은 형식은 향교(鄉校)의 강의(講儀)에서도 발견되는데,[19] 흥미로운 것은 향교에서 진

---

17) 『退溪全書』 卷9, 「上沈方伯」. "隱居求志之士講道肄業之倫率多厭世之囂競, 抱負墳策, 思逃於寬閒之野寂寞之濱, 以歌詠先王之道, 靜而閱天下之義理, 以蓄其德, 以熟其仁, 以是爲樂, 故樂竦於書院. 其視國學鄉校在朝市城郭之中, 前有學令之拘礙, 後有異物之遷奪者, 其功效豈可同日而語哉?"

18) 김대식, 「조선 서원 강학 활동의 성격－회강과 강회를 중심으로」, 『교육사학연구』 11, 2001 참조.

19) 『雷淵集』 卷12, 「縣學教條序 己未」 중 '四曰講儀' 부분 참조.

행하는 강의의 경우 그 결과를 '통(通)-약(略)-조(粗)-불통(不通)' 4등급으로 평가한다는 점이다.[20] 이런 평가 방식이 향교에서만 있었고 서원에서는 의도적으로 배제했는지, 아니면 서원에서도 있었는지, 그것도 아니면 향교와 서원에 상관없이 하는 곳과 하지 않는 곳이 혼재했던 것인지 확인할 필요가 있다. 아무튼 강회는 강생들의 학문적 성취를 확인함과 동시에 이를 대중 일반에게 공개함으로써 교화와 장려의 의미도 함께 담았던 것으로 이해된다.

한편, 김자운에 따르면, 강학 의례는 홀기(笏記)를 갖춘 공식적 의례와 그렇지 않은 관습적 의례로 나눌 수 있는데, 정읍례(庭揖禮)와 상읍례(相揖禮) 그리고 강습례(講習禮)가 전자에 속하고, 경독(敬讀), 개접례(開接禮, 혹은 入接禮), 파접례(罷接禮, 혹은 後接禮), 귀가례(歸家禮), 수창시(酬唱詩)가 후자에 속한다.[21]

정읍례(庭揖禮)와 상읍례(相揖禮)는 모두 강학을 시작할 때 거행했던 의례로서, 서원의 뜰에 모여 스승이나 원임에게 읍례를 올리고, 또 제생들 상호 간에도 읍례를 하기 때문에 붙여진 명칭이다. 또한 이렇게 강학의 모임을 시작하는 것을 개접(開接)이라고 하기 때문에 개접례(혹은 입접례)는 정읍례나 상읍례의 별칭으로 봐야 할 듯하다. 그리고 이렇게 시작하는 의례를 개접례라고 한다면 이를 마무리하는 의례를 파접례(혹은 후접례)라고 하는 것은 당연하며, 귀가례 역시 마찬가지로 동일한 것이다. 한편, 강습례(講習禮)는 강회를 마치면서 시행했던 의례라는 점에서 수창시와 의례 상 같은 범주로 분류할 수 있을 것이다. 다만, 강습례가 앞서 김대식이 구분했던 '강회'에서 진강했던 것처럼 일정 기간 배운 것을 테스트하는 목적에서 행하는 것이라면,[22] 수창시는 '회강'에 참여한 소회나 깨달은 것을 시로 지

---

20) 『霽淵集』 卷12, 「縣學敎條序 己未」. "講訖, 先生出講柱, 文義昭暢, 盡善盡美, 謂之通;文義粗備, 長短相補, 謂之略;章句澁滯, 解兒艱難, 謂之粗;章句遏塞, 解說錯亂, 謂之不通."

21) 김자운, 「조선시대 서원 강학 관련 자료의 유형과 특징」, 『유학연구』 48, 2019, 136쪽.

어 공유한다는 차이가 있는 것으로 보인다.

이상의 내용을 표로 정리하면 아래와 같다.

		명 칭	
시점	개접례	거접, 거재	파접례, 귀가례
내용	정읍례, 상읍례	경독, 통독	강습례, 수창시

제한적인 자료에도 불구하고 연구자들의 노력으로 인해 서원의 강학 의
례가 이만큼 밝혀지고 있는 것은 매우 다행스러운 일이다. 하지만 위에서
살펴본 바와 같이 대부분의 관련 연구는 시점으로 말하자면 개접례와 파접
례에 초점이 맞추어져 있으며, 정작 대부분을 차지하는 거접(居接)이나 거
재(居齋)에 대한 연구는 미비한 것이 사실이다. 물론 거접이나 거재가 서원
에 머무르면서 공부하는 상황을 지칭하는 것이고, 『거재록』 등의 기록이
있다 해도 그 내용이 거의 반복되는 일상일 것이므로 특별히 의미를 추출
해낼 만한 것을 발견하기 어려울 수 있을 것이다. 그럼에도 불구하고 일상
의 의례적 요구들을 재구성하고 그것이 '강학'의 근본 취지에 어떻게 부응
하는지 그 유기적 연관성을 설명할 필요가 있다.

예를 들면, 순암(順庵) 안정복(安鼎福: 1712~1791)은 「덕곡서재월삭강
회약(德谷書齋月朔講會約)」에서 「약규(約規)」를 제시하고, 그 아래 수기치
인(修己治人)을 터득할 수 있는 '실용(實用)'적 학문을 위한 '학약(學約)'을
마치 주자(朱子)가 『증손여씨향약(增損呂氏鄕約)』을 제시한 것과 같은 심
정으로 만들었다는 이야기를 덧붙였다.[23] 그리고 그 아래 『논어(論語)』에

---

22) 『무성서원지』에 수록된 『講習禮節目』과 『箚記』의 내용을 참고할 때 그렇게 유
추된다(박종배, 「19세기 후반 무성서원 강습례에 관한 일고찰」, 『한국서원학보』
1, 2011 참조).

23) 『順菴集』 卷14, 「德谷書齋月朔講會約」. "按三代之所以敎人成俗, 皆在於學, 而後
世敎學不明. 我朝學政非不修擧, 今則漸致頹廢, 所謂文敎, 不過科學 ; 朝廷所以勸

나오는 '삼외(三畏)', '삼계(三戒)', '사물(四勿)', '삼귀(三貴)'와 『예기(禮記)』
에 나오는 '구용(九容)', 『논어』에 나오는 '구사(九思)'의 내용과 그것이 위
에서 자신이 언급한 수기치인을 지향하는 '실용적 학문'으로서 어떤 역할
들을 하는지에 관한 설명을 제시한다. 그리고 그 아래 다시 주자의 『백록
동규(白鹿洞規)』와 서산(西山) 진덕수(眞德秀: 1178~1235)의 「진서산교자
재규(眞西山敎子齋規)」, 몽재(蒙齋) 정단몽(程端蒙: 1143~1191)과 동수(董
銖: 1152~?)가 제정한 「정동이선생학칙(程董二先生學則)」, 곤재(困齋) 정개
청(鄭介淸: 1529~1590)이 지은 「곤재학령(困齋學令)」, 주자가 제시한 「주자
독서법(朱子讀書法)」, 정단례(程端禮: 1271~1345)가 지은 「정단례독서분년
정법(程端禮讀書分年程法)」 등을 차례로 제시하였다. 그리고 마지막에 매월
강습례(강회)를 진행하는 의례에 관한 「월조약회의(月朝約會儀)」를 '배선성
선사도(拜先聖先師圖)' '승당강회도(陞堂講會圖)'와 함께 제시하고 있다.

이 자료를 '강학 의례'라는 부분에 초점을 맞춰 연구를 진행한다면, 당
장은 맨 앞의 「약규」와 마지막의 「월조약회의」 내용에 주목하게 될 것이
다. 하지만 정말 중요한 것은 순암이 '삼외'로부터 「정단례독서분년정법」
까지의 자료들을 통해 제안하고자 했던 '사람의 꼴'을 만들어가는[24] 과정
과 방법일 것이다. 예를 들면, 말을 하는 방법이나 몸의 자세를 유지하는
방법에서부터 글을 읽거나 외울 때 또는 글씨를 쓸 때 유념해야 하는 방법
에 이르기까지 서원이라는 공간 안에서 일상적이고 개인적인 의례를 재구
성하고 그것의 의미를 구명하는 작업이 필요하다는 것이다.

督, 亦不過於詞賦騈侶之文, 求其實用, 無可言者. 吾儒之學, 不過修己治人, 於此而
無得焉, 則雖風雲月露之句, 何所取於實用乎? 國家旣以此取人, 而拔身之資, 亦無
過於此, 則只當應俗隨行, 而士君子立心, 豈在於是乎? 今日約憲, 唯當求古聖賢實
用之學而已. 朱子 「增損鄕約」爲萬世必可行之規, 此當服行, 而今別具學約一條, 條
列于下, 吾黨其勉之哉!"
24) '사람의 꼴'을 만들어간다는 표현은 주자가 초학자들에게 『소학』을 공부하라면
서 했던 말(『朱子語類』 卷7: "後生初學, 且看小學之書, 那是做人底樣子.")과 서원
의 일상적 강학 의례가 동일한 문제의식에서 제안되었다고 보아 차용한 것이다.

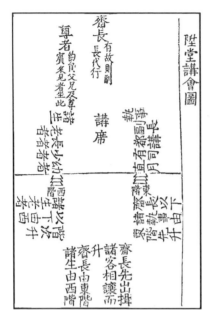

〈그림 1〉 순암 안정복의
「덕곡서재월삭강회약」에 제시된
'승당강회도(陞堂講會圖)'[25]

또 한 가지 흥미로운 것은 서원 강학의 개설을 격려하고 지원하는 차원에서, 개접례에는 수령이 음식과 함께 직접 시부를 출제하여 보내고, 파접례에는 수령이 으레 주연을 베풀고 평소와 달리 제술도 성대하게 거행했다는 사실이다.[26] 지방 수령이 이렇게 음식을 제공하는 것은 당연히 학문을 권장하려는 의도도 있었겠지만, 보다 중요한 의미는 서원을 통해 화민성속(化民成俗)의 모델을 창출하여 바람직한 공동체 문화를 만들어가려는 것이었다. 특히 강습례 등에 참관자 참여를 허용한다든가 강학을 마치는 파접례가 향음주례(鄕飮酒禮)[27]로 연결되었다는 사실은 이를 강력하게 뒷받침해주는 증거이다. 향음주례는 오로지 먹고 마시기 위한 자리가 아니라 지역 주민들이 의례를 통하여 공

---

25) 한국고전번역원, 한국고전종합DB에서 전재
(https://db.itkc.or.kr/dir/item?itemId=MO#/dir/node?dataId=ITKC_MO_0534A
_0140_010_0010&solrQ=query%E2%80%A0%E5%BE%B7%E8%B0%B7%E6%9B%B
8%E9%BD%8B%E6%9C%88%E6%9C%94%E8%AC%9B%E6%9C%83%E7%B4%84$s
olr_sortField%E2%80%A0%EA%B7%B8%EB%A3%B9%EC%A0%95%EB%A0%AC_s%
20%EC%9E%90%EB%A3%8CID_s$solr_sortOrder%E2%80%A0$solr_secId%E2%8
0%A0MO_AA$solr_toalCount%E2%80%A01$solr_curPos%E2%80%A00$solr_solrI
d%E2%80%A0GS_ITKC_MO_0534A_0140_010_0010)

26) 김자운, 「조선시대 서원 강학 관련 자료의 유형과 특징」, 『유학연구』 48, 2019, 149쪽.

27) 서원 의례로서 '향음주례'에 관해서는 4장에서 자세히 다룰 것이다.

동체적 삶의 규범을 배우고 익히는 교육의 장이었다.[28] 이는 서원의 강학 의례가 단순히 서원 집단 내부의 폐쇄적인 의식행위가 아니라 '향(鄕)'단위 공동체 문화 형성을 선도하는 개방적 축제의 일환으로 읽을 수 있는 여지를 보여준다.

III. 한국 서원의 '향사' 의례

일반적으로 서원이 갖는 주요한 세 가지 기능으로 장서(藏書)와 강학(講學) 그리고 향사(享祀)를 꼽는다. 이는 서원의 발전 과정과 그 궤를 같이한다. 기록으로 확인할 수 있는 최초의 서원인 당대(唐代) 여정전서원(麗正殿書院)과 집현전서원(集賢殿書院)은 애초에 장서 기관으로서의 기능만을 수행했을 뿐이다. 서원이 강학의 기능까지 수행하게 된 것은 중당(中唐) 이후였으며, 향사 기능은 북송(北宋)시대에 이르러 출현하게 되었다.[29]

서원은 향사의 기능까지 수행하게 되면서 비로소 서원으로서의 완정한 체제를 갖추게 되었지만 서원의 향사 의례는 독창적으로 만들어진 것이 아니라 관학의 묘학(廟學)제도를 전범으로 삼아 모방과 변용의 과정을 거치면서 정비되어 갔다. 묘학 제도는 동진(東晉)시대에 국자학(國子學) 서쪽에 공자묘(孔子廟)를 건립한 것으로부터 시작되어 지속적으로 발전해갔고, 이는 다시 주학(州學)이나 현학(縣學) 등 지방의 관학에까지 확산되었다. 북송대 서원의 향사 의례는 이러한 묘학제도의 영향을 받았던 것이다.[30]

---

28) 박종배, 「조선시대 학교의례 연구」, 서울대학교 박사학위논문, 2003, 238~239쪽.

29) 朱漢民, 「南宋書院的學祠與學統」, 『湖南大學學報』(社會科學版), 2015年 第2期, 6頁.

30) 朱漢民, 「南宋書院的學祠與學統」, 『湖南大學學報』(社會科學版), 2015年 第2期, 6頁.

서원 향사 의례의 독자적 위상은 아무래도 남송(南宋)시대에 주자가 창주정사(滄洲精舍)에서 봉행한 석채의(釋菜儀)를 기점으로 형성되어 갔다고 볼 수 있다. 주자는 이 석채의에서 공자를 선성(先聖)으로 하고, 안자(顔子)·증자(曾子)·자사(子思)·맹자(孟子)를 선사(先師)로 하였을 뿐 아니라, 주돈이(周敦頤)·정호(程顥)·정이(程頤)·소옹(邵雍)·사마광(司馬光)·장재(張載)·이동(李侗)을 선현(先賢)으로 하여 향사를 봉행했다.[31] 그러면서 주자는 공자뿐만 아니라, 안자·증자·자사·맹자를 배향한 이유와[32] 송대의 칠현을 종사한 이유[33]를 모두 도통(道統)의 관점에서 설명하였다. 이는 남송대 이후 자신의 정체성을 확고히 해나가는 서원의 향사가 이른바 신유학의 도학적 도통 의식을 강력하게 내장하고 있음을 보여주는 증거이다.

'도통'은 성리학적 관점에서 정리한 "유학의 참 정신이 전해 내려온 큰 흐름"[34]으로 이해할 수 있다.[35] 즉, 성리학자들은 자신들의 유학적 학문경향을 '도학(道學)'이라 명명하고, 이의 사상적 계보를 '도통'이라는 이름으로 정립한 것이다. 이때 '도학'이라는 말은 다른 학파와 사상에 비해 자신들의 학문이 '도덕적 우월성'과 '참된 진리'를 담보하고 있다는 절대주의적 태도를 반영하고 있으며, 따라서 이를 계보화한 '도통'이라는 표현에도 역

---

31) 『朱子語類』卷90. "宣聖像居中；兗國公顔氏 郕侯曾氏 沂水侯孔氏 鄒國公孟氏西向配北上, 並紙牌子；濂溪周先生東一 明道程先生西一 伊川程先生東二 康節邵先生西二 司馬溫國文正公東三 橫渠張先生西三 延平李先生東四從祀, 亦紙牌子, 並設於地."

32) 『朱子語類』卷90. "配享只當論傳道, 合以顔子 曾子 子思 孟子配."

33) 『朱子全書』卷86,「滄洲精舍告先聖文」. "千有餘年, 乃曰有繼. 周 程受受, 萬理一原. 曰邵曰張, 爰及司馬. 學雖殊轍, 道則同歸."

34) 이승환,「道統-유학의 참 정신을 잇는 계보」,『조선유학의 개념들』, 예문서원, 2002, 461쪽.

35) 여기에서 굳이 '성리학 관점'이라는 점을 밝힌 이유는, 程·朱 계열의 '道統論'을 北宋의 이른바 '古文家'들에 의한 '正學' 운동에서 이미 진행되었던 '學의 正統性' 문제와 구분하기 위해서이다. 古文家들의 '學의 正統性'과 관련해서는, 이범학,「魏了翁(1178~1237)의 經世理學과 道統論」,『한국학논총』22, 1999, 129~131쪽 참조.

시 그러한 절대주의적 태도가 내장되어 있다. 그러나 '도통'을 '도'의 정통·비정통이라는 측면에서 조명해왔던 지금까지의 관점과 달리, 왕통(王統)이나 치통(治統)[36)]과 같은 기존의 어떤 '통(統)'에 대한 대안으로서 '도통'이라는 새로운 '통'이 제기되었다는 관점에서 바라볼 필요가 있다. 이와 관련하여 피터 볼(Peter K. Bol)의 다음 논의는 매우 의미 있는 시사점을 제공한다.

> 주희는 통치권 외부에 '도'에 대한 별도의 권위가 존재함을 주장하였는데, 그와 그의 계승자들은 그러한 별도의 권위를 '도통'(Succession of the Way)이라고 불렀다. … 신유학자는 그러한 이분화를 통해 다음 두 가지 입장을 천명한 셈이었다. 하나의 입장은, 정치적인 것이 더 이상 도덕적 권위를 가진 것으로 간주될 수는 없다고 할지라도, 정치적인 것 또한 계속해서 존재하고 논란거리가 되는 나름의 역사를 가지고 있다는 점을 인정한 것이다. 다른 하나의 입장은, 그러한 이분화를 통해 도덕적 권위가 정치적인 것을 초월해 있음을 주장하는 것이다.[37)]

이러한 관점의 전환이 의도하는 바는, 세상을 이끌어가는 주체와 그 주체가 갖는 권위의 근거 문제를 다루고 있다는 방향에서 도통론을 재검토하는 것이다. 즉, 세상을 이끌어가는 진정한 주체는 제왕이 아니라 성인이며, 그 권위의 근거 역시 세속적 차원의 위(位)가 아닌 진리적 차원의 도(道)라

---

36) 피터 볼은 '도통'의 대립개념으로 '정통(正統)'을 사용했다. 그에 따르면 "'정통'이라는 용어는, 고대 이후의 왕조들도 고대 성왕과 마찬가지로 천명(天命)을 받았기 때문에 고대 성왕의 '정당한(legitimate) 계승자'라는 뜻을 담고 있다"(Peter K. Bol, 김영민 옮김, 『역사 속의 성리학』, 예문서원, 2010, 215쪽)는 것이다. 그러나 논자는 세상을 이끌어가는 주체를 성인으로 볼 것인지, 제왕으로 볼 것인지라는 대립구도를 분명히 하기 위해 이를 '왕통'이라는 말로 바꿔 사용하고자 한다. 한편 이범학은 '도통'에 대한 상대개념으로 '치통'을 사용한다(이범학, 「魏了翁(1178~1237)의 經世理學과 道統論」, 『한국학논총』 22, 1999 참조).

37) Peter K. Bol, 김영민 옮김, 『역사 속의 성리학』, 예문서원, 2010, 214~215쪽.

는 사실을 도통론을 통해 천명하고 있는 것이다.[38] 이런 측면에서 "공자에게 드리는 제향은 반드시 '학교[學]'여야 한다"[39]는 주자의 선언은 시사하는 바가 크다. 한국 서원의 향사 의례 역시 이와 같은 이미를 당시 한국직 상황에 맞게 법식화한 것이다.

서원의 향사 의례는 크게 두 가지 측면에서 접근할 수 있다. 하나는 향사의 대상을 어떻게 선정할 것이냐에 관한 것이고, 다른 하나는 향사의 의식절차를 어떻게 조정할 것이냐에 관한 것이다.

〈그림 2〉 도산서원 상덕사의 향사[40]

먼저, 향사 대상 선정과 관련해서 논하자면, 남송대 이후 서원 향사에서는 해당 서원과 밀접한 관계가 있는 인물, 예를 들면 해당 서원이 속한 학파의 대표 인물이라거나 서원과 관계가 있는 저명한 학자 또는 서원의 발전을 위해 공헌을 한 관료 그리고 역사적으로 서원이 위치한 해당 지역과

---

38) 성리학의 도통론과 관련해서는 한재훈, 「朱子의 '新民' 해석과 '道統論'의 함수관계」, 『공자학』 22, 2012 참조.

39) 『朱子語類』 卷90. "祭孔子·必於學."

40) 국립문화재연구소, 『서원향사: 소수서원, 도산서원』, 2011, 예맥, 254쪽.

연고가 있는 쟁신(諍臣)이나 선현 등이 서원의 주요한 제사 대상이 되었
다.[41] 그럼에도 불구하고 중국의 서원에서 공자가 향사 대상에서 제외되는
경우는 없다. 서원에서 공자에게 제향을 드리는 전통은 주자가 백록동서원
(白鹿洞書院)을 부흥한 데서부터 시작되었다. 주자가 서원에서 공자에게
제사를 드린 주된 이유는 불교와 도교를 배척하고 유학의 도통을 확장하려
는 것이었다. 당시 백록동서원이 위치한 여산(廬山) 일대는 불교와 도교 사
원들이 수백 곳에 달했으나 유가의 도장은 백록동서원 한 곳에 불과했다는
사실이 그 이유를 설명해 준다.[42]

이에 비해 한국의 서원에서는 대체로 공자를 향사 대상으로 하지 않는
다.[43] 한국의 서원은 불교나 도교에 대해 선명한 유학의 도통을 다시 입증
해야 하는 부담으로부터는 자유로웠기 때문에 군이 서원에 공자를 모셔야
할 필요는 없었다. 뿐만 아니라, 국가 전체가 성리학을 표방했기 때문에 심
지어 주자마저 모실 필요가 없었다. 그렇다면 누구를 서원에 모시고 향사
할 것인가? 16세기 중엽 서원 문화를 적극 도입하는 시점에는 아직 향사
대상 선정 기준조차 확립되어 있지 않았다. 서원의 향사 대상 선정과 선정
된 인물들 간의 위차 문제를 조정할 때 '도통'에 기여한 정도를 기준으로
한다는 원칙을 정립하기까지는 여러 번의 논란을 겪고서야 가능했다.

1560년(명종 15) 성주 영봉서원(迎鳳書院)의 위차 문제를 둘러싼 논란
은 향사 대상의 선정 기준이 명확하지 않아서 빚어진 첫 번째 사건이었다.
영봉서원은 1558년(명종 13) 당시 성주목사 노경린(盧慶麟: 1516~1568)이
성주 지역의 대족인 경산이씨(성주이씨) 등 지역 사림과 협력하여 서원 건

---

41) 趙新, 「古代書院祭祀及其功能」, 『煤炭高等教育』, 2007年 第1期.

42) 王胜軍, 「中國古代書院祭祀的符號表征」, 『中外文化與文論』, 2015年 第3期.

43) 柳肅은 "한국 서원은 일반적으로 孔子에게 향사를 지내지 않는다"고 했다(柳肅,
「儒家祭祀文化與東亞書院建筑的儀式空間」, 『湖南大學學報』(社會科學版), 2007年
第6期, 36쪽). 그러나 임근실에 따르면 五峯書院(江陵)과 文會書院(咸興)에서는
孔子를 향사를 지내는 것으로 조사되었다(임근실, 『16세기 영남지역 서원 연구』,
단국대학교 박사학위논문, 2019, 25쪽 〈표 II-7〉 참조).

립을 시작했고 이듬해 완공되었는데, 서원의 주향(主享)을 누구로 정할 것
인지를 두고 논란이 일었다.[44] 비슷한 시기에 있었던 경주 서악정사(西岳
精舍)의 향사 대상 문제도 큰 틀에서는 같은 이유로 야기된 사건이었다.
1561년(명종 16) 당시 경주부윤이었던 퇴계의 문인 구암(龜巖) 이정(李楨:
1512~1571)은 무열왕(武烈王) 김춘추(金春秋)와 대각간(大角干) 김유신(金
庾信)의 능묘를 정비하고 이들을 향사할 사우를 건립하면서 사대부들의 장
수처(藏修處)인 서원에 준하는 규모의 정사(精舍)로 확대했다. 이런 곳에
무인인 김유신을 유생들이 향사 대상으로 받드는 것이 합당한지를 두고 퇴
계와 구암 사이에 논란이 있었다.[45] 한편, 원향(元享)에 대해 추향(追享) 인
물을 병향(並享)할 것인지 아니면 배향(配享)할 것인지를 두고 벌어진 위차
시비도 있었다. 본래 포은(圃隱) 정몽주(鄭夢周: 1337~1392)를 모신 임고
서원(臨皐書院)에 1642년(인조 20) 여헌(旅軒) 장현광(張顯光: 1554~1637)
을 추향하면서 병향으로 할지, 배향으로 할지를 두고 논란이 일었던 것이
대표적이다.[46]

　이런 과정들을 거치면서 한국 서원은 향사 대상을 선정할 때 분명한 기
준을 정립해야 할 필요성을 느끼게 되었다. 향사를 기준으로 했을 때 서원
의 위상은 문묘(文廟)와 향사(鄕祠)의 중간에 위치하며, 각각의 대상을 선
정하는 기준 역시 도학(道學)의 수준과 기여 정도에 따라 선정한다는 기준

---

44) 영봉서원의 봉안 대상의 位次를 둘러싸고 전개되었던 위차시비와 관련해서는 鄭
　萬祚, 「退溪 李滉의 書院論」(『韓㳓劤博士停年紀念史學論叢』, 1981)에 그 전말이
　자세하게 소개되어 있고, 이 과정에서 朝鮮의 書院은 中國과 달리 제향 인물을
　선정하고 그 위차를 정할 때 반드시 '道學'을 최우선 기준으로 삼아야 한다는 退
　溪(李滉)와 錦溪(黃俊良)의 생각과 관련해서는 이수환, 『星州 迎鳳書院 硏究』, 『역
　사교육논집』 54권, 2015에 자세히 기술되어 있다.
45) 서악정사 향사 대상에 관한 논란과 관련해서는 조준호, 「퇴계 이황의 서원 건립
　활동과 서원론의 실현」, 『연사문화논총』 2, 2006 참조.
46) 임고서원의 위차 시비와 관련해서는 尹熙勉, 『朝鮮時代 書院의 祭禮와 位次』, 『진
　단학보』 90, 2000 참조.

을 제시하기에 이른다.[47] 하지만 이런 기준을 제안했던 남계(南溪) 박세채 (朴世采: 1631~1695)마저도 우려했던 바와 같이 서원의 향사 대상을 선정 하는 것은 대단히 어려운 일이었다.[48] 이런 점에서 봤을 때, 퇴계가 향사 대상 선정의 기준에 대한 명분적 근거를 마련하기 위해 중국 성리학의 계 보를 정리하였고 조선 유현들의 행적을 찬술했다는 가설은 꽤 흥미로운 접 근이다.[49]

서원 향사의 대상을 선정할 때 적용되었던 기준은 당연히 향사의 의식 절차를 결정할 때에도 동일한 양상으로 적용되었다. 즉, 서원의 향사 의절 은 국학이나 향교의 석전(釋奠)에 준하되 융쇄의 차등을 두었다.[50] 이 역시 중국 서원의 향사의절과 비교했을 때 제품의 규모가 간소한 형태로 나타나 게 된다. 예를 들면 악록서원(嶽麓書院) 석채(釋菜)의 경우 공자를 모신 문 창각(文昌閣)에는 이른바 '태뢰(太牢)'인 우(牛)·저(猪)·양(羊) 삼조(三俎)와 계(鷄)·압(鴨)·저두(猪肚)·저간(猪肝)·선어(鮮魚)·해삼(海蔘)·정간(蟶幹)·저 요(猪腰) 등 팔완(八腕)을 장만하도록 하였고, 배향을 모신 규광각(奎光閣) 에는 웅계(雄鷄) 1척(隻), 생육(生肉) 1방(方), 선어(鮮魚) 2미(尾)를 장만하도 록 하였다. 청대 함풍3년(1853)에 창건된 잠언서원(箴言書院)의 경우도 악 록서원보다는 간소하지만 양·시를 희생으로 장만하고, 변(籩)·두(豆)·형 (鉶)·등(登)·정(鼎)·조(俎) 등의 제기를 구비하도록 하였다.[51] 이는 그 이름

---

47) 『南溪集·續集』 卷20, 「書院考證補」 : "道學之至者, 當從祀文廟 ; 其次當設書院以 享之, 又其次當享于鄕祠."

48) 『南溪集·續集』 卷20, 「書院考證補」 : "至若書院事理, 亞於從祀, 厥選孔艱, 而世人 識見不明, 莫知其分之甚嚴."

49) 조준호, 「퇴계 이황의 서원 건립 활동과 서원론의 실현」, 『연사문화논총』 2, 2006, 135쪽.

50) 이와 관련해서는 尹熙勉, 『朝鮮時代 書院의 祭禮와 位次』, 『진단학보』 90, 2000 참조.

51) 蔣建國, 「儀式崇拜與文化傳播 — 古代書院祭祀的社會空間」, 『現代哲學』, 2006年 第3期.

이 비록 석전이 아니라 석채라고는 하였지만 공자에게 향사를 올려야 했기 때문에 그 규모가 대단할 수밖에 없었던 것이다. 이에 비하면 한국 서원의 향사 규모는 희생으로 시(豕) 또는 계(鷄)를 사용하든가 아니면 이마저도 올리지 않는 규모로 봉행되었다.

한국 서원의 향사 의절 역시 퇴계에 의해 기본 표준이 제안되었다고 볼 수 있다. 퇴계는 신재(愼齋) 주세붕(周世鵬: 1495~1554)이 제정한 백운동 서원의 향사례에 대폭 수정을 가함으로써 조선시대 서원 향사례의 초석을 다지게 된다.[52] 특히 제품(祭品)의 진설과 의절의 진행과 관련하여 중요한 표준을 제시하였고, 제관(祭官)의 구분과 수행조건 등에 대해서도 기준을 제공했다. 이후 조선시대 서원 향사례는 이러한 퇴계의 작업결과물을 기준으로 삼아 계승과 비판 그리고 조정의 과정을 거치면서 발전해갔다.

〈그림 3〉 퇴계 선생이 수정한 백운동서원 향사의절 자료[53]

한국 서원의 향사 의례는 자신의 좌표를 향교(鄕校)와 향사(鄕祠)의 중간에 설정하려는 의식을 강하게 보여준다. 특히 서원의 향사례를 정비하는 과정에서 향교의 석전을 참고하면서도 융쇄의 차등을 견지하려고 긴장했다. 서원에서 춘추(春秋)에 지내는 향사의 기일은 향교의 춘추석전이 중춘과 중추의 상정일(上丁日)에 거행되는 것을 감안해 대체로 중춘과 중추의

---

52) 이와 관련해서는 한재훈, 「退溪의 書院享祀禮 定礎에 대한 考察－白雲洞書院 享祀禮 修正을 중심으로」, 『퇴계학과 유교문화』 53, 2013 참조.
53) 한국국학진흥원(자료번호: 국학자료 KS0069-2-83-00006)

중정일(中丁日)에 진행했다. 제품 진설과 관련해서도 제기(祭器)의 개수와 그에 연동하는 제수(祭需)의 품목을 향교보다 간소한 형태로 조정하였고, 특히 생(牲)의 종류를 무엇으로 할 것인지 그리고 폐(幣)를 올릴지 여부에 대해서도 고민을 아끼지 않았다.

이러한 긴장과 고민의 과정을 통해 조선시대 서원들은 한국적 서원 향사례를 조성해나갔다. 구체적인 세목의 경우 서원들 간에 다양한 차이들이 존재하였지만 이와 같은 차이가 존재한다는 것 자체가 이미 서원의 향사례를 국가적 차원에서 규정하여 제공했던 것이 아니라 다양한 학문공동체가 자율적으로 고민과 토론의 과정을 통해 정립해 나갔음을 보여준다. 한국의 서원 향사례가 대동(大同)을 유지하면서도 소이(小異) 또한 존속케 했던 것이 이를 대변한다.

Ⅳ. 한국 서원 의례로서 '향음주례'

19세기 서원의 강회 관련 기록들을 살펴보면, 당시 서원에서 강학과 더불어 향음주례(鄕飮酒禮)가 함께 시행되었던 사례들을 적지 않게 발견할 수 있다. 1856년 11월 호계서원(虎溪書院)의 강회에서는 강회를 마친 뒤 지역 인사들이 참여하는 향음주례가 거행됨으로써 모든 일정을 마무리했다는 기록이 남아 있다.[54] 비슷한 시기 소수서원(紹修書院)에서도 파접례 다음 날 향음주례를 시행했으며,[55] 무성서원(武城書院)에서는 강습례가 때때로 향음주례로 대체되었다는 사례가 보고되었다.[56] 한국 서원의 의례로

---

54) 최광만, 「19세기 서원 강학활동 사례 연구 – 호계강록을 중심으로」, 『교육사학연구』 22, 2012, 112~114쪽.

55) 김자운, 「조선시대 서원 강학 관련 자료의 유형과 특징」, 『유학연구』 48, 2019, 149쪽.

56) 박종배, 「19세기 후반 무성서원 강습례에 관한 일고찰」, 『한국서원학보』, 2011,

서 '향음주례'가 중시된 사례는 19세기만의 특징은 아니다. 그보다 한참 앞선 시기부터 시행되어 오던 전통이 19세기까지 전승된 것으로 보아야 한다. 향음주례가 한국의 서원 의례로 정착되기까지는 몇 차례의 전변(轉變)이 있었다. 이를 해명하기 위해서는 먼저 '향음주례'의 기원과 목적에 관해 간략하게나마 짚어볼 필요가 있다.

이른바 '향음주례'라는 의례는 『주례(周禮)』에 처음 등장한다. 『주례』에 따르면 향음주례를 제정한 목적은 크게 두 가지다. 하나는 '흥현(興賢)'으로, 지방관이 현능(賢能)한 인재를 빈흥(賓興)함으로써 국가의 인재를 확보하려는 것이고, 다른 하나는 '상치(尙齒)'로, 지방관이 노인을 존중함으로써 향촌의 질서를 확립하려는 것이다.[57] 향음주례의 시행 주체와 대상을 맹자(孟子)가 말한 삼달존(三達尊)[58]에 비추어 살펴보면 이 의례에 담긴 보다 본질적인 취지를 읽을 수 있다. 향음주례의 시행 주체는 삼달존 중 '작(爵)'에 해당하고, 그 대상은 '덕(德)'과 '치(齒)'에 해당한다. 이와 같은 설정에 담긴 의미는 '작'이 '덕'과 '치'를 존중하는 문화를 정착시키고 권장하려는 것으로 해석할 수 있으며, 그것은 다시 공적 사회나 사회적 사회 모두에서 '힘[力]'을 만능시하는 사회적 풍조를 지양하고 '덕망'과 '연륜'을 중시하는 기풍을 진작시키려는 고민의 산물로 해석할 수 있다.

향음주례에서 또 한 가지 주목해야 할 부분은 이 의례의 시행 장소가 '학교'라는 사실이다. 향음주례는 '향(鄕)' 또는 '향(饗)'으로 단칭되곤 하는

144쪽.

57) 秦蕙田, 『五禮通考』 卷167, 「嘉禮」 40. '鄕飮酒禮': 蕙田案, "鄕飮酒禮見于經傳者有四, 鄕大夫三年大比, 獻賢能於王, 以禮禮賓之, 一也 ; 黨正國索鬼神而祭祀, 則以禮屬民, 飮酒以正齒位, 二也 ; 州長春秋習射于序, 先行鄕飮酒禮, 三也 ; 鄕大夫士飮其國中賢者, 四也. … 『周禮』云'以陽禮敎讓, 則民不爭', 先儒以鄕飮鄕射當之. 『禮記』亦云'鄕飮酒之禮廢, 則長幼之序失, 而爭鬪之獄繁. 然則先王制此禮, 或主於興賢, 或主於尙齒, 雖所重不同, 而所以勸民行厚民俗之意, 則一也."

58) 『孟子』 「公孫丑下」. "天下有達尊三, 爵一 齒一 德一. 朝廷莫如爵, 鄕黨莫如齒, 輔世長民莫如德."

데, 갑골문이나 금문 중의 '향(鄉)'과 '향(饗)'이라는 글자는 모두 두 사람이 마주 앉아 음식을 먹는 모양을 취하고 있다. 이와 같은 문자학적 측면에서 해석하자면 향음주례는 '향인공식(鄕人共食)' 즉, 원시사회의 사람들이 집단적으로 음식을 나누어 먹던 습속에서 기원했을 것으로 추측된다.[59] 이와 같은 습속에 '흥현'이나 '상치'와 같은 사회윤리를 가미하여 교화적 의례로 승화시킨 것이 향음주례이다.[60] 다시 말하면, 기존의 친숙한 습속(향인공식)에 사회윤리적 내용을 담고 이를 교육적 기재로 활용한 것이 향음주례이다. 이를 향촌공동체를 교화하는 데 활용하기 위해서는 그 시행 장소 역시 관청보다는 학교가 적합했을 것이다. '학교'는 젊은이들을 가르쳐 미래의 인재로 양성하는 기관이자, 전통시대 공동체의 문화적 구심점 역할을 담당했던 곳이기 때문이다.

하지만 향음주례를 시행하는 과정에서 역대 국가는 향촌 지배의 목적으로 이 의례를 이용하는 모습을 보여주었다. 한(漢)나라를 거쳐 북위(北魏), 진(晉), 수(隋)에서도 향음주례가 시행되거나 강조되었다는 기록이 있기는 하지만 국가 차원에서 중요하게 취급된 것은 당(唐)에 이르러서였다. 『대당개원례(大唐開元禮)』 가례(嘉禮) 항목에는 「향음주의(鄉飲酒儀)」와 「정치위(正齒位)」라는 두 가지 의주(儀註)가 별도로 수록되어 있다.[61] 그러나 이미 과거제(科擧制)를 시행하고 있는 상황에서 향리의 현능한 인재를 추천하기 위해 고안된 '흥현'의 의미는 퇴색될 수밖에 없고, 이에 따라 향음주례의 주요한 의례는 자연스럽게 '상치'에 집중되었다.[62]

『대당개원례』의 「정치위」를 검토하면 이전의 향음주례와 구별되는 '독약(讀約)' 또는 '독률(讀律)'이라는 새로운 조항이 첨가되어 있는 것을 확인

---

59) 楊寬, 『西周史』, 上海人民出版社, 1999, 749~751쪽.

60) 박종배, 「조선시대 학교의례 연구」, 서울대학교 박사학위논문, 2003, 26~28쪽.

61) 『大唐開元禮』 卷127, 「嘉禮·鄉飲酒儀」 ; 卷128, 「嘉禮·正齒位」.

62) 김지영, 「조선시대 국가 鄉禮儀註의 禮敎論 검토」, 『조선시대사학보』 87, 2018, 172쪽.

할 수 있다. 그 내용은 다음과 같다.

> "조정에서 옛 제도를 따라 예교를 논독히 행하니, 우리들은 어른 아이 할 것
> 없이 서로 권하여 나라에 충성하고 부모에게 효도하며 집안에서는 화목하고 향
> 당에서는 친밀해야 할 것이다. 혹시라도 허물 짓거나 게을러서 부모와 조상을
> 욕되게 하는 일이 없어야 할 것이다."[63]

이와 같은 '독약' 또는 '독률' 조항은 이후 송(宋), 명(明), 청(淸)의 국가
전례에도 포함되었는데,[64] 여기에는 행정권력이 향음주례라는 문화전통을
이용하여 백성들을 국가에 순응하도록 순치하려는 의도가 내장되어 있다.
이와 관련하여 당시 향음주례를 진행한 장소가 학교가 아닌 관청이었다는
사실을 주목할 필요가 있으며, 이를 다시 학교로 되돌려 놓으려 했던 주자
(朱子)의 노력도 함께 기억할 필요가 있다.[65] 왜냐하면 향음주례를 시행했
던 조선의 상황을 이해하는 데 이것이 중요한 대비로 작용하기 때문이다.
'상치'(「정치위」) 위주의 『대당개원례』 향음주례는 조선 사회에도 지속
적인 영향을 미쳤다.[66] 조선시대에 향음주례의 시행이 최초로 명문화된 것
은 삼봉(三峯) 정도전(鄭道傳)의 『조선경국전(朝鮮經國典)』에서이다. 삼봉
은 『조선경국전』・「예전(禮典)」에 수록된 '향음주' 조항에서 이 의식 속에
는 상대방을 존중하고 자신을 낮추는 '존양(尊讓)'의 정신과 매 절차마다

---

63) 『大唐開元禮』 卷128, 「嘉禮・正齒位」. "司正適篚跪, 取觶興, 進立於楹間北面, 乃
   揚觶而言曰: '朝廷率由舊章, 敦行禮敎. 凡我長幼各相勸勗, 忠於國, 孝於親, 內睦
   於閨門, 外比於鄉黨, 無或怠惰, 以忝所生.'"
64) 김지영, 「조선시대 국가 鄕禮儀註의 禮敎論 검토」, 『조선시대사학보』 87, 2018,
   173쪽.
65) 박종배, 「조선시대 학교의례 연구」, 서울대학교 박사학위논문, 2003, 231~233
   쪽.
66) 김지영, 「조선시대 국가 鄕禮儀註의 禮敎論 검토」, 『조선시대사학보』 87, 2018,
   181쪽.

손을 씻고 절을 함으로써 청결[潔]과 공경[敬]을 다하는 태도가 있다고 보았다. 그리고 이러한 정신과 태도로 예를 진행하기 때문에 포악함과 태만함을 극복할 수 있고, 그 결과 화란(禍亂)을 종식시킬 수 있다면서 향음주례의 긍정적 효과를 설명했다. 뿐만 아니라, 주인이 빈(賓)과 개(介)를 선정하는 과정에서 현(賢)과 우(愚)가 변별되고, 현과 우를 기준으로 귀(貴)와 천(賤)이 나뉘기 때문에 그 자체로 관감(觀感)이라는 교육적 효과를 기대할 수 있다고 보았다. 이처럼 그 의미와 효과를 설명한 다음 삼봉은 다음과 같이 말한다.

> 그렇기 때문에 향음주례에서 술을 마시는 것은 즐겁기는 하되 흥청망청하는 데 이르지 않으며, 엄격하기는 하되 지리멸렬하는 데 이르지 않습니다. 신(臣)은 무섭게 굴지 않고도 교화가 성취되는 것으로는 오직 '향음주'만이 그럴 수 있다고 생각합니다.[67]

이렇게 도입된 향음주례가 그 의례적 형식을 완비하게 된 것은 『세종실록(世宗實錄)·오례(五禮)』의 「향음주의(鄕飮酒儀)」에서이다. 그리고 이것이 『국조오례의(國朝五禮儀)』에 거의 그대로 수록되어 조선조 내내 향음주례 시행의 준거가 되었다.[68] 『국조오례의』 이후 조선은 국가 예전에 새로운 향례(鄕禮)를 포함시키지 않았다. 그렇지만 지나친 행정권력의 간섭은 배제하면서도 민간의 교속(矯俗)을 달성하기 위한 향례의 실행은 국가와 민간 차원에서 꾸준히 모색되었다. 그러한 모색의 결과 정조(正祖)는 1797년(정

---

67) 『三峯集』 卷7, 『朝鮮經國典』 「禮典·鄕飮酒」. "鄕飮酒之禮, 先王所以敎人之意備矣. 賓主揖讓而升, 所以敎尊讓也. 盥洗, 所以敎致潔也. 自始至終, 每事必拜, 所以敎致敬也. 尊讓潔敬, 然後相接, 暴慢遠, 而禍亂息矣. 主人謀賓介, 所以辨賢愚也. 先賓後介, 所以明貴賤也. 賢愚辨 貴賤明, 人知勸矣. 故其飮酒也, 樂而不至於流, 嚴而不至於離, 臣以爲不肅而敎成者, 惟鄕飮酒爲然也."

68) 박종배, 「조선시대 학교의례 연구」, 서울대학교 박사학위논문, 2003, 233~236쪽.

〈그림 4〉『향례합편』에 수록된 '향음주례'[69]

조 21) 『향례합편(鄕禮合編)』을 간행하면서, '독약(讀約)' 또는 '독률(讀律)' 규정을 담은 명대(明代)의 향례 대신 주자(朱子)의 향약만을 포함시켜 배포했다. 이는 국가의 강제적 방식이 아니라 민간의 자발성을 독려하는 가운데 예교의 목표에 다가가고자 함을 천명한 것으로 이해할 수 있다.[70]

이처럼 조선의 향음주례는 당·송·명으로부터 영향을 받았지만, 그대로 답습하기보다는 새로운 노선을 개척했다. '독약' 또는 '독률'로 상징되는 국가 주도의 향음주례를 지양하였고, 향음주례를 시행하는 장소 역시 관청이 아닌 '학교'로 바로잡았다. 뿐만 아니라, 향음주례를 시행하면서 중빈(衆賓)의 자리에 서인(庶人)들의 자리를 마련하여 동참하게 하는 참신한 시도를 보여주었다.[71] 물론 사대부와 서인의 자리를 배치할 때 당상(堂上)과 당하(堂下)의 차등을 두기는 하였지만, 연치를 존중하는 향음주례의 대상에 서인을 포함했다는 사실은 조선의 향음주례가 지향했던 방향성을 잘 보여준다.

조선 중기 이전까지 향음주례는 점필재(佔畢齋) 김종직(金宗直: 1431~1492)[72]이나 한강(寒岡) 정구(鄭逑: 1543~1620)[73]의 사례에서 확인할 수

---

69) 한국학중앙연구원 한국학도서관 소장자료
http://jsgimage.aks.ac.kr/view?qCond=bookId&q=K1-124_001
70) 김지영, 「조선시대 국가 鄕禮儀註의 禮敎論 검토」, 『조선시대사학보』 87, 2018, 187~188쪽.
71) 김지영, 「조선시대 국가 鄕禮儀註의 禮敎論 검토」, 『조선시대사학보』 87, 2018, 182~183쪽.
72) 『再思堂逸集』 卷2, 『事實摭錄·李朝實錄』. "成宗十四年癸卯秋八月日. 上御夕講, 檢討官宋軼講論諸道, 申明學校之政, 以敦風化. 侍講官金宗直曰: '臣曾爲守令, 設

있는 것처럼 지방의 수령이 주도하는 경우가 많았던 것으로 파악된다.[74] 그러나 이러한 경우에도 점필재의 경우처럼 '효제(孝悌)'를 표창하거나, 한 강의 경우처럼 시행 장소가 '공정(公庭)'일지라도 노인을 존중할 줄 알게 하려는 데 주된 목적이 있었다. 특히 한강은 제생(諸生)들과 함께 향음주례 를 시행함으로써 이를 교육의 차원에서 접근했음을 보여준다. 이처럼 조선 에서는 향음주례를 화민성속(化民成俗)의 일환으로 시행했고, 이를 교육의 차원에서 접근했었다는 점이 중요하다. 그럴 경우 향음주례의 시행 장소는 일차적으로 향교가 되어야 마땅하다. 하지만 이미 향교가 그 본연의 역할 을 다하지 못하는 상황에서 이를 비판하면서 등장한 서원이 향음주례 역시 자임하게 된 현상은 전혀 이상할 것이 없다. 여기에서 다시 조선시대 서원 문화를 선도한 퇴계의 이야기를 경청할 필요가 있다.

> "오직 서원에서의 교육이 남아 있는데, 이것이 오늘 같은 상황에서 성흥한다 면 학정(學政)의 잘못된 부분을 구제할 수 있을 것이고, 학자들이 의귀할 곳이 있게 될 것입니다. 선비들의 기풍도 따라서 크게 변할 것이고 습속은 날로 아름 다워져서 임금의 교화가 성취될 수 있을 것이니, 그것이 성상의 다스림[聖治]에 기여하는 바 작지 않습니다."[75]

鄕射 鄕飮之禮, 使孝悌者先之, 才藝者次之, 不肖者不與焉. 由是一鄕之人企而化之, 恥而改之, 誠有補於風化也.'"

73) 『畏齋集』 卷3, 「寒岡鄭先生言行錄」. "又與諸生, 行鄕飮酒鄕射禮, 讀法如儀. 且選 邑中高年者, 咸聚公庭, 盛酒食親自酬酢, 送迎以禮, 使知尊老序齒之道."

74) 물론 미산(眉山) 한장석(韓章錫: 1832~1894)이 1891년 함경감사(咸鏡監司)로 있 으면서 향교의 명륜당에서 향음주례를 행한 사례에서 확인할 수 있는 것처럼 19 세기 말까지도 지방의 수령이 향음주례를 주최한 기록이 있기는 하다(『眉山集』 卷14, 「年譜」. 庚寅【先生五十九歲】三月. 除咸鏡監司. 辛卯【先生六十歲】八月. 行 鄕飮酒禮于明倫堂).

75) 『退溪全書』 卷9, 「沈方伯通源○己酉」. "惟有書院之敎, 盛興於今日, 則庶可以救學 政之缺, 學者有所依歸, 士風從而丕變, 習俗日美, 而王化可成, 其於聖治, 非小補也."

앞서 살펴본 19세기의 사례 이전에도 조선시대 서원 관련 기록에서 향음주례를 행했던 사례는 매우 많다. 예를 들면, 한수재(寒水齋) 권상하(權尙夏: 1641~1721)는 1710년 만동묘(萬東廟) 향사에 참석한 뒤 제생들과 함께 향음주례를 시행했다.[76] 농암(農巖) 김창협(金昌協: 1651~1708)은 1697년 봄에 제자 10여 명과 함께 도봉서원(道峯書院)에서 향음주례를 시행하고, 그해 가을에는 봄에 행했던 향음주례에 참관하지 못한 탄촌(灘村) 권구(權絿: 1658~1731)를 위해 석실서원(石室書院)에서 이를 다시 재연했다는 기록이 남아 있다.[77]

일반적으로 서원의 향음주례는 강회와 함께 진행되는데, 강회를 먼저 진행하고 향음주례를 나중에 진행하는 경우도 있고, 향음주례를 먼저 하고 강회를 뒤에 하는 경우도 있다. 예를 들면 성담(性潭) 송환기(宋煥箕: 1728~1807)는 1797년 제생들과 「태극도설(太極圖說)」을 강론한 다음 향음주례를 행했고,[78] 노주(老洲) 오희상(吳熙常: 1763~1833) 1829년 덕봉서원(德峯書院)에서 강회를 마치고 이튿날 향음주례를 행했다. 그런가 하면, 정재(定齋) 유치명(柳致明: 1777~1861)은 1846년 고산서원(高山書院)에서 향음주례를 행한 다음 제생들과 『옥산강의(玉山講義)』를 강론했고,[79] 금곡(錦

---

76) 『寒水齋集』「年譜」. "己丑, 先生六十九歲. ○九月往參萬東祠享事.【與諸生行鄕飮酒禮】"
77) 『灘村遺稿』卷6, 「石院日記」. "八月 十三日. 院中獨有農巖金副學令公, 與其子崇謙棲其中, 幸我相過, 不翅跫音之喜. 農台於春間率門弟趙文命等十餘人, 會于道院, 行鄕飮旅酬禮於舞雩壇. 余之到院, 在於旅酬已行之後, 顧恨不及參行而獲覩其稀罕古禮也. 十九日. 行院中釋菜罷齋後, 農台謂入齋諸生及門下諸人曰: '春間道院鄕飮之禮, 權尊恨其晩到未參, 今以釋菜餕餘, 爲權尊行飮可乎.' 遂自分排諸執事曰: '大夫吾當爲之.' 余笑曰: '令公未免自稱.' 一座大笑. 第一賓李志詢, 第二賓崔守紀, 執禮李偉, 司正余爲之. 終日行禮, 無所失儀, 眞盛事也. 余曰: '古昔吉禮, 賴令公獲觀, 得以周旋於樽俎之間, 誠亦幸矣.'"
78) 『性潭集』卷31, 「年譜」. "與諸生講「太極圖說」, 仍行鄕飮酒禮. 門生來會者甚衆, 先生講學之餘, 仍行飮禮, 使長孫欽天替行主人之禮."
79) 『定齋集』附錄 卷3, 「行狀」. "丙午. 入高山, 行鄕飮酒禮, 因與諸生講《玉山講義》."

谷) 송내희(宋來熙: 1791~1867)는 1847년에 용강서원(龍江書院)에서 향음
주례를 행하고 이튿날『논어(論語)』를 강론했다.[80]

이와 같은 일련의 내용을 검토해 보면, 서원에서 강회와 함께 향음주례
를 시행한 본의는 제생들에게 의례 자체를 강습하는 목적도 있었지만, 그
과정에 참여하면서 보고 느끼는 이른바 '관감(觀感)'의 효과를 기대하는 목
적이 컸던 것으로 이해된다. 따라서 이 의례를 시행함으로써 관감의 효과를
거둘 수 있는 장소이기만 하다면 굳이 향교나 서원과 같은 공식적 기관일
필요는 없다고 여겨졌던 것 같다. 예를 들면, 16세기에 곤재(困齋) 정개청
(鄭介淸: 1529~1590)이 대안학사(大安學舍)에서 제자들에게 향음주례를 행
한[81] 것을 보고 주목(州牧)이었던 학암(鶴巖) 유몽정(柳夢鼎: 1527~1593)이
크게 감탄한 사례나, 지산(芝山) 조호익(曺好益: 1545~1609)이 수지재(遂志
齋)에서 향음주례를 시행함으로써 관서(關西) 지역에 문풍(文風)을 진작한
사례가 있다. 19세기에는 화서(華西) 이항로(李恒老: 1792~1868)가「여숙강
규(閭塾講規)」에서 봄·가을로 향음주례를 습행(習行)하도록 규정한[82] 사례
나, 성재(省齋) 유중교(柳重敎: 1832~1893)는 이계(里契)[83]와 가전(家典)[84]
에 향음주례를 강습하도록 명시한 사례가 대표적이다.

이렇게 볼 때, 향음주례는 엄격한 의미에서 고유한 서원 의례라고 할

---

80) 『錦谷集』「年譜」: 丁未【先生五十七歲】九月【丁丑】丙申. 行鄕歙酒禮於龍江【會者
   數百人. 翌日講『論語』.】
81) 『愚得錄』附錄下,「困齋先生傳【許眉叟穆撰】」. "先生篤信好古, 隱居敎授, 弟子日
   進. 先生率弟子行鄕歙酒之禮於大安學舍, 州牧柳夢鼎往而觀其禮. 歎曰'三代之禮在
   此', 薦其賢爲州訓尊. 先生嚴師弟子之禮, 施敎一以『小學』,「藍田鄕約」, 重冠婚喪祭."
82) 『華西集』卷31,「閭塾講規·講限」. "春秋兩時, 則講會翌日, 習行鄕歙酒禮."
83) 『省齋集』卷46,「堤川長潭里立契約束」. "凡同契之家, 宜各勤敎子孫. 兒生七八歲,
   卽入塾舍, 敎之以『擊蒙要訣』,『小學』等書, 以次漸進於諸經. 每月三旬, 作小講會;
   春秋一日, 作大講會, 以攷其進業次第. 又於暇日, 習鄕歙, 鄕射等禮, 以資觀感."
84) 『省齋集』卷45,『柯下散筆』「居鄕第五·柳氏家典」. "鄕歙酒禮, 春秋擧行, 儘有所
   補. 此盖古鄕大夫賓賢能, 黨正正齒位之禮, 而假設賓主, 講習禮儀, 亦足爲鄕人觀感
   興起之資也."

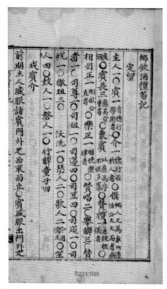

〈그림 5〉 향음주례 홀기[85]

수는 없다. 하지만 16세기 이후 조선에 서원이 등장하고 서원 문화를 구축해 가는 과정에서 향음주례를 서원 의례로서 중요하게 취급했었던 사실 또한 간과하거나 무시해서는 안 될 것이다. 특히 서원을 세운 본의가 단순히 고을 한복판의 시끄러운 향교에서 산수 좋고 한적한 서원으로 교육공간을 이전하거나 과거를 준비하던 공부로부터 성리학을 탐구하는 공부로 커리큘럼을 변경하는 데 있지 않았다는 사실을 상기할 필요가 있다. 성인(聖人)이라는 최고의 경지에 도달하지는 못하더라도 누구나 길인(吉人)과 수사(修士)가 될 수 있는 교육이 바로 조선시대 서원이 꿈꾸었던 교육이었다. 그리고 그것은 한 개인의 인격적 성취에 국한된 목적이 아니라, 관직에 나아가지 않았을 때엔 집안을 반듯하게 하고 풍속의 표상이 될 주체를, 관직에 나아가서는 나라를 바로잡고 시대를 구제할 역할을 염두에 둔 목적이다.[86] 서원을 세운 본의가 여기에 있다면 강도(講道)를 목적으로 하는 강학례와 존현(尊賢)을 목적으로 하는 향사례에 더하여 화민성속(化民成俗)의 실질적 관감(觀感)의 현장교육으로 시행되었던 향음주례를 서원의 의례에 포함해야 할 이유는 충분하다.

---

85) 미국 버클리대학교 동아시아도서관 소장 자료(고려대학교 해외한국학자료센터)
http://kostma.korea.ac.kr/dir/viewIf?dirType=form&uci=RIKS+CRMA+KSM-W
Z.0000.0000-20090730.RICH_0550

86) 한재훈, 「'향(鄕)'에 대한 퇴계의 이해와 실천」, 『한국서원학보』 8, 2019, 84~85
쪽.

V. 맺는 말

조선시대 유학자들은 수기치인(修己治人)과 화민성속(化民成俗)의 주체를 양성하는 유학의 근본 정신에 충실한 교육을 수행하기 위해 서원을 확산시켜 나갔다. 이미 과거를 준비하는 기관으로 전락해버린 기존의 향교가 아닌 성리학적 목적에 충실한 교육과 학문을 전개할 수 있는 새로운 공부의 장이라는 점에서 서원은 매력적인 대안이었다. 서원에서 수행한 '강학'과 그 일환으로 정비된 '강학 의례' 역시 이와 같은 문제의식에서 조명되어야 한다. 그렇기 때문에 서원의 '강학 의례'는 일상에서 제생에게 요구된 의례를 재구성하고, 그것이 갖는 의미에 대한 해명이 필요하다.

동아시아의 교육 전통의 주요한 특징 가운데 하나는 교육시설 안에 강학 공간과 더불어 향사 공간을 함께 마련하고 있다는 점이다. 서구적·근대적 교육시설의 측면에서 보면 이런 구성은 매우 낯선 것이다. 이와 같은 구성은 교육시설이 단순히 지식을 이양하고 습득하는 매개처 내지는 교환소 그 이상의 의미를 갖는다는 실체적 증거이다. 그것을 굳이 '도통'과 연결시키지 않더라도 '계왕개래(繼往開來)'의 지속적인 교육 전통 안에서 교육이 진행되었을 때의 의미에 대한 해명이 필요하다. 서원의 '향사 의례'를 연구할 때 이 부분을 특히 친절하게 설명할 필요가 있다.

'향음주례'는 원래 덕망과 학식이 높은 인재를 등용하고 삶의 경륜이 있는 노인을 존중하는 문화를 사회적으로 진흥하기 위해 마련된 의례이다. 그런 점에서 보면 '향음주례'는 서원의 고유한 의례는 아니다. 하지만 이 의례를 시행한 장소를 애초에 학교로 정한 이유를 생각할 필요가 있다. 여기에는 처음부터 이 의례를 '화민성속'의 교육적 의례로 시행하려는 목적이 담겨 있다. 특히 그것을 학교의 학생들에게 관감(觀感)하도록 함으로써 이 의례 속에 내재한 정신을 체화한 인재로 자라기를 바랐던 본의 역시 읽을 필요가 있다. 향교의 폐해를 극복하고 학문과 교육의 본질을 되살리겠다는 취지로 출현한 서원이라면, 그리고 이 의례를 자임하고 이를 지속적으로 시행해 온 사실이 엄존한다면 이 역시 서원의 의례로 다루어야 마땅하다.

서원 의례를 논함에 있어 구체적인 의식절차나 실제적인 명물도수를 확인하고 그것들이 갖는 의미를 탐구하는 것도 물론 중요하다. 하지만 그 모든 것들이 결국은 서원의 본래 목적에 어떻게 유기적으로 호응하는지 해명할 수 있어야 할 것이다. 그러기 위해서는 서원이 처음 출현했을 때의 문제의식에 항상 초점을 맞추고, 구체적이고 실제적인 사례들을 해석하려는 노력이 필요하다.

참고문헌

『易經』, 『論語』, 『孟子』, 『大唐開元禮』
程顥·程頤, 『二程粹言』
朱熹, 『朱子語類』
秦蕙田, 『五禮通考』

權緑, 『灘村遺稿』
權尙夏, 『寒水齋集』
金時習, 『梅月堂集』
南有容, 『雷淵集』
朴世采, 『南溪集』
宋來熙, 『錦谷集』
宋煥箕, 『性潭集』
安鼎福, 『順菴集』
柳重敎, 『省齋集』
柳致明, 『定齋集』
李耔, 『再思堂逸集』
李珥, 『栗谷全書』
李縡, 『陶菴集』
李詹, 『雙梅堂篋藏集』
李恒老, 『華西集』
李滉, 『退溪全書』
李厚慶, 『畏齋集』
鄭介淸, 『愚得錄』
鄭道傳, 『三峯集』
韓章錫, 『眉山集』
洪直弼, 『梅山集』

김낙진, 『의리의 윤리와 한국의 유교문화』, 집문당, 2004.

Peter K. Bol, 김영민 옮김, 『역사 속의 성리학』, 예문서원, 2010.

김대식, 「조선 서원 강학 활동의 성격-회강과 강회를 중심으로」, 『교육사학연구』 제
        11집, 2001.

김자운, 「조선시대 서원 강학 관련 자료의 유형과 특징」, 『유학연구』 제48집, 2019.

김지영, 「조선시대 국가 鄕禮儀註의 禮敎論 검토」, 『조선시대사학보』 87, 2018.

박종배, 「조선시대 학교의례 연구」, 서울대학교 박사학위논문, 2003.

_____, 「19세기 후반 무성서원 강습례에 관한 일고찰」, 『한국서원학보』 1권, 2011.

尹熙勉, 『朝鮮時代 書院의 祭禮와 位次』, 『진단학보』 90호, 2000.

이범학, 「魏了翁(1178~1237)의 經世理學과 道統論」, 『한국학논총』 22, 1999.

이수환, 『星州 迎鳳書院 硏究』, 『역사교육논집』 54권, 2015.

이승환, 「道統 - 유학의 참 정신을 잇는 계보」, 『조선유학의 개념들』, 예문서원,
        2002.

鄭萬祚, 「退溪 李滉의 書院論」, 『韓㳓劤博士停年紀念史學論叢』, 1981.

조준호, 「퇴계 이황의 서원 건립 활동과 서원론의 실현」, 『연사문화논총』 제2호,
        2006.

최광만, 「19세기 서원 강학활동 사례 연구 - 호계강록을 중심으로」, 『교육사학연구』
        22, 2012.

한재훈, 「朱子의 '新民' 해석과 '道統論'의 함수관계」, 『공자학』 22호, 2012.

_____, 「退溪의 書院享祀禮 定礎에 대한 考察-白雲洞書院 享祀禮 修正을 중심으로」,
        『퇴계학과 유교문화』 제53집, 2013.

_____, 「'향(鄕)'에 대한 퇴계의 이해와 실천」, 『한국서원학보』 제8호, 2019.

楊寬, 『西周史』, 上海人民出版社, 1999.

王胜軍, 「中國古代書院祭祀的符號表征」, 『中外文化與文論』, 2015年 第3期.

柳 肅, 「儒家祭祀文化與東亞書院建筑的儀式空間」, 『湖南大學學報』(社會科學版), 2007
        年 第6期.

蔣建國, 「儀式崇拜與文化傳播 - 古代書院祭祀的社會空間」, 『現代哲學』, 2006年 第3期.

趙 新, 「古代書院祭祀及其功能」, 『煤炭高等教育』, 2007年 第1期.

朱漢民, 「南末書院的學祠與學統」, 『湖南大學學報』(社會科學版), 2015年 第2期.

조선 지식인, 서원의 향사의례를 지내다

임 근 실

I. 들어가며

조선의 지식인은 16세기 서원을 건립하면서부터 향사의례(享祀儀禮)를 지냈다. 그들은 서원을 운영하는 사람으로서 제향인물(祭享人物)에 대한 향사의례를 중요하게 생각하였다. 16세기 조선 서원의 향사의례는 경상도 지역에서는 이황(李滉, 1501~1570)과 그의 제자를 중심으로 정립되었다. 황해도 지역에서는 이이(李珥, 1536~1584)를 중심으로 향사의례의 기반이 마련되었다.

경상도 지역의 주세붕(周世鵬, 1495~1554)은 최초의 서원인 백운동서원(白雲洞書院, 소수서원)의 향사의례를 제정하였다. 이황은 백운동서원의 의례를 수정하여 서원 향사의례의 기초를 다졌다. 이를 이어받은 노경린(盧慶麟, 1516~1568)과 류운룡(柳雲龍, 1539~1601)은 경상도 지역 서원의 향사의례를 정비하였다.

경상도 지역의 서원인 백운동서원·영봉서원(迎鳳書院)·임고서원(臨皐書院)·오산서원(吳山書院)은 16세기 사료인 원규(院規)가 남아있다. 이 원규를 살펴보면 향사의례와 관련한 근사(謹祀)·향사(享祀)의 조항이 가장 앞부분에 기록되었다. 더욱이 오산서원의 서원지인 『오산지(吳山志)』에서는 향사와 관계한 규정들을 독립시켜 별도의 권(卷)으로 구성하였다. 서원의 향사의례가 서원의 여러 기능 중에서 중요한 부분이었기에, 가장 앞부분에 관련 규정을 수록하거나 별도의 권(卷)으로 분리하였던 것이다. 이처럼 16

세기 조선의 지식인은 서원의 향사의례를 정립하였고, 이는 서원의 확대와 함께 조선 전역에서 전개되었다. 따라서 조선 전역의 지식인들은 서원의 향사의례를 시행하였다. 서원의 향사의례는 시대적 변천과 지역적 특수성으로 인하여 지속적인 변화를 거치면서 현재까지 이어지고 있다.

이 글에서는 서원의 향사의례를 남인계(南人系)와 서인계(西人系)로 나누고, 지역적으로는 경상과 황해·경기·충청·호남 등으로 나누어 그 특징을 살펴보았다. 또한 현대의 서원에서 변화하여 시행되고 있는 향사의례도 분석의 대상으로 포함하여 서원 향사의례의 변천 과정도 살펴보았다.

이 글에서 대상으로 선정한 남인계 서원은 경상도 지역의 백운동서원·남계서원(濫溪書院)·임고서원·영봉서원[천곡서원]·도동서원(道東書院)·옥산서원(玉山書院)·도산서원(陶山書院)·오산서원·병산서원(屛山書院)이다. 아래는 남인계 서원의 기초 정보를 정리한 일람표이다.

〈표 1〉 남인계 서원 일람표

지역	소재지	명칭	설립	사액	제향인물(제향연도)
경상	영주	백운동서원 [소수서원]	1543 (중종 38)	1550 (명종 5)	安珦(1543) 安軸·安輔(1544) 周世鵬(1663)
	함양	남계서원	1552 (명종 7)	1566 (명종 21)	鄭汝昌(1552) 姜翼(1634) 俞好仁·鄭蘊(1642)
	영천	임고서원	1553 (명종 8)	1554 (명종 9)	鄭夢周(1553) 張顯光(1643) 皇甫仁(1787)
	성주	영봉서원 [천곡서원]	1558 (명종 13)	1573 (선조 6)	李兆年·李仁復·金宏弼 (1560) 程頤·朱熹·金宏弼(1568) 鄭逑(1623) 張顯光(1642)
	대구 [현풍]	도동서원	1568 (선조 1)	1573 (선조 6)	金宏弼(1568) 鄭逑(1678)

경상	경주	옥산서원	1572 (선조 5)	1573 (선조 6)	李彦迪(1572)
	안동 [예안]	[도산서당] 도산서원	1574 (선조 7)	1575 (선조 8)	李滉(1574) 趙穆(1615)
	구미 [인동]	오산서원	1588 (선조 21)	1609 (광해 1)	吉再(1588)
	안동	병산서원	1572 (선조 5)	1863 (철종 14)	柳成龍(1613)

서인계 서원은 황해도 지역의 문헌서원(文獻書院)·소현서원(紹賢書院, 은병정사), 경기도 지역의 우저서원(牛渚書院)·자운서원(紫雲書院)·파산서원 (坡山書院, 청송서원)·심곡서원(深谷書院), 충청도 지역의 노강서원(魯岡書院)·돈암서원(遯巖書院), 전라도 지역의 무성서원(武城書院, 태산서원)·필암서원(筆巖書院)이다. 아래는 서인계 서원의 기초 정보를 정리한 표이다.

〈표 2〉 서인계 서원 일람표

지역	소재지	명칭	설립	사액	제향인물(제향연도)
황해	해주	문헌서원	1549 (명종 4)	1550 (명종 5)	崔沖·崔惟善(1549)
	벽성	[은병정사] 소현서원	1578 (선조 11)	1610 (광해 2)	朱子(1578) 趙光祖·李滉·李珥·成渾· 金長生·宋時烈(追享)
경기	파주	[청송서원] 파산서원	1568 (선조 1)	1650 (효종 1)	成守琛(1568) 成渾(1628) 白仁傑(1683) 成守琮(1740)
	파주	자운서원	1615 (광해 7)	1650 (효종 1)	李珥(1615) 朴世采(1695) 金長生(1713)
	김포	우저서원	1648 (인조 26)	1670 (현종 11)	趙憲(1648)
	용인	심곡서원	1605 (선조 38)	1650 (효종 1)	趙光祖(1605) 梁彭孫

충청	논산	노강서원	1675 (숙종 元)	1682 (숙종 8)	尹煌(1675) 尹文擧(1682) 尹宣擧·尹拯(1723)
	논산	돈암서원	1634 (인조 12)	1659 (효종 10)	金長生(1634) 金集(1658) 宋浚吉(1688) 宋時烈(1695)
전라	장성	필암서원	1590 (선조 23)	1659 (효종 10)	金麟厚(1590) 梁子澂(1786)
	정읍	[태산서원] 무성서원	1615 (광해 7)	1696 (숙종 22)	崔致遠·申潛(1615) 丁克仁·宋世琳(1630) 鄭彦忠·金若默·金灌(1675)

이상의 서원을 대상으로 이 글에서 살펴보고자 하는 내용은 조선시대 남인계·서인계 서원의 향사의례가 가지는 특징이다. 조선 시대 서원의 향사의례가 정립되는 과정과 이후 본격적으로 서원의 향사의례가 전개되는 양상을 파악하고자 한다. 주요 내용은 제향일(祭享日)인 향사일(享祀日)·정알일(正謁日)·성묘일(省墓日), 제향복(祭享服)인 향사복(享祀服)·전알복(展謁服), 제관(祭官), 제물(祭物), 의식 절차 등이다. 이를 위해 각 서원의 서원지(書院志),[1] 원규(院規),[2] 홀기(笏記),[3] 진설도(陳設圖),[4] 의절(儀節)[5] 등을 참고하였다.[6]

---

1) 『竹溪志』, 『迎鳳志』, 『吳山志』, 『魯岡書院誌』, 『遯巖書院誌』(1884, 1936), 『武城書院誌』, 『筆巖書院誌』, 『深谷書院誌』, 『興巖書院誌』, 「牛渚書院錄」.

2) 『臨皐書院凡規』, 「隱屛精舍學規」, 「文憲書院學規」, 「(魯岡書院)學規」, 「(魯岡書院)齋規」, 『(武城書院)院規』, 「坡山書院齋規」.

3) 「牛渚書院笏記」(「牛渚書院祭物單子」, 「告由祭儀節」).

4) 「安文成公春秋大享圖」.

5) 「魯岡書院儀節」, 「灆溪書院儀節」.

6) 이외에도 한국학중앙연구원의 『古文書集成』과 국립문화재연구소의 『서원향사』를 주로 참고하였다.

Ⅱ. 남인계 서원의 향사의례

남인계 서원은 16세기 조선의 경상도 지역에서 성립한 서원의 향사의례(享祀儀禮)를 전범(典範)으로 의식 절차를 시행하였다. 이 시기 경상도 지역에 설립된 서원은 이후 절대 다수가 이황과 그 문인을 주축으로 건립·운영되었다. 16세기 경상도 지역의 지식인은 조선 서원의 향사의례를 정비하였다. 먼저, 주세붕은 조선 최초의 서원인 백운동서원의 향사의례를 제정하였다. 그리고 이황과 그 문인은 향사의례를 정비하여 서원에서 지내는 의식 절차가 가지는 위상을 확고히 정하였다. 16세기 경상도 지역의 서원은 남인계 서원 향사의례의 전범이었기에, 이를 함께 살펴보면서 논의를 진행하겠다. 남인계 서원의 향사의례가 가지는 특징을 향사일(享祀日), 제물(祭物)과 제관(祭官), 의식 절차 등의 사항으로 나누어 살펴보겠다.

1. 향사일(享祀日)

경상도 지역의 남인계 서원에서 향사의례를 시행하는 날인 향사일은 계월(季月) 상정일(上丁日)과 중월(仲月) 중정일(中丁日)로 나누어졌다. 시행하는 달로 보면, 음력 2월·8월인 중월(仲月)과 음력 3월·9월인 계월이었다. 시행하는 날로 보면 음력으로 매달 첫 번째 정일(丁日)인 상정일과 두 번째 정일인 중정일이었다. 지방인 주현(州縣)의 향교(鄕校)에서 시행하는 문묘(文廟)의 석전의례(釋奠儀禮)가 중월 상정일이었다. 이 때문에 지식인들 사이에서는 중월 상정일을 피하여 서원의 향사일을 선정하고자 하는 여러 의견이 있었다. 백운동서원·임고서원·병산서원에서는 계월 상정일에 향사의례를 시행하였다. 그리고 남계서원·영봉서원·도동서원·옥산서원·오산서원에서는 중월 중정일에 향사의례를 시행하였다.

〈표 3〉 경상도 지역 남인계 서원의 향사일

	백운동	남계	영봉	임고	도동	옥산	도산	오신	병산
계월 상정일	○			○					○
중월 중정일		○	○		○	○	○	○	

안향초상[7]

경상도 지역의 남인계 서원에서 향사일을 선정하는 과정을 살펴보면, 논의의 시작은 최초의 서원인 백운동서원임을 알 수 있다.

주세붕은 백운동서원에서 제향인물인 안향의 향사의례를 진행하면서 춘추향사일을 계월 상정일로 정하였다. 그 이유는 문묘의 석전의례가 중월 상정일에 거행되었고, 안향은 문묘에 배향된 인물이었기 때문이었다.[8] 백운동서원의 제향인물인 안향은 1319년(고려 충숙왕 6)에 문묘에 배향되었다.[9] 이 때문에 백운

---

7) 안향초상(출처: 문화재청). 안향은 고려 충렬왕대 문묘의 정비를 추진한 인물이다. 안향은 1303년(고려 충렬왕 29)에 국학(國學)의 학정(學正) 김문정(金文鼎)을 원나라 강남(江南)으로 보내어 공자(孔子)와 제자의 화상(畵像), 문묘의 제기(祭器)와 악기(樂器), 서적을 구해오게 하였다. 그리고 안향은 관료들에게 양현고(養賢庫)에 은(銀)과 포(布)를 내게 하여, 이자로 인재를 지원하도록 하는 정책을 개진하였다. 그는 다음해 5월에 섬학전(贍學錢)을 마련하여 박사(博士)가 출납을 관장하며 국자감(國子監)의 운영을 지원하게 하였다. 그리고 안향은 그해 6월에 대성전(大成殿)이 완성되자, 원(元)에서 가져온 선성(先聖)의 화상을 모셨다. 이러한 업적으로 안향은 사후에 문묘에 배향되었다.(『고려사』 권105, 열전18, 「문성공전(文成公傳)」).

8) 『國朝五禮序例』 卷1, 「吉禮·時日」.

동서원의 향사의례는 문묘의 석전의례와 같은 날에 진행하기 어려웠다. 이러한 사정으로 주세붕은 백운동서원의 향사일을 다른 날로 설정하였던 것이다. 주세붕은 죽계(竹溪)에서 3월과 9월에 정취를 즐겼을 안향을 상상하면서 향사일을 계월 상정일로 하였다.[10]

향사일에 대한 논의는 영봉서원(迎鳳書院)을 건립한 노경린(盧慶麟, 1516~1568)에 의해 이어졌다. 노경린은 영봉서원의 향사의례를 제정하면서, 향사일은 중월 중정일로 하였다. 또한 노경린은 만약 중정일에 사고가 있어 향사의례를 지낼 수 없으면 해일(亥日)에 시행하도록 하였다.[11] 이때 노경린은 의례를 진행하는 관원의 부족을 이유로 들며, 서원의 향사의례와 문묘의 석전의례를 동일한 일시에 시행할 수 없음을 주장하였다.

> "반드시 상정일(上丁日)로 정해야 하지만 중정일(中丁日)로 한 이유로 고을에서 그 일을 맡을 만한 적당한 관원이 적기 때문이다. 가려 뽑은 정성스럽고 삼가는 사람은 모두 문묘(文廟)의 제사에 나아가게 해야 하는데 다만 일반인으로 이 숫자만 구차하게 채우면 제사를 지내도 지낸 것같지 않으니 어찌 신이 이르겠는가?"[12]

노경린은 만약 석전의례와 향사의례가 같은 날에 진행한다면 의례를 담

9) 박종배, 「조선시대 문묘 향사 위차의 특징과 그 교육적 시사Ⅱ-명청시기 중국과의 비교를 중심으로」, 『한국교육사학』 34-3, 한국교육사학회, 2012, 9~10쪽.
10) 『竹溪志』 卷5, 「雜錄後」. "春秋大享, 例卜季月上丁, 上丁有故, 改卜中丁. ○凡舍菜先聖, 必於春秋仲月, 而此則卜季月者, 公旣配享仲月, 而上巳之淸明重陽之佳節, 卽公平生所浴禊遊賞於此者. 追而祭之, 公必樂而降歆. 祭之日, 盡會一鄕父老斯文秀士於溪上, 而爲飮禧禮, 相與風詠而歸 則所謂神人以和者, 必於此而得之矣."
11) 『迎鳳志』, 「學規錄」. "春秋大享, 例卜仲月仲丁, 擇獻官備四執事, 有大故, 改卜亥日【有故者, 如國諱】."
12) 『迎鳳志』, 「學規錄」. "如舍菜, 必於上丁, 而此卜中丁者, 一鄕之堪爲官者, 鮮有其人. 精選誠謹者, 皆詣文廟, 而只以庸人, 苟充此數, 則祭如不祭, 安有神只格思乎."

당할 관원이 문묘에서 의식을 시행하여야 하기 때문으로 설명하였다. 노경린은 서원에서 시행하는 향사의례의 제관(祭官)으로 관원(官員)을 설정하였다는 점을 알 수 있고, 서원 향사의례의 위상을 문묘보다 낮게 인식하였던 것도 확인할 수 있다. 임고서원(臨皐書院)은 계월(季月) 상정일(上丁日)에 향사의례를 시행하였다. 임고서원은 백운동서원의 원규를 인용하여 서원의 규정을 제정하였기에, 두 서원은 동일한 날을 향사일로 설정한 것이었다.

이후 대다수의 남인계 서원에서는 중월 중정일에 향사의례를 시행하였다. 남계서원·도동서원·옥산서원의 향사일도 중월 중정일이었다. 또한 류운룡은 오산서원의 향사일을 중월 중정일로 설정하면서, 새로운 의견을 추가하였다.[13] 류운룡의 의견을 통해 남인계 서원에서 문묘와 서원의 위상에 차이를 두었음을 다시금 확인할 수 있다.

> "선비 중에 혹 서원이 있음을 알지 못하고, 학교가 있음을 알지 못하니 경중의 순서를 잃어버림이 심하다. 지금부터 매년 상정(上丁)에 서원에 들어온 선비들은 재에 모여 먼저 석채를 행한 후 중정(中丁)에 서원의 향사를 행한다【천곡원규】."[14]

류운룡은 오산서원에서 먼저 상정일에 석전의례를 시행한 후, 중정일에 서원의 향사의례를 진행하도록 하였다. 이를 보면 서원의 구성원들은 10일 사이에 순차적으로 2가지의 제향(祭享)을 진행하여야만 했다. 당시엔 일반적으로 향사일의 7일 전에 해당 고을의 수령인 본관(本官)과 교관(敎官)·사문(斯文)에 향사의례를 있음을 알렸다. 또한 제관(祭官)과 학생(學生)은 서원의 향사의례를 행하기 3일 전부터 서원에서 재계(齋戒)를 지냈다.[15]

---

13) 『吳山志』 卷2, 「享祀」. "春秋大享, 例卜仲月中丁, 有故, 改卜下丁. ○有故者, 如國忌之類."

14) 『吳山志』 卷2, 「享祀」. "士, 或未免知有院, 而不知有校, 輕重之失序甚矣. 自今每歲上丁, 入院之士, 齋會先行釋菜, 中丁行院祀【川谷院規】."

15) 『吳山志』 卷2, 「享祀」. "齋戒. 前期三日, 諸祀官并散齋二日宿於正寢, 致齋一日於

그렇기 때문에 문묘의 석전의례일 이후 서원 향사의 재계일(齋戒日)은 며칠 차이가 나지 않았다. 따라서 열흘 사이에 순차적으로 석전의례와 향사의례가 가능하였던 것이다. 그리고 류운룡은 서원에 원생들에게 문묘의 석전의례와 서원의 향사의례를 순차적으로 진행하게 하여 두 의례의 위상을 확인하게 하고, 연속적인 행사가 될 수 있도록 하였다. 이는 당시의 지식인에게 서원의 향사의례를 문묘의 석전의례처럼 반드시 준행하여야 하는 의례로 의식하도록 한 것이었다. 이로써 경상도 지역 서원의 향사일 선정에 대한 문제는 문묘와 서원의 관계를 별개로 나누어서 생각할 수 없는 연속된 사안으로 발전시켰다.

이후 17세기에 향사의례를 시행한 대표적인 남인계 서원인 병산서원에서는 서원간의 위상을 고려하여 향사일을 결정하였다. 류성룡(柳成龍, 1542~1607)을 제향하는 병산서원에서는 계월 상정일에 향사의례를 진행하였다. 이는 류성룡의 스승인 이황을 제향한 도산서원에서 중월 중정일에 향사의례를 시행하였기 때문이다. 이러한 이유로 도산서원과 동일한 지역에 위치한 병산서원은 계월 상정일을 향사일로 선정하였다. 병산서원은 백운동서원의 예를 따른 것이라긴 보단, 같은 지역내 서원간의 위상에 따라 향사일을 결정한 것으로 보인다. 그래서 남인계 서원에서는 문묘와 서원간의 차등뿐만 아니라, 서원과 서원간의 위상의 차이가 보인다.

2. 제관(祭官)과 제물(祭物)

남인계 서원에서는 제관(祭官)을 시대가 흐름에 따라서 점차적으로 다양하게 구성하였다. 16세기 이황과 류운룡은 제관의 선정에서 『국조오례의(國朝五禮儀)』의 석전의례(釋奠儀禮)에서 보이는 제관과 제물을 반영하여 서원의 향사의례를 정비하였다. 초기 경상도 지역의 서원은 향사의례에

祀所, 學生則幷於前三日入齋【用紅團領】.”

서 제관을 선정할 때 3인의 헌관만 공통적으로 규정하였고, 집사(執事)는
각기 다르게 규정하였다. 주세붕은 백운동서원의 제관을 헌관 3인과 집사
자 6인으로 기록하였고, 노경린은 영봉서원의 세관을 헌관과 집사자 4인
으로 기록하였다.

이후 이황은 백운동서원의 홀기(笏記)를 개정하면서 헌관 3인의 자격과
축(祝), 찬자(贊者), 알자(謁者), 찬인(贊引), 사준(司尊), 봉향(奉香), 봉로(奉
爐) 등 집사자 7인을 규정하였다. 이는 오산서원 향사의례의 제관을 정리
한 류운룡에게 이어졌다. 류운룡은 오산서원의 제관으로 헌관 3인과 축
(祝), 찬자(贊者), 알자(謁者), 찬인(贊引), 사준(司尊), 봉향(奉香), 봉로(奉爐),
장찬(掌饌), 관세위(盥洗位), 전작(奠爵), 봉작(奉爵), 진설(陳設) 등으로 집사
자를 세분화하여 규정하였다. 이렇듯 류운룡이 제관을 상세히 규정한 부분
은『국조오례의』를 참고하였기에 가능한 사항으로 보인다.『국조오례서례
(國朝五禮序例)』를 살펴보면, 제관의 인원과 인원은 시행하는 의례에 따라
다르게 규정되었다.[16] 이처럼 이황과 그 제자들이 참고한『국조오례의』는
이후 남인계 서원에서 계속적으로 서원의 향사의례를 시행하는데 필수적
인 참고서였다.

또한 17세기 이후부터 현재까지 남인계 서원의 제관은 보다 다양한 구
성을 보인다. 현재 백운동서원은 삼헌관 이외의 축, 찬자, 알자, 찬인, 사
준, 봉향, 봉로, 봉작, 전작, 학생, 제물유사, 사생, 도진설, 진설 등으로 집
사자가 6인보다 훨씬 증가하였다. 이들은 시대적 변천에 따라 제관에 다양
한 역할을 나누어 정하면서 추가적으로 등장한 것으로 보인다. 현재 옥산
서원의 제관 중 판진설(判陳設, 제물을 진설하고 그것이 잘 되었는지 판단
하며 향사가 끝나면 제물을 수습함), 직일(直日, 서원의 유사와 같은 존재.

---

16)『國朝五禮儀序例』卷1,「祭官·州縣釋奠」."初獻官【守令】, 亞獻官, 終獻官, 東西
從享分獻官各一, 東西廡分獻官各一【縣, 則無】. 祝, 掌饌者, 執尊者【每尊所各一】,
執事者【隨位酌定】, 贊者, 謁者, 贊引四【縣二. ○亞終獻官, 分獻官, 以佐貳官, 教
授, 訓導, 及本邑閑散文官差. 祝以下諸執事, 皆以學生充.】."

향사 전후의 준비와 정리를 담당함), 공사원(公事員, 분정 때 적임자를 추천하는 역할을 함), 조사(曹司, 향사 내내 글씨 쓰는 일을 도맡아서 함) 등이 특징적이다. 도동서원의 찬창(贊唱), 병산서원의 공반(供飯) 등도 개별 서원에서 나타나는 특징이자 시대적 변천을 반영하는 양상이라고 할 수 있다.

다음은 남인계 서원의 제물에서 보이는 특징이다. 경상도 지역의 남인계 서원에서 향사의례를 진행하며 진설하여 변두(籩豆)와 보궤(簠簋)에 담는 제물은 성(腥)을 포함하여 향교보다 소략하였다. 지방인 주현의 문묘에서 진행하는 석전의례의 제물은 팔변팔두(八籩八豆)에 담는 형염(刑鹽), 어수(漁鱐), 건조(乾棗), 율황(栗黃), 진자(榛子), 능인(菱仁), 검인(芡仁), 녹포(鹿脯), 비저(韭菹), 탐해(醓醢), 청저(菁菹), 녹해(鹿醢), 근저(芹菹), 토해(兎醢), 순저(筍菹), 어해(魚醢)와 조(俎) 담는 이성(二腥)인 양성(羊腥), 시성(豕腥)이었다. 또한 준뢰(尊罍)에 담는 명수(明水), 예제(醴齊), 앙제(盎齊), 현주(玄酒), 청주(淸酒)도 있었다.[17]

---

17) 『세종실록오례』 주현석전 정배위 찬실도·준뢰도(출처: 국사편찬위원회, 조선왕조실록). 조선시대 주현의 향교에서 석전의례 때 진설한 제물은 조선 초기 『세종실록』의 「오례의」에서부터 찾아볼 수 있다. 향교는 각 8개의 변과 두에 형염, 어수, 건조, 율황, 진자, 능인, 검인, 녹포, 비저, 탐해, 청저, 녹해, 근저, 토해, 순저, 어해를 담았다. 형염은 호랑이 형상의 소금이다. 어수은 주로 대구 등의 생선을 말린 포이다. 건조는 대추 열매를 말린 것이다. 율황은 밤이다. 진자는 개암나무 열매이다. 능인은 물풀 열매이다. 검인은 연근이다. 녹포는 사슴고기를 말린 포이다. 비저는 부추김치이다. 탐해는 소의 어깨고기[膊]를 말렸다가 잘게 썰어 여기에 쌀밥[米飯], 누룩[麴], 소금[鹽], 술[美酒]을 섞어 항아리에 넣고 백일 동안 숙성시켜 만든다. 청저는 무김치이다. 녹해는 사슴고기를 탐해와 같이 만든 것이다. 근저는 미나리 김치이다. 토해는 토끼고기를 탐해와 같이 만든 것이다. 순저는 소금에 죽순을 절여서 만든다. 어해는 생선을 탐해와 같이 만든 것이다. 성(腥)은 희생물의 생고기 중 7가지 부위[비(脾) 2, 견(肩) 2, 협(脅) 2, 척(脊) 1]를 갑(匣)에 담아서 조(俎, 희생의 고기나 내장을 올려놓는 작은 탁자)에 두는 것이다. 향교에서는 양과 돼지의 7체(體)를 성(腥)으로 사용하였다. 그리고 준뢰(尊罍)인 희준(犧尊) 2개에는 각각 명수(明水)와 예제(醴齊)를 담았고, 상준(象尊) 2개에는 각각 명수(明水)와 앙제(盎齊)를 담았으며, 산뢰(山罍) 2개에는 각각 현주(玄酒)와 청주(淸酒)를 담았다.

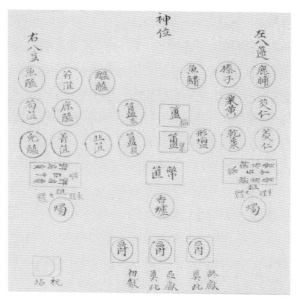

주현 석전 정배위 찬실도(州縣釋奠正配位饌實圖)

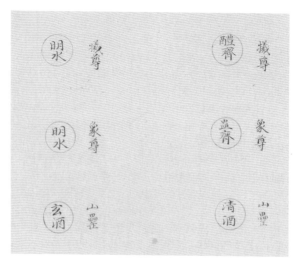

준뢰도(尊罍圖)

〈표 4〉 향교와 남인계 서원의 제물 비교표

제기	제물	향교	백운동	남계	영봉	임고	도동	옥산	도산	오산	병산
변두	형염	○									
	어숙	○		○	○	○	○	○	○	○	○
	건조	○	○	○	○	○	○	○	○	○	○
	율황	○	○	○	○	○	○	○		○	○
	진자	○			○				○		
	능인	○									
	검인	○									
	녹포	○	○	○	○	○	○	○	○	○	○
	구저	○			○					○	
	탐해	○									
	청저	○	○		○	○	○	○	○	○	○
	녹해			○		○	○		○	○	○
	근저	○		○			○	○			
	토해	○			○						
	순저	○		○	○						
	어해	○	○		○	○	○	○	○	○	○
	밀과		○								
	백자		○								
	건치				○						
조	양성	○							*		
	시성	○	*	○			○	○	*		○
	계성		○		○	○			○	○	
보궤	도	○	○		○	○	○	○	○		○
	량	○	○	○	○	○			*		
	서	○	○		○	○	○	○	○	○	
	직	○	○						*		
준뢰	명수	○		○							
	예제	○									
	명수	○									
	앙제	○									
	현주	○									
	청주	○	○	法酒	○	○	○	○	○	○	○
	計	八籩 八豆 二腥 二簠 二簋	四籩 四豆 一腥 二簠 二簋	四籩 四豆 一腥 一簠 一簋	六籩 六豆 一腥 二簠 二簋	四籩 四豆 一腥 二簠 二簋	四籩 四豆 一腥 一簠 一簋	四籩 四豆 一腥 一簠 一簋	四籩 四豆 一腥 一簠 一簋	四籩 四豆 一腥 一簠 一簋	四籩 四豆 一腥 一簠 一簋

경상도 지역의 남인계 서원에서 진설하는 제물은 앞의 〈표 4〉로 정리하였다. 향교와 대비하여 경상도 지역의 남인계 서원은 육변육두(六籩六豆) 또는 사변사두(四籩四豆)에 일성(一鉶)만을 구비히였다. 또한 남인계 서원에서 희생으로 양과 돼지 이외에 닭도 사용하고 있는데, 이러한 부분도 문묘와 구별되는 점이었다. 그리고 경상도 지역의 남인계 서원에서 사용했던 변두의 제물로 밀과(蜜果, 油蜜果로 밀가루나 쌀가루를 반죽하여 모양을 빚어서 바싹 말리고, 기름에 튀긴 후 꿀이나 조청을 바르고 튀밥이나 고물을 입힌 과자)와 백자(栢子), 건치(乾雉) 등은 문묘의 석전의례에서 보이지 않는다.

경상도 지역의 남인계 서원에서 사용하는 제물은 이황에 의하여 정비되었다. 이황은 서원의 향사의례를 교정하면서 제물도 정비하였다. 최초의 서원인 백운동서원의 홀기는 주세붕이 작성하였고, 그에 나타난 오류를 이황이 교정한 것이다. 이때 이황이 문제점으로 지적한 부분 중의 하나는 제물로 밀과를 사용한 점이었다.

이황은 속제(俗祭)에 사용되는 물품인 밀과를 향사의례에서는 사용할 수 없다고 생각하였다. 이황은 서원 향사의례의 위상을 속제보다는 상위로 생각한 것이다. 따라서 이황은 밀과를 대신하여 녹포(鹿脯)를, 3종의 과일 중 하나를 줄이고 대신 어수(魚鱐)를 배치하여 진설의 균형을 맞추었다. 이황이 교정한 제물은 모두 문묘의 석전의례에서 사용하는 것이었다.[18] 이를 통해 보면 이황이 생각한 서원 향사의례의 위상은 속제의 이상이며, 문묘의 석전의례의 이하였다.

이황이 정비한 향사의례의 제물은 이후 경상도 지역의 남인계 서원에서 계승하였다. 이황이 제물에서 문제시하여 제거한 밀과는 이후 남인계 서원의 향사의례에서 나타나지 않았다. 이황이 1540년대 개수한 백운동서원의 홀기에서 밀과가 보이지 않았다.[19] 그리고 1562년에 필사된 임고서원의

---

18) 한재훈, 「退溪의 書院 享祀禮 定礎에 대한 考察」, 『退溪學과 儒敎文化』 53, 경북대학교 퇴계연구소, 2013, 10~11쪽.

19) 국사편찬위원회, 「安文成公春秋大享圖」, 『朝鮮時代嶺南書院資料』, 1999, 국사편

진설도(陳設圖)에서도 밀과는 찾을 수 없다.[20] 다음으로 1567년에 이황이 역동서원(易東書院)의 향사의례를 제정할 때도 백운동서원의 향사의례를 참고하길 권유하였는데, 실제 역동서원의 홀기는 수정된 이황의 홀기와 거의 일치하였다.[21] 그리고 류운룡이 작성한 오산서원의 진설도와 도동·옥산·도산·병산서원의 제물에서도 밀과는 없었다.[22] 이처럼 이황이 개정하여 제시한 서원의 향사의례를 경상도 지역의 남인계 서원에서 준용하였음은 밀과의 유무(有無)를 통해 증명할 수 있다.

또한 경상도 지역의 남인계 서원 중 일부에서는 닭인 계성(雞腥)을 희생으로 사용하였는데, 이는 양성(羊腥)과 시성(豕腥)을 올리는 문묘의 향사의례와 가장 큰 차이점이라고 할 수 있다. 국가의례인 문묘의 석전의례는 희생으로 희성(犧腥)·양성(羊腥)·시성(豕腥)을 사용하였다. 그리고 지방인 주현의 향교에서는 의례의 위상이 낮아 양성(羊腥)·시성(豕腥)만 사용할 수 있었다. 이러한 상황에서 계성(雞腥)은 국가의례에서는 사용되지 않는 새로운 제물이었다. 하지만 류운룡은 오산서원에서 계성을 향사의례에 사용하는 사항에 대하여 백운동서원과 도산서원의 의식에서 정당성을 찾았다.[23] 앞서 살펴본 서원의 향사일도 향교의 석전의례를 의식하여 결정하였다. 경상도 지역의 남인계 서원에서는 계성을 사용하여 향교와 서원에서 시행한 의례의 차등을 가시적으로 표현한 것이다. 이처럼 희생을 계성으로 하는 양상은 경상도 지역의 서원에서 시행된 향사의례의 특징 중 하나이다. 현재도 경상도 지역의 남인계 서원에서는 계성을 향사의례의 제물로 사용하고 있다.[24] 하지만 현재 도산서원에서는 양성(羊腥)을 사용하다가

찬위원회, 117~121쪽.

20) 『臨皐書院凡規』「春秋大享圖」.

21) 한재훈, 앞의 논문, 2013, 19쪽.

22) 『吳山志』卷2,「享祀」.

23) 『吳山志』卷2,「享祀」. "雞腥幣篚用, 白雲陶山儀."

24) 윤숙경, 「鄕校와 書院의 祭禮에 따른 祭需에 관한 연구」, 『韓國食生活文化學會誌』13, 한국식생활문화학회, 1998, 256~258쪽.

후대에 시성(豕牲)으로 바꾸었다고 전하고 있다.[25] 이를 보면 계성에서 양성으로 변화하고, 이후 다시 한번 양성에서 시성으로 변화한 것을 알 수 있다. 또한 백운동서원에서도 현재 시성을 희생으로 사용하고 있다.[26] 이러한 부분은 서원에서 점차적으로 보다 상위의 의례에서 사용하는 희생을 진설하여 제향인물과 서원의 위상을 강화하려 했던 것이다.

3. 의식 절차

경상도 지역의 남인계 서원에서 시행된 향사의례의 의식 절차는 이황에 의하여 기틀이 마련되었다. 이황은 주세붕이 작성한 백운동서원의 홀기를 개정하였다. 이황은 새로운 홀기를 작성하면서 상향례(上香禮)와 초헌례(初獻禮)를 구분하였고, 음복(飮福) 후에 수조(受胙)로 수정하였으며, 수조 이후의 행례(行禮) 절차를 보완하였다.[27] 이황이 개정한 향사의례의 의식절차는 이후 류운룡이 보다 진전된 형태로 정립하였다. 류운룡은 오산서원의 향사의례 절차를 10가지 단계로 구분하였고, 상세한 의주(儀註)를 수록하였다. 이황은 백운동서원 향사의례의 의주(儀註)를 수정하면서 『국조오례서례』「주현석전정배위(州縣釋奠正配位)」와 『국조오례의』「주현석전문선왕의(州縣釋奠文宣王儀)」를 참고하였을 것이다. 하지만 이황의 홀기는 소략하기 때문에 이에 대한 가시적인 증명은 어려운 상황이다. 그러나 류운

---

25) 국립문화재연구소, 『서원향사－소수서원·도산서원』, 예맥, 2011, 280쪽.

26) 〈표 4〉에서는 백운동서원[소수서원]과 도산서원에서 초기 의식절차에서 사용한 제물을 표시하였다. 특히 희생으로 사용된 雞腥을 ○로 표시하였다. 시대적 변천에 따라 羊腥과 豕腥을 희생으로 사용한 것은 *로 표시하였다. 또한 도산서원은 粱과 稷도 원래 보궤에 담아 진설하였으나, 어느시기부터 稻와 黍만을 진설하였다. '癸未國減'이란 기록을 볼 때 계미년에 나라에서 명하여 덜어냈다고 하지만 정확히 언제 시기와 이유는 알 수 없다(국립문화재연구소, 『서원향사－소수서원·도산서원』, 예맥, 2011, 282쪽). 따라서 도산서원의 粱과 稷도 *로 표시하였다.

27) 한재훈, 앞의 논문, 2013, 11~13쪽.

룡은 스승의 영향을 받아 오산서원의 향사의례를 정립하면서 『국조오례의』
를 가장 중요한 참고 자료로 활용하였다. 류운룡은 작성한 오산서원의 향
사의례와 『국조오례의』의 의주는 내용에서 대부분이 일치하고, 제관의 명
칭과 배위(配位)의 유무가 다를 뿐이었다. 이처럼 류운룡은 서원의 향사의
례를 정립하는 데 있어 스승인 이황의 향사의례 개정에 영향을 받아 『국조
오례의』를 주로 활용한 것이다. 그는 상세히 의절(儀節)을 규정하여 향사
의례를 원활히 진행하려 하였다. 류운룡은 기존의 간략한 제식(祭式)과 홀
기를 이용하여 향사의례를 실행하는데 어려움을 느꼈을 것이다. 그래서 류
운룡은 『국조오례의』의 의주를 참고하여 서원의 향사의례를 보충하였으리
라 생각된다.

두 번째, 경상도 지역의 남인계 서원별로 향사의례의 진행 중 이루어지
는 특수 의례가 있었다. 백운동서원[소수서원]은 재계(齋戒)하는 중 경독(敬
讀)하고, 행례 중에는 악장(樂章)이 있었던 것이 특징이다. 소수서원에서는
향사일의 7일전에 본관(本官)·교관(敎官)·사문(斯文)에 알리고, 3일전부터
서원에서 재계하였다. 재계를 할 때 경독(敬讀)을 하였는데, 백록동서원규
(白鹿洞書院規)·사물잠(四勿箴)·경재잠(敬齋箴)·심잠(心箴)·숙흥야매잠(夙
興夜寐箴)을 차례로 경독하고 제관들은 모두 읍(揖)하고 서서 경청하였다.
또한 소수서원에서는 서원의 향사의례가 시행될 때 축문을 낭독한 후 악장
이 있어 도동곡(道東曲)을 낭송하였다. 악장의 낭속은 장로 1인과 유생 1인
서로 마주서서 부르게 하였는데, 예로부터 부르던 원음이 영원히 이어지게
하기 위함이었다. 또한 술잔인 작(爵)을 올릴 때마다 헌관이 바뀌듯이 도동
곡을 부를 유생도 헌관이 바뀔 때마다 장로를 제외한 유생은 3인이 바꿔서
부르게 하였다. 이로써 소수서원에서 악장을 부르는 사람은 총 4명이었다.
하지만 현재는 악장을 전수하여 부를 수 있는 유생이 부족하여 가창에 익
숙한 사람이 부르고 있다.[28]

---

28) 국립문화재연구소, 『서원향사 - 소수서원·도산서원』, 예맥, 2011, 84쪽.

도동서원과 남계서원은 향사의례 중에 삼제주(三祭酒)를 시행하였다. 삼제주는 가례(家禮)에서 강신(降神)을 위해 삼상향(三上香) 후 모사(茅沙)에 술을 3번 붓는 의식이다. 서원의 향사의례에서는 상향(上香)만을 시행하였는데, 도동서원과 남계서원에서는 삼제주도 함께 의식절차에 포함되었다.[29] 옥산서원에서는 향사의례에서 의식이 시행되기 전에 야하(夜下)를 제공하였다. 야하는 밤에 내리는 음식이란 뜻으로, 옥산서원에서는 행례 전에 허기지지 말라고 미음 간식을 제공하였다. 이 예법은 경주에 위치한 양동마을의 여강이씨나 월성손씨 기제사에서도 볼 수 있는데, 밤참과 미음을 순차적으로 제공하였다. 옥산서원에서 야하로 미음을 제공하는 의미는 저녁 식사 이후에 오랜 시간이 흘러서 제관들이 시장할 것을 우려한 점도 있다. 하지만 더 큰 이유는 공복으로 인한 구감(口疳)으로 예의에 어긋날 수 있는 부분을 예방하기 위해서였다.[30]

이러한 도동서원·남계서원·옥산서원의 경우는 서원의 향사의례에 가례의 예법을 일부 반영하여 발생한 현상으로 보인다. 서원의 향사의례에 가례가 반영되는 모습은 경상도 지역에서 서원이 성립될 때부터 있었던 현상이었다. 16세기 경상도 지역의 지식인들 사이에서는 행례의 정비하고 주석서를 편찬하는 과정이 있었다. 당시 지식인들은 성리서를 활발히 연구하면서, 『주자가례』의 주석서를 편찬하였다. 특히 상례·제례를 중심으로 행례의 매뉴얼을 정리하는 작업이 진행되었다.[31] 특히 퇴계학파의 류운룡과 그의 아버지인 류중영도 가례 중 상례·제례의 지침서를 저술하였다. 류중영은 『가례증해(家禮增解)』를 편찬하였고,[32] 류운룡은 「추원잡의(追遠雜儀)」를 저술하였다.[33] 이러한 류운룡의 경험이 옥산서원의 향사의례에도 『주

29) 국립문화재연구소, 『서원향사 – 남계서원·도동서원』, 예맥, 2013, 123쪽.
30) 국립문화재연구소, 『서원향사 – 병산서원·옥산서원』, 예맥, 2012, 268쪽.
31) 장동우, 「『家禮』 註釋書를 통해 본 朝鮮 禮學의 發展過程」, 『東洋哲學』 43, 동양철학회, 2010, 243~249쪽.
32) 장동우, 위의 논문, 2010, 〈표 1〉.

자가례』를 참고하여 예를 진행하였고, 이러한 부분이 반영되어 상세한 의
주를 정비하였던 것이다. 따라서 서원의 향사의례는 기본적으로 국가의례
인 문묘의 석전의례에 차등을 두어 시행하였지만, 일부분은 가례에서 차용
된 사항도 있었던 것이다.

　경상도 지역의 남인계 서원에서는 향사의례 이외도 삭망분향례(朔望焚香
禮), 정알례(正謁禮), 묘제(墓祭) 등의 정기적인 의례를 지냈다. 백운동서원·
남계서원·임고서원·도산서원·오산서원·옥산서원은 삭망분향례를 지냈다.
삭망분향례는 향알례(香謁禮), 분향례(焚香禮), 전알례(展謁禮) 등으로 불렸
는데, 음력 매월 초하루와 보름에 시행하는 의례였다. 매월 삭망일의 전날
재유사는 입원하여 삭망날 이른 아침에 의관을 정제하고 봉향(奉香)과 봉로
(奉爐)를 각 1인씩 앞세워 묘정에 나아가 관세위에 손을 씻고 계간에 나아가
세 번 향을 올리고 두 번 절한다. 그리고 묘우(廟宇) 안에 들어가 신위를 봉
심(奉審)하는 의식이다. 오산서원에서는 의식절차에 참가하는 인원의 복장을
규정하였다. 벼슬이 있는 감사인 도주(道主), 현감 혹은 군수인 읍주(邑主)는
품복(品服)을 착용하게 하고, 방문하는 인사들은 두건(頭巾), 홍단령(洪團領)
을 착용하며, 유생은 청금(青衿)을 착용하도록 하였다.[34] 서원의 사우에 참
배하는 벼슬이 있는 사람이 품복(品服)을 착용한다는 점은 서인계 서원과
동일하였다. 하지만 원생(院生)의 복장은 남인계 서원에선 청금(青衿)을, 서
인계 서원에선 두건과 단령(團領)을 착용하는 차이점이 있었다. 또한 남인
계 서원은 방문하는 인사들의 복장도 규정한 점이 특징적이다.

　백운동·도산·옥산서원은 정알례(正謁禮)도 시행하였다. 매월 정월 초 5
일에 하는 의례로 정알 또는 정조알묘례(正朝謁廟禮)라 한다. 새해를 맞이

---

33) 『謙庵集』 卷4, 雜著, 「追遠雜儀」.
34) 『吳山志』 卷2, 「享祀·展謁」. "每於朔望在院儒生盛服青衿謁廟焚香二拜【川谷院規】.
　　遠近人士來尋者, 以明日早朝謁廟, 或不能留宿者, 以當日就夾室改服【頭巾紅團領】,
　　廟如朔望之儀【川谷院規】. 道主邑主到本院升正堂就夾室改復【品服】, 謁廟, 焚香,
　　二拜. 還正堂改服, 如欲宿齋而謁廟, 則當於明日早行禮如式【川谷院規】."

하여 서원의 선현에게 인사를 드리는 의례로서, 삭망분향례(朔望焚香禮)
보다 절차가 복잡하다. 정알례는 정초에 올리는 제사로 음력 정월 초 5일
정초알묘(正初謁廟)의 의식으로, 하루 전에 입재(入齋)에 들어가고, 다음날
새벽 5시경에 알묘례가 시작되었다.[35]

도산서원 정알례

정읍례(庭揖禮)

(출처: 국립문화재연구소, 『서원향사 – 소수
서원·도산서원』, 예맥, 2011, 189쪽.)

창홀(唱笏)

(출처: 국립문화재연구소, 『서원향사 – 소수
서원·도산서원』, 예맥, 2011, 190쪽.)

　　오산서원은 제향인물인 길재(吉再, 1353~1419)의 묘소에서 묘제(墓祭)를
지냈다. 오산서원에서는 묘제일(墓祭日)을 청명절(淸明節)로 규정하였다.[36]

---

35) 소수서원 정알례는 정월 초 4일에 원장과 재유사 및 향중의 여러 유림들이 입원
　　하여 초5일 이른 아침에 시행한다. 원장은 당상에서 남향하여 서고, 재유사와 참
　　례자들은 북쪽을 향하여 묘정의 동서에 연차순으로 도열하여 선 뒤 읍례(揖禮)를
　　한다. 이를 정읍례(庭揖禮)라고 하며 조사(曹司)가 재유사 앞에 나아가 읍하고 뵈
　　면, 재유사가 집례를 추천한다. 다시 조사는 알자 앞에 나아가 서로 상읍례를 한
　　뒤 제자리에 돌아가면 집례가 묘우로 가서 홀기를 창한다. 위차에 따라 예를 마
　　치고 돌아가면 집례가 묘우로 가서 홀기를 창한다. 위차에 따라 예를 모두 마치
　　고 모두가 강당에 돌아와 원장과 연장자들이 동벽에서 서향하고 서고, 집례 이하
　　는 동향 상하로 서서 읍례한 뒤 물러난다(국립문화재연구소, 『서원향사 – 소수서
　　원·도산서원』, 예맥, 2011, 45쪽).
36) 『吳山志』卷2, 「享祀」. "每年淸明, 精備祭物, 眞掃墳塋. 祭品, 三色實果, 米麵食,
　　脯醢魚肉 炙肝雞腥. 連獻三爵, 行禮, 如家廟參拜儀. 有祝文."

오산서원은 길재의 묘(墓) 바로 옆에 건립되었기 때문에 서원의 향사의례
와 별도로 묘제를 지내도록 하였다. 그래서 류운룡은 전알(展謁)의 마지막
부분에 성묘(省墓)와 관련된 조항을 규정하였고, 『가례』의 가묘참배의(家
廟參拜儀)를 참고하도록 하였다.[37] 이와 더불어 임고서원의 『서원규범』에
서도 같은 조항들이 보이는데, 이는 『오산지』의 조항을 그대로 필사하는
과정에서 생긴 착오로 보인다.

Ⅲ. 서인계 서원의 향사의례

서인계 서원은 16세기 조선의 황해도와 경기도 지역에서 성립한 서원의
규정을 계승하였다. 16세기 이이(李珥, 1536~1584)는 황해도 지역과 경기
도 지역에 서원을 설립하였고, 이후 서인계 서원은 이이의 문인을 주축으로
건립·운영되었다. 이이는 황해도 지역과 경기도 지역의 서원에서 시행되는
여러 의례와 관련 규정을 정립하였다. 이후 서인계 서원의 향사의례는 이이
의 서원론(書院論)과 더불어 앞서 정비된 16세기 경상도 지역 서원의 향사
의례를 받아들이면서 발전하였다. 서인계 서원은 황해도, 경기도, 충청도,
전라도 지역에서 주로 분포하였다. 서인계 서원의 향사의례가 가지는 특징
을 향사일, 제물과 제관, 의식 절차 등의 사항으로 나누어 살펴보겠다.

1. 향사일(享祀日)

서인계 서원의 향사일은 중월 중정일이었다. 이이는 문헌서원(文獻書院)
의 향사일을 봄과 가을이라고 계절만 명시하였을 뿐 명확한 날짜를 정하지
않았다.[38] 따라서 서인계 서원에서 중월 중정일에 향사를 시행하는 모습은 앞

---

37) 『吳山志』 卷2, 「享祀·展謁」. "省墓如謁廟儀. 但無焚香一節."

서 정비된 경상도 지역 서원의 향사일을 수용한 것으로 보인다. 다만, 1693년 (숙종 19)에 박세채(朴世采, 1631~1695)가 작성한 자운서원(紫雲書院)의 학규(學規)는 이이가 작성한 문헌서원의 학규을 기저로 작성된 것이다. 그렇기에 자운서원의 향사일도 춘추로만 명시되어 있으나,[39] 실제로는 중월 중정일에 향사의례를 시행하였다.

현대에 들어서 서인계 서원의 향사일은 서원의 여러 사정에 따라 변경된 경우가 많았다. 경기도 지역의 우저서원(牛渚書院)은 현재 2월 중정일과 제향인물인 조헌(趙憲, 1544~1592)의 기일인 8월 18일에 향사의례를 시행하고 있으며, 음력 6월 28일에는 탄신제도 진행하였다.[40] 또 경기도 지역의 자운서원은 파산서원(坡山書院)과 향사일이 겹치는 것을 우려하여 봄에 지내는 향사의례를 중월 상정일에 시행하였다. 파산서원은 현재 향사일의 전일에 민간신앙인 안택고사를 지내고 있으며, 경현단(景賢壇)에 대한 제향도 2월 중정일에 함께 시행하였다.[41] 충청도 지역의 서원에서도 동일한 향사일에 여러 서원에서 동시에 향사의례를 시행하는 것을 우려하였다. 노강서원(魯岡書院)의 향사일은 돈암서원(遯巖書院)과 동일하여서 지방 유림들이 분산되어 참여가 저조하였다. 이 때문에 현대에 들어와 노강서원의 향사 일시를 변경하였다.[42]

2. 제관(祭官)과 제물(祭物)

서인계 서원은 헌관 3인은 공통적인 인원지만, 집사는 그 수가 서원마다 매우 달랐다. 또한 서인계 서원의 제관은 조선 시대에는 세분화하여 그

---

38) 『栗谷全書』卷15, 雜著, 「文憲書院學規」. "一. 春秋祭, 無故不參者黜座."
39) 『南溪集』續集 卷19, 雜著, 「紫雲書院院規【癸酉七月】」. "一. 春秋祭時, 齊任及諸生託故不參者黜座."
40) 국립문화재연구소, 『서원향사－심곡서원·우저서원·현절사』, 예맥, 2014, 157쪽.
41) 국립문화재연구소, 『서원향사－자운서원·파산서원』, 예맥, 2014, 285쪽.
42) 국립문화재연구소, 『서원향사－노강서원·돈암서원』, 예맥, 2012, 49쪽.

수가 많았으나, 현재는 수를 줄인 경우가 많았다. 동일한 서인계 서원이라도 황해도, 경기도, 충청도, 전라도 지역 등 지역별로 서원에서 향사의례를 시행하는 제관은 서로 다른 모습을 보였다. 경기도 지역의 서원은 전사관(典祀官), 도진설(都陳設), 척기(滌器), 관연(貫涓), 당하집례(堂下執禮) 등의 제관이 있었다. 충청도 지역의 서원은 공통적으로 직일(直日)이 있었고, 노강서원에서는 상례(相禮)와 감반(監飯)이 있었다. 전라도 지역의 서원도 직일(直日), 전사(典祀), 찬창(贊唱), 진설(陳設) 등의 제관이 향사의례를 시행하였다.

조선시대 서인계 서원의 향사의례는 향사일의 3일 전부터 입재(入齋)하였고, 현재는 당일에 입재하는 경우가 많았다. 또한 서인계 서원에서 향사의례를 진행하는 제관의 복장은 흑단령(黑團領)을 착용하였다. 돈암서원에서는 3일전 입재할 때 헌관과 관직자는 공복(公服) 중 흑단령을 착용하였다. 관직이 없으면 흑립(黑笠)에 흑단령을 입고, 집사(執事) 이하는 흑색의 건복을 입었다. 이를 통해 볼 때 흑색을 향사복의 기본으로 생각했음을 알 수 있다. 이는 남인계 서원에서 재계 때는 홍단령을 착용하고, 행례 때는 흑단령을 착용하는 모습과 차이가 있다. 이와 대비하여 서인계 서원의 원생이 착용한 평상시 복장은 직령(直領)이었다. 이이는 평소 원생의 복장으로 직령을 착용하도록 하였고,[43] 은병정사에서는 평상시 원생의 복장으로 입자(笠子) 또는 관건(冠巾)에 직령을 착용하도록 규정하였다.[44] 그리고 현재 서인계 서원의 향사복(享祀服)은 매우 다양하여 국가의례의 제례복, 유생복인 청금(靑衿) 등을 착용하였다. 일제강점기를 거쳐 현대에 들어와 전통적인 복식을 착용하지 않게 된 후 서원의 향사의례를 복원하면서 생겨난 현상으로 보인다.

---

43) 『栗谷全書』卷15, 雜著, 「文憲書院學規」. "一. 常時, 恒整衣服冠帶. 拱手危坐. 如對尊長. 毋得以褻服自便【必著直領】且不得著華美近奢之服. 凡几案書册筆硯之具. 皆整置其所. 毋或亂置不整. 作字必楷正. 毋得書于窓戶壁上."
44) 『栗谷全書』卷15, 「隱屛精舍學規」. "一. 平明時, 皆以常服【笠子直領或冠巾直領之類. 但不用襦挾直領】."

홍단령(紅團領)   흑단령(黑團領)

천홍단령   흑단령(黑團領)
숙명여대/ 국가민속문화재 제121-6호[45)]   국립민속박물관[46)]

서인계 서원의 향사의례에서 진설하는 제물은 각 지역별로 차이가 있다.[47)] 먼저, 경기도 지역 서원의 제물(祭物)이 서로 다름을 알 수 있었다. 그리고 또 하나의 특징은 지방의 향교에서 사용하는 형염(刑鹽)이 경기도 지역의 심곡서원·우저서원·파산서원의 제물로 사용되며, 이때 변두의 수가 서로 맞지 않는 사실을 알 수 있다. 또한 우저서원에서는 향사의례의 제물로 건시(乾柿)를 올리는 점이 특이하였다. 그리고 희생은 대부분 돼지인 시성을 사용하나, 2가지 이상을 사용하는 서원이 있었다. 우저서원에서는 양성과 시성을 올렸고, 파산서원에서는 시성과 함께 계적(鷄炙)을 올리고 있어 주목되었다.

---

45) 천홍단령(출처: e뮤지엄).
46) 흑단령(출처: e뮤지엄). 단령(團領)은 조선시대 백관들이 입던 상복으로 위·아래가 붙은 포이며, 깃이 곧은 직령에 비하여 깃이 둥근데서 유래된 명칭이다. 소매가 넓고 길이는 발꿈치까지 내려올 정도로 길다. 겨울에는 주로 명주, 여름에는 마포(麻布)로 만들며, 당상관은 사라능단(紗羅綾緞)을 사용하기도 하였다. 『경국대전』 예전(禮典) 「의장조(儀章條)」에 백관복으로 조복, 제복, 공복, 상복을 규정하고 있는데, 이에 의하면 "1품에서 정3품까지는 홍포, 종3품에서 6품까지는 청포, 7품에서 9품과 향리까지는 녹포, 녹사, 제학생도(諸學生徒)는 단령을 착용한다."고 전한다.(단령: 문화콘텐츠닷컴).
47) 서인계 서원에서 진설하는 제물은 경기도·충청도·전라도 지역으로 나누어 〈표 5〉로 정리하였다. 황해도 지역의 서인계 서원의 제물은 현재 알 수 없다.

〈표 5〉 향교와 서인계 서원의 제물 비교표

제기	제물	전국 향교	심곡	우저	자운	파산	노강	돈암	무성	필암
			경기도				충청도		전라도	
변두	형염	○	○	硼鹽		○			○	
	어숙	○			○				石魚	○
	건조	○		○					○	
	율황	○	○	○	○	○	○	○	○	○
	진자	○								
	능인	○	○				○	○		○
	검인	○								
	녹포	○	脯籩	○	○	○	○	○	○	
	구저	○	○				○	○	○	
	탐해	○			○					
	청저	○			○				○	
	녹해	○	醢豆	○			○		○	
	근저	○		○		○			○	○
	토해	○								
	순저	○				○				
	어해	○		○	○	○			○	○
	건시			○						
조	양성	○		○				羔腥		
	시성	○		○		○			○	
	계성					鷄炙				
보궤	도	○	○	○	○	○	○	○		
	량	○	○		○				○	○
	서	○		○		○				
	직	○								
준뢰	명수	○								
	예제	○							醴酒	
	명수	○								
	앙제	○								
	현주	○					○	○		祭酒
	청주	○	○	○	○	○	○	○	○	○
	計	八籩 八豆 二鉶 二簠 二簋	三籩 四豆 一鉶 一簠 一簋	四籩 五豆 二鉶 一簠 一簋	四籩 四豆 一鉶 一簠 一簋	四籩 五豆 二鉶 一簠 一簋	三籩 三豆 一鉶 一簠 一簋	三籩 三豆 一鉶 一簠 一簋	五籩 四豆 一鉶 一簠 一簋	四籩 四豆 一鉶 一簠 一簋

그리고 서인계 서원 중 경기도 지역의 우저서원은 서원이 건립되던 시기에 김포 군수인 양현망(楊顯望)에 의하여 문묘에서 사용하는 제물의 수를 따라서 8변 8두를 사용하였다. 18세기 우저서원은 향음주례를 거행하는 곳이었다.

1727년(영조 3) 우저서원에서 시행된 향음주례에는 강규환(姜奎煥, 1697~1731)과 심조(沈潮, 1694~1756)가 참석하였다.[48] 1728(영조 4)에 현상벽(玄尚璧, 1673~1731)이 작성한 「우저서원향음주례시서(牛渚書院鄉飲酒禮詩序)」를 보면, 서원에서 주기적으로 향음주례가 시행되었던 사실을 확인할 수 있다.[49] 당시 우저서원은 김포에서 문묘와 같은 위상을 가져서 지방 사족 사회의 중심적인 행사인 향음주례까지 진행하였던 곳임을 알 수 있다. 그러나 18세기 중반 문묘와 우저서원의 위상에 대한 차이를 명확히 하려는 움직임이 있었다.

1750년(영조 26)에 심조는 우저서원의 제물의 수에 대한 문제를 제기하여 4변 4두로 축소하였다. 심조는 문묘의 석전의례와 종묘의 제향에서 이루어지는 일무(佾舞)의 숫자가 천자는 8, 제후는 6, 대부는 4인 점을 이야기하고, 이러한 이유로 서원은 4로 규정하였다.[50] 그리고 이제묘(夷齊廟)에서 시행되는 의절(儀節)을 예로 들어 문묘는 8, 현사(賢祀)는 4, 제후인 백이·숙제는 6이라는 논리를 보강하였다.[51]

---

48) 『貴需齋先生文集』 卷5, 跋, 「金陵鄉飲酒禮儀跋」; 『靜坐窩先生集』 卷1, 詩, 「牛渚書院, 設鄉飲酒禮【丁未】.

49) 『冠峯先生遺稿』 卷10, 序, 「牛渚書院鄉飲酒禮詩序【牛渚, 在金浦, 卽趙重峯俎豆之所也. ○戊申.】.

50) 일무의 일(佾)은 '춤의 벌여진 줄'이라는 뜻이며, 제례의 대상에 따라 8일무·6일무·4일무로 구분되었다. 공자의 제사인 석전의례에서는 8일무를 하였고, 제후인 조선의 왕에 대한 종묘의 제례에서는 6일무를 하였다. 그렇기에 문묘에서는 8변 8두를 올렸다는 것이 심조(沈潮)의 논리였다. 따라서 제후국의 신하인 현인을 제향하는 서원에서는 4변 4두를 올려야 한다는 것이었다.

51) 『靜坐窩先生集』 卷12, 雜著, 「牛渚書院春秋享邊豆釐正議」. "牛渚書院春秋享, 自前用八邊八豆. 而聞諸先輩長老, 當初奉安時, 本倅楊顯望, 一依五聖位邊豆而定式

일무(佾舞)[52]

즉, 18세기 중엽의 우저서원은 기존에 문묘의 석전의례와 같은 제물을 사용하는 모습을 참람(僭濫)하다고 평가하였고, 본래의 위상으로 재설정한 것이다.[53] 이때 일무(佾舞)의 숫자를 근거하여 서원의 변두를 규정한 것에

日, 從厚無妨, 仍爲謬規云云. 愚謂此非尋常謬規也, 直是僭禮也, 甚矣楊之無識. 先生有靈, 必瑟縮不安於受享矣. 今旣曉得, 則斯速正之, 有何遲疑, 或者以寧失於厚言之, 此大不然. 寧失於厚四字, 自有用處, 此處用不得矣. 盖行之已久, 苟無嫌於僭, 仍舊何妨, 而其於僭, 何獨不聞曾子愛人以德之語乎. 佾舞之數, 天子八, 諸侯六, 大夫四. 而范氏論季氏之八佾曰, 自上而下, 降殺以兩而已, 兩之外, 不可毫髮僭差也. 愚亦曰, 籩豆之數, 聖廟八, 書院四, 四之外, 不可一箇僭加也. 一國通行, 而此院獨如此, 此實吾鄕章甫之所羞, 而不可使聞於他院也. 南溪答人論夷齊廟儀節曰, 籩豆則文宣用八籩八豆, 賢祀用四籩四豆. 今夷齊以爵則侯, 以德則聖, 似與邦賢少異, 恐當用六數. 其後答安生珏書曰, 獻爵籩豆, 據禮皆用祀賢常例云云, 夫以夷齊之聖焉. 而猶不敢用文廟之禮, 始欲小異於邦賢, 畢竟以用四爲是. 況以我東之賢, 而抗禮於文廟乎. 此不待兩言而決矣."

52) 문묘의 석전의례와 종묘의 제례 때 추던 일무(佾舞) 중 무무(武舞)이다. (출처: 문화재청 포토갤러리).

의미가 있다. 이러한 부분은 서인계에서 서원의 향사의례를 문묘의 석전의
례에 준하여 시행하려 하였음을 보여준다. 남인계 서원에서 16세기에 이
미 서원의 향사와 문묘의 향사에 차등을 두었던 것과 대비되는 모습이라고
할 수 있다.

다음은 충청도 지역과 전라도 지역의 서원에서 향사의례의 제물이 가지
는 특징이다. 충청도 지역의 서인계 서원인 노강서원과 돈암서원은 서원의
향사의례에서 동일한 제물을 진설하였다. 앞서 두 서원의 향사일도 서로
겹치는 것을 우려하여 조정한 것에서도 볼 수 있듯이 충청도 논산지역의
지식인들은 두 서원을 향사의례를 조화롭게 운영하고자 하였던 것으로 보
인다.

전라도 지역의 서인계 서원인 무성서원도 경기도 지역의 서인계 서원에
서 볼 수 있는 형염을 제물로 사용하며, 이때 변두의 수가 상응하지 않는
다는 특징이 있었다. 그리고 희생은 시성을 사용하였다. 또한 충청도 지역
과 전라도 지역의 서원 제물에서 나타나는 특징 중 하는 정위와 배위의 차
이였다. 현재 충청도 돈암서원에서는 시성 또는 고성(羔腥, 양성)을 희생으
로 사용했다. 이때 정위에는 희생의 오른쪽 반[右胖]을 진설하고, 배위에는
희생의 왼쪽 반[左胖]을 진설하였다. 현재 돈암서원에서는 정위에는 돼지
머리를 올리고, 배위(配位)에는 돼지고기를 사용하였다.[54] 폐백은 돈암서
원에서는 저포(苧布)를 1장(丈) 8척(尺)을 사용하는데, 없으면 백포(白布)와
백면포(白綿布)로 대신하였다. 이때 조예기척(造禮器尺)을 기준으로 하였
다.[55] 필암서원에서는 '폐포(幣布)는 모두 29척인데, 정위에 18척, 배위에

---

53) 18세기 우저서원의 향사의례는 많은 변화가 있었다. 본문에서 살펴본 제물의 대
    대적인 축소 이외에 축문도 改撰하였다. 우저서원의 축문은 건립 초기의 원장인
    이경석의 축문을 사용하다가 그가 삼전도비문을 쓴 사건이 춘추절의에 위배되어
    1752년(영조 28)부터 새로 개찬한 축문을 사용하였다.
54) 국립문화재연구소, 『서원향사-노강서원·돈암서원』, 예맥, 2012, 264쪽.
55) 『遯巖書院誌』, 「春秋享祀儀節」.

11척이다.'[56]는 규정이 있어 폐비를 사용할 때 정위와 배위에 차등이 있었음을 알 수 있다. 그리고 무성서원에서는 폐(幣)로 백(帛)을 52척 5촌(寸)을 사용하였다. 이처럼 많은 서원들이 폐백으로는 모시인 저포를 사용했으나, 현재 면포나 한지를 대용하고 있다.

3. 의식절차

삭망분향례는 매월 초하루와 보름에 거행되는 의례로 서인계와 남인계 서원에서 공통적으로 시행하는 의식이었다. 하지만 황해도 지역의 서원과 경상도 지역의 서원은 참여 인원이 착용하는 복장이 달랐다. 이이는 문헌서원의 원생에게 두건, 단령을 착용하게 하였다.[57] 또한 이이는 벼슬이 있는 사람은 사모(紗帽), 단령, 품대(品帶)를 착용하게 하였다.[58] 서인계 지역에서 시행한 삭망분향례의 제관이 착용하는 복장은 이이가 제정한 황해도 지역 서원의 규정을 따르는 지역이 많았다. 경기도의 자운서원,[59] 충청도의 노강서원, 전라도의 무성서원은 이이의 규정을 준용하였다. 또한 전알에 입는 복장과 상복(常服)은 구별되었는데, 이 역시도 이이의 규정을 준수하는 서원이 많았다. 경기도 지역의 자운서원과 심곡서원, 충청도 지역의 노강서원이 그러하였다. 이 서원들은 기호학파의 명맥을 계승한 서원으로 이이가

---

56) 국립문화재연구소, 『서원향사 – 무성서원·필암서원』, 예맥, 2013, 262쪽.

57) 『栗谷全書』卷15, 雜著, 「文憲書院學規」. "一. 每月朔望, 諸生具巾【頭巾】袍【團領】詣廟. 開中門, 焚香【年最長者焚香】, 再拜. 雖非朔望, 諸生若自他處初到, 或自院歸家時, 必於廟庭再拜【不開中門, 不焚香.】."

58) 『栗谷全書』卷15, 雜著, 「隱屏精舍學規」. "一. 每月朔望, 師弟子皆以官服.【有官則紗帽團領品帶, 儒生頭巾團領條帶.】詣廟開中門, 出廟貌, 再拜. 焚香.【師若不在, 則齋中年長者焚香.】又再拜【敍立位次, 則師居前行, 弟子爲後行西上.】."

59) 『南溪集』續集 卷19, 雜著, 「紫雲書院院規【癸酉七月】」. "一. 每月朔望, 諸生具巾【頭巾】袍【團領】詣廟. 開中門, 焚香【年最長者焚香】, 再拜. 雖非朔望, 諸生若自他處初到, 或自院歸家時, 必於廟庭再拜【不開中門不焚香】."

제정한 서원의 규정을 이어갔던 것으로 보인다.

서인계 서원에서는 삭망분향례를 행하면서 그 의식 절차의 하나로 강회(講會)를 진행하는 경우가 많았다. 심곡서원은 매월 초히롯닐 분향(焚香)한 후 장의(掌議)와 직월(直月), 재(齋)에 거주하는 유생은 강회를 가졌다. 이때 벽에 걸린 글들을 먼저 읽는데, 1명이 성독(聲讀)하면 여러 유생들은 그것을 들었다.[60] 노강서원은 삭망분향례를 할 때 상읍례를 한 후 당에서 학규(學規)를 읽은 후 경서를 읽는데, 『소학』, 『가례』, 『심경』, 『근사록』, 사서(四書), 육경(六經) 등을 읽었다.[61] 파산서원에서도 향사의례 중에 강장(講長)과 집례(執禮)가 강당에 올라가 재에 거주하는 여러 유생과 사서(四書) 중 하나의 대문(大文)을 면강(面講)하였다.[62] 이러한 강회는 서인계 서원에서 주로 시행되었고, 경상도 지역에 건립된 서인계 서원인 흥암서원(興巖書院)에서는 동서창(東西唱)을 시행하였던 기록이 있어 주목되었다.

1694년(숙종 20) 갑술환국 후 집권한 노론정권은 영남에서 자파 세력 부식을 위해 노론계 서원 건립을 적극 추진했는데, 그 대표적인 서원이 동춘당(同春堂) 송준길(宋浚吉, 1606~1672)을 독향한 상주목의 흥암서원이다.[63] 흥암서원의 「돈사절목(敦事節目)」이 남아 있어, 삭망분향례의 의식 중에 동서창이 이루어진 것을 확인할 수 있다. 「돈사절목」을 작성한 송내희(宋來熙, 1791~1867)는 송준길의 7세손으로서, 이재(李縡, 1680~1746)의 학통을 이은 이직보(李直輔, 1738~1811)의 문인이다.

송내희는 흥암서원의 쇠락해지는 것을 염려하며, 절약에 힘써 '춘추향

---

60) 『陶菴集』卷25, 雜著, 「深谷書院學規」. "每月朔日焚香後, 掌議與直月, 與居齋儒生 設講. 錄中之人, 雖不能常時居齋, 亦可趁期來會. 講時先讀壁上所揭諸書, 一人抗 聲讀之, 諸生竦然聽之."

61) 국립문화재연구소, 『서원향사－노강서원·돈암서원』, 예맥, 2012, 125~126쪽.

62) 『果齋先生集』卷5, 「雜著·坡山書院齋規」. "一. 祭享中日, 講長與執禮升講堂, 會 入齋諸生, 以四書中一大文面講事."

63) 채광수, 『18세기 영남지역 노론계 서원 연구』, 영남대학교 박사학위논문, 2019, 61쪽.

례나 매삭(每朔)의 분향의 비용 지출의 기록은 반드시 본읍(本邑, 상주) 별
임(別任)과 재원(齋員)이 같이 해야 하며, 행사 후에는 당일에 함께 모여 기
록을 수정해서 돌려보아 재원이 남용하는 일이 없게 할 것. 삭망분향은 서
원의 힘을 줄여 근간에 동서창(東西唱)을 폐지했는데, 막중한 사액서원의
체면이 이상하니 8명의 집사(執事)가 교대로 거행하되 서원의 본소(本所)에
서 다루도록 할 것.' 등을 강조하였다.[64)

이를 보면 송내희는 이전의 흥암서원에서는 삭망분향례를 시행할 때 동
서창을 시행하다가 여력이 부족하여 폐지했으나, 다시 거행할 것을 주장하
였다. 따라서 경상도 지역의 서인계 서원인 흥암서원에서도 정기적인 의례
인 삭망분향례를 시행할 때 동서창 형태의 의식 절차가 포함되었던 것이다.

경기도 지역의 심곡서원(深谷書院)과 전라도 지역의 필암서원(筆巖書院)
에서는 향사일 의식절차에 강회를 포함하였다. 심곡서원에서는 '춘추 향사
때에 재사에 들어올 제생은 먼저 제사의 의례를 익히고 그 다음 퇴계 이황
선생이 지은 행장(行狀)과 율곡 이이선생이 지은 지문(誌文)을 읽어둔다.'[65)
는 규정이 있어 주목되었다. 이재가 작성한 「심곡서원학규(深谷書院學規)」
는 경기도 지역의 충렬서원(忠烈書院)에서도 같은 절목을 사용하였다.[66)
또한 이재는 도기서원(道基書院), 용인향숙(龍仁鄕塾), 도봉서원(道峯書院),
흥현서원(興賢書院) 등 여러 서인계 서원의 학규와 운영에 참여하였는데,
이를 보면 이상의 서인계 서원에서 향사의례 후 강회를 운영했을 것으로
추측할 수 있다.

전라도 지역의 필암서원은 향사의례를 마친 후에 분포례(分脯禮)를 별도
로 봉행하면서, 「백록동학규」를 낭독하였다. 분포례의 의식 절차는 다음과
같다. 헌관 이하는 청절당(淸節堂)에 차례로 좌정하면 알자(謁者)가 작은 상

---

64) 興忠保存委員會, 『興巖書院誌』, 「敦事節目」, 대진사, 2006, 127~143쪽.
65) 『陶菴集』 卷25, 雜著, 「深谷書院學規」. "春秋享祀時, 入齋諸生 先爲習祭儀, 次讀
    退溪先生所撰行狀, 或栗谷先生所撰誌文."
66) 『陶菴集』 卷25, 雜著, 「忠烈書院學規」. "節目詳深谷院講規."

필암서원의 백록동학규(白鹿洞學規) 편액[67]

(床)을 하나씩 모든 제관 앞에 놓은 조육(胙肉)을 올리면 제관은 읍을 하며 받는다. 또 찬자(贊者)가 청주 한잔을 올리면 헌관 이하 다 같이 마신다. 그 후 전원이 일어나서 동서로 마주하여 상읍례(相揖禮)를 하고, 다시 앉아 「백록동학규」를 돌아가면 읽는다.[68] 이와 더불어 전라도의 무성서원의 원규는 이이의 「은병정사학규(隱屛精舍學規)」와 김원행(金元行, 1702~1772)의 「석실서원학규(石室書院學規)」를 종합한 것으로 18세기 말 이후에 작성되었을 것으로 본다.[69] 따라서 무성서원에서도 여타 서인계 서원의 예를 따라 향사의례를 지낼 때 강회가 동반되었을 가능성이 높다.

이외에 서인계 서원에서도 묘제(墓祭)를 지내는 곳이 있었다. 경기도 지역의 심곡서원은 경상도 지역의 오산서원와 마찬가지로 제향 인물인 조광조(趙光祖, 1482~1519)의 묘소 인근에 건립되었다. 따라서 묘제(墓祭)를 지냈던 기록이 남아있으나, 현재는 지내지 않고 있다.[70] 그리고 현재 전라도의 무성서원은 삭망분향례를 지내지 않고 있다. 이는 현대 서원의 재정적 규모와 사용인의 문제로 많은 서원이 의례의 규모를 축소하여 시행하는 현실을 보여준다.

---

67) 장성 필암서원 백록동학규 편액(출처: 한송의 세상보기 블로그).
68) 국립문화재연구소, 『서원향사-노강서원·돈암서원』, 예맥, 2012, 269쪽.
69) 국립문화재연구소, 『서원향사-무성서원·필암서원』, 예맥, 2013, 22~23쪽.
70) 국립문화재연구소, 『서원향사-심곡서원·우저서원·현절사』, 예맥, 2014.

Ⅳ. 나오며

조선 지식인이 서원의 제향인물을 위해 시행했던 향사의례는 현재까지 면면히 이어지고 있다. 이 글에서는 남인계와 서인계 서원의 향사의례 대상으로 향사일, 제관의 복장 및 역할, 제물의 차이, 특수한 의식 절차를 살펴보았다. 조선 시대 서원의 향사의례는 16세기 경상도 지역에서 이황과 그의 문인을 중심으로 정립되어 역사적 변천을 거치며 지역별로 변화되었다. 이황과 그 문인들은 서원의 향사의례를 문묘의 석전의례보다는 낮으나, 일반적인 속제(俗祭)보다는 높은 위상으로 설정하였다. 그리고 서원의 향사일을 설정하면서 국가의 석전의례와 뗄 수 없는 관계로 자리매김하게 하였다. 또한 그들은 국가의례를 참고하여 제관, 제물, 의주에 대한 규정을 정하였다. 16세기 경상도 지역을 중심으로 정립된 서원의 향사의례는 이후 조선 전역의 서원 보급과 함께 전국적으로 실행되었다. 이이는 서원의 향사에 대한 부분보다는 강학에 중점을 두고 학규를 정비하였다. 서인계 서원은 이이의 학규를 중심으로 서원의 운영을 규정하였고, 16세기부터 현재에 이르기까지 역사적 변천과 함께 변화를 함께 겪었다. 서인계 서원은 건립 시기의 영향으로 17~18세기 이후에 향사의례를 정비하는 경우가 많았다.

남인계 서원과 서인계 서원의 향사의례는 많은 부분에서 공통점을 가지나, 그 차이점도 분명히 존재하였다. 향사일은 남인계 서원은 중월 중정일과 계월 상정일로 나뉘었다. 서인계 서원에서는 중월 중정일에 시행하였으나, 현재는 많이 축소되거나 변형되었다. 제향 복장을 보면 향사의례를 행할 때는 주로 단령을 착용하였음을 알 수 있다. 남인계 서원에서 제관들은 재계를 할 때 홍단령을 착용하고, 행례를 할 때 흑단령을 착용하여 차이를 두었다. 서인계 서원에서는 구분없이 흑단령 또는 흑색의 복장을 착용하였다. 현대에 복원된 향사의례에서는 제관의 복자으로 유생복, 조복 등 다양한 복장을 착용하였다. 제물은 남인계 서원에서는 계성(鷄腥)을 사용한 점이 특징적이었다. 서인계 서원에서는 문묘에서 사용하는 제물인 형염이 심곡서원·우저서원·파산서원·무성서원에서 사용되었으며, 이때 변두의 수가 서로 맞지 않는 것을 볼 수 있었다. 의식 절차는 남인계 서원에서는 현재까지 향사의례를 비롯하여 성알례, 삭망분향례 등 서원에서 정기적인 시행하는 의례를 축소하지 않고 운영하는 경우가 많았다. 또한 경상도 지역의 남인계 서원에서는 『가례』에서 시행하는 의례들이 서원의 향사의례에서도 나타나는 특징이 있었다. 서인계 서원에서는 의식 절차에서 강회가 많이 포함된 점이 특징적이었다. 또한 시기적으로 현대에 복원된 서원의 향사의례에서는 향교의 문묘에서 시행되는 석전의례의 영향을 여러 부분에서 살펴볼 수 있었다. 남인계와 서인계 서원에서 시행한 향사의례를 분석한 결과를 통해 둘 사이에서 일정한 차이점을 가졌다는 사실을 알 수 있었다. 향후 보다 많은 서원을 대상으로 하고, 시대적으로 세밀히 나누어 살펴보아야 할 것이다. 그렇게 된다면 조선 서원의 향사의례가 역사적으로 변천하고, 학파별로 변화하는 모습을 분명히 알 수 있으리라 기대한다.

참고문헌

1. 사료

『高麗史』『國朝五禮儀』『國朝五禮儀序例』

『魯岡書院誌』『陶溪精舍事蹟』『遯巖書院誌』『武城書院誌』『深谷書院誌』『迎鳳志』
『吳山志』『竹溪志』『筆巖書院誌』『顯節祠誌』『興巖書院事實錄』「牛渚書院錄」

「(魯岡書院)齋規」「(魯岡書院)學規」,「(武城書院)院規」「文憲書院學規」(『栗谷全書』)
「隱屏精舍學規」(『栗谷全書』)『臨皐書院凡規』「坡山書院齋規」

「魯岡書院儀節」「灆溪書院儀節」「牛渚書院笏記」(「牛渚書院祭物單子」,「告由祭儀節」)
「安文成公春秋大享圖」「顯節祠祭物陳設圖式」(『忠烈公遺稿』附錄)

『南溪集』『陶菴集』『果齋集』『賁需齋集』『冠峯遺稿』『靜坐窩集』

2. 연구논저

1) 단행본

한국학중앙연구원,『古文書集成－灆溪書院篇－』24, 1999.
국립문화재연구소,『서원향사－남계서원·도동서원』, 예맥, 2013.
국립문화재연구소,『서원향사－노강서원·돈암서원』, 예맥, 2012.
국립문화재연구소,『서원향사－무성서원·필암서원』, 예맥, 2013.
국립문화재연구소,『서원향사－병산서원·옥산서원』, 예맥, 2012.
국립문화재연구소,『서원향사－소수서원·도산서원』, 예맥, 2011.
국립문화재연구소,『서원향사－심곡서원·우저서원·현절사』, 예맥, 2014.
국립문화재연구소,『서원향사－자운서원·파산서원』, 예맥, 2014.

2) 논문

김미영,「서원 향사의 변화와 사회문화적 의미－도산서원 사례를 중심으로」,『국학연구』 22, 한국국학진흥원, 2013.

박종배, 「조선시대 문묘 향사 위차의 특징과 그 교육적 시사 – 명청시기 중국과의 비교를 중심으로」, 『한국교육사학』 34-3, 한국교육사학회.

설석규, 「謙庵 柳雲龍의 學問과 現實對應 자세」, 『동빙한문학』 20, 동방한문학회, 2001.

윤숙경, 「鄕校와 書院의 祭禮에 따른 祭需에 관한 연구」, 『韓國食生活文化學會誌』 13, 한국식생활문화학회, 1998.

윤희면, 「朝鮮時代 書院 祭禮와 位次」, 『진단학보』 90, 진단학회, 2000.

임근실, 「柳雲龍의 『吳山志』 편찬 의도」, 『한국서원학보』 2, 한국서원학회, 2013.

장동우, 「『家禮』 註釋書를 통해 본 朝鮮 禮學의 發展過程」, 『東洋哲學』 43, 동양철학회, 2010.

최순권, 「道東書院 祭享儀禮의 特徵」, 『한국서원학보』 2, 한국서원학회, 2013.

채광수, 『18세기 영남지역 노론계 서원 연구』, 영남대학교 박사학위논문, 2019.

한재훈, 「조선시대 서원향사례 비교연구 – 9대서원 향사의절을 중심으로 –」, 『퇴계학논집』 20, 영남퇴계학연구원, 2017.

한재훈, 「退溪의 書院享祀禮 定礎에 대한 考察 – 白雲洞書院 享祀禮 修正을 중심으로」, 『퇴계학과 유교문화』 53, 경북대학교 퇴계학연구소, 2013

조선 서원의 강학 의례와 교육적 의미

김 자 운

I. 서론

이 연구는 조선 서원의 강학 관련 의례를 검토하고 그 교육적 의미를 밝히는 데 목적이 있다. 조선 서원은 보통 제향공간과 강학공간을 중심으로 크게 의례와 교육의 두 가지 기능을 한 것으로 이해된다. 그러나 강학의 과정에서도 의례는 매우 중요한 부분을 차지하고 있었다. 강학 절차는 문자를 매개로 한 지식의 전수 뿐 아니라 다단한 의례들이 긴밀하게 통합된 채로 이루어졌다. 이 의례들은 홀기라는 정형화된 형식을 갖춘 의례부터 비형식적, 관습적 의식에 이르기까지 성격이 다양하다. 최근 학계에서 통용되는 개념을 적용한다면 이를 모두 넓은 의미의 의례에 해당하는 것으로 볼 수 있다. 캐서린 벨에 따르면, 전통적인 관점에서는 의례를 '인간 행위에 나타나는 본질적인 보편적 범주나 양태'로 보았으나 최근에는 '세계를 바라보고 조직화하는 다소 특별한 방식이자 고도의 메시지들과 태도들을 전달하는 방식' 혹은 '사회적 삶 속에서 보다 잘 정돈된 관계성을 이끌어내기 위해 선택된 매개체'의 개념으로 해석하고 있다.[1]

따라서 강학의 과정에서 드러나는 형식적, 비형식적 의례들은 제향의례와는 성격이 다르지만, 강학을 통해 추구하고자 했던 서원의 교육 이념을 실현하는 과정이자 중요한 매개체였다는 점에서 넓은 의미의 의례에 포함

---

1) 캐서린 벨, 류성민 옮김, 『의례의 이해』, 한신대학교 출판부, 2007, 7~11쪽.

되는 것으로 볼 수 있다. 지금까지 조선 서원의 강학 의례에 대한 연구는 강학 의례와 관련된 자료를 소개하거나[2] 특정 서원의 의례를 소개한 연구,[3] 관학의 의례에 대한 연구[4]는 있었으나 조선 서원의 강학 의례를 종합적으로 범주화하고 그 내용과 의미를 본격적으로 탐구한 연구는 아직까지 시도된 바 없다. 따라서 본고에서는 강학의 절차에서 시행된 형식적, 비형식적, 관습적 차원을 포함한 다단한 의례들을 '강학 의례'라는 용어로 통칭하여 범주화하고 그 내용과 의미를 밝히고자 한다.

그런데 강학의 절차에서 시행된 형식적, 비형식적, 관습적 차원을 포함한 다단한 의례들을 '강학 의례'라는 용어로 지칭하기 전에 한 가지 검토해야 할 문제가 있다. 조선 서원에서 행해진 다양한 유형의 교육활동 중 과연 어디까지를 강학의 범주로 볼 것인가 하는 문제가 그것이다. 이는 조선 서원의 강학 이념이 강학 실제를 통해 구현되는 과정에서 의례가 지닌 의미를 밝히는 것과 직접적으로 관련되어 있다. 따라서 Ⅱ장에서는 먼저 '서원 강학(講學)'의 범주 문제와 '강학 의례'의 관계를 검토하고 '강학 의례'의 범위와 개념을 규정하고자 한다.

Ⅲ장에서는 Ⅱ장의 논의를 토대로 조선 서원의 강학 이념을 검토하고자 한다. Ⅳ장에서는 경독(敬讀), 강회(講會), 통독(通讀), 정읍례(庭揖禮), 상읍례(相揖禮), 향사례(鄕射禮), 향음주례(鄕飮酒禮), 개접례(開接禮), 파접례(罷接禮), 수창시(酬唱詩) 등 서원의 강학 의례가 강학의 이념과 실제 사이에서 어떤 역할과 매개체로서 작동하였는가를 첫째, 강학 이념과 공부론의 내면화, 둘째, 이택관선(麗澤觀善)의 실현과 조선 성리학의 독자적 학파 계승, 셋째, 교이예악(敎以禮樂)의 실현, 넷째, '학교흥(學校興)'의 사명과

---

2) 김자운, 「조선시대 서원 강학 관련 자료의 유형과 특징」, 『유학연구』 48, 2019 참조.
3) 박종배, 「19세기 후반 무성서원(武城書院)의 강습례(講習禮)에 관한 일 고찰」, 『한국서원학보』 1, 한국서원학회, 2011 참조.
4) 박종배, 「朝鮮時代 學校儀禮 硏究」, 서울대학교 박사학위논문, 2003 참조.

호혜적 배움의 실현이라는 네 가지 관점에서 검토하고자 한다.

II. '서원 강학'의 범주 문제와 '강학 의례'

서원에서 이루어진 교육활동의 목적은 크게 '도학(道學)의 탐구와 실천' 및 과거 대비를 위한 '과학(科學)[科擧之學 ; 科業]'의 두 가지로 대별할 수 있다. '도학의 탐구와 실천'은 주희와 퇴계 이황이 서원 설립의 목적 및 관학과 차별화되는 서원 교육이념으로 천명한 바 있다. 이황은 이산서원 원규에서 과거(科擧)와 녹리(祿利)의 풍습에 물들어 학문을 오직 과거에 합격하고 녹봉을 취하는 수단으로만 여기는 官學의 폐해를 지적하고, 서원을 설립한 뜻은 오직 '도학(道學)을 강명(講明)'하는 데 있으며, 서원에서 학문하는 방법은 옛 사람의 위기지학(爲己之學)에 두어야 함을 강조함으로써, 서원의 설립 의도와 교육 목표는 관학과는 다른 데 있음을 분명히 밝혔다. 그러나 서원에서의 과거공부를 완전히 부정한 것은 아니다. 서원에서도 과거공부를 하지 않을 수는 없으나 과업(科業)은 어디까지나 바깥과 말단에 해당하는 비본질적인 것이며 서원 강학의 본질은 도학에 있다고 보았다.[5]

이황이 이산원규에서 천명한 강학 이념 및 도학과 과업의 관계를 본질과 말단으로 규정한 관점은 이후 여러 서원에 영향을 끼치며 조선 서원의 강학이념으로 정착하였다. 조선후기 대부분의 서원들은 도학을 본령으로 표방하되 과업에 대한 현실적 요청에 부응하여 도학과 과업을 병행하고 있었다. 심지어 서원에서의 과거공부를 엄격하게 금했던 율곡 이이의 관점을 계승하여 원규에 과업에 대한 금지조항을 명시했던 서인계 서원들조차 현실에서는 과업을 병행하지 않을 수 없었다. 그 중 도학을 목적으로 한 교육활동으로는 거재(居齋), 강회(講會), 통독(通讀)이, 과업을 목적으로 한 교

---

5) 『退溪集』 권41, 雜著, 「伊山院規」.

육활동으로는 거접(居接), 순제句製(혹은 句題), 백일장(白日場)이 있었다.[6] 특히, 과거시험이 있는 해나 상식년에는 도학을 위한 거재, 강회, 통독보다는 과업을 위한 거접, 순제, 백일장을 집중적으로 개설하며 서원 유생들의 과거 대비를 매우 적극적으로 지원하기도 하였다. 그런데 조선후기 서원들은 이처럼 도학과 과업을 적극적으로 병행하는 한편, 그 두 가지를 근본적으로 다른 차원의 교육활동으로 간주하고 있었다.

"서원을 설립한 본의는 오직 제생의 강학(講學)을 위함이다."[7]

"만약 강학에 마음을 두지 않는다면 어찌 진실로 서원에 머물 이유가 있겠는가. 이것이 바로 주문공의 백록동서원의 학령이 아닌가"[8]

"가을과 겨울이면 거재와 통독을 하고 봄과 여름이면 백일장과 거접을 개설한 것은, 대개 독서를 근본으로 삼고 여력이 있을 때 과거 공부에 종사하게 한 것이다."[9]

"본 서원에 강학소(講學所)를 둔 것은, 대개 가을과 겨울에는 거재와 통독을 하고 봄과 여름에는 백일장과 거접을 개설하여, 제술(製述)과 강학(講學)을 모두 권하여 하나라도 폐하지 않게 하려는 뜻이었다."[10]

"서원을 창설한 것은 오직 현인을 존모하고 도(道)를 강명(講明)하기 위한 것이다. … 뜻을 세움[立志]이 견고하고 지향하는 것[趣向]이 올곧아서, 사업은 원

---

6) 거접, 백일장, 순제는 '과거대비'라는 목적 하에, 과거시험 과목의 하나인 製述 시험의 문체인 詩·賦·疑·義·策의 답안 작성 훈련과 평가가, 거재, 통독, 강회에서는 '道學의 탐구와 실천'을 목적으로 개별 독서 및 집단 강학과 토론이 이루어졌다. 상세한 내용은 김자운, 「조선시대 소수서원 강학 연구」, 한국학대학원 박사학위논문, 2014, Ⅳ장 및 Ⅴ장을 참조.

7) 「居齋定規」, 1727, "書院本意 專爲諸生講學."

8) 「居齋節目」, 1730, "若不留心講學 豈有固留之理 此非朱文公白鹿學令乎."

9) 소수서원 『講所雜錄』, 「講所雜錄識」, "秋冬則居齋通讀 春夏則設白居接 盖以讀書 爲田地根本 而餘力從事於公車課試之文."

10) 같은 책, 「各面私通」, "本院之有講所 盖以秋冬則居齋通讀 春夏則設白居接 製講俱 勸 無或廢一之意也."

대함으로 스스로 기약하고, 행실은 도의를 종착으로 삼는 것을 '선학(善學)'[좋
은 학문'이라고 한다. 마음 씀씀이[處心]가 비루하고 취사[取捨]에 현혹되어서,
지식은 속됨을 벗어나지 못하고 의지는 오로지 이욕에만 두는 것을 '비학(非
學)'[그릇된 학문]이라고 한다."[11]

여기서 발견되는 한 가지 중요한 사실은 서원에서 이루어진 다양한 교
육활동을 '강학'과 '강학' 이외의 활동으로 엄격히 구별하고 있다는 점이
다. 서원의 교육활동을 크게 '독서와 강학'에 해당하는 것과 '과업'에 해당
하는 것으로 구별하고 있다. 서원 설립의 본의는 '독서와 강학'에 있고 '독
서와 강학'의 궁극적 목적은 도학의 탐구와 실천[講道, 行以道義]에 있으
며, '과업'에 얽매이는 것[取舍眩惑]은 학문을 하는 것이 아니라고 규정하
고 있다. 인용문에 언급한 대로 독서와 강학에 해당하는 교육활동으로는
거재와 통독이, 과업에는 백일장과 거접이 해당된다. 여기서 주목할 것은,
과업을 위한 활동은 아예 '서원 강학의 범주에서 배제'시키고 있다는 점이
다. 과거공부도 폐해서는 안 되지만 '강학'이라는 서원의 본질적 존재가치
와는 근본적으로 차원을 달리 하는 것이며 여력이 있을 때 종사하는 부차
적인 교육활동 정도로 간주하고 있는 것이다.

이처럼 서원에서 이루어진 다양한 교육활동을 '강학'과 '강학' 이외의
활동으로 엄밀히 구별한 이유는 무엇일까? 서원에서 실제 행해진 도학이
나 과업을 위한 활동이 구체적으로 어떤 절차로 이루어졌는가를 비교, 검
토해보면 흥미로운 단서 하나를 찾을 수 있다. 현재까지 필자가 검토한 기
록에 따르면, 도학을 위한 거재, 강회, 통독의 경우에는 정읍례, 상읍례, 경
독, 향사례, 향음주례 등의 의례 절차가 필수적으로 수반되는 반면, 과업을

---

11) 「居齋措置」, 1720. "書院刱設專爲尊賢講道之意 … 立志堅固 趨向正直 業以遠大
自期 行以道義爲歸者爲善學 其處心卑下 取舍眩惑 知識未脫於俗陋 意望專在於利
欲者爲非學." 「居齋措置」 중 이 부분은 강학의 의미와 목적을 밝히기 위해 퇴계
의 편지와 이산원규에서 인용한 글이다.

위한 거접, 순제, 백일장의 경우에는 개접례와 파접례라는 관행을 제외하고 이러한 의례를 행했다는 기록이 전혀 발견되지 않는다. 즉, 과거문체에 대한 제술 훈련과 평가 외에 어떤 다른 활동이나 의례에 대한 기록을 찾을 수 없다.[12] 반면, 국학이나 지방관학의 경우에는 과업에 해당하는 교육활동을 수행할 때에도 의례의 과정이 수반되곤 하였다. 이는 교육기관으로서 관학과 서원이 추구했던 목적에 차이가 있었음을 보여준다. 즉, 서원과 달리 관학은 과거준비와 국가의 관리를 길러내기 위한 인재 양성소라는 데 그 본령이 있었기 때문이다.

이를 통해 왜 서원에서의 과업이 강학의 범주에서 배제된 채 서원의 본의를 벗어난 부차적 교육활동으로 치부되었는가를 짐작할 수 있다. 서원에서 과업을 위한 교육활동에 그 어떤 규범적 의식이나 의례 절차도 수반되지 않았다는 것은 곧 과업이 서원 본래의 교육활동으로서의 의미를 정식으로 부여받지 못하였음을 뜻한다. 의례란 '의미의 추구가 응집되는 궁극점이면서 동시에 의미가 분출되고 확산되는 궁극점'[13]이기 때문이다. 즉, 과업을 강학의 범주에서 배제한 것은 과거나 입신출세의 구속에서 벗어나 도학의 탐구와 실천을 천명했던 서원의 존재 이유를 벗어나는 것이었기 때문이다. 반면 '독서와 강학'이 단지 지식의 습득에 그치지 않고 반드시 각종 의식과 의례 절차를 수반한 것은 그 '규범과 의식'이 '도학의 탐구와 실천'

---

12) 16세기부터 19세기까지 강학 관련 기록이 비교적 많이 남아있는 소수서원에도 과업을 위한 교육활동의 경우 제술 외의 일체 다른 활동이나 의례에 대한 기록은 전혀 보이지 않는다. 거접과 관련하여 남아 있는 일부 절목에도 거접인원의 선발, 제술 운영방식에 대한 기록만 있다. 또한 도산서원, 도동서원, 옥산서원, 용산서원에도 거접과 관련된 기록이 일부 있으나 역시 거접유생의 선발, 재정, 제술 운영방식 외의 내용은 보이지 않는다(김자운, 같은 글 ; 「居接時用下」(1596), 『陶山書院古文書』Ⅰ, 퇴계학연구소, 2014 ; 「居接錄」(1788~1789), 『道東書院誌』, 영남대학교 민족문화연구소 ; 「鄕中改完議」(1789) ; 「(鄕中改)節目」(1789), 『道東書院誌』; 「山堂居接謄錄」, 『玉山書院誌』, 영남대학교 민족문화연구소 ; 정순우, 「용산서원과 교육활동」, 『용산서원』, 집문당, 2005 등 참조).
13) 정진홍, 『한국 종교문화의 전개』, 집문당, 1986, 143쪽.

이라는 강학의 목표를 달성하는 중요한 수단이 된다고 믿었기 때문이다.

정경주의 논의는 이를 뒷받침한다. 그는 16세기 중반 이후 안동 지역 서당과 서원 강학에 나타나기 시작한 새로운 변화에 주목하고 이 시기 서당과 서원이 이전 시대와 달리 '도학적 성격'을 처음 획득한 것으로 보았다. 그 변화의 핵심은 통독, 강회라는 강학 방식과 그에 수반된 정읍례 등 강학 의식의 정착이다. 통독은 여럿이 모여 서책 하나를 통틀어 읽는다는 뜻으로 성균관이나 사설 서당 등에서 이전부터 행했던 방식이지만, 16세기 중반 이후 퇴계와 그 문인들을 중심으로 안동 지역에서 시행된 통독은 그 절차와 형식, 목적에 있어 일정한 변화를 겪었다는 것이다. 하나는 이전의 통독이 훈회(訓誨), 강해(講解), 의의(疑義)의 논변 등 경전에 대한 기초적 이해나 과거 준비를 위한 학습에 그쳤다면, 이 시기 통독은 단순히 과거시험을 위한 학습이나 훈해, 문의강토의 기초적 단계를 넘어 수준 높은 학문 토론과 의리를 논변하는 수준으로의 질적인 변화가 일어났다는 것이다.[14]

다른 하나는 통독이나 강회에 이전에는 없었던 의례절차가 일종의 강학 의식으로 수반되기 시작했다는 점이다. 그는 퇴계가 도산서당을 처음 지을 적에 '모든 건물을 남향으로 한 것은 행례(行禮)에 편하게 하기 위한 것이었다'는 기록에 주목하여, 향사공간이 없었던 도산서당에서 '행례(行禮)'의 의미를 강학에 부수되어 거행된 의례로 해석하고 강학에 일정한 의례가 수반된 이 같은 현상은 이전의 서당 강학에서는 발견되지 않는 새로운 변화임을 지적하였다.[15] 강학에 수반된 의식은 참여자로 하여금 사장(師長)에 대한 존숭 뿐 아니라 학문 행위에 대한 경건한 태도를 요구하였고, 이는 강학이 단지 입신출세, 문자 지식의 습득이나 학문적 이해의 심화에 그치는 것이 아니라 인격 수양을 통해 성현의 경지에 이르는 일종의 종교적 수

---

14) 정경주, 「16세기 안동 지방의 서당의 강학 의식」, 『조선의 서당에서 배우는 사회적 교육의 지혜』, 새물결, 2018, 172~180쪽.

15) 정경주, 앞의 논문, 2018, 167~168쪽.

련 과정으로 인식되었음을 의미한다고 보았다.[16]

　퇴계가 도산서당의 기획 단계부터 '행례'를 염두에 두고 공간을 구성했다는 것은 의례를 도산서당의 설립 목적과 강학 이념을 실현하는 핵심적 장치이자 매개체로 이해하고 있었음을 뜻한다. 반대로, 서원에서 과업을 위한 모든 활동에 일체의 의례 절차가 포함되지 않았다는 것은 과업은 서원 설립의 본의를 벗어나는 것이자 서원 본령의 교육활동으로 간주되지 않았음을 의미한다. 이것이 조선후기 대부분 서원들이 현실에서는 도학과 과업을 병행하면서도 과업을 강학의 범주에서 철저히 배체한 채 부차적인 교육활동으로만 치부했던 이유이다.

　위와 같은 근거에 따라 본고에서는 '강학 의례'라고 할 때 강학의 범주를 도학을 위한 교육활동에 해당하는 것으로 한정하고 거재, 강회, 통독의 절차에서 행해진 의례의 내용과 의미를 분석하고자 한다. 이를 통해 서원의 강학 이념이 의례를 통해 강학 실제에 어떻게 구현되며 어떤 방식과 장치를 통해 그 교육적 의미를 획득해 가는지를 밝히고자 한다.

〈사진 1〉 도산서당 전경　　　　　〈사진 2〉 도산서당 농운정사

16) 정경주, 앞의 논문, 2018, 194~196쪽.

Ⅲ. 조선 서원의 강학 이념

16세기 과업을 준비하는 관학의 보조기구로서의 주세붕의 서원관에서 이황에 의한 도학(道學) 서원으로의 정착[17] 및 17~18세기 서원의 폭증에 따른 국가의 통제책과 지방관의 교육진흥책에 따른 서원 강학의 부활을 거쳐 확립된 조선후기 서원 강학의 이념과 목적을 몇 가지로 요약하면 다음과 같다.

첫째, 서원의 창설은 '도(道)를 강명하고 도의(道義)를 행하기 위한 것'이며, '독서하여 도를 추구하는 것'이 선비의 본업이므로, '과업'이 아닌 '도학의 탐구와 실천'을 서원 강학의 본질적 목표로 삼고 있다.

"서원을 창설한 것은 오직 현인을 존모하고 도(道)를 강명(講明)하기 위한 것이다. … 뜻을 견고하게 세우고 정직한 곳으로 지향하며 학업을 하여 원대한 장래를 기약하고 도의(道義)를 행하는 것을 목표로 삼는 자는 학문을 잘 하는 것이다. 마음 씀씀이가 비루하고 취사(取舍)에 현혹하며 지식이 세속 풍습에서 벗어나지 못하고 뜻이 오로지 이욕을 채우기를 바라는 자는 학문을 하는 것이 아니다."[18]

"옛날 주문공(朱文公)이 악록서원에 이르러 제생들에게 유시하기를, '옛날 사람이 서원을 세운 것은 본래 사방의 사우들이 와서 서로 학문을 익히도록 한 것이고 과거공부에 그치도록 한 것이 아니다'고 하였다. 대개 독서하여 도를 추

---

17) 주세붕과 이황의 서원관의 차이는 김자운, 「퇴계의 서원관과 조선후기 소수서원 강학의 변화」, 『퇴계학논집』 제18호, 영남퇴계학연구원, 2016, 124~134쪽 참조.
18) 소수서원 「居齋措置」, 1720. "書院㓐設專爲尊賢講道之意 … 立志堅苦 趨向正直 業以遠大自期 行以道義爲歸者爲善學 其處心卑下 取舍眩惑 知識未脫於俗陋 意望 專在於利欲者爲非學." 「居齋措置」 중 이 부분은 강학의 의미와 목적을 밝히기 위해 퇴계의 편지와 이산원규에서 인용한 글이다.

구하는 것이 선비의 본업이다. 만약 학문을 지향하는 선비가 세속 학문이나 과
거공부 외에 뜻을 두고 책을 짊어지고 와 모여 심경(心經) 등 성리학에 관한 책
들을 읽게 되면 마땅히 일체 10명 정원의 규례에 따라 하여, 옛날 현인이 서원
을 세운 본의를 본받도록 한다.”[19]

강학의 목적은 '도학의 탐구와 실천', 도학을 탐구하는 방법은 '독서'를
통해, 독서의 대상은 '도학의 요체와 실천방법'을 다룬 '심경 등 성리학에
관한 책'을 주요 텍스트로 삼고 있었다.

둘째, '군거강학(群居講學)을 통한 이택관선(麗澤觀善)의 실현'이다.

"거재에서 여럿이 함께 생활하는 것은 오로지 독서만 일삼기 위한 것이 아
니다. (거재의 목적은) 요컨대, '이택관선(麗澤觀善)'하여 심신(心身)을 일깨우는
데 있다.”[20]

'이택(麗澤)'[21]은 본래 『주역(周易)』 태(兌)괘에 나오는 용어로, 도학의
탐구와 실천을 위한 공부를 왜 혼자하지 않고 모여서 해야 하는지, 즉, 서
원에서의 '군거강학'의 의미와 목적을 잘 보여주는 개념이다. 16세기의 율
곡도 소현서원의 전신인 은병정사에서 강학할 때, '이택지력(麗澤之力)'을

---

19) 소수서원 「居齋節目」, 1730. "昔朱文公至嶽麓書院論諸生曰 前人建書院 本以待四
方士友 相與講業 非止爲科擧計 蓋讀書求道 實士子之本業也 如有向學之士 留意於
俗學科臼之外 而負笈來會 講究心經性理等書 則宜一體置之於十員之例 以體前賢
立院之本意事."

20) 소수서원 「居齋節目」, 1749. "居齋群處 不專以誦讀爲事 要在麗澤觀善提醒身心."

21) 『周易』 兌괘에 따르면 "붙어 있는 澤이 兌이니, 君子가 보고서 朋友들과 講習한
다"(『周易』, 兌괘, 象傳) 하였고, 傳義에서는 "麗澤은 두 못이 서로 붙어 있는 것
이다. 두 못이 서로 붙어 있어 서로를 적셔주니, 서로 滋益함이 있는 象이다. 그
러므로 군자가 그 象을 보고서 붕우들과 강습하니, 붕우들과 강습함은 서로 유익
하게 하는 것이다(『周易』, 兌괘, 傳義)" 하였다.

통해 정사의 설립 목적을 다음과 같이 설명한 바 있다.

> "입지(立志)와 존심(存心)은 비록 타인을 바라보기만 해서 이룰 수 있는 것이
> 아니지만 '이택(麗澤)의 힘'을 통해서 점차 아름다운 경지에 들어갈 수 있으니,
> 정사의 설립은 구차한 것이 아니라 장수(藏修)하여 서로 인(仁)을 돕는 그 실상
> 을 보고자 함이다. 바라건대, 제현들은 비록 항상 모일 수는 없으나 매월 초하
> 루에는 반드시 모여 5, 6일간 정해진 책을 통독하고 의리를 실제로 강론하여 이
> 실질의 배움을 잊지 말라"[22]

즉, 정사를 설립한 목적은 '이택지력(麗澤之力)을 통해 장수(藏修)하여
서로 인(仁)을 돕는 실상'을 보는 데 있었다. 또한 17세기 명재 윤증도 경
승재(敬勝齋)에서 강학할 때, '각자 서재에 흩어져 개별독서만 하고 서로
모이는 때가 없다면 '이택상자(麗澤相滋)'의 즐거움이 없을 것'[23]이라고 하
면서, 서재에서 군거강학하는 의미를 '이택상자'의 즐거움에서 찾고자 하
였다. 즉, 서원에서의 군거강학이 지향하는 궁극적 목표는 바로 '이택관선,
이택지력, 이택상자'의 실현이었다.

셋째, 서원 강학의 또 다른 목적은 '도의(道義)를 중시하고 예양(禮讓)을
숭상하는 법을 배워 유자로서의 예를 익히고 실천'하는 데 있었다. 서원 설
립의 궁극적 목적은 '현인을 존모하고 도를 강명하는 데 있지만, 현실적으
로 과거공부의 누를 벗어나지 못해 도를 강명하는 방법을 미처 깨우치지
못하더라도, 최소한 도의를 중시하고 예양을 숭상하는 법을 배워 사군자의
기풍을 아름답게 하는 데서'[24] 강학의 또 다른 목적을 찾고 있다.

---

22) 『栗谷全書』, 권15, 雜著, 「示精舍學徒」.
23) 『明齋遺稿』, 권 30, 雜著, 「示敬勝齋諸生」. "若散處各舍 無相會之時 則殊無麗澤
   相滋之樂 而亦非親友之道矣."
24) 소수서원 「居齋措置」, 1720. "院刱設專爲尊賢講道之意 雖未脫科擧之累 亦未論講
   道之方 然猶知重道義尙禮讓 彬彬士君子之風 此書院之所以爲貴也."

〈사진 3〉 소수서원 경렴정   〈사진 4〉 병산서원 만대루

넷째, 서원 강학 이념을 실현하기 위한 교육과정으로 독서를 통한 '장수(藏修)' 뿐 아니라 '유식(遊息)'의 과정 또한 중시되었다. '독서의 여가로는 설월(雪月)이 서로 빛을 발하고 야기(夜氣)가 허명(虛明)한 때에 함께 누정(樓亭)을 산보하며 시를 읊도록 한다. 이 또한 답답한 기운을 발산하고 흥취를 일으키는 데에 일조가 될 것이다'[25]고 함으로써, 독서를 통한 '장수(藏修)'의 과정 뿐 아니라 정자와 누각에서 산보하고 시를 읊는 '여가(餘暇)와 유식(遊息)'의 과정 역시 교육의 중요한 과정으로 간주하고 있다. 서원 교육에서 '유식'은 넓은 의미의 교육과정에 포함되는 것이었다. 서원교육이 대상으로 삼는 성리학적 지식체계에서는 '설월이 서로 빛을 발하고 야기가 허명한 때에 누정을 산보하며 느끼는 흥취'란 '독서를 통해 탐구하고자 하는 경전 속의 이치', 즉 '도'와 결코 다른 것이 아니었기 때문이다.

따라서, 조선의 유자들은 '누(樓), 대(臺), 정(亭)'을 승지(勝地)의 3요소로 꼽으며 서원 건축과 경관에 필수적인 유식공간으로 인식하였다.[26] 소수서원의 경렴정과 취한대, 탁청지와 앙고대, 도산서원의 천연대와 천광운영대, 병사서원의 만대루 등 강학과 제향을 위한 공간 외에 조선의 각 서원마다 자리하고 있는 누, 대, 정과 연못 등의 공간은 '장수' 뿐 아니라 자연

25) 소수서원 「居齋節目」, 1730. "至如誦讀之暇 雪月交輝 夜氣虛明 則相與散步樓亭 或口占吟詠 此亦暢鬱遣興之一助事."
26) 『白隱集』, 「紹修書院食樓上樑文」.

속에서 성정(性情)을 닦고 기르는 '유식'의 교육적 의미를 잘 보여주는, 서원 특유의 유식 공간이자 동시에 교육 공간이었다.

Ⅳ. 조선 서원의 강학 의례

이하에서는 거재, 강회, 통독의 강학 절차에서 시행된 경독(敬讀), 강회(講會), 통독(通讀), 수창시(酬唱詩), 정읍례(庭揖禮), 상읍례(相揖禮), 향사례(鄉射禮), 향음주례(鄉飮酒禮), 개접례(開接禮), 파접례(罷接禮) 등의 의례가 강학의 이념과 실제 사이에서 어떤 역할과 매개체로서 작동하였는가를 검토하고자 한다. 이에 앞서 거재, 강회, 통독의 개념과 절차를 살펴보자. 거재, 강회, 통독은 모두 도학의 탐구를 목적으로 서원에서 일정기간 유숙하면서 독서와 집단 세미나, 부분적 제술을 병행했던 강학 방식이다. 강회와 통독에서는 교재 하나를 정해 다 같이 모여 강론하는 집단 세미나와 토론이 특히 중시되었는데 집단 세미나 자체를 강회나 통독으로 지칭하기도 하고 독서, 집단 세미나, 제술의 3가지를 병행하는 거재와 같은 의미로 쓰이기도 하였다. 거재, 강회, 통독의 강학 절차는 서원마다 혹은 사례마다 약간의 편차가 있으나 대체적인 절차를 유생의 하루일과를 중심으로 정리하면 다음과 같다.

거재, 강회, 통독에서 유생의 하루일과는 대개 〈기상-식전 독서-상읍례-조식-경독-알묘-개별독서/통독/제술-귀가 시 응강(應講) 혹은 배강(背講)-파재(罷齋) 시 수창시/향사례, 향음주례〉'의 순서로 이루어졌다. 아침 일찍 일어나 세수하고 머리 빗고 의관을 갖추고 단정하게 앉아 책을 읽다가 북소리가 세 번 울리면 건복(巾服) 차림으로 식당에 가서 상읍례를 행하였다. 상읍례 후 차례대로 앉아 식사를 마치면, 조사(曹司) 1인이 백록동규, 이산원규, 학교모범, 은병정사학규 등 서원별로 지정된 교재를 경독(敬讀)하고 제생은 이를 경청하였다. 경독이 끝나면 사당에 알묘한 뒤 서재로 돌아가 개별 독서와 통독을 하였다. 거재를 마치고 귀가 시에는 거재 중 개별독서의 근만을 파악하기 위해 연령에 따라 임강(臨講) 혹은 배강(背講)이 이루어졌다. 귀가일과 파재일을 구별한 것은 유생들을 번으로 나누어 교체로 거재하게 하는 윤번거재의 경우 귀가일과 파재일이 서로 달랐기 때문이다. 파재일에는 스승 혹은 원임이 운자를 내면 강학 중 깨달은 바나, 학습의 성과 등을 담아 다 같이 수창시를 지어 기록에 남기거나 혹은 향사례나 향음주례를 행하기도 하였다. 또한 거재의 시작일과 파재일에는 고을 수령이 강학의 개설을 기념, 격려하는 의미에서 주찬을 성대하게 베풀거나 제술을 시행하여 시상하기도 하였다.[27]

이상과 같이 강학의 절차는 다단한 의례의 절차와 긴밀하게 연결되어 있었다. 그 중 매일 아침 시행된 경독은 서원의 교육이념과 학파별로 지향하고자 했던 공부론을 유생들에게 내면화하기 위한 장치였다면, 학습수준과 연령이 각기 다른 유생들이 한 데 모여 집단적 강론과 토론을 하는 강회와 통독은 서원강학의 이념이었던 이택관선의 실현을 위한 방법적 장치이자 조선 성리학의 독자적 학파를 계승, 발전시킨 매개체였다고 할 수 있다. 입재일과 파재일에 행한 정읍례, 매일 아침 행한 상읍례, 파재일에 행한 향사례와 향음주례는 독서와 문자를 매개로 한 지식의 습득 뿐 아니라 유자로서의 예를 익히고 실천하는 '교이예악(敎以禮樂)'의 실현에 서원 강학의 또 다른 목적이 있었음을 보여준다. 또한 입재일과 파재일에 지방관의 주도로 행해진 개접례와 파접례는 조선시대 지방관에게 부과된 수령 7사의 하나였던 '학교흥(學校興)'의 사명을 실현하는 장이었고, 강학의 마지막 절차를 시 짓기로 갈무리하며 학문의 성과와 소회를 표현하고 공유하기 위한 수창시(酬唱詩)는 호혜적 배움의 실현을 위한 장치였다고 할 수 있다.

---

27) 김자운, 같은 글, 2014, 131쪽 ; 「居齋案」(1781-1782), 『古文書集成 20』, 한국정신문화연구원 ; 「竹林書院節目」, 『市南先生別集』 권7, 雜著.

1. 경독(敬讀): 강학 이념과 공부론의 내면화

'경독'은 매일 아침 개별독서나 통독에 앞서 서원의 강학이념과 공부론의 핵심을 제시한 글을, 제생 중 글 잘 읽는 한 사람으로 하여금 큰 소리로 성독하게 하면 나머지 제생은 경건히 앉아서 듣도록 하는 강학 의식이었다. 따라서 학파별로 지향했던 공부론의 차이에 따라 경독의 텍스트 역시 차이가 있었다. 남인계 서원에서는 주로 주자의 「백록동규」와 퇴계의 「이산원규」를 경독의 교재로 활용하였다. 「백록동규」와 「이산원규」를 경독의 텍스트로 선정한 것은, 각각 주자와 퇴계가 지은 백록동서원과 이산서원의 학규로, '도학의 탐구와 실천'이라는 서원 강학의 목적, 이를 위한 독서의 방법과 공부론의 요체 및 주자와 퇴계의 서원 교육관이 핵심적으로 반영된 글이었기 때문이다.

서원에서는 매일 아침 본격적인 강학을 시작하기에 앞서 유생들에게 이를 날마다 반복하여 경독하게 함으로써, 강학의 의미와 목적을 내면화하고, 이를 실천하기 위한 독서법과 공부론을 체득시키고자 하였다. 특히, 서원 강학의 목적과 학문하는 방법 및 실천법을 체계적으로 제시하고, 그 공부가 규칙이나 금지 조항으로 유생들을 강제하거나 억압하는 대신 유생들의 자율성에 의한 것이어야 함을 강조한 「백록동규」는 서원 교육의 전범으로 인식되어 남인계 서원 뿐 아니라 조선의 거의 모든 서원에서 이를 수용하여 경독의 교재로 삼거나 유생들이 늘 바라보고 마음에 새길 수 있도록 편액으로 제작하여 강당 벽에 게시함으로써 서원 강학의 지침으로 활용하였다.

18세기 후반 이후 소수서원에서는 「백록동규」와 「이산원규」 외에 일상의 시공간에서 敬의 공부법을 제시한 「경재잠」과 「숙흥야매잠」을 경독의 교재로 추가하였다. 한편, 서인계 서원에서는 「학교모범」과 『격몽요결』, 「은병정사학규」 등 주로 율곡의 텍스트를 경독 교재로 활용하였다. 예를 들면, 석실서원에서는 「백록동규」와 「학교모범」을, 심곡서원에서는 「백록동규」와 「은병정사학규」 및 「은병정사약속」을, 박세채의 남계서당에서는 「백록동규」와 「경재잠」 및 율곡의 『격몽요결』 중에서 박세채가 직접 공부론의 요체를 뽑아 정리한 「격몽요결위학도(擊蒙要訣爲學圖)」를 벽에 걸어두고 경독 교재 및 잠규로 삼았다. 또한 화서학파의 강회에서는 『격몽요결』 중에서도 특히 「혁구습장(革舊習章)」을 매일 경독하였다. 이는 퇴계학파의 공부론이 심학적 차원의 공부에 무게중심을 둔 데 반해, 현실 공부에서 기질과 습관의 변화를 강조하는 '교기질(矯氣質)'에 초점을 둔 율곡학파 공부론의 특색을 잘 드러내는 텍스트였기 때문이다. 이처럼 강학에서 활용된 경독 교재의 차이는 각 학파별로 서원이 지향했던 공부론의 미묘한 차이를 드러낸다. 이는 한편으로 당색이나 학맥에 따라 관습적으로 규정되는 경향이 없지 않았으나, 이들 교재가 매일의 경독에서 실제로 활용되고 있었다는 사실은 학파별 공부론의 차이가 서원 강학 실제를 통해 어떻게 계승되고 있었는지를 실증적으로 보여주는 좋은 실례가 된다.[28]

〈사진 5〉 소수서원 명륜당
경독 교재로 활용된 글들이 편액으로 걸려 있다.

---

28) 김자운, 「퇴계의 서원관과 조선후기 소수서원 講學의 변화」, 『퇴계학논집』 18, 2016, 141~144쪽.

2. 강회(講會), 통독(通讀): 이택관선(麗澤觀善)의 실현과 조선 성리학의 독자적 학파 계승

서원 강학의 궁극적 목표는 상술한 바와 같이 도학의 탐구와 실천에 있었다. 그런데 도를 깨치는 것은 혼자 힘으로는 불가능한 것이었다. 이에 주돈이는 "사람이면서 지극히 얻기 어려운 것이 자신에게 있다는 것을 깨우치는 것은 사우(師友)가 아니면 불가능하다"[29]고 하였고, 주희는 "이(理)는 비록 밝지만 인심(人心)이 물욕에 가려져 그것을 알지 못하므로 군자는 반드시 스승을 높이고 벗을 가까이 해야 한다"[30]고 하였다. 이처럼 도학의 탐구와 실천을 위한 공부를 왜 굳이 혼자 하지 않고 서원에서 집단적으로 모여서 해야 하는가를 설명하는 강학 이념이 바로 '군거강학을 통한 이택관선 혹은 이택상자의 실현'이다. 16세기 율곡은 소현서원의 전신이었던 은병정사를 설립하면서 정사의 설립 목적이 '이택지력을 통해 장수(藏修)하여 서로 인(仁)을 돕는 실상'을 보기 위함이라고 하였고, 18세기 김원행도 석실서원에서 강학할 때 군거강학의 의미를 다음과 같이 역설하였다.

대개 이 일은 그 근본이 진실로 나에게 달려 있는 것이기는 하지만, 서로를 보고 감발하며 함께 강마(講磨)하여 얻는 이익으로 말하면 사우(師友)의 공을 속일 수 없네. '온갖 공인(工人)들은 공방(工房)에 거처하여 그 일을 이룬다'고 하였으니, 사우가 있는 곳이 어찌 학자들의 공방이 아니겠는가. 그 공방에 거처하지 않으면서 그 일을 이룬 사람은 없었다네.[31]

그런데 서원에서 모여 공부하더라도 각자의 거처에서 개별독서만 한다

---

29) 같은 책, 같은 곳. "求人至難得者有於身 非師友 則不可得也已."
30) 같은 책, 같은 곳. "其理雖明, 然人心蔽於物欲, 鮮克知之. 故周子每言之詳焉. 是以君子必隆師而親友."
31) 『미호집』, 권9, 書, 「與俞漢禎」.

면 이택상자는 실현되기 어려웠다. 이에 이를 실현하기 위한 구체적인 강학의 방법으로 율곡은 '통독(通讀)'을 제시하였다.[32]

통독은 연령이나 학문의 수준차를 막론하고 모든 유생들이 한 자리에 모여 정해진 텍스트를 함께 강독하며 자유로운 문답과 토론을 통해 서로의 학문적 통찰과 안목을 배우고 소통할 수 있는 공동학습의 과정으로, '이택상자'가 구체적으로 실현될 수 있는 강학 방식이었기 때문이다. 따라서 서원 강학에서는 무엇보다 통독이나 강회가 매우 중시되었다. 즉, 개별 독서가 '장수를 위한 자율적인 독서의 과정'이었다면 강회나 통독은 '이택관선을 실현하기 위한 공동학습의 과정'이자 강학 이념을 실현하기 위한 일종의 방법적 장치였다고 할 수 있다.

한편, 강회와 통독은 서원 강학 이념을 구현하는 방법적 장치인 동시에 내용적으로는 조선 성리학의 다양한 학파를 탄생시킨 근거지이자 학파의 계승, 분화, 발전에 기여한 중요한 매개체로 작용하였다. 조선후기 남인계 서원에서 주요 통독 교재로 활용한 퇴계의 『주자서절요』, 서인계[33] 서원에서 활용한 율곡의 『성학집요』, 우암의 『기축봉사(己丑封事)』를 통독한 화서학파의 강회[34] 등은 강회와 통독이 자파의 학설을 계승하는 중요한 장치로 활용되었음을 보여준다. 또한 서원 강회에서 가장 심혈을 기울인 일 중하나는 유능한 스승을 초빙하는 일이었다. 강회의 수준은 스승의 학문적인 능력에 비례하기 때문이다. 이에 학문과 덕망을 갖춘 영향력 있는 스승이 강회를 개최할 때면 각지에서 문인들이 구름떼처럼 몰려들었고 서원 강회는 각 학파의 계승, 분화, 발전에 영향을 끼쳤다. 대산(大山) 이상정(李象靖)의 문인들이 주도한 19세기 소수서원 중용 강회는 영남 퇴계학의 한 학맥

---

32) 『栗谷全書』, 권15, 雜著, 「示精舍學徒」.

33) 『屛溪集』, 권34, 雜著, 「老江書院講學規目」. "所講冊子 依程朱成法 以小學四書 次第開講 以及五經 而間以家禮 心經 近思 節要 輯要等書 爲宜見講冊子 必自首卷 首章始之 而未畢之前 不可以他書錯雜").

34) 「壬辰九月一日大講會于柯亭省齋故書社」.

이었던 호학(湖學)의 학풍이 강회를 통해 어떻게 분화, 발전해가는지를 잘 보여준다.[35] 또한 18~19세기 을묘강회와 청량강회, 오천강회 등 영남 퇴계학의 중핵적 인물들이 이끈 도산서원의 강회는 당대 사림집단이나 국가가 제기한 여러 형태의 첨예한 물음에 대해 퇴계 학단 내부에서 학문적 공의를 모으고 결속을 다지는 역할을 하였다.[36]

18세기 당대의 거유였던 김창협, 김창흡 형제가 석실서원에서 강회를 개최할 때는 사방에서 쫓아오는 선비들이 구름처럼 많고, 매일 밤마다 방 안에 줄줄이 켜진 불빛이 꺼지지 않을 만큼 전국 각지에서 많은 문인들이 몰려와 배움을 청하였다. 김창협 사후 18세기 중반 무렵 손자 김원행이 강회를 주도할 때에도 전국 각지에서 문인들이 몰려들어 그의 문하에서는 서울, 경기를 포함하여 충청, 전라, 경상, 황해, 평안도에 이르기까지 전국에 걸쳐 150여 명에 이르는 광범위한 문인 집단이 탄생하였다. 그 중에는 김원행의 '실심(實心)' 사상을 계승하여 경세와 실학의 새로운 영역으로 확장시킨 홍대용과 황윤석도 있었다. 특히 영남에서 온 문인들은 40~50명에 달했다. 석실서원 강회에서 김원행에게 수학한 문인들은 향리에 돌아가 다시 사우를 모아 강회를 열고 낙론의 학풍을 전파하기도 하였다. 그 대표적 인물이 개성 출신의 조유선, 조유헌 형제이다. 이들은 후일 매산 홍직필로부터 개성 지역에 낙론의 정전(正傳)을 전파한 인물로 평가되며 '미문쌍벽'이라 일컬어졌다. 또한 영남 출신의 문인들도 석실 강회에 참석했다가 돌아간 뒤 안동의 서간사 등에서 유생들을 모아 강회를 열고 낙론의 학문을 전파하였다.[37] 이처럼 김창협부터 김원행에 이르기까지 당대 거유가 주도

---

35) 김자운, 「19세기 소수서원 『중용』 강회의 특징과 퇴계학의 분화-'湖學'의 계승과 분화를 중심으로-」, 『퇴계학논집』 19호, 영남퇴계학연구원, 2016.

36) 정순우, 「심학과 이기, 정학을 둘러싼 논쟁들-퇴계의 강학활동과 도산강회-」, 『도산서원과 지식의 탄생』, 글항아리, 2012.

37) 김자운, 「18세기 조선을 새롭게 디자인한 석실의 학풍과 교육」, 『석실서원』, 한국학중앙연구원출판부, 2018, 171~186쪽.

했던 석실서원의 강회는 조선후기 호락논쟁에서 석실서원이 서울 지역 낙론의 진원지가 되는 데 결정적 역할을 하였으며, 낙론의 학풍을 개성과 영남지역에까지 계승, 전파시킨 핵심적인 매개체 역시 김원행이 이끈 서원 강회였다.

3. 정읍례, 상읍례, 알묘례, 향사례, 향음주례: '교이예악(敎以禮樂)'의 실현

정읍례(庭揖禮)와 상읍례(相揖禮)는 거재나 강회, 통독 시 강학을 시작하기 전에 강당 앞 뜰에 제생이 동서의 두 대열로 도열하면 동서의 각 당장(堂長) 혹은 반수(班首)가 제생을 이끌고 나아가 스승과 원임에게 인사드린 뒤 제생들 사이에 서로 인사를 주고받으며 읍양(揖讓)의 예를 행하는 절차로 매우 엄격한 격식을 갖추고 있었다. 그 격식을 소수서원에서는 홀기에, 석실서원에서는 강규에 부기된 「강의(講義)」에 매우 상세히 규정하고 있다. 정읍례와 상읍례는 서원에 따라 구별되기도 하고 서로 혼용해서 쓰이기도 하였다. 의례의 절차는 대개 유사하지만, 서원별 혹은 지역별로 소임(所任)의 명칭, 의례의 내용과 범위에 약간씩 차이가 있다. 예를 들면, 소수서원에서는 동서 대열의 대표 유생을 당장이라 하고 도산서원과 필암서원에서는 반수라고 하며, 소수서원 홀기에는 상읍례와 경독이 정읍례와 별도의 의식으로 독립되어 있으나 도산서원과 필암서원은 상읍례 안에 경독이, 무성서원은 강습례(講習禮) 안에 경독이 포함되어 있다. 또 병산서원에서는 상읍례와 경독을 행한 뒤 통독을 하기 전 '알묘'를 시행하였으며, 석실서원에서는 상읍례와 경독에 앞서 알묘례가 먼저 시행되었다. 그 중 현전하는 소수서원의 「정읍례홀기(庭揖禮笏記)」에 따라 정읍례의 절차를 요약하면 다음과 같다.[38]

---

38) 『소수서원지』, 407~408쪽.

○ 먼저, 정읍례를 행하기 전에 당일 모인 사람들의 거안(擧案)을 작성하여 동서 두 대열로 나누고 대열 별로 당장(堂長), 부당장(副堂長), 조사(曹司)를 선출한다.

○ 다음으로 집례(執禮)가 동서창(東西唱)을 인도하여 먼저 명륜당 뜰 안으로 들어가 선생에게 인사한다.

○ 그 뒤, 당장이 각 대열을 이끌고 뜰 안으로 입장하고, 동서조사가 부당장에게 읍하면 부당장이 답례한다.

○ 다음으로 동편 부당장이 선생에게 거안을 올리면 동서대열이 선생에게 인사한다.

○ 다시, 동서 대열이 모두 돌아 서로 마주보고 서면, 동서조사가 부당장 앞에 나아가 서립(序立)하였음을 고하고 부당장은 답례한다.

○ 다음으로 제생끼리 상읍례를 행하고, 집례와 동서창도 뜰 중앙에 이르러 마주보고 상읍한 뒤 퇴장함으로써 모든 절차가 마무리된다.

정읍례의 절차는 앞 장에서 언급한 바와 같이, 거재나 통독, 강회 시에만 행하고 과업을 위한 거접에서 시행되었다는 기록은 아직까지 확인되지 않는다. 동서 대열의 수석에 서는 당장 혹은 반수의 선발은 연배와 덕이 높은 자를 기준으로, 조사는 제생 중 예를 아는 자로 선출하였다.[39] 또 묘정에 설 때나 당상에 앉을 때 혹은 분향례 때의 위차를 나이, 관직, 품계 중 무엇을 기준으로 할 것인지에 대해서는 서원이나 학파별로 기준이 조금씩 달랐던 것으로 보이는데, 돈암서원에서 그 기준에 대해 논의할 때 명재 윤증은 70세 노인을 가장 상위에 두고 이하는 관직 순으로 하며, 유생은 나이순으로 할 것을 제안한 바 있다.[40]

한편, 정읍례 뿐 아니라 강회 시 수반되는 의례절차 전반에 대해 격식

---

39) 「고산서원 강회의절」.
40) 『明齋遺稿』 권9, 「上同春堂」.

을 갖추어 매우 엄격하고 상세한 기록으로 남긴 곳은 바로 석실서원이다. 이는 김창협 사후 석실서원 강회를 주도한 김원행이 작성한 것이다. 그는 청주에서 석실서원 인근인 미호로 거처를 옮긴 뒤 1745년(영조 21)부터 한동안 중단되었던 석실서원 강회를 본격적으로 재개하였다. 이를 위해 먼저 학규와 강규를 제정하였는데, 그 중 강회에 수반되는 의례절차를 강규의 말미에 '강의(講儀)'라는 제목으로 매우 상세히 규정하고 있다.[41] 강회의 의식은 집례 선정, 서안과 생통 설치 등 준비절차에서 시작하여 크게 '알묘례-강당으로 입장-상읍례-도기 작성-응강(應講)-문답과 토론-경독-상읍례-퇴장'의 순서로 진행되었다. 이를 좀 더 상세히 살펴보자.

강회일에는 먼저 한 사람을 집례로 정하여 모든 의식절차를 집행하도록 하였다. 강회일 아침이 되면 재복은 강당에 먼저 자리를 깔고 서안(書案) 하나를 북벽 아래에 설치하여 그 위에 당일 강할 책을 놓고 서안의 왼편에 생통을 설치하였다. 원장과 강장, 제생이 모두 모이면 강회를 행하기에 앞서 사묘에 나아가 알묘례를 먼저 행하였다. 알묘 시에는 원장과 강장이 앞에 거하고, 제생은 나이 순서대로 그 뒤를 따라 재배하였다. 알묘례가 끝나면 강당으로 가 상읍례를 행하였다. 원장과 강장은 동쪽 계단으로, 제생은 서쪽 계단으로 강당에 오르면, 원장과 강장이 먼저 읍한 뒤에 이어 제생이 원장에게 재배하면 원장은 답례로 읍하였다. 원장에게 재배한 뒤 제생들이 동서로 나누어 서서 제생끼리 서로 읍하면 상읍례의 절차가 끝났다.

상읍례를 마치면 강회 참석자의 명단인 도기(到記)를 작성하였다. 원장과 강장, 재임과 제생이 차례로 자리에 앉으면 재복은 제생들에게 나이순으로 돌아가면서 도기를 받아 강회록을 작성하는 직월 앞에 펼쳐놓았고 이어 응강이 시작되었다. 제생이 한 명씩 돌아가며 생통이 놓인 서안 앞에 나아가 읍하면 직월은 생통에서 응강할 내용을 제비뽑아 제생에게 보여주고, 제생은 해당 내용을 나이에 따라 임강(臨講)하거나 배강(背講)하였다. 응강하는

---

41) 『渼湖集』 권10, 雜著, 「石室書院講規」.

과정에서 조금이라도 의심나는 뜻이 있으면 서로 문답하여 각자의 소견을 다 한 뒤에 마치도록 하였다. 제생의 응강과 토론이 모두 끝나면 이어 직월이 대표로 주희의 「백록동규」나 이이의 「학교모범」 등을 경독하고, 마지막으로 원장과 강장, 원장과 제생, 강장과 제생 사이에 상읍례를 행한 뒤, 처음처럼 동서 계단으로 차례로 퇴장하면 강회의 모든 절차가 마무리되었다.

그 중 응강의 절차에서 임강과 배강은 30세를 기준으로 30세 이하는 배강, 30세 이상은 임강하도록 하였다. 배강은 서책을 보지 않고 암송하는 것을, 임강은 서책을 보고 강독하는 것을 말한다. 이와 같이 연령에 따라 차별화된 학습법의 적용을 통해 학습의 과정에서도 연장자를 배려하고 존중하고자 하는 의식을 엿볼 수 있다.

한편, 석실서원의 강회 의절에는 포함되지 않았으나 강회의 마지막 날 향사례와 향음주례를 시행하기도 하였다. 죽림서원(竹林書院)의 경우에는 '파재일(罷齋日)에 향사례와 향음주례를 행하여 젊은이들과 나이 어린 유생들로 하여금 고례(古禮)를 익히도록 해야 한다'[42]고 하여 아예 파재 시의 절차에 향음주례를 공식적으로 규정하였다. 또 19세기 소수서원에서도 강회에 앞서 향음주례를 시행한 기록이 있다. 1818년 3월 3일에 소수서원 동주(洞主) 이태순(李泰淳)을 중심으로 향음주례를 행하고 이튿날에는 퇴계가 백운동서원의 사액을 청할 때 관찰사에게 올린 「상심방백서(上沈方伯書)」와 「서명(西銘)」을 통독하였다. 향음주례에는 총 400여명이 참석하였으며, 다음 날 통독에는 30~40명의 유생이 모여 장석(丈席)에 이야순(李野淳)을 모시고, 이야순의 제안으로 퇴계의 글과 서명을 통독하였다. 이들은 서원 설립의 본의를 밝힌 퇴계의 「상심방백서」 및 우주의 원리와 가족·공동체의 원리의 유비적 관계를 통해 이일분수(理一分殊)의 의미를 밝히고, 그 원리의 구현은 바로 인(仁)을 실천하는 데 있음을 강조한 장재(張載)의 서명

---

42) 「竹林書院節目」, 『市南先生別集』 권7, 雜著. "罷齋之日 獻官爲賓爲介 卿身揖飮禮 惟意行之 使新進年少 習熟古禮爲宜"

(西銘)을 강론하면서, 장구를 표절하여 과거 급제나 꾀하는 당시 퇴폐한 선비의 기풍을 극복하고 퇴계가 「상심방백서」에 남긴 서원 설립의 본뜻을 실천할 것을 다짐하고 있다.[43]

이와 같이 죽림서원과 소수서원에서 강회 전후로 시행된 향사례와 향음주례는 본래 先秦 시기부터 고대 학교에서 시행된 의례들이다.[44] 죽림서원 절목에서 이른바 '고례(古禮)'란 바로 이것을 뜻한다. 다산 정약용은 '옛날의 이른바 학교는 예(禮)를 익히고 악(樂)을 익히는 곳이었다. 그런데 지금은 예도 무너지고 악도 무너져서 학교의 교육은 독서에 그치고 있을 뿐이다'[45]라고 예악을 상실한 당시 학교교육을 비판하며 예악의 기능을 회복할 방안을 제시한 바 있다. 즉, 독서와 함께 예악을 익히는 것은 본래 학교 교육의 핵심을 이루는 두 축이었고, 고대 학교에서 향사례와 향음주례 등의 의례를 시행한 것은 예악을 가르치는 한 전형적인 방법이었다. 소수서원에서 격식을 갖춘 정읍례의 절차를 홀기에 엄격히 규정하고, 석실서원에서 강회에 수반되는 까다로운 의식 절차를 강회의절에 상세히 규정하며, 죽림서원절목에서 향사례와 향음주례를 강회의 한 절차로 공식화한 것은 모두 독서나 문자를 매개로 한 지식의 전수 뿐 아니라 도의를 중시하고 예양을 숭상하는 법을 배워 유자로서의 예를 익히고 실천하는 '교이예악(敎以禮樂)'의 실천에 서원 강학의 또 다른 목적이 있었음을 보여준다.

4. 개접례, 파접례, 수창시: '학교흥(學校興)'의 사명과 호혜적 배움의 실현

과거 대비 제술 훈련을 위한 서원의 교육활동 중 하나인 거접을 시작하고 마치는 입접일(入接日)과 파접일(罷接日)에는 고을 수령이 서원의 교육

---

43) 김자운, 같은 글, 2014, 193~194쪽.
44) 박종배, 「朝鮮時代 學校儀禮 硏究」, 서울대학교 박사학위논문, 2003.
45) 『牧民心書』, 「禮典」 제4조 興學.

활동을 격려하고 기념하는 차원에서 주찬을 성대하게 베풀고 제술을 시행한 뒤 시상하는 '개접례(開接禮)와 파접례(罷接禮)'라 불리는 관례가 있었다. 이는 본래 거접에서만 행하던 관례였는데 후일 서원의 거재, 강회, 통독의 입재일과 파재일에도 행해졌다. 고려시대에는 파접례를 세연례(洗硯禮)라 부르기도 하고, 소수서원에서는 '개접례, 파접례'라 하였으며, 옥산서원에서는 개접례 대신 '입접례(入接禮)', 도동서원에서는 파접례 대신 '후접례(後接禮)' 혹은 '귀가례(歸家禮)'라고도 하였다. 또 18세기 옥산서원에서는 거접을 개설할 때마다 입접례와 파접례에 쓸 용도로 아예 서원에서 쌀 한 섬으로 미리 술을 담그도록 절목에 규정하기도 하였다.[46]

'거접(居接)'은 고려시대 '하과(夏課)'에서 유래한 것으로, 유생들이 일정기간 집단으로 유숙하며 과거 대비 제술 교육을 집중적으로 행하는 것을 말한다. 하과(夏課)란 최충(崔沖)의 문헌공도(文憲公徒)에서 시작되어 나중에 12도 전체가 매년 여름철 더위를 피해 조용하고 청량한 山寺나 누대에 모여 시부(詩賦)와 제술(製述)을 겨루던 일종의 하계학교로, 사학(四學)이나 향교 등 관학에서도 행하였으며, 가을철에 접어들면 파하였다. 대체로 음력 6월에 향중(鄕中)의 명유(名儒), 노사(老士)를 초치하여 개접례로 시작하여 동서접(東西接)으로 편을 짜서 우열을 경쟁하였다. 또한 파접할 때는 반드시 지제고(知製誥)를 하여 시관(試官)으로 하여금 제생(諸生)의 능부(能否)를 고시(考試)하기도 하였다. 이 하과의 풍속이 뒷날 서원의 거접으로 전승되었다.[47]

조선시대에 와서 거접은 서원 뿐 아니라 성균관, 사학, 향교 등 관학에서도 과거 준비에 매우 효과적인 교육 방식으로 적극 활용되었다. 또한 조선후기 양사재와 향촌의 문중서당에서도 거접이 자주 활용되었다. 16세기에는 연안부사 이정암(李廷馣)이 존본취식을 통해 연안향교의 거접 비용을

---

46) 「山堂居接贍錄」, 『玉山書院誌』, 영남대학교 민족문화연구소.
47) 丁淳睦, 『韓國 書院教育制度 硏究』, 영남대학교 민족문화연구소, 1979, 11쪽 및 76쪽.

마련하고,[48] 창석(蒼石) 이준(李埈)도 지방관으로서 향교의 거접 비용을 마련해주는 모습 등을 볼 수 있다.[49] 1565년 경상감사 이택(李澤)은 관에서 양찬(糧饌)을 지원하여 안동부의 광흥사와 봉정사에서 도회(都會) 유생을 거접시키는 등[50], 지방의 향교 외에 관찰사가 실시하는 도회에서도 거접이 활용되었다. 또 옥과현, 순창, 남평, 능주 등 조선후기 군현의 양사재에서도 거접이 활발하게 시행되었다.[51] 또한 진성이씨 안동파의 대종손인 송간(松澗) 이정회(李庭檜)가 건립, 운영한 17세기 안동의 서당에서도 열흘 이상 시부 제술을 행하여 시권을 거두고 마지막 날 파접례를 행하는 등 문중 자제들의 과거준비를 위한 거접이 시행되고 있다.[52]

이와 같이 지방의 향교, 도회나 양사재, 서울의 사학 등 관학에서 거접이 적극적으로 장려된 것은, 관학의 교육 목적 자체가 '과거 준비와 관리 양성'에 있었기 때문이다. 과거문체와 제술을 집중적으로 훈련시키는 거접은 이에 가장 효율적인 학습방법이었다. 그러나 서원의 교육목적은 관학과는 다른 데 있었으므로 서원에서의 거접은 자주 비판과 경계의 대상이 되었다. 퇴계는 1569년 문인 금응협(琴應夾)에게 보낸 편지에서, 서원에서 거

---

48) 『四留齋集』 補遺, 雜著, 「延安鄕校記」. "今將見存米與租 春而糶 秋而糴 率三分而 取息一分 每存其元數 以其息數 用爲諸生飮食之具 寢處之資 逐年如是 積之至於五 年之久 則可爲十數人居接之料."

49) 『蒼石集』, 권 13, 雜著, 「諭鄕校文」. "前冬居接之日 適因府使遭慘禍 未嘗一往校 中叩擊其勤慢 今未知所做之功幾何 正月已抛去 前頭兩朔仍棲 以補前日不足之數 如何 粮米二碩 赤豆五斗 燈油二斗 油墨十笏 薄付忱意 以爲居接之資耳."

50) 『명종실록』, 권 31, 명종 20년 3월 13일 및 3월 14일.

51) "대부분의 양사재가 행하던 최대의 행사는 거접과 백일장 및 강회의 설행에 있었다."(정순우, 「조선 후기 양사재의 성격과 교육활동」, 『서원의 사회사』, 태학사, 2013, 229~260쪽). 한편, 이 글에서 저자는 남평, 영양, 능주, 함평, 거창 등의 양사재를 통해, 순수한 교육적 의도 외에도, 약화된 사족세력의 향권 회복을 위한 자구책, 사족의 향촌지배력에 대한 수령의 견제, 향교나 서당과 연망 체계를 갖춘 교육기관으로서의 기능, 평민층의 교육 참여 확대와 신분 상승의 기제 등 다양한 방식으로 기능한 조선후기 양사재의 사례를 분석하고 있다.

52) 정순우, 『서당의 사회사』, 태학사, 2013, 116~117쪽.

접을 행하는 것은 서원의 본의에 어긋나는 일임을 밝히며 다음과 같이 말한 바 있다.

> 지난번에 상의한 서원 거접에 관한 일은 어떻게 되었습니까? 지금 다시 생각해보니 서원의 본의(本意)는 과거공부를 익히기 위해 세운 것이 아닌데, 첫번째 모인 유생들은 마침 과거시험이 임박한 달에 모여 제생들의 마음이 오직과거공부에만 전력하니, 형세 상 과거공부를 금하고 독서에 전심하게 할 수가없었습니다. 그러나 이로 인하여 또 날마다 제술만 익히니 이는 서원을 세워 학문을 창도하는 뜻이 아닙니다.[53]

이어 그는 우선 거접을 중단하고 과거시험이 지나가기를 기다렸다가 형편을 보아 다시 모이게 하여 유생들이 오로지 독서에만 전심할 수 있도록하자고 제안하였다. 남계 박세채도 17세기 서원의 거접에 대해 '주자나 퇴계가 서원을 설립할 때 의도한 장수나 강학의 실질은 찾아볼 수 없고, 다만 과거 공부하는 선비들의 거접지소(居接之所)에 그치고 있다'[54]며 비판하였다.

또한 거접의 관행이었던 개접례와 파접례는 그 자체로 재정을 낭비하고선비의 예모를 손상시키는 폐해로 인식되기도 하였다. 송암(松巖) 이재형(李載亨)은 거접에 가 있는 아들에게 보낸 편지에 '일찍이 들으니 파접시(罷接時)에 주찬(酒饌)이 있다고 하는데, 이는 결코 행해서는 안된다'[55]고

---

53) 『退溪集』, 권 27, 書, 「與琴夾之」. "前議書院居接事 何以定之 今更思之 書院本意 不爲習擧業設也 而第一會儒生 適當臨試之月 諸生之心 專力於彼 勢不可禁彼業而 專讀書 緣此又令日習製述 非設院倡學之意."

54) 『南溪集』續集, 권 12, 書, 「答安岳鷲嶺院生」. "常思朱夫子及退溪先生剙設書院於 鄕學之外者 爲有補於儒學藏修之實 固非淺鮮 而今則只爲科士居接之所." 및 『南溪集』續集, 권13, 答問講學論禮, 「答崔漢臣」. "書院之設 朱子退溪之意 以爲國學 鄕校有科擧格令之規 故欲別立書院 以便講學矣 今則書院雖設 而率爲科士居接之 所 無一講學之實 故愚於此不敢有說也."

하며 파접례의 술자리를 선비로서의 도리와 예모에 어긋나는 행위로 경계하고, 도동서원(道東書院)에서는 '파접시에 음식물을 요구하는 염치 없는 일은 모두 해서는 안 되니, 지금 학교에서 행해지는 이른바 후접례, 귀가례라고 하는 것이 모두 그런 것들이다.'[56]라고 하며 파접례 자체를 폐해로 인식하여 금하기도 하였다.

반면, 조선 최초의 서원으로서 설립 초기부터 지방관의 전폭적 지원 하에 운영되었던 소수서원은 16세기부터 19세기에 이르기까지 비록 규모의 차이는 있었으나 거접 뿐 아니라 거재, 통독, 강회가 개설될 때마다 개접일(開接日)과 파접일(罷接日)에 수령이나 관찰사가 직접 시제(試題)를 출제, 고시하여 시상을 베풀고 술과 음식을 지속적으로 지원하며 거재 기간 중 서원에 방문하여 유생들과 직접 경서를 강론하기도 하는 등 개접례와 파접례의 관행이 꾸준히 유지되고 있었다. 이처럼 지방관이 주관하는 개접례나 파접례는 그 자체로 매우 효과적이어서, 유생들의 참여를 확대시키는 강력한 계기가 되었다. 지방관이 제술을 직접 주관하는 파접례에는 보통 평소의 2~3배에 달하는 많은 유생들이 몰려들었다. 결과적으로 지방관의 주도로 시행된 개접례와 파접례는 유생들의 참여 증대와 서원 교육의 활성화에도 기여하였다.[57]

이상과 같이 개접례, 파접례를 바라보는 도동서원과 소수서원의 입장 차이는 각 서원이 관아와 맺는 관계 및 물적 지원에 각각 차이가 있었음을 보여준다. 특히, 19세기까지 지방관의 주도로 이루어진 소수서원의 파접례 관행을 통해 조선 최초의 서원으로서 설립 초기부터 지방관의 전폭적 지원을 받는 등 소수서원이 누렸던 특권적 지위 및 관학적 성격을 엿볼 수 있

---

55) 『松巖集』권4, 書, 「答涵兒」. "曾聞罷接時有酒饌 此則決不可行 書中有罷接之語 故並及之也."

56) 「道東書院院規」, 『寒岡續集』권4, 雜著. "淫媟女色不正之言 干索食物無恥之事 皆不得爲之 干索食物 始今學中所謂後接禮歸家禮等事皆是."

57) 김자운, 앞의 논문, 2014, 203쪽.

다. 서원의 입장에서는 최대한 지방관의 참여를 유도함으로써 행재정적 지원과 함께 유생들의 참여 증대와 교육의 활성화라는 효과를 얻을 수 있었고, 지방관의 입장에서 서원은 조선후기로 갈수록 교육기능을 상실한 관학을 대신하여 수령 7사 중 하나인 '학교흥(學校興)'의 사명을 실현하는 장으로 활용될 수 있었다.

마지막으로 지방관이 주관한 행사 외에 서원 내부적으로 강회의 마지막 절차는 언제나 '수창시(酬唱詩)'로 마무리되었다. 원장이나 원임이 운자(韻字)를 내면 유생들이 거재 중 강학하면서 느낀 소회 및 배움의 성과, 학문적 뜻과 포부 혹은 원장이나 훈장이 유생들에게 학문 자세를 권면하는 내용을 담아 다함께 돌아가며 수창시를 짓고 이를 반드시 기록에 남겼다. 18세기 소수서원 『거재록』과,[58] 18세기 역동서원의 『심경』 강회에 대한 기록[59] 등에서 이를 확인할 수 있다. 그 중 18세기 소수서원 강회에서 동주(洞主) 황경(黃檠)이 지은 수창시 일부를 소개하면 다음과 같다.[60]

가정 임인년에 서원 이루어져	院成嘉靖壬寅歲
네 글자 하사한 편액 이름도 찬란하네	四字奎題煥美名
글공부 경건하게 선현을 본받아야 하고	絃誦祗要師達哲
학문이란 본래 부귀영화 위함이 아니라네	藏修非是爲浮榮
유학을 일으키고 道 보위한 기풍 얼마나 아득한가	興儒衛道風何遠
인의를 행하면 즐거움이 그 속에서 나오리니	嚼義咀仁樂則生
참된 道의 근원 쉬지 않는 이치 살피니	看取眞源猶不息
경렴정 아래 시냇물 소리 새롭게 들려오네	濂亭流水送新聲

---

58) 「居齋錄」(1720~1760), 국사편찬위원회 및 「居齋雜錄」(1761~1780), 국사편찬위원회 참조.
59) 「心經講會回文措語」, 유교넷, 도산서원고문서, 한국국학진흥원.
60) 「居齋錄」(1720~1760), 국사편찬위원회.

그는 강학의 목적이 부귀영화를 위한 것이 아니라, 선현을 본받아 도를 지키는 데 있음을 말하고 있다. '선현을 본받고 도를 지키는 일'이란 보통 사람이 닿을 수 없는 아득한 곳에 있는 것이 아니라, 지금 여기에서 위의를 행하면 즉시 즐거움이 그 속에서 나오고, '학문을 통해 찾아야 할 道' 역시 멀리 있는 것이 아니라 바로 눈앞의 경렴정 아래 죽계천에서 쉬지 않고 도도히 흐르는 시냇물의 이치와 같은 것임을 말함으로써, 학문의 목적이 일상의 실천과 눈앞에 핍진한 자연의 섭리를 벗어나지 않음을 깨우쳐주고 있다.

이처럼 강회에 수반된 마지막 의식으로 수창시를 짓는 관행은 16세기 퇴계가 도산서당과 역동서원 등에서 강회를 주관하던 무렵 시작된 것으로 보인다. 1787년(정조 11) 12월에 있었던 역동서원 『심경』 강회의 기록에 따르면, 강회의 마지막에 수창시를 짓고 기록에 남기는 전통이 오래 전부터 지속되어 왔으며, 이는 후학들이 선배들의 학문과 유업을 계승시키는 좋은 계기가 된다고 하였다. 또한 선배들이 남긴 시를 읽는 가운데 다시금 유교적 유풍을 깨닫고 회고와 추모의 정을 일으키게 되며 정신적 각성을 일으키게 하는 바탕이 된다는 점을 강조하고 있다.[61] 이어 과거 퇴계가 역동서원에서 강회를 연 뒤 남긴 시에서 운자를 내어 다함께 수창시를 짓고 기록에 남겼다. 즉, 수창시를 지어 기록에 남기는 오래된 전통이 선배들의 학문을 계승하는 계기가 된다고 한 것은 퇴계가 역동서원 강회 시 수창시를 남긴 사례가 후학들에 의해 전통으로 계승되어 점차 강회에 수반되는 의식으로 정착된 것으로 보인다.

이처럼 강회의 마지막 절차가 평가나 시험이 아닌, 강회에서 느낀 소회와 교육적 성과를 서로 공유하고 권면하면서 스승과 학생이 함께 하는 '시 짓기'로 갈무리된다는 사실은, 근대교육이 결하고 있는 서원교육의 목표와 함의를 보여주는 의미 있는 대목이다. 또 이를 반드시 기록으로 남긴 것은

---

61) 「心經講會回文措語」, 유교넷, 도산서원고문서, 한국국학진흥원.

매우 중요한 교육적 의미를 지니고 있다. 기록을 통해 자신의 성과 뿐 아니라 강회에 함께 참여했던 타인들의 배움의 성과까지 공유함으로써 자신의 한계를 넘어 배움의 폭과 깊이를 무한히 확장할 수 있었기 때문이다. 나아가 미래의 후학들에게도 수십, 수백 년 전 선배들의 배움의 성과를 공유함으로써 선배들의 학문을 계승하고 성리학의 유풍을 진작시키는 생생한 동력이 될 수 있었기 때문이다. 즉, 강회의 마지막 절차로 수창시를 짓고 기록에 남기는 관례는 서원 강학의 목표였던 이택(麗澤)의 힘을 통해 '호혜적 배움'을 실현하는 매우 효과적인 한 장치였다.

〈사진 6〉역동서원
심경강회회문조어
(한국국학진흥원 유교넷)

V. 결론

본고에서는 조선 서원의 강학 관련 의례를 검토하고 그 교육적 의미를 밝히고자 하였다. 먼저 서원은 제향공간과 강학공간을 양대 축으로 하여 의례와 교육이라는 두 가지 기능을 수행한 곳으로 이해되지만 실제 강학 절차는 문자를 매개로 한 지식의 전수 뿐 아니라 다단한 의례들이 긴밀하게 통합된 채로 이루어졌다는 사실에 주목하고, 서원 강학 이념이 의례를 통해 강학 실제에 어떻게 구현되며 어떤 방식과 장치를 통해 그 교육적 의미를 획득해 가는지를 밝히고자 하였다.

먼저 최근 통용되는 의례의 개념을 토대로 강학의 절차에서 시행된 형식적, 비형식적, 관습적 차원을 포함한 다단한 의례들을 '강학 의례'라는 용어로 규정하였다. Ⅱ장에서는 '강학 의례'라고 할 때 서원에서 행해진 다양한 유형의 교육활동 중 과연 어디까지를 강학의 범주로 볼 것인가 하는 문제를 해명한 뒤, 강학의 범주가 도학을 위한 교육활동에 한정되는 논거를 제시하였다.

Ⅲ상에서는 수세붕과 퇴계를 거쳐 조선후기에 확립된 조선 서원의 강학 이념을 '도학의 탐구와 실천', '군거강학을 통한 이택관선(麗澤觀善)의 실현', '중도의(重道義) 상예양(尙禮讓)', '장수(藏修)와 유식(遊息)의 결합을 위한 교육'이라는 네 가지 관점에서 검토하였다.

Ⅳ장에서는 경독, 강회, 통독, 정읍례, 상읍례, 향사례, 향음주례, 개접례, 파접례, 수창시 등 서원의 강학 의례가 강학의 이념과 실제 사이에서 어떤 역할과 매개체로서 작동하였는가를 강학 이념과 공부론의 내면화, 이택관선의 실현과 조선 성리학의 독자적 학파 계승, '교이예약(敎以禮樂)'의 실현, '학교흥(學校興)'의 사명과 호혜적 배움의 실현이라는 네 가지 관점에서 검토하였다.

이를 통해 첫째, 매일 아침 시행된 '경독'은 서원의 목표와 학파별로 지향하고자 했던 공부론을 유생들에게 내면화하기 위한 장치였으며, 둘째, 학습수준과 연령이 각기 다른 유생들이 한 데 모여 집단적 강론과 토론을 하는 강회와 통독은 서원강학의 이념이었던 '이택관선'의 실현을 위한 방법적 장치이자 조선 성리학의 독자적 학파를 계승, 발전시킨 핵심적인 매개체였음을 밝혔다.

셋째, 입재일과 파재일에 행한 정읍례, 매일 아침 행한 상읍례, 파재일에 행한 향사례와 향음주례는 독서와 문자를 매개로 한 지식의 습득 뿐 아니라 유자로서의 예를 익히고 실천하는 '교이예약(敎以禮樂)'의 실현에 서원 강학의 또 다른 목적이 있었음을 드러내는 강학 의례임을 검토하였다.

넷째, 거접의 시작과 마지막에 지방관의 주도로 행해진 개접례와 파접례는 서원의 입장에서는 최대한 지방관의 참여를 유도함으로써 행재정적 지원과 함께 유생들의 참여 증대와 교육의 활성화라는 효과를 얻기 위한 방편이었고, 지방관의 입장에서는 조선후기로 갈수록 교육기능을 상실한 관학을 대신하여 수령 7사 중 하나인 '학교흥(學校興)'의 사명을 실현하는 장으로 활용되었음을 검토하였다.

마지막으로, 강회의 마지막 절차로 수창시를 짓고 기록에 남기는 관례는 서원 강학의 목표였던 '이택'의 힘을 통해 '호혜적 배움'을 실현하는 매우 효과적인 한 장치였음을 밝혔다. 또 이를 반드시 기록으로 남긴 것은 자신의 성과 뿐 아니라 강회에 함께 참여했던 타인들의 배움의 성과까지 공유함으로써 자신의 한계를 넘어 배움의 폭과 깊이를 무한히 확장하는 교육적 의미를 지니고 있었음을 확인하였다.

요컨대, 조선 서원의 강학 절차에서 시행된 일련의 강학 의례들은 서책을 중심으로 한 '교수적(敎授的)[didactic approach]' 활동과 의례를 통해 유교적 가치와 덕목을 체험적으로 배우는 '예교적(禮敎的)[ritual approach]' 활동이 각각 별개의 영역에서 별개의 활동을 통해 행해진 것이 아니라, 두 가지가 긴밀하게 '통합된' 교육활동이었음을 보여준다는 점에서 주목할 필요가 있다.[62]

---

62) 교육의 두 가지 전형적인 방법으로 '敎授的 방법[didactic approach]'과 '禮敎的 방법[ritual approach]'을 제시한 것은 Chow Kai-wing의 표현으로 박종배, 「조선시대 학교의례 연구」, 서울대학교 박사학위논문, 2003, 13~14쪽에서 재인용하였음. 이 연구에서 저자는 조선시대 학교교육에서 교과활동은 '교수적 방법'을 중심으로, 의례활동은 '예교적 방법'을 중심으로 진행되었다는 점에서 교과와 의례는 조선시대 학교교육의 중요한 두 축을 형성하였다는 점을 강조하고 있다. 그러나 조선시대 서원 강학은 그 두 가지 교육활동이 별개의 영역에서 별도로 행해진 것이 아니라 강학이라는 절차 안에서 통합적으로 공존하고 있었다는 점에서 주목할 필요가 있다.

참고문헌

「고산서원 강회의절」

「心經講會回文措語」, 유교넷, 도산서원고문서, 한국국학진흥원

『講所雜錄』

『古文書集成』20, 병산서원편, 한국정신문화연구원.

『南溪集』

『道東書院誌』, 영남대학교민족문화연구소.

『陶山書院古文書』Ⅰ, 퇴계학연구소.

『明齋遺稿』

『명종실록』

『牧民心書』

『渼湖集』

『白隱集』

『屛溪集』

『四留齋集』

『紹修書院誌』, 소수서원, 영남문헌연구소 편, 2007.

『紹修書院誌』, 소수서원, 영남문헌연구소 편, 2007.

『松巖集』

『市南先生別集』

『玉山書院誌』, 영남대학교민족문화연구소.

『栗谷全書』

『周易』

『蒼石集』

『退溪集』

『寒岡續集』

김자운, 「조선시대 소수서원 강학 연구」, 한국학대학원 박사학위논문, 2014.

김자운, 「19세기 소수서원 『중용』 강회의 특징과 퇴계학의 분화-'湖學'의 계승과 분
　　　화를 중심으로-」, 『퇴계학논집』 19호, 영남퇴계학연구원, 2016.

김자운, 「퇴계의 서원관과 조선후기 소수서원 강학의 변화」, 『퇴계학논집』 18, 영남
　　퇴계학연구원, 2016.

김자운, 「18세기 조선을 새롭게 디자인한 석실의 학풍과 교육」, 『석실서원』, 한국학
　　중앙연구원출판부, 2018.

김자운, 「조선시대 서원 강학 관련 자료의 유형과 특징」, 『유학연구』 48, 2019.

박종배, 「朝鮮時代 學校儀禮 硏究」, 서울대학교 박사학위논문, 2003.

박종배, 「19세기 후반 무성서원(武城書院)의 강습례(講習禮)에 관한 일 고찰」, 『한국
　　서원학보』 1호, 한국서원학회, 2011.

정경주, 「16세기 안동 지방의 서당의 강학 의식」, 『조선의 서당에서 배우는 사회적
　　교육의 지혜』, 새물결, 2018.

丁淳睦, 『韓國 書院敎育制度 硏究』, 영남대학교 민족문화연구소, 1979.

정순우 외, 『용산서원』, 집문당, 2005.

정순우, 「심학과 이기, 정학을 둘러싼 논쟁들−퇴계의 강학활동과 도산강회−」, 『도
　　산서원과 지식의 탄생』, 글항아리, 2012.

정순우, 「조선 후기 양사재의 성격과 교육활동」, 『서원의 사회사』, 태학사, 2013.

정순우, 『서당의 사회사』, 태학사, 2013.

정진홍, 『한국 종교문화의 전개』, 집문당, 1986.

캐서린 벨, 류성민 옮김, 『의례의 이해』, 한신대학교 출판부, 2007.

서원의 특수 의례 종류와 실제
─추향례(追享禮)·치제례(致祭禮)·사액례(賜額禮)를 중심으로─

채 광 수

Ⅰ. 머리말

조선시대 서원은 '존현양사(尊賢養士)', 곧 의례와 교육이 핵심 기능이다. 특히 향교나 중국과 일본의 유학시설들에 공자를 모시는 것과 달리 조선의 성리학자를 향사하는 것이 한국 서원의 특징 중 하나이다. 그래서 서원 의례는 다른 기능에 비해 매우 중요하여 사당이라는 특정 공간이 반드시 배치되어 있는 것이다.

서원에는 정기적·부정기적으로 실시되는 의례가 있었다. 전자로는 춘추 제례, 매월 초하루와 보름에 분향하는 삭망례, 정월 초5일이나 6일에 행하는 정알례가 대표적이다. 후자는 서원의 사정에 따라 설행되는 의례를 말한다. 곧 추가 제향자를 사당에 봉안하는 추향례, 서원 건물 수리 시 위패를 옮겨 거행하는 이안제와 환안제, 재난 때 올리는 위안제, 새 위패 봉안 및 제외할 때 올리는 예성제, 사액을 받고 올리는 사액례, 국가에서 제관을 보내 치제하는 치제례, 제향자의 영정을 봉안하는 봉안례 등 여러 유형의 특수 의례가 존재했다.[1]

---

1) 윤희면, 「서원의 제례기능과 위차문제」, 『조선시대 서원과 양반』, 집문당, 2004, 308쪽.

그동안 서원의 정기적 의례에 대해서는 제례의 일반론, 정립과 전개 그리고 변화에 대해 몇몇 연구들이 이루어졌다.[2] 하지만 부정기적인 의례에 대해서는 보고서[3] 또는 서원 논고의 일부로 취급되어 소략한 면이 많았다. 또한 기존 서원의 기능적인 면을 연구하는데 있어 주로 교육 기능에 초점을 맞춰 진행이 된 반면 의례는 그에 상응하는 연구가 부족한 게 현실이다.

이는 특수 의례에 대한 자료의 파편성과 이 분야에 대한 관심 부족이 반영된 결과로 볼 수 있다. 일반적으로 서원 입장에서 보면 특수 의례가 정기 제례보다 비교적 더 큰 행사임은 물론 서원의 위상을 보여주는 중요한 행위였다. 따라서 이와 관련된 특수 의례의 종류와 그 구체적 거행 과정을 실제적 사례를 통해 검증해보려 한다. 다만 서원의 모든 특수 의례를 검토하기에는 한계가 있기에 자료가 현전하는 도연서원의 추향례, 도산서원 치제례, 옥동·옥산서원 사액례를 중심으로 검토하려 한다. 먼저 서원 자체에서 주최한 추향례를 먼저 살펴본 다음 국가 명(命)에 의해 개최한 치제례와 사액례를 추적해 보고자 한다. 나머지 특수 의례에 대한 연구는 향후 과제로 남겨둔다.

이러한 작업은 우리나라 서원 문화에 대한 이해를 심화시키고, 이 분야 연구가 활성화 되는 계기가 될 것이라 생각된다.

---

2) 서원 향사에 대한 대표적인 논문과 도록을 소개하면 다음과 같다.
　○논문 : 권삼문, 「향사의 역사와 구조」, 『역사민속학』 12, 2001 ; 한재훈, 「퇴계의 書院享祀禮定礎에 대한 고찰-백운동서원향사례 수정을 중심으로-」, 『퇴계학과 유교 문화』 53, 2013 ; 김미영, 「서원 향사享祀의 변화와 사회문화적 의미」, 『국학연구』 22, 2013 ; 한재훈, 「조선시대 서원향사례 비교연구-9대 서원 향사의절을 중심으로」, 『퇴계학논집』 20, 2017.
　○도록 : 안동민속박물관, 『安東의 書院 享祀』, 2009 ; 국립문화재연구소, 『서원 향사-노강·돈암·흥암·대로사·무성·필암·남계·도동·병산·옥산·자운·파산·소수·도산·우저·심곡서원』, 2012~2018.
3) 달성군·달성문화재단, 「도동서원 사액봉행 학술연구」, 『道, 東에서 꽃피다』, 2013.

II. 추향례-도연서원을 중심으로

서원의 향례는 퇴계에 의해 정립이 되었다. 퇴계는 풍기군수로 재직하던 1549년(명종 4) 10월 백운동서원 청액 전에 『춘추향도(春秋享圖)』와 『묘제홀기』를 제정하여 서원 향례의 표준을 제시하였다. 이것이 서원 향례의 모범이 되었고, 대다수의 서원은 이를 준용하였다.

서원 향사의 절차는 크게 '취사(取士) ⇨ 분정 ⇨ 행제(行祭) ⇨ 당회' 순으로 진행이 된다. 향교의 석전(釋奠)과 크게 차이가 나지 않는 구조이다. 이를 좀 더 상세히 살펴보자.[4] 먼저 향사를 개최하는 서원에서 교원(校院)과 개인 등에게 통문·회문·편지 등의 방법으로 향사 사실을 알린다. 통보를 받은 인사들은 향사 전날 서원에 도착해서 시도기에 이름을 기재한다. 이어 다음 의례에서의 소임을 결정하는 분정이 실시되는데 통상적으로 나이와 명망이 고려되었다. 이중 헌관, 대축, 집례는 '5집사'라 하여 아무나 담당할 수 없는 중책이기 때문에 선임에 신중을 기했다. 그래서 서원에 현전하는 집사록에도 이들의 이름이 등재되는 것이다.

분정이 끝나면 여러 집사들은 근신하며 부정이 타지 않도록 재계를 하면서 예행연습을 병행하였다. 이어 희생을 검수하는 성생의(省牲儀)는 홀기에 따라 헌관이 적합여부를 판단했다. 희생의 대상물은 돼지였다. 소수서원의 경우 당초 돼지였으나 퇴계에 의해 닭으로 변경 되었다가 어느 시점에 너무 간소하다는 여론 때문에 복구되었다. 진설은 진설도에 따라 유사와 집사들만 참석해 제물을 제기에 담는다. 그때 제물은 쌀·조·4변(邊)·4두(豆)·돼지이다. 진설 뒤 모든 집사들은 의관을 정제한 뒤 사당에 모인 가운데 축문을 작성하고서 헌관들에게 확인을 받는다.

---

4) 이에 대해서는 권삼문, 앞의 논문, 『역사민속학』 12, 2001을 참조하여 정리하였다.

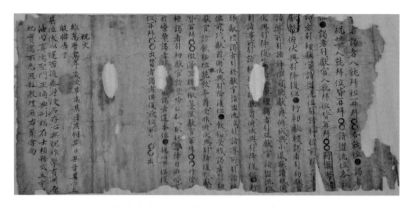

옥산서원 만력연간 홀기 (출처: 옥산서원)

세 번째 단계의 행제는 홀기에 의거 진행하고 마무리 되면 음복개좌 시간을 가진다. 음복 시에도 헌관은 상석에 앉고 특별 예우를 받았다. 그 후 마지막으로 향사를 위해 헌관을 선임하고, 망기를 작성하는 출문당회가 있다.

영남지역 69개소 사액 원사(院祠) 가운데 사우를 제외한 순수 서원은 60개소로 파악이 되었다. 60개소 제향처를 보면 독향처는 17개소 뿐이고, 나머지는 모두 합향처 형태였다.[5] 이 수치는 추가 제향이 많았음을 의미한다. 추향은 국가의 서원 첩설 금령에도 저촉되지 않거니와 신설과 비교해 비용 부담이 낮아 현양사업에 매우 유용한 수단으로 선택되었던 것이다. 일반적으로 문인, 후손, 향현, 학통, 문중, 공적자 등이 추향의 대상이긴 하나 정치·사회적 분위기와 서원의 여건에 따라 다양한 기제들이 작동되었다. 이를테면 함양 남계서원의 정온, 영천(永川)의 임고서원 황보인, 순흥의 소수서원 주세붕 추향 등에서 어렵지 않게 산견된다.

도산·도동서원 사례에서 볼 수 있듯이 추향도 입향 못지않게 대단히 영예롭게 인식되었다. 그래서 추향 과정은 당초 서원을 건립하고 봉안이 진

---

5) 영남지역 독향처 서원 : 금호[허조], 덕곡[이황], 도잠[조호익], 봉람[이황], 삼계[권벌], 西磵[김상헌], 서계[오건], 송담[백수회], 신산[조식], 역동[우탁], 오산[길재], 옥산[이언적], 용산[최진립], 용암[조식], 이산[이황], 화암[박소], 흥암[송준길].

행되는 과정과 비교해도 그 위용이나 규모, 소요 시간 등이 별반 다르지
않았다. 추향일기가 현전하는 안동 도연서원을 통해 그 일단을 확인할 수
가 있다.

도연서원은 숭정처사를 자칭한 김시온(金是榲)[6]을 모시는 서원이다. 김
시온은 병자호란 후 벼슬을 단념하고, 와룡산 아래 도연폭포 근처에 초당
을 지어 40여 년간 은거하며 절의를 지킨 인물이다. 그는 대외적으로 영남
의 종장으로서의 위상을 가졌고, 대내적으로는 의성김씨 가학의 적통 계승
자로 평가를 받는다.[7] 김시온 제향 서원 창건은 1703년(숙종 29) 1차 시도
가 있었으나 진행 중 무산이 되었고, 1819년(순조 19) 무렵 의성김씨와 전
주류씨 문중이 연대해 그의 유풍이 남은 곳에 도연이라는 자호를 취해 건
립이 되었다.

그로부터 16년 뒤 1834년(순조 34) 김시온의 문인이자 족손인 김학배
(金學培)[8]의 추향 논의가 기양서당(岐陽書堂)에서 발의되었다. 기양서당은
전주류씨 수곡파의 대표적인 가학 공간이자, 구심처로 기능한 곳으로, 이
는 앞서 서원 창건 때와 주도세력이 동일함을 암시한다. 이 시기 양 문중
의 적극적인 공조는 다름 아닌 병호시비 격화에 따른 상호 결속의 일환으
로 모색된 사업이었다.

먼저 추향의 준비 과정을 정리하면 아래 〈표 1〉과 같다.[9]

---

6) 김시온(1598~1669) : 본관 의성. 자 以承. 호 陶淵·瓢隱. 학봉 김성일이 그의 종
   조부이다.

7) 정순우, 「서원의 건립과 문중 연대」, 『서원의 사회사』, 태학사, 2013, 116쪽.

8) 김학배(1628~1673) : 본관 의성. 자 天休. 호 錦翁. 김시온의 문인으로 1663년
   문과에 급제한 뒤 예조좌랑 등을 역임했다. 스승 사후 유고 정리, 언행록 찬술,
   허목에게 묘갈명 수령 등 현양사업 전반을 주도하였다.

9) 이하는 한국국학진흥원, 「표은 김시온 도연서원 추향시 일기」, 『국역 조선시대
   서원일기』, 2007를 참조하여 정리·서술하였기 때문에 출처는 생략한다. 권오영,
   「19세기 초 安東儒林의 儒會와 그 活動」, 『한국중세사논총 – 이수건교수 정년기
   념』, 논총간행위원회, 2000에도 김학배의 추향 과정이 자세히 서술되어있어 참
   조가 되었다.

〈표 1〉 추향 준비 과정

연 대	내 용
1835년(헌종1) 4월 1일	○호계서원에서 향회 개최 결정.
4월 4일	○의성김씨 문중의 松石齋舍에서 100여명 齋會해 추향 논의 확정.
5월 7일	○호계서원에서 龜溪·泗濱·周溪서원 원임 등 40여명 유생 참가해 향회 개최.
5월 8일	○공사원 李海鷹과 金驥壽, 도집례 류치명 등 선출. ○國葬 감안 정확한 날짜 차후 결정.
1836년(헌종2) 2월, 4월	○영양 영산서원 통문 발의, 도판 선출.
1838년 (헌종4) 1월	○문중에서 3개월 내 추향 거행 결의.
2월 1일	○도유사, 재유사 선출.
2월 6일	○운곡서당에서 문중 定會 : 집사 분정, 문중 내 자금 100緡 취합.
2월 15일	○洞主 李秉遠에게 고유문과 봉안문 청탁, 위판과 상탁 제작 의뢰.
3월 2일	○향사일 3월 25일로 확정.
3월 3일	○류정문에게 고유문과 봉안문 청탁.
3월 18일	○류치명에게 고유문과 봉안문 청탁.
3월 19일	○위판, 상탁, 제기 등 물품 수령
3월 21일	○가건물 11채 설치, 서원과 각 문중 부조와 편지 당도. ○예식문자 결정.

추향은 1834년 결의되었음에도 전염병과 연이은 순조의 국상 여파로 원만히 진행이 되지 못했다. 이듬해 향회 개최 및 공사원 선출 등 일부의 진척이 보였으나 다시 중단이 되었다가 1838년(헌종 4)에 들어 본격적인 착수에 돌입한다. 아마 착수하기 전 관의 승낙을 받았을 것이다.[10] 준비과정에서 지적할 대목은 다수의 인사에게 예식문자를 청탁하는 점과 추향 날짜의 선택 배경이다. 전자의 경우 2월 15일 류치명에게 문자를 청하면서 "이런 글들은 한 사람에게 전적으로 맡길 것이 아니라, 모름지기 널리 일

---

10) 상주 근암서원에 김홍민과 홍여하를 추향할 당시에도 상주목사에게 승낙을 요청하는 문서를 올렸다. 金楷, 『負暄堂先生文集』 권3, 「近嵒書院追享是呈牧伯文」.

러 이러한 사람들에게 부탁하였다가 일을 할 시기에 가서 여러 사람들의 글을 채택하는 방법으로 삼아야 한다"는 방침을 세웠던 바 있다. 실제 3명에게 예식문자를 청했다. 그리고 3월 25일로 추향일을 정한 것은 상정일이 국기일과 겹쳐 불가피하게 하정에 봉행하기 때문에, 주향·추향자에게 동시에 향사할 수 있었기 때문이다. 한편 손님 접대를 위해 임시건물 11채와 남북 2곳의 시도소(時到所)가 설치되고, 담당 유사를 배정한 점도 자못 흥미롭다. 이런 기획은 창건 당시 행했던 전례를 따른 것이다.

그렇다면 본장에서 주목하는 추향례의 구체적 진행 상황을 쫓아보자. 아울러 창건 당시 입향례의 상세한 기록이 있어 차이점도 짚어보려 한다. 행사 준비를 마친 3월 22일 저녁 900여명의 사람이 시도소를 찾았고, 시도소에서는 인표(引標)를 붙여 가건물에 숙식하도록 조치를 취했다. 밤에는 위패 봉안 의절이 논의되었다. 원장은 예식에 대해 "일정하게 정해진 법칙은 없다. 보통 하루 전에 위패에 제주(題主)를 하여 강당에 모시고, 그 다음 날 날이 밝기를 기다렸다가 그것을 받들고 사당 안에 들어가 진설하고 행한다"라고 밝혔다. 그러자 위패에 제주를 했으면 즉시 사당에 모셔야 하는데 강당에 하루를 두는 것에 대한 우려가 제기되었다. 이에 대해 길일을 택해 사당에 모시는 뜻에 어긋나며, 하루 안에 위패에 제주 후 바로 향사하는 것은 너무 박하다는 이유로 원안대로 결정이 났다. 그 전날에 제판(題板)을 실시한 것도 논거가 되었다.[11]

이어서 위패에 관직의 기재여부가 논란이 되었다. 반대 측에서는 원위(元位)의 위패에 관직을 미기재한 사실을 거론했고, 찬성 측에서는 동일한 예를 적용할 필요는 없다는 논리를 내세웠다. 연전에 김시온의 봉안 때도 위패에 '증집의(贈執義)' 기재 여부가 대두된 바 있다. 그러나 숭정절의가 증직의 명분이므로 관직명이 아닌 '숭정처사'로 쓴 것이었다.[12] 이런 사정

---

11) 창건 당시 예식은 모두 泗濱書院[享 김진, 김극일·김수일·김명일·김성일·김복일]의 式例에 의거하였다.
12) 권오영, 앞의 논문, 『한국중세사논총 — 이수건교수정년기념』, 논총간행위원회,

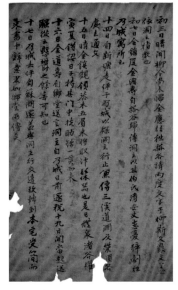

도연서원 추향일기
(출처: 한국국학진흥원)

에 정통했던 류정문이 찬성하는 주장을 내놓자 류치명도 여기에 동조를 한 것이었다. 이는 류정문의 부친 류범휴(柳範休)가 도연서원 창건을 주재한 인물이며, 그도 직간접적으로 참여한 경험에서 나온 찬성 발언이었다. 서원의 위패는 대체로 정위(正位)와 배위(配位)는 '관직·시호·호(號)·성씨·선생' 순으로 기재하지만, 종향위는 대개 부자·사제지간이어서 '호(號)·성씨·공(公)'으로 쓰는 것이 관례였다.[13]

김학배가 제자임에도 위패에 관직을 기재한 것은 각 서원에 따라 그 기준이 일정치 않았음을 보여주는 대목이다. 아무튼 세세한 부분까지 의논하는 위패의 문자는 매우 중요한 사안임을 알 수 있다.

다음날 오전에 400여 명이 모인 가운데 도회를 열어 70여 명의 집사 분정을 마쳤다. 분정 후 간식을 제공했는데 인파가 많아 접대가 매우 곤란한 상황이 연출되었다. 오후에는 강당에서 위패를 제(題)하기 위한 시간을 가졌다. 이진화(李鎭華)·이휘린(李彙鄰)·김희유(金義裕) 3명이 나와 각각 필법을 시험했고, 이중 이진화의 것이 채택되었다. 위패는 강당 북쪽 벽 아래 모셔두고, 두 겹의 병풍으로 둘러 보관했다. 저녁에는 원장이 사당 안에 들어가 류정문이 쓴 축문을 읽었다.[14] 다음 진설관이 원위에 먼저 진설한 다

2000, 818쪽.

13) 이수환, 『도동서원－道, 東에서 꽃피다』, 민속원, 2019, 169쪽.

14) 위패를 題할 때처럼 대축 집사가 나와 축문을 썼다. 류정문의 봉안문은 『壽靜齋集』 권9, 「祝文－陶淵景節祠追享時奉安文」.

음 동쪽 아래 추향하는 자리[15]에 위패는 없지만 탁자를 설치해 진설해 두었다. 위패 봉안 때 진설이 어렵기 때문에 취해진 것이었다. 그날 밤에 도집례 류치명의 홀기 개정이 있었다. 반면 창건 때에는 오전에 사당에 모여 본손 1명을 제위판으로 선임했고, 위판도 사당에 보관하였다.[16]

오후에 진행된 제판과 진설의 자세한 상황도 언급이 되어있다. 원장은 장복(章服)·집례는 제복(齊服)·재석(齋席)은 복건을 갖추고, '제위판 ⇨ 원장 ⇨ 도집례 ⇨ 집례·봉위판 ⇨ 본손' 순으로 사당에 들어갔다. 원장과 도집례는 북향으로, 집례는 남향으로 앉았다. 아헌관이 탁자 앞 왼쪽에 앉아 분향을 하고, 나머지 유사는 좌우에 자리하였다. 본손 김희수(金羲壽)가 서향으로 앉아 위패에 제(題)하자, 집례가 탁자 위에 봉안하고 도집례 앞에서 봉안문을 썼다. 원장 이하가 퇴장한 다음 진설 유사들이 들어가 진설을 마쳤다. 여러 집사들이 목욕하고 예행연습을 병행했다.

봉안식 당일 원장은 일찍 기상해 촛불을 밝히고, 새벽 5시에 북을 쳐 여러 집사들을 불러 위패 봉안 의식을 거행하였다. 집사들이 한꺼번에 설 수 없어 좌우로 서 집례를 지켜보는 가운데, 집례를 마친 뒤에도 아침까지 위패에 배알하는 행렬이 이어졌다. 봉안식은 류치명이 개정한 홀기에 의거해 진행이 되었을 것으로 짐작된다. 이와 관련한 기록을 남기지 않은 것은 이것이 당대 상식으로 통용되는 부분이기 때문이다. 관련 제반 비용은 모두 470민(緡)이 지출이 되었다. 그 뒤 서원에서는 김시온의 아들 김방걸의 추향 논의가 있었지만 실현되지 않았다.

그런가 하면 영정이 함께 봉안되는 사례가 있다. 서원의 영정례는 크게 강당에 안치해서 고유하는 방식과, 사당에 바로 봉안하는 두 가지의 예식이 있었던 것 같다. 1799년(정조 23) 소수서원에 채제공의 영정을 모실 때

---

15) 일기에는 配位라 기재되어 있으나 방향이 동쪽 아래에 위치해 있기 때문에 종향이 정확한 표현이다.

16) 권오영, 「앞의 논문」, 『한국중세사논총 – 이수건교수정년기념』, 논총간행위원회, 2000, 819쪽.

가 전자에 해당한다.[17] 먼저 영정을 강당 직방재에 펼쳐두고 원장이 세 번 향을 피워 부복하고 나면, 고유문을 낭독한다. 이어 창홀(唱笏)이 흥배(興拜)를 외치면 전원 재배(再拜)를 행했다. 그 다음 화상 감실에 보관하는 기존 영정을 모두 걸어두고, 마지막에 전원 사배(四拜) 제외하면 앞과 동일한 행위가 이루어졌다. 영정은 임시 장소인 소수서원보다 적합하다는 여론에 힘입어 안동 도연서원[享 정구·허목]으로 이전하였다.

후자의 구체적 모습은 1815년(순조 15) 4월 성주 노강서원[18] 송환기 추향에서 잘 드러난다.[19] 행사 전날 저녁에 미리 진설하고 위패의 위치를 옮겨 봉안해 두었다. 새벽에 예정대로 시작되어 우선 원위에 술을 올리고, 고유문을 읽은 뒤 배위에도 차례로 봉행하였다. 새 위패에 술을 올리고 봉안문을 읽는 것으로 마무리되었다.

III. 치제례 - 도산서원을 중심으로

치제란 국가를 위해 죽은 사람에게 임금이 제문과 제물을 보내 지내는 제사를 말한다. 이는 신라시대 때부터 확인되는 의례로[20] 조선시대에도 대(大)·중(中)·소사(小祀) 국가제례를 비롯해 다양한 곳에서 찾아진다.

서원에서의 치제는 소수서원에 선액(宣額) 치제한 것에서 비롯되었다. 서원 치제는 기본적으로 조정의 특별 허가 즉 임금의 의지에 따라 좌우되었다. 이를테면 선액을 위시해 도통 관련 대현(大賢)을 모신 서원, 양란과

---

17) 소수서원, 「번암 채제공 영정」, 『소수서원지』, 2007, 399~402쪽.
18) 조선시대 성주 1712년(숙종 38) 송시열이 주향자로 건립된 노론계 서원이다. 이후 권상하·한원진·윤봉구·송환기 추향이 있었다.
19) 한국국학진흥원, 「성담 송환기 노강서원 추배시 일기」, 『국역 조선시대 서원일기』, 2007.
20) 『삼국사기』 권8, 신라본기8 신문왕 7년 4월.

무신난 등 충절 인사를 봉향하는 충절인 사당, 위상이 높은 인물의 추향, 능행 때 연로에 위치한 원사, 특정 인물의 생일 기념[21] 등 임금이 정치적 필요에 따라 탄력적으로 활용되었다. 이는 미사액 서원에도 치제가 이루어진 것에서 재차 확인이 된다. 1785년(정조 9) 성주 청천서원의 경우 청액소가 올라오자 정조는 사액을 반려하고 치제로 대신하였다. 치제의 명분은 정조가 세손 시절 김우옹이 지은 『속강목』을 교정하고 경연에 진강(進講)한 경험이 있었다는 것이 그 이유였다.[22]

서원 치제 가운데 가장 잦았던 선액을 논외로 하면 선조 대부터 고종 대까지 주로 중국인과 충절·절의자 제향 사당에 치제가 집중되어 있다. 그 외 서원은 약 20여 개소 내외임을 실록에서 확인하였고,[23] 서원으로는 도산서원이, 제향자로는 송시열이 최다 치제의 대상이었다. 서원 치제가 본격화된 시기는 영·정조 연간이다. 이 시기는 사회개혁사상의 진보적 흐름과 기존 양반 체제를 유지하려는 보수적인 방향이 병존하는 양상이 전개된 시기로, 서원의 치제는 존명의리와 예론을 강조하는 입장에서 취해진 조치임과 동시에[24] 학문의 진흥과 탕평정책의 성공을 위해 정치적으로 자주 활용된 측면도 있었다.

도산서원의 치제는 1575년(선조 8) 8월 사액 때와 이황이 '문순(文純)' 시호를 받던 1576년(선조 9)에 2회, 그 뒤 8회가 더 시행되어 모두 10회에 걸쳐 시행되었다.[25] 여타의 서원과 비교할 수 없는 높은 숫자임에 틀림이 없

---

21) 1787년 정조는 송시열 생년 3주갑을 맞아 여주의 대로사에 치제를 하였다. 『정조실록』 권24, 정조 11년 11월 9일.

22) 『정조실록』 권19, 정조 9년 2월 10일.

23) 실록에 수록된 선액을 제외한 치제 서원은 아래와 같으며, ( )는 치제의 횟수이다. 화양(2), 四忠(3), 도산(4), 도봉(2), 옥산(2), 소현(3), 자운(2), 파산(1), 동락(1), 청천(1), 대로사(2), 龍谷(1), 仁賢(1), 숭양(3), 죽림(1), 黔潭(1), 梅谷(1), 鷺江(1).

24) 정만조, 「17~18세기의 서원·사우에 대한 시론」, 『조선시대 서원연구』, 집문당, 1997, 85~88쪽.

25) 『선조수정실록』 10권, 선조 9년 12월 1일.

다. 8회가 시행된 연도는 1733년(영조 9), 1756년(영조 32), 1781년(정조 5), 1785년(정조 9), 1792년(정조 16), 1816년(순조 16), 1840년(헌종 6), 1854년(철종 5)이다.[26]

이 가운데 영·정조 연간의 5회에 걸친 치제를 기록한 치제일기가 현전하고 있다. 이러한 일기는 조선시대 서원 치제례의 준비·분정·홀기·의례·진설·행사 후 풍경·소요 금액 등의 실체를 규명할 수 있는 좋은 사례라 판단된다. 치제일기의 종합적인 분석을 통하여 치제례의 과정을 추적해 볼 수 있기 때문이다.

치제례는 크게 임금의 '하명 ⇨ 준비 ⇨ 거행 및 파재(罷齋)' 3단계로 진행된다. 치제는 서원에서 자의적으로 할 수 있는 사안이 아니라 반드시 임금의 명이 있어야 가능한 것이었고, 거기에 도산서원 치제의 명(命)은 선현존모라는 본래의 목적도 있겠으나 무신난 이후 영남의 사기(士氣) 진작, 서학 확산 방지와 같은 정치적 복선이 내재되어 있었다. 1792년 정조의 치제전교에서 이를 분명히 확인할 수 있다. 그중 일부를 소개하면,[27]

> 지난날 사학이 점점 퍼져 갈 때, 오직 교남의 인사가 삼가 선정의 정학을 지키고 흔들리거나 빠져들지 않았고 흐려지거나 물들지 않았다. (중략) 천주학이 서양으로부터 나와 그 학설이 기호 지방에서 성행하였는데, 전년 가을에 진산 사람 권상룡과 윤지묵이 사학으로 죽임을 당했으나 오직 영남은 한 사람도 물들지 않아 임금으로부터 깊이 칭찬을 받았으니 선정의 유풍이 백세토록 없어지지 않으리라 하였다.

도산서원의 치제는 성리학의 모범인 이황에 대한 제사이면서, 동시에

---

26) 일기 해제와 관련해서는 설석규, 「사제 일기」, 『국역 조선시대 서원일기』, 한국국학진흥원, 2007을 참조.

27) 한국국학진흥원, 「사제 일기」, 『국역 조선시대 서원일기』, 2007, 456~457쪽. 이하는 본 자료를 바탕으로 서술하기에 출처는 생략한다.

서학의 확산을 방지하고, 정학인 성리학을 부흥시키고자 한 조처이기도 했
던 것이다.

먼저 왕의 어명이 관문(關文)으로 감영과 안동부를 경유해 서원에 송달
이 된다.[28] 관문에는 치제일과 의절[29], 임금의 하명사항이 기록되어 있다.
관문이 답지하면 곧장 행사 준비에 돌입한다. 우선 향중에 이 사실을 통보
하고 당회를 개최해 도내에 통문을 보낸다. 관에서 전체 행사 비용이 지원
되지 않기에 부조 요청도 통문에 실었다. 준비 사항은 대략 3가지로 나눠
설명할 수 있다. 첫째, 원활한 행사를 위해 각 분야의 실무자를 선임했다.
행사 전체를 주관하는 공사원[도집례, 일기·시도유사]을 시작으로 도판·각
물유사, 고유시 집사, 식당 정좌(定座)유사, 치제시 집사 등 각종 집사 등을
단계적으로 분정해서 임무를 부여했다. 특히 행사를 총괄하는 도집례는 선
임에 신중을 기했고, 각기의 유사는 중복하여 선임하지 않았다. 사문의 경
사에 더 많은 사족들을 유사로 참여시키려는 일종의 배려로 볼 수 있다.
한편 행사 당일 집사관으로는 전부 서원 소속 인사를 차출하는 것이 아니
라 인근 지방관을 차정했다.[30] 집사관 명단은 감영 또는 안동부에서 서원
에 공문으로 정식으로 통보한다.

둘째, 치제례의 핵심은 의절인 만큼 실수는 용납될 수 없었다. 그래서
서원에서는 치제 선례의 기록을 열람하고, 원중(院中) 인사들은 물론 치제
관 등과도 긴밀히 협의하여 의절에 대해 결정을 내린다. 다행히 도산서원

---

28) 도산서원이 예안현 소속임에도 안동부에 공문을 보낸 것은 아마도 예안현과 안
　　동부를 동일 권역으로 인식했기 때문으로 판단이 된다.
29) 1781년 치제 의절에 대해서 정조는 1776년(정조 1) 화양동 서원의 전례를 따르
　　도록 명하였다.
30) 도산서원 치제 집사관 명단

연도	전사관	대축	祝史	찬자	알자	도예차
1781년	·	풍기군수	영천군수	예안현감	영양현감	진보현감
1782년	봉화현감	영양현감	순흥부사	유곡찰방	안기찰방	·

은 이미 여러 차례 치제의 경험이 있어 별도의 '치제 홀기'를 구비해 두고 있었다. 1733년 일기에 그 전문이 수록되어 있어 좋은 참고 자료가 된다. 이 홀기는 1421년(세종 3)에 정비된 예조 의절 홀기를 거의 원용한 가운데 서원의 특성에 맞게 약간 더 구체화한 것이다.[31]

다만 치제문을 직접 보지 못한 상황에서 의절에 약간의 혼란은 불가피 했다. 더구나 도산서원은 1733년에는 원위에만, 1756년에는 종위까지 치 제 대상이 달랐던 점도 한몫을 했다. 특히 1781년이 그러했는데 준비하는 입장에서는 차이가 나기에 민감한 문제일 수밖에 없었다. 따라서 치제관이 당도해야만 그 여부를 파악할 수 있었다.

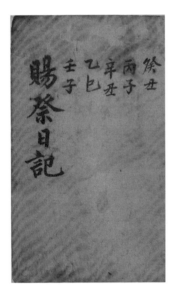

도산서원 『사제일기』
(출처: 한국국학진흥원)

그해 옥산서원에서도 치제에 앞서 도산 서원을 방문해 전례의 홀기와 예폐(禮幣) 규례를 전사(傳寫)해 행사에 임했다.[32] 반 대로 도산서원에서도 5일 먼저 행사를 치 른 옥산서원의 사제물 단자를 베껴와 준비 에 만전을 기했다. 당시 옥산서원의 제물 은 춘추향사에 의거했으나 이전에 보지 못 한 돼지머리 1두(頭), 대포육(大脯肉) 5조 (條), 대구 5미(尾)가 추가되어 있던 점을 특기해 두었다.

셋째, 경비와 공력이 제일 많이 드는 식 당 운영 방안을 세우고, 임시 건물을 설치 하는 일이다. 도산서원 치제 당시 방문자는 1733년 700~800여 명, 1781년 1,400여 명,

---

31) 이동구, 『한국의 서원 의절』, 세계문화유산 한국의 서원연합회, 2013, 83~85쪽. 조선의 치제의식과 諡號 策贈 의식은 세종 3년에 마련이 된 것이다. 『세종실록』 권11, 세종 3년 4월 12일.

32) 1781년(정조 5) 치제 날짜는 옥산서원은 5월 18일, 도산서원은 5월 22일이었다.

1782년에는 무려 1만 여명이 운집했다. 단 1782년 폭증은 별시(別試) 개최의 여파이며, 별도의 음식은 제공하지 않았다. 1782년을 예외로 하더라도 앞서 2회의 방문자도 엄청난 숫자이다. 1787년 정조는 송시열을 제향한 여주 대로사 치제에 사역(祠役) 경비를 획급하고, 비역(碑役)은 내수사의 돈 1천 민(緡)을 하사한 파격이 있긴 했으나 이는 매우 특별한 사례일 따름이다.[33] 여타의 서원에서 이를 감당하기는 사실상 불가능하다. 도산서원 같이 탄탄한 경제력을 갖춘 곳이어야 가능한 일이다. 똑같이 치제례를 준비한 옥산서원만 하더라도 사정이 어려워 본손가로 부터 300여 금을 빌렸을 정도였다.[34] 실제 18세기 중반 도산서원의 한해 수입량을 점검해 보면, 1,000구의 노비가 바치는 신공(身貢)이 곡물 100석과 동전 1,000냥, 토지가 30결에 재고가 무려 1,000석에 달하는 방대한 규모를 자랑했다.[35] 1733년 원장으로서 치제례를 관장했던 권상일의 일기에서 이 점을 확인할 수 있다.

> 겨울 끝자락에 임금이 제문을 내릴 때에는 800여 명에 이르는 많은 선비들이 서원에 머물렀다. 그 비용이 헤아릴 수 없었다. 그렇지만 오히려 빌리지 않고 **서원에 저축**된 것으로 비용을 댈 수 있었던 것이다.[36]

원근의 부조도 간과할 수 없지만 무엇보다 도산서원의 안정적 재원이 치제례를 개최할 수 있는 중요한 바탕이 되었다. 참고로 1781년 행사에서는 돈 300여 냥과 쌀 10섬이 사용되었다.

한편 식당에 필요한 집기인 그릇과 소반은 관례대로 예안 관아에 요청

---

33) 『정조실록』 권24, 정조 11년 11월 9일.
34) 한국학자료센터 영남권역센터, 『1792년 옥산서원 치제 어제제문』.(http://yn.ugyo.net/town/seowon)
35) 정수환, 「도산서원의 아낌없는 투자와 치밀한 경영」, 『도산서원』, 한국학중앙연구원, 2018, 134~137쪽.
36) 권상일, 『청대일기』, 1733년 12월 28일 ; 정수환, 『앞의 책』, 한국학중앙연구원, 2018, 134쪽, 재인용.

을 했다. 서원, 관아, 향교에 소장된 소반 500개 이상을 동원했는데 기명
(器皿)·배상(排床)유사 10명을 차정해 책임을 지웠다.

임시 건물로는 치제관이 서원에 도착하면 잠시 머물며 향축(香祝)을 봉
안하는 천마인 막차(幕次), 서원 남쪽에 흐르는 낙천을 건너기 위한 교량,
서원 내·외정문 출입의 편리성을 위한 부계(浮階)[37] 등이 설치가 되었다.
막차는 예안현감, 교량은 안동부사, 부계는 서원 측에서 공사를 맡았다.

행사 전날은 일정이 바쁘게 돌아간다. 치제관이 예안 또는 안동 관아에
도착하면 서원에서는 사람을 보내 치제관과 의절에 대한 가부를 의논한 뒤
확정을 시켰다. 제물은 현지 관에서 조달하는 것이 원칙이었기 때문에 제
물의 이바지는 인근 지방관이 행사 전날 또는 당일에 직접 가져온다.[38] 서
원에서는 미리 행사를 알리는 고유제를 원위에만 설행을 한다.[39] 그러나
일정이 촉박했던 1733년의 경우에는 고유제를 당일 묘시(卯時)에 함께 치
렀다.

치제례는 임금의 명령을 위임받아 파견된 예관을 중심으로 진행된다.[40]
흑단령을 입은 치제관이 의장(儀仗) 행렬을 앞세워 서원에 이르면 원임과
집사들은 길 왼편에 도열해 국궁례로 공손히 맞이한다.[41] 말을 탄 치제관
이 "회원은 향축을 모시고 먼저 들어가라" 명을 하면 회원이 "향축은 유생
이 감히 모시고 갈 바가 아닙니다. 예관이 마땅히 모시고 들어가고 유생은
따라가야 합니다"라는 의례적 문답을 주고받는다. 이에 치제관은 막차 방

---

37) 임시로 널을 놓은 계단.
38) 1733년에는 풍기군수가, 1792년에는 봉화현감이 가져왔다. 제물이 서원에 이르
면 원장 등은 건복을 갖추고 지영의 예를 행했다. 사액서원의 경우 춘추향사의
제수도 관에서 제공한다.
39) 정위에만 고유하는 것은 尊統의 의리가 그러하기 때문이며, 향사·봉안·환안·이
안 등에도 동일하게 적용했다. 장현광, 『여헌속집』 권2, 「答－答禮林書院」.
40) 치제관으로는 1733년 부수찬 鄭亨復, 1756년 부수찬 李錫祥, 1781년 좌부승지
李養鼎, 1785년 예조정랑 李載徽, 1792년 좌부승지 李晚秀가 파견이 되었다.
41) 儀仗 행렬은 1781년 치제 때 선보인 것이다.

향으로 천천히 이동해서 지니고 온 향축을 집사에게 전달해 상(床) 위에 안치시킨다.[42] 예안현감[43]의 인도를 받아 막차에서 대기하며 원장 등과 인사를 나누는 한편 집사관에게는 내정(內庭)에 입장할 수 있는 대상자를 지시한다. 참석자는 본손 및 유생·생원·진사 중 건복을 착용한 자로 한정을 했다.[44] 너무 많은 인파가 모여 전부 수용하지 못해 취해진 조치였다. 아마 지영절목(祗迎節目)을 걸어 이러한 제반 사항을 알렸을 것이다.

본격적인 예식은 알자의 인도 하에 치제관이 손을 씻은 뒤 향축을 모시고 사당에 들어서면 치제홀기에 맞춰 신성한 의식이 거행된다.[45] 그 절차는 일반 향사와 크게 다르지 않지만 헌관과 진설 두 가지 부분에서 차이점이 있었다.

먼저 헌관은 오로지 치제관 1명이 전담을 한다. 치제관은 서서 세 번 향을 올리고, 원위에 술도 연속 3잔을 올린다. 종위에는 단잔만 올린다. 임금의 서압이 찍힌 축문을 읽는 것으로 공식적인 예식은 종료가 된다. 낭독한 축문은 태우지 않고 서원에 소중히 보관했다.

다음으로 진설되는 찬품(饌品)을 제시하면 그림과 같다.

2보(簠) 2궤(簋)와 4변(籩) 4두(豆)가 진설되는 춘추향사 때와는 차이가 있다. 진설도는 전체 5행으로 구성되어 있고, 위부터 4행까지 찬품이다. 순서대로 보면 1행에 기름 바른 흰떡을 기준으로 좌우에 볶은 사삼(沙蔘)을 넣어 만든 떡을 놓았다. 2행은 어육류인 돼지, 절임 물고기, 말린 사슴고기로 향사 때도 동일하게 올리는 것이다. 3행은 떡, 두부전·찜, 나물 등 여러

---

42) 가령 해남의 휴정을 주향하고 있는 표충사의 사액 당시 향축을 막차가 아닌 사찰의 享祀廳이나 재실에 보관하였다. 이욱, 「조선시대 해남 표충사 제향의 설행과 변천」, 『불교학보 89』, 2019, 136쪽.

43) 예안현감이 掌次者 즉 막차와 자리를 전담했기 때문이다. 또 서원 관계자가 이 역할을 수행하기도 하였다.

44) 1781년에는 건복을 갖추지 못해 예식에 참관을 못한 인원이 2,500여 명에 달했다. 한편 전직 관료의 경우에는 章服과 帽帶를 하고 참석하도록 했다.

45) 서원의 치제홀기는 예조 치제홀기를 준용한 것이다.

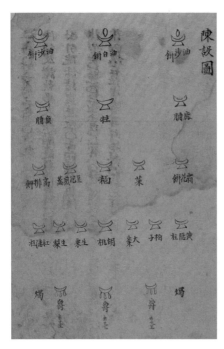

1756년 도산서원 치제 원위 진설도
(출처 : 한국국학진흥원)

종류가 나열이 된다. 4행은 실과 류인데 배·밤·호두·대추·잣을 두고, 좌우 끝에 홍색 및 황색의 과자를 두었다. 실과류의 경우 사정에 따라 다른 것을 대체하기도 했다.

상주 옥동서원 치제 진설도에는 대추·밤·호두·곶감·잣으로, 부령(富寧)의 충현서원에는 그냥 과(果)로만 기재되어 있다.[46] 1781년 도산서원 치제에서도 배가 제철이 아니라 구하기 어려워 다른 과일로 바꿨다. 향사 때 보다는 음식 가지 수가 4개가 더 많으며, 그 가운데 떡류가 5개로 비중이 컸다. 또 음식을 담는 그릇은 그림에서 보듯 기(器)로 통일을 했다.[47]

이후 행사가 끝나면 치제관과 집사관에게 연회를 베풀어 음식을 대접하며 예폐(禮幣)를 드렸다. 예폐의 상세한 내역이 1792년 일기에 전하고 있다.[48] 치제관에게는 『주서절요』 10책·『언행록』 3책·『매화시첩』 1책·비단 1단·수화주 1단, 집사관에게는 『언행록』 3책·『매화시첩』 1책, 장용위에게는 비단 1필·종이 3묶음, 정원리(政院吏)·향실수복(香室首僕) 등은 각각 전례에 근거해 물건을 주었다.[49] 원장은 치제관에게 선사할 때만 무릎을 꿇

---

46) 옥동서원, 『本院日錄』 「치제진설도」 ; 『忠賢書院志』 「치제진설도」.

47) 예조에서 발행한 『致祭謄錄』 「제물단자」에도 器로 적혀있다.

48) 별도의 예폐유사 2명을 선정해 준비하게 했다.

49) 옥산서원에서 선사한 예폐는 치제관에게 百水火紬 1필·九經衍義·求仁錄·大學補

어 수수(授受)하면서 상호 절하는 예절을 갖추었으나 나머지와는 그러한 예(禮)가 없었다.

연회가 끝난 뒤에도 일부 치제관은 서원관계자와 담소를 나누거나 서원의 역사와 소장된 필적을 완람(玩覽) 또는 주위 경관을 살폈다. 치제관은 떠나기 전 어명 곧 책자 인쇄, 그림 제작, 서원 귀중본 대출 등 임금의 요청 사안을 진상하는 업무를 재차 점검하였다.

1792년에는 치제관 이만수가 행사를 기념하기 위해 임금의 전교와 제문을 판각해 게시하게 했다. 임금의 권위를 부각시키기 위한 목적이었다.[50] 치제의 전말은 어전에서 직접, 또는 상소를 통해 보고가 이루어졌다.[51]

어명에 의해 치제관을 선발하고 임금이 직접 제문과 제수를 하사하는 치제례는 서원의 제례 중에 가장 특별하고 중요한 의미를 가졌다. 국가로부터 권위를 재확인받아 서원의 정치·사회적 위상이 한층 격상되는 효과를 주었기 때문이다.[52] 아울러 본손을 녹용하는 실직적인 혜택도 뒤따랐다.

Ⅳ. 사액례 – 옥동·옥산서원을 중심으로

한국 서원의 사액제도 역시 1549년(명종 4) 풍기군수 이황이 백운동서원에 대한 사액을 요청하면서 시작되었다.

송나라 태종은 백록동서원에 대하여 江州知事 周述의 건의에 따라 九經을

遺·太極問辯 각 1질과 壯紙 1속을 주었다. 執事官에게는 문집 『대학보유』 각 1질·장지 1속을 주었다. 壯勇衛는 玉色紡紗紬 1필·장지 1속, 승정원 서리에게는 40냥을 주었다.

50) 이만수는 옥산서원에서도 전교와 제문을 동일하게 판각 후 게시토록 하였다.

51) 『승정원일기』 771책, 영조 10년 1월 5일.

52) 이병훈, 「조선후기 경주 옥산서원의 운영과 역할」, 『영남대학교 박사학위 논문』, 2018, 136쪽.

역마 편에 보내고, 또 그 洞主 明起를 발탁하여 썼으며, 그 후 直史館으로 있던 孫冕이 병으로 조정을 사직하고 백록동으로 돌아가기를 원하자 그 청을 들어주었습니다. 理宗은 유학을 존숭하여 考亭書院 같은 데에 모두 칙령으로 扁額을 내리어 영광되게 하였습니다. (중략) 옛 현인이 美風을 남긴 땅과 우리 동방 사람이 창시하여 드러낸 미덕이 드디어 쇠퇴하고 추락하는 데 이를까 크게 두려워, 망령되이 조정에 아뢰어 만에 하나라도 재가해 주시는 **은전**을 받고자 하였습니다.[53)]

이황은 송나라 태종이 서원에 편액과 서적을 하사한 고례를 거론하며 사액 및 경제적 지원을 청원하였다. 하지만 조선시대 사액은 명확하게 정해진 규정이나 구체적 기준이 없고, 다만 첩설 불허 원칙만 제시되었다.[54)] 국가로부터 공인받는 사액은 임금 의지에 달려 있었던 것이다.

선행 연구에 의하면 조선시대 사액 서원은 약 201개소[55)]로 보고가 되었는데 사액 서원이 되는 일은 결코 쉽지 않은 것으로 울산 구강서원과 양주 정절사(旌節祠)처럼 막대한 인적·물적 비용과 상당한 노력이 동반되었다. 구강서원 사액 과정에서는 1682년(숙종 8)부터 1694년(숙종 20) 13년간 4차례에 걸쳐 무려 54,000냥 이상의 돈을 지출하였으며,[56)] 정절사는 10여 차례가 넘는 청액소 끝에 겨우 사액 받은 것에 보듯 사액이란 한 두 차례 시도로 성공하기는 사실상 불가능한 것이었다.[57)] 또 18세기 이후 건립된 대부분의 문중서원의 경우에는 특수한 경우를 제외하면 사액 그 자체가 어려운 일이었다. 이러한 조건임에도 사액을 원한 가장 큰 이유는 향촌에서

---

53) 이황, 『퇴계선생문집 제9권』 「書－上沈方伯」.

54) 이수환, 「蔚山 鷗江書院의 設立과 賜額過程」, 『조선후기 서원연구』, 2001, 55쪽.

55) 박주, 「朝鮮 肅宗朝의 祠宇濫設에 대한 考察」, 『한국사론 6』 1980, 194쪽.

56) 이수환, 「앞의 논문」, 『조선후기 서원연구』, 2001.

57) 최홍규, 「조선시대 양주지방의 서원과 祠宇」, 『조선후기 향촌사회연구』, 2001, 274쪽.

국가에서 공인한 기관이라는 위상과 경제적 혜택 때문이었다.

사액을 얻기 위해서는 우선 해당 서원에서 조정에 청액소를 올려야 한다. 초창기 서원의 경우 수령 및 감사를 통해 요청하는 방식을 택했다. 하지만 17세기 중후반 국가에서 서원 신·첩설을 금지하자 소유(疏儒)들이 직접 상경해 소청(疏廳)을 설치한 후 관료들을 찾아다니며, 활동을 펼치는 형태로 변화했다. 다행히 유소가 승정원에 봉입되면 담당자인 동부승지의 검토를 거쳐 반려 또는 수용 여부가 결정이 난다. 상소가 수용되면 상소문의 요지를 승정원에 제출하고, 입시해 상소문을 낭독한 뒤 비답을 기다린다. 만약 비답이 내려지면 재차 승정원에 들어가 그 전문을 전사(傳寫)했는데 사액의 명분, 서원명, 사액 치제일 등의 내용이 담겨져 있었다. 치제일은 서원이 원하는 날을 고려해 선택하게 하기도 했다.

사액례는 임금이 정해준 액호(額號)를 서원에 인도하는 연액(延額), 게시하는 게액(揭額) 의례를 말한다. 이와 관련된 자료가 현전하는 상주 옥동서원과 경주 옥산서원을 바탕으로 사액례의 제 양상을 조명해보자.[58] 다만 옥동서원은 1789년(정조 13) 사액 때, 옥산서원은 1840년(헌종 6) 재사액 때의 기록이라는 약간의 차이가 있다. 앞의 것은 사액의 전반적인 흐름을, 뒤의 것은 의식(儀式)과 같은 세밀한 부분이 잘 드러나 있다.

사액이 내려졌다는 사실이 서원에 통지가 되면 예산 확보, 임원 선임, 물품 준비에 착수한다. 옥동서원은 완의까지 작성해 예산 확보 방안을 모색했는데 대내외 자손을 위주로 여타 교원에 도움을 청했다. 부조금은 총 675냥 149전 72관을 모금했다. 이중 문중의 부조금이 약 648냥으로 총 부조액의 대부분을 차지할 만큼 절대적이다.[59] 이 시기 서원 운영이 문중 중심의 분위기였던 것과 고을 내 제향자 후손이 불명확한 도남·흥암서원과

---

58) 『옥동서원 창건록』, 『옥산서원 구인당 중건일기』. 이하 내용은 두 자료를 바탕으로 서술했기에 별도의 출처는 생략한다.

59) 김순한, 「18세기 후반 상주 玉洞書院 청액활동과 사액의 의미」, 『민족문화논총』 72, 2019.

달리 초기부터 명확한 제향자 후손에 의해 관리된 것이 부조금 수치에 반영이 된 것이다. 옥동서원은 치제례의 경험이 전무해 1787년(정조 11) 사액례를 치른 선산 낙봉서원의 전례를 등사해 왔다. 동시에 지역의 으뜸 서원인 도남서원과 명망가 정종로·조석목(趙錫穆) 등에게 수시로 자문과 협의를 구했다.

다음 행사의 임원은 도감과 유사 체제로 아래와 같이 선출하였다.

都執禮[1명], 執禮[1명], 都廳[3명], 都廳유사[7명], 排床도감[1명], 鋪陳도감[1명], 酒도감[2명], 排床유사[6명], 鋪陳유사[3명], 酒유사[2명], 行盃유사[3명], 到記유사[6명], 일기유사[2명]

행사를 총괄하는 도집례에 애초에는 당대 '좌대산 우입재'로 불리며 명성이 높았던 정종로를 고려했으나 그가 병환으로 고사해 뜻을 이루지는 못했다. 한편 고유제관들도 미리 분정했고, 집사관은 상주목사를 비롯해 인근 지방관들이 차정되어 행사 전날 명단이 전달되었다.[60]

가장 빨리 준비하는 물품은 술이다. 상주목에서 사액 관문을 받은 즉시 유사를 임명해 제주(祭酒)를 담았다. 제물은 도청(都廳)에 보냈고, 편액 제작용 판자는 상주목에 보내었다. 옥산서원의 편액 제작 시에는 예조에서 액호를 선사(繕寫)해 내리자 예조 서리가 영남 감영으로 들고 와 판각 작업을 벌였다. 옥동서원 역시 동일한 방식을 취했을 것이다. 한편 관의 지원은 많지 않은데 도례차관(都例差官)에 선임된 선산부사가 도척(刀尺)을,[61] 상주목사가 음식을 나르는 가자군(架子軍) 10명과 사액판·가마를 동여맬 무명실 2필을 지원한 것이 전부였다.

---

60) 집례관 : 상주목사, 축사관 : 개령현감, 전사관 : 유곡찰방, 집사관 : 함창현감, 例差官 : 선산부사.

61) 지방 관아 소속으로 음식 만드는 일을 맡아보던 하인을 말한다.

옥산서원 사액 현판

옥동서원 사액 현판

　전체적인 행사 절차는 앞의 치제례와 크게 다르지 않기에 특징적인 면모만 선별해 검토해 보겠다. 사액례에서 제일 중시한 것은 편액이다. 치제관은 의장대를 앞세우며, 편액은 붉은 보자기로 덮어서 가마[교여(轎輿)]에 실어 행차한다. 행차가 서원에 닿으면 지영 의절을 거친 뒤 막차 또는 강당 탁자에 임시로 봉안이 되고 관련 의절도 뒤따랐다.

　먼저 옥동서원의 경우 유생이 막차에서 편액을 받들고 앞서가면, 치제관이 그 뒤를 따라 정문(正門)에 들어간다. 이때 기치(旗幟)와 악공이 강당 아래에 도열하고, 좌우에서 음악을 연주한다. 유생이 편액을 받들고 남쪽을 향해 서면 원장은 계단 사이 정중앙에서 위판을 들고 북쪽으로 향해 개독(開讀)한다. 치제관은 유지(有旨)를 알리고, 편액을 받들고 두루 읽어주기를 다한다. 봉안례가 끝나면 편액을 문설주 사이에 걸었다.

　한편 강당 중건 전에 미리 재사액 편액이 도착한 옥산서원은 조금 달랐다. 강당 위에서 예조서리가 판(板)을 원장에게 주면 원장은 무릎을 꿇고 공손히 받아서 다시 집사자에게 전달한다. 집사자는 탁자 위의 보자기를 벗겨 편액을 연다. 예조서리는 남쪽을 향해 큰 소리로 액호의 네 글자와 옆의 주(註)를 읽은 후 원장과 함께 물러난다.

편액의 글자를 낭독하고 이를 강당에 게시한 시점으로부터 치제례가 시작된다. 그 공간은 사당이 아닌 편액을 건 강당 아래에 위판을 모시고 거행되는 점이 일반 치제례와 대별되는 특징이다. 의식은 사당에서 하는 것과 동일하게 이루어졌다. 의식이 끝나면 음식과 폐백을 제공하는 사은례 자리를 가지는데 이에 겸하여 뱃놀이, 불꽃놀이 등과 같은 유흥도 이어졌다.[62) 또 사액을 기념하는 백일장을 개최하기도 하고, 중앙관료·성균관·서원 등에서 축하의 편지를 보내주기도 했다.

옥동서원 사액은 단순히 표면적으로 위토전(位土田) 3결만 증가한 것이 아니라 향촌사회 내 위상의 변화를 수반하는 것이었다. 그 변화는 사액 후 더 다양한 가문들이 서원 운영에 참여했고, 헌납 조석목·정종로 등 원장의 격도 한층 높아지는 등 외연의 확장성을 증폭시키는 인적 네트워크가 견고해지는 것으로도 귀결된 것이었다. 또한 1791년 상주를 대표하는 관료 학자인 정경세의 『우복별집』 간행을 주관하는 모습도 확인이 된다.[63)

요컨대 사액은 상주에서 옥동서원이 서부지역을, 도남서원이 동부지역을, 흥암서원이 관내를 영도하는 위치에 서게 되었던 계기가 되었다.

V. 맺음말

이상에서 서원의 특수 의례와 실제에 대해 도연·도산·옥동·옥산서원

---

62) 달성군·달성문화재단, 「제4장 서원 사액 관련 사례 검토 – 예림서원」, 『道, 東에서 꽃피다』, 2013, 241쪽.

63) 한국학중앙연구원, 「玉洞院會敦事時通文」, 『鄭經世 史料精選』, 한국학자료총서 51, 2015.

사례를 중심으로 살펴보았다. 다만 제한된 자료로 인해 영남지역 서원만을 대상으로 검토한 한계를 안고 있다. 본론에서 살펴본 추향례, 치제례, 사액례의 특징적인 면모를 선별해 보면 다음과 같았다.

첫째, 추향례는 기존 서원에 인물을 추가하는 제향 의례이다. 조선시대 서원은 한 사람을 모시는 독향 형태의 서원보다 합향 형태의 서원이 더 많이 존재한다. 그런 만큼 추향례의 빈도가 높았지만, 추향례 역시 입향례 못지않게 영예롭게 인식되었다. 준비과정에서 다수의 인사에게 예식문자를 청탁한 점과 행사 날짜를 탄력적으로 선택하는 방식을 취했다. 봉안 의절은 명확하게 정해져 있지 않았고, 위패에 관직 기재 여부 역시 그 기준이 일정치 않았음을 확인하였다. 집사분정, 진설, 봉안식 등은 일반 향사와 다르지 않았다. 한편 영정과 함께 봉안하는 경우도 있었다.

둘째, 치제례는 서원의 의례 중에 가장 특별하고 중요한 의미를 가졌다. 도산서원은 최다 치제의 대상이었던 만큼 치제례를 규명할 수 있는 좋은 실례였다. 치제례는 임금의 명령을 위임받아 파견된 예관을 중심으로 진행이 된다. 치제관이 잠시 머물며 향축(香祝)을 봉안하는 천막 설치, 의절에 대한 가부 등 행사 전반에 대해 지시를 받았다. 예식 가운데 향사와 크게 차이나는 것은 헌관과 진설에서 차이점이 있었다. 헌관은 오로지 치제관 1명이 전담을 했는데 원위에는 세잔의 술을 올리고, 종위에는 단잔만 올렸다. 또 음식 가지 수는 더 많으며, 떡류의 비중이 높았다.

셋째, 사액례는 임금이 국가로부터 정해준 액호를 서원에 인도하는 연액, 게시하는 게액 의례를 말한다. 조선시대 사액의 명확한 규정은 없고, 임금 의지에 달려 있었는데 17세 중후반 이후 사액을 받기 위해서는 상당한 노력이 필요하였다. 먼저 편액 제작용 판자는 서원에서 준비해 소속 관아에 보냈다. 행사 당일 강당에 편액을 게시한 시점부터 치제례가 시작이 되는데 사당이 아닌 강당 아래에 위판을 모시고 거행이 되는 점이 일반 치제례와 대별되는 점이다. 사액, 즉 국가 공인 서원이 되면 향촌사회에서 그 위상의 변화도 수반되었다.

　이상 부족한 면이 있지만 막연하게 인식했던 조선시대 서원의 특수 의례 종류와 실제를 살펴보았다. 이러한 연구는 서원 연구의 지평을 한층 넓혀주는 중요한 주제임에 틀림이 없다.

참고문헌

『조선왕조실록』, 『승정원일기』
옥동서원 『本院日錄』, 『옥동서원 창건록』, 『옥산서원 구인당 중건일기』,
『忠賢書院志』, 『致祭謄錄』

권상일, 『청대일기』
이 황, 『퇴계선생문집』
장현광, 『여헌속집』

국립문화재연구소, 『서원향사 – 노강·돈암·흥암·대로사·무성·필암·남계·도동·병산·
    옥산·자운·파산·소수·도산·우저·심곡서원』, 2012~2018.
달성군·달성문화재단, 『道, 東에서 꽃피다』, 2013.
소수서원, 『소수서원지』, 2007.
안동민속박물관, 『安東의 書院 享祀』, 2009.
윤희면, 『조선시대 서원과 양반』, 집문당, 2004.
이동구, 『한국의 서원 의절』, 세계문화유산 한국의 서원연합회, 2013.
이수환, 『도동서원 – 道, 東에서 꽃피다』, 민속원, 2019.
정만조, 『조선시대 서원연구』, 집문당, 1997.
한국국학진흥원, 『국역 조선시대 서원일기』, 2007.

김순한, 「18세기 후반 상주 玉洞書院 청액활동과 사액의 의미」, 『민족문화논총 72』,
    2019.
권삼문, 「향사의 역사와 구조」, 『역사민속학 12』, 2001.
권오영, 「19세기초 安東儒林의 儒會와 그 活動」, 『한국중세사논총 – 이수건교수 정년
    기념』, 논총간행위원회, 2000.
김미영, 「서원 향사享祀의 변화와 사회문화적 의미」, 『국학연구 22』, 2013.
박 주, 「朝鮮 肅宗朝의 祠宇濫設에 대한 考察」, 『한국사론 6』 1980.
이병훈, 「조선후기 경주 옥산서원의 운영과 역할」, 『영남대학교 박사학위 논문』, 2018.
이수환, 「蔚山 鷗江書院의 設立과 賜額過程」, 『조선후기 서원연구』 2001.

이 욱, 「조선시대 해남 표충사 제향의 설행과 변천」, 『불교학보 89』, 2019.

정수환, 「도산서원의 아낌없는 투자와 치밀한 경영」, 『도산서원』, 한국학중앙연구원, 2018.

정순우, 「서원의 건립과 문중 연대」, 『서원의 사회사』, 태학사, 2013.

최홍규, 「조선시대 양주지방의 서원과 祠宇」, 『조선후기 향촌사회연구』 2001.

한재훈, 「조선시대 서원향사례 비교연구－9대서원 향사의절을 중심으로」, 『퇴계학논집 20』, 2017.

한재훈, 「퇴계의 書院享祀禮定礎에 대한 고찰－백운동서원향사례 수정을 중심으로－」, 『퇴계학과 유교문화 53』 2013.

■ 저자 소개 (가나다 순)

김자운　공주대학교 교육학과 강사

鄧洪波　중국 호남대학교 악록서원 교수

쁘甲云　중국 호남대학교 악록서원 교수

류준형　영남대학교 역사학과 교수

이광우　영남대학교 역사학과 강사

이병훈　영남대학교 민족문화연구소 연구교수

이우진　공주교육대학교 교육학과 교수

임근실　한국국학진흥원 전임연구원

趙　偉　중국 호남대학교 악록서원 박사생

채광수　영남대학교 민족문화연구소 연구교수

한재훈　연세대학교 국학연구원 연구교수

동아시아 서원의 기원과 제의례의 완성

초판 1쇄 발행　2021년 03월 30일
초판 2쇄 발행　2022년 09월 30일

편　자　영남대학교 민족문화연구소

펴낸이　신학태
펴낸곳　도서출판 온샘
등　록　제2018-000042호
주　소　서울시 용산구 한강대로 208-6 1층
전　화　(02) 6338-1608　팩스　(02) 6455-1601
이메일　book1608@naver.com

ISBN　979-11-971705-5-3　93910
값 33,000원